Ökonometrie und Unternehmensforschung

Econometrics and Operations Research

IV

Herausgegeben von / Edited by
M. Beckmann, Bonn · R. Henn, Göttingen · A. Jaeger, Cincinnati
W. Krelle, Bonn · H. P. Künzi, Zürich
K. Wenke, Ludwigshafen · Ph. Wolfe, Santa Monica (Cal.)

Geschäftsführende Herausgeber / Managing Editors
W. Krelle · H. P. Künzi

Methoden der Unternehmensforschung im Versicherungswesen

Karl-H. Wolff

Springer-Verlag Berlin Heidelberg New York 1966

Softcover reprint of the hardcover 1st edition 1966

Library of Congress Catalog Card Number 66-15945

ISBN-13: 978-3-642-87481-9 e-ISBN-13: 978-3-642-87480-2
DOI: 10.1007/978-3-642-87480-2

Titel-Nr. 6479

Vorwort

Die Methoden der Unternehmensforschung haben kurz nach dem Aufkommen dieses Wissenschaftszweiges in die verschiedensten Bereiche der technischen Wissenschaften und der Wirtschaftswissenschaften Eingang gefunden. Verhältnismäßig spät und zögernd nur hat sich das Versicherungswesen dieser Methoden bedient. Das vorliegende Buch gibt in sechs Abschnitten einen Überblick über die Anwendung von Methoden der Unternehmensforschung im Versicherungswesen. Der Stoff wurde einmal im Hinblick auf die verwendeten Methoden ausgewählt, wobei vor allem die Spieltheorie, die Methode der linearen Programme und die Monte Carlo-Methode Verwendung finden und zum anderen im Hinblick auf die Problemstellungen aus dem Gebiete des Versicherungswesens, wobei Fragen der optimalen Entscheidungen im Vordergrund stehen.

Die Gliederung des Stoffes richtet sich nach den behandelten Sachgebieten des Versicherungswesens. Untersuchungen über Versicherungsgrundlagen, wie Sterbetafel und Zinsfuß, werden zusammen mit der Ermittlung von Versicherungswerten im ersten Abschnitt behandelt. Der zweite Abschnitt ist den verschiedenen Methoden der Reserveschätzung gewidmet und der dritte Abschnitt befaßt sich mit der Frage der optimalen Investitionen der Rücklagen. Die im vierten Abschnitt angestellten Untersuchungen über die optimale Rückversicherung werden im fünften Abschnitt so verallgemeinert, daß es möglich wird, einen Begriff des optimalen Finanzplanes einzuführen. Schließlich behandelt der sechste Abschnitt als Anhang mehrere einzelne Probleme, die sich keinem der vorhergegangenen Abschnitte zuordnen lassen, deren Umfang auch nicht die Behandlung in einem eigenen Abschnitt gestattet, die aber doch sachlich dem hier behandelten Problemkreis zugeordnet werden können.

Die Abhandlungen beruhen auf den Arbeiten einer Vielzahl von Autoren, doch seien insbesondere die Arbeiten von D. Bierlein und P. Nolfi über die optimale Sterbetafel, von U. Baumgartner und M. Frischknecht über die Abschätzung von Reserven, von S. Benjamin über optimale Investitionen und von K. Borch über die optimale Rückversicherung hervorgehoben. Manches in der vorliegenden Darstellung ist gegenüber den Originalarbeiten gekürzt, manches wieder erweitert oder ergänzt, und zwar insbesondere die Untersuchungen in den Abschnitten IV und V.

Zum Verständnis der Darstellungen wird aus dem Gebiete des Versicherungswesens nur die Kenntnis der einfachsten Grundlagen vorausgesetzt. Weiter werden die Grundbegriffe der Wahrscheinlichkeitsrechnung und die Anfangsgründe der mathematischen Statistik als bekannt angenommen. Zur Vereinfachung der Darstellung wird vielfach eine Lebesgue-Integral der Gestalt $\int_a^b g(x)dF(x)$ verwendet, wobei $F(x)$ eine linksseitig stetige Verteilungsfunktion ist. Für den Ausdruck $\lim_{\varepsilon \downarrow 0} F(x+\varepsilon)$ wird $F(x+0)$ geschrieben. Die Streuung einer zufälligen Variablen wird im allgemeinen mit dem Symbol σ^2 bzw. $\sqrt{\sigma^2}$ beschrieben, wobei die Abhängigkeit von einer bestimmten Verteilungsfunktion $F(x)$ mitunter durch die Bezeichnung $\sigma^2(F)$ zum Ausdruck gebracht wird. Schließlich finden Symbole $O(\varepsilon)$ und $o(\varepsilon)$ Verwendung, wobei $O(\varepsilon)$ durch die Eigenschaft $\lim_{\varepsilon \downarrow 0} \frac{1}{\varepsilon} O(\varepsilon) < C$ und $o(\varepsilon)$ durch die Eigenschaft $\lim_{\varepsilon \downarrow 0} \frac{1}{\varepsilon} o(\varepsilon) = 0$ erklärt ist.

Für die liebenswürdige Hilfsbereitschaft bei der Beschaffung der notwendigen Literatur bin ich besonders den Herren Dr. P. M. Kahn, New York, Prof. Dr. K. Borch, Bergen, und Prof. Dr. A. Jaeger, Cincinnati, zu Dank verpflichtet. Ebenso danke ich Herrn Prof. Dr. A. Alder, Vorstand des Institutes für Versicherungslehre und mathematische Statistik der Universität Bern, und Herrn Prof. Dr. S. Sagoroff, Vorstand des Institutes für Statistik an der Universität Wien, für die Bereitstellung von Literatur. Den Herausgebern, Herrn Prof. Dr. W. Krelle, Bonn, und Herrn Prof. Dr. H. P. Künzi, Zürich, sowie dem Springer-Verlag möchte ich meinen besonderen Dank für die gute Zusammenarbeit aussprechen.

Das vorliegende Buch ist der erste Versuch einer geschlossenen Darstellung des behandelten Sachgebietes. Es liegt im Wesen eines solchen Versuches, daß die Auswahl der Themen nicht frei von subjektiven Erwägungen bleiben konnte. Bei der Beantwortung der Frage nach der optimalen Auswahl konnte ich mich keiner dem Problem angemessenen Entscheidungsfunktion bedienen. Ich werde für jede Kritik und jede Anregung, die einer Verbesserung der Darstellungen dienen, stets dankbar sein.

Wien, im Juni 1965 Karl-H. Wolff

Inhaltsverzeichnis

I. Die Ermittlung von Rechnungsgrundlagen und Versicherungswerten

1. Die Sterbetafel

1.1 Einer der wichtigsten Arbeitsbehelfe für den Versicherungsmathematiker in der Lebensversicherung ist die Sterbetafel. Angefangen von den einfachsten Prämienberechnungen bis zur vollständigen versicherungstechnischen Bilanz beruhen die meisten Untersuchungen in der Lebensversicherung auf den Erlebens- und Ablebenswahrscheinlichkeiten, wie sie in der Sterbetafel zusammengefaßt sind. Bei den Sterbewahrscheinlichkeiten aus der Sterbetafel handelt es sich um die Erwartungswerte zufälliger Größen. Die Zahl der tatsächlichen Sterbefälle aus einer Personengesamtheit wird nicht genau mit der durch die Sterbetafel vorausgesetzten Zahl der Sterbefälle übereinstimmen, sondern dem Verhalten einer zufälligen Größe entsprechend mehr oder weniger stark abweichen. Die Möglichkeit einer solchen Abweichung zu berücksichtigen ist Aufgabe der Risikotheorie.

Die Ursache einer Abweichung der tatsächlichen Ergebnisse von den auf Grund der Sterbetafel errechneten Ergebnissen muß aber nicht allein in den zufälligen Schwankungen liegen, denen eine zufällige Variable unterworfen ist. Es ist vielmehr zu erwarten, daß die Sterbewahrscheinlichkeiten aus der Sterbetafel selbst die „wahren" Erwartungswerte der Sterbehäufigkeiten nicht völlig genau wiedergeben. Würde es sich bei den Sterbewahrscheinlichkeiten um Naturkonstanten handeln, die zeitlich unverändert sind, dann hätte die Vielzahl der Beobachtungen, die große Menge des vorliegenden Untersuchungsmaterials bei weitem ausgereicht, diese Naturkonstanten mit einer Genauigkeit zu ermitteln, die allen praktischen Erfordernissen gerecht wird. Tatsächlich aber sind die Sterbewahrscheinlichkeiten einer zeitlichen Veränderung unterworfen. Da die Aufstellung einer Sterbetafel, von der Erhebung des Urmaterials angefangen bis zur Fertigstellung, eine gewisse Zeit in Anspruch nimmt, sind praktisch alle Sterbetafeln im Zeitpunkt ihrer Fertigstellung bereits überholt. Die Sterbewahrscheinlichkeiten haben sich in der seit der Erhebung verflossenen Zeit wieder geändert.

Die Änderungen der Sterbewahrscheinlichkeiten gehen nun keineswegs so rasch vor sich, daß die Verwendbarkeit von Sterbetafeln über kurze Zeiträume allgemein in Zweifel gezogen werden müßte. Über längere Zeiträume aber, etwa über mehrere Dezennien, muß mit stärkeren Abweichungen gerechnet werden. Vergleicht man zwei Volkssterbetafeln, die auf Grund von Volkszählungen im zeitlichen Abstand von zehn Jahren ermittelt wurden, dann ergeben sich bereits beträchtliche Unterschiede und die auf Grund der beiden verschiedenen Sterbetafeln errechneten Versicherungswerte weichen zum Teil erheblich voneinander ab. Will der Versicherungsmathematiker mit seinen Berechnungen den tatsächlichen Verhältnissen nahekommen, dann muß er auch die zeitlichen Änderungen der Sterbewahrscheinlichkeiten in Betracht ziehen und versuchen, diese Änderungen abzuschätzen.

Bei einer solchen Schätzung muß sich der Versicherungsmathematiker entscheiden, welche Annahmen über den zukünftigen Verlauf getroffen werden sollen. Die Wahl dieser Annahmen beeinflußt nicht unwesentlich den zukünftigen Geschäftsverlauf der Versicherungsgesellschaft. Rechnet der Versicherungsmathematiker mit niedrigeren Sterbewahrscheinlichkeiten, als sie in der Zukunft tatsächlich eintreten, dann werden die Zahlungen der Gesellschaft der häufigeren Todesfälle wegen bei Todesfallversicherungen höher sein als angenommen. Die Gesellschaft erleidet also gegenüber der geplanten Gebarungsentwicklung einen Verlust. Rechnet der Versicherungsmathematiker mit überhöhten Sterbewahrscheinlichkeiten, dann werden die kostendeckenden Prämien für Todesfallversicherungen höher sein als notwendig. Für einzelne Versicherungen ist dann zwar in Zukunft ein Überschuß gegenüber der geplanten Gebarungsentwicklung zu erwarten, die überhöhten Prämien wirken sich jedoch bereits beim Abschluß der Versicherungen für die Gesellschaft ungünstig aus. Je höher die Prämie angesetzt wird, um so weniger werden die potentiellen Versicherungsnehmer bereit sein, eine derartige Versicherung abzuschließen. Die hierdurch entstehende Geschäftseinbuße wird um so größer sein, wenn andere Gesellschaften, die für ihre Prämienberechnungen keine überhöhten Sterbetafeln herangezogen haben, die gleichen Versicherungen zu niedrigeren Prämien anbieten. Die Gesellschaft erleidet daher durch die überhöhten Prämien voraussichtlich wesentlich größere Verluste als sie an Gewinnen bei der geringeren Zahl der mit überhöhten Prämien abgeschlossenen Versicherungen erwarten darf.

Die Lage des Versicherungsmathematikers bei der Entscheidung über die zur Prämienberechnung heranzuziehenden Sterbewahrscheinlichkeiten ist also dadurch gekennzeichnet, daß jedes Abweichen von den tatsächlich zutreffenden Sterbehäufigkeiten für die Gesellschaft einen finanziellen Verlust bedeutet. Seine Aufgabe muß darin bestehen, diesen Verlust so klein wie möglich zu machen. Aufgaben dieser und ähnlicher Art können mit den Methoden der Spieltheorie behandelt werden.

1.2 Zur Erläuterung der Methoden der Spieltheorie verwenden wir die Begriffe Zug, Strategie, Ende des Spieles und Auszahlungsfunktion.

Ein Spiel besteht darin, daß die Spieler eine Reihe von Entscheidungen treffen, „Züge" machen, und zwar so lange, bis das Ende des Spieles erreicht ist. Dann erhalten oder bezahlen die einzelnen Spieler bestimmte Beträge. Die Höhe dieser Beträge hängt vom Ergebnis des Spieles und dieses wiederum von den einzelnen Zügen ab. Die nach dem Ende des Spieles zu bezahlenden Beträge sind also eine Funktion der Züge. Die Funktion wird als Auszahlungsfunktion bezeichnet. Beispiele für Züge sind etwa die Züge im Schachspiel, das Bieten beim Wetten usw. Unter einer Strategie versteht man eine Regel, nach der die Züge erfolgen. Das Ende des Spieles ist zum Beispiel beim Schachspiel das Matt bzw. das Remis, beim Wetten der Eintritt des der Wette zugrunde liegenden Ereignisses. Die Auszahlungsfunktion kann beim Schachspiel etwa durch 0 für den Verlust, 1 für ein Remis und 2 für einen Gewinn festgelegt werden. Beim Wetten werden die auf Grund der Wette zu zahlenden Beträge als Auszahlungsfunktion gewählt.

Ein einfaches Zweipersonenspiel, also ein Spiel, an dem zwei Spieler beteiligt sind, ist etwa das folgende: Jeder der beiden Spieler wählt eine der Zahlen 1 oder 2, ohne zuvor von der Wahl des anderen Spielers Kenntnis zu haben. Haben beide Spieler die gleiche Zahl gewählt, dann zahlt Spieler 2 an Spieler 1 den Betrag 1, haben sie verschiedene Zahlen gewählt, dann zahlt Spieler 1 an Spieler 2 den Betrag 1. Der von Spieler 2 zu zahlende Betrag, die Auszahlungsfunktion, ist also im ersten Fall (gleiche Wahl) $+1$ und im zweiten Fall (ungleiche Wahl) -1. Die Summe der von beiden Spielern geleisteten Zahlungen ist in beiden Fällen Null. Man spricht von einem Zweipersonen-Nullsummenspiel. Die von Spieler 2 zu zahlenden Beträge können in Form einer Matrix angeordnet werden:

		Spieler 2	
	Züge	1	2
Spieler 1	1	$+1$	-1
	2	-1	$+1$

Diese Art des Spieles läßt sich leicht etwas verallgemeinern, wenn angenommen wird, daß der erste Spieler m Möglichkeiten zur Auswahl eines Zuges hat und der zweite Spieler n Möglichkeiten. Wählt der erste Spieler den i^{ten} Zug ($i = 1, \ldots, m$) und der zweite Spieler den j^{ten} Zug ($j = 1, \ldots, n$), dann muß der zweite Spieler an den ersten Spieler den Betrag a_{ij} bezahlen. Die möglichen Ergebnisse des Spieles werden dann durch die Matrix (a_{ij}) beschrieben. Wir betrachten nun ein Spiel mit der folgenden Matrix:

Spieler 2

Spieler 1

Züge	1	2
1	−1	−2
2	−2	3
3	1	2

Hier hat Spieler 1 drei Möglichkeiten, Spieler 2 zwei Möglichkeiten zu ziehen. Wählt Spieler 2 den Zug 1, dann wird er höchstens 1 bezahlen müssen (wenn Spieler 1 den Zug 3 wählt). Wählt Spieler 2 den Zug 2, dann kann Spieler 1 den Zug 2 wählen und Spieler 2 muß 3 bezahlen. Der beste Zug für Spieler 2 ist daher 1 und für Spieler 1 Zug 3. Man bezeichnet diese beiden Züge als Lösung des Spieles und den dabei zu bezahlenden Betrag 1 als Wert des Spieles.

Allgemeine Richtlinien für die Wahl des „besten" Zuges können folgendermaßen aufgestellt werden: Wählt Spieler 1 den i^{ten} Zug, dann wird Spieler 2 jenen Zug j wählen, der ihm unter allen in Betracht kommenden Werten der Auszahlungsfunktion a_{ij} das beste Ergebnis, also den geringsten Auszahlungsbetrag, sichert. Er wird also den Zug mit

$$\min_{(j)} a_{ij}$$

wählen. Da Spieler 1 dieses Verhalten von Spieler 2 voraussetzt, wird er jenen Zug i suchen, der ihm dann noch den größten Auszahlungsbetrag sichert, also

$$\max_{(i)} \min_{(j)} a_{ij} .$$

Umgekehrt wird Spieler 1 nach der Wahl des Zuges j durch Spieler 2 seinen Gewinn zu maximieren suchen und daher zu jedem von Spieler 2 gewählten Zug j den Zug i mit

$$\max_{(i)} a_{ij}$$

wählen. Spieler 2, dem dies bekannt ist, wird daher jenes j mit

$$\min_{(j)} \max_{(i)} a_{ij}$$

wählen. Welcher der beiden Fälle eintritt, hängt also davon ab, wer von den beiden Spielern zuerst wählt. Ist nun

$$\max_{(i)} \min_{(j)} a_{ij} = \min_{(j)} \max_{(i)} a_{ij} , \qquad (1.1.1)$$

dann sind die zu wählenden Züge i und j offenbar unabhängig von der Reihenfolge der Wahl. Man bezeichnet sie als Lösung des Spieles und den zugehörigen Auszahlungsbetrag a_{ij} als Wert des Spieles. Die Lösung des Spieles ist offenbar für beide Spieler optimal. Im vorigen Beispiel war

$$\max_{(i)} \min_{(j)} a_{ij} = \min_{(j)} \max_{(i)} a_{ij} = a_{31} = 1 .$$

Die Lösung ist daher $i = 3$, $j = 1$ und der Wert des Spieles ist 1.

Gleichung (1.1.1) muß aber nicht immer erfüllt sein. Im ersten Beispiel (S. 3) gilt etwa

$$\max_{(i)} \min_{(j)} a_{ij} = -1$$

$$\min_{(j)} \max_{(i)} a_{ij} = +1 .$$

Es ist daher

$$\max_{(i)} \min_{(j)} a_{ij} \neq \min_{(j)} \max_{(i)} a_{ij}$$

und wir können keine Lösung im bisher besprochenen Sinn angeben.

1.3 Ist die Beziehung (1.1.1) nicht erfüllt, dann hängt das Ergebnis des Spieles offenbar davon ab, wer von den beiden Spielern zuerst vom Zuge des anderen Kenntnis erhält. Die Spieler werden daher daran interessiert sein, ihre Züge nicht vorzeitig bekannt werden zu lassen. Über das von uns beschriebene Spiel können dann offenbar keine weiteren Aussagen gemacht werden. Ohne vom Zuge des Spielpartners Kenntnis zu haben, kann kein Zug eines Spieles als „besser" bezeichnet werden als die anderen. Nimmt man jedoch an, daß Spiele derselben Art öfters hintereinander wiederholt werden, dann sind weitergehende Aussagen über die „beste" Auswahl der verschiedenen Züge, also über die beste Strategie, möglich. Würde sich im Beispiel auf S. 3 der erste Spieler ständig auf die Auswahl des Zuges 1 festlegen, dann würde der zweite Spieler diese Strategie bald durchschauen und seinerseits ständig den Zug 2 wählen, womit er sich einen Gewinn von 1 sichert. Es liegt daher im Interesse der Spieler, in einem solchen Fall die Züge zu wechseln und — um die Wahl des einzelnen Zuges nicht bekannt werden zu lassen — die Auswahl der Züge einem Zufallsmechanismus zu überlassen. Die beste Strategie der Spieler besteht also in jenen Fällen, in denen (1.1.1) nicht erfüllt ist, in einer zufälligen Auswahl der Züge. Man bezeichnet solche Strategien als gemischte Strategien, während eine Regel, wonach die Züge nicht durch einen Zufallsmechanismus gewählt, sondern determiniert sind, als reine Strategie bezeichnet wird.

Gemischte Strategien sind durch die Wahrscheinlichkeiten gekennzeichnet, mit denen die einzelnen Züge gewählt werden. Es sei x_i die Wahrscheinlichkeit, mit der Spieler 1 den i^{ten} Zug wählt, und y_j die Wahrscheinlichkeit, mit der Spieler 2 den j^{ten} Zug wählt. Offenbar ist $x_i \geqq 0$, $y_j \geqq 0$ und $\sum_{i=1}^{m} x_i = \sum_{j=1}^{n} y_j = 1$. Der von Spieler 2 zu zahlende Betrag ist dann eine zufällige Variable mit dem Erwartungswert

$$E(a_{ij}) = \sum_{i=1}^{m} \sum_{j=1}^{n} x_i \, y_j \, a_{ij} .$$

Der Erwartungswert ist also von den Strategien der beiden Spieler abhängig. Die Strategien sind durch die Wahrscheinlichkeiten $x = (x_1, \ldots, x_m)$ und $y = (y_1, \ldots, y_n)$ gegeben. Wählt Spieler 1 eine bestimmte Strategie x, dann wird Spieler 2 jene Strategie y wählen, die den Erwartungswert des Auszahlungsbetrages zu einem Minimum macht, also jenes y mit

$$\min_{(y)} \sum_{i=1}^{m} \sum_{j=1}^{n} x_i \, y_j \, a_{ij} \, .$$

Da Spieler 1 dieses Verhalten von Spieler 2 voraussetzt, wird er jene Strategie x wählen, die ihm dann noch den größten Auszahlungsbetrag sichert, also

$$\max_{(x)} \min_{(y)} \sum_{i=1}^{m} \sum_{j=1}^{n} x_i \, y_j \, a_{ij} \, . \tag{1.1.2}$$

Aus analogen Überlegungen wird Spieler 2 eine Strategie y mit

$$\min_{(y)} \max_{(x)} \sum_{i=1}^{m} \sum_{j=1}^{n} x_i \, y_j \, a_{ij} \tag{1.1.3}$$

anstreben. In der Spieltheorie wird gezeigt (vgl. Abschn. III, Kap. 1), daß für Matrixspiele, das sind Spiele, bei denen die Auszahlungsfunktion in Form einer Matrix (a_{ij}) mit m Zeilen und n Spalten dargestellt werden kann, stets Strategien x und y gefunden werden können, für die (1.1.2) = (1.1.3) gilt. Da Spieler 1 keinen geringeren Auszahlungsbetrag als (1.1.2) und Spieler 2 keinen höheren Auszahlungsbetrag als (1.1.3) in Kauf nehmen muß, sind jene Strategien, für welche die beiden Ausdrücke (1.1.2) und (1.1.3) übereinstimmen, für beide Spieler optimal. Die zugehörigen x bzw. y sind die Lösung des Spieles und der Betrag von (1.1.2) bzw. von (1.1.3) ist der Wert des Spieles. Untersuchen wir nun das Spiel auf S. 3, dann sehen wir, daß seine Lösung durch $x_1 = x_2 = y_1 = y_2 = \frac{1}{2}$ gegeben ist. In diesem Fall ist nämlich, wie man leicht sieht, $E\,(a_{ij}) = 0$. Würde nun etwa Spieler 1 eine Strategie mit $x_1 > \frac{1}{2}$ und $x_2 < \frac{1}{2}$ wählen, dann ist

$$\min_{(y_1, y_2)} \sum_{i=1}^{2} \sum_{j=1}^{2} x_i \, y_j \, a_{ij} = -x_1 + x_2 < 0$$

für $y_1 = 1$, $y_2 = 0$. Diese Strategie ist also für Spieler 1 ungünstiger, da sie zu einem negativen Erwartungswert des Auszahlungsbetrages führt, während für die Lösung des Spieles der Erwartungswert des Auszahlungsbetrages gleich Null wird. Analog kann man zeigen, daß für Spieler 2 jede Strategie mit $y_1 \neq y_2$ bei entsprechender Strategie des Spielers 1 ungünstiger ist.

1.4 Eine weitere Verallgemeinerung der betrachteten Spiele besteht darin, daß beide Spieler ihre Züge nicht mehr unter m bzw. n Möglichkeiten, sondern aus zwei kontinuierlichen Mannigfaltigkeiten von Zügen wählen. Diese Mannigfaltigkeiten seien durch die Parameter v für den ersten Spieler und w für den zweiten Spieler gegeben. Die Auszahlungsfunktion, also jener Betrag, den Spieler 2 an Spieler 1 zu zahlen hat, sei $a(v, w)$. Jedem festen Wert von v bzw. w entspricht ein bestimmter Zug des ersten bzw. des zweiten Spielers. Die Parameter sollen aus den Intervallen

$$v_0 \leqq v \leqq v_1,\ v_0 \leqq w \leqq v_1 \tag{1.1.4}$$

gewählt werden können. Eine gemischte Strategie ist nun dadurch charakterisiert, daß der Spieler die einzelnen Züge des Spieles, also die Parameterwerte, mit einer bestimmten Wahrscheinlichkeit wählt. Es sei $V(v)$ die Verteilungsfunktion für die Auswahl des Parameters v und $W(w)$ die Verteilungsfunktion für die Auswahl des Parameters w. Der Erwartungswert des Auszahlungsbetrages ist dann

$$E[a(v, w)] = \int_{v_0}^{v_1} \int_{v_0}^{v_1} a(v, w)\, dV(v)\, dW(w)\,. \tag{1.1.5}$$

Wählt Spieler 2 eine Strategie, die durch die Verteilungsfunktion $W(w)$ charakterisiert ist, dann wird Spieler 1 seine Strategie, also die Verteilungsfunktion $V(v)$, so wählen, daß (1.1.5) ein Maximum wird. Er wählt also ein $V(v)$ mit

$$\max_{V(v)} \int_{v_0}^{v_1} \int_{v_0}^{v_1} a(v, w)\, dV(v)\, dW(w)\,.$$

Spieler 2 wird versuchen, den Erwartungswert des Auszahlungsbetrages zu einem Minimum zu machen, also ein $W(w)$ mit

$$\min_{W(w)} \max_{V(v)} \int_{v_0}^{v_1} \int_{v_0}^{v_1} a(v, w)\, dV(v)\, dW(w) \tag{1.1.6}$$

zu erreichen. Aus den in Punkt 1.3 dargelegten Gründen wird Spieler 1, der ein Maximum des Erwartungswertes des Auszahlungsbetrages anstrebt, ein $V(v)$ mit

$$\max_{V(v)} \min_{W(w)} \int_{v_0}^{v_1} \int_{v_0}^{v_1} a(v, w)\, dV(v)\, dW(w) \tag{1.1.7}$$

anstreben. Jene Verteilungsfunktionen $V(v)$ und $W(w)$, für welche (1.1.6) mit (1.1.7) übereinstimmt, bezeichnet man als Lösung des Spieles und den zugehörigen Wert der Ausdrücke (1.1.6) und (1.1.7) als Wert des Spieles.

Wir leiten die Lösung eines solchen Spieles für Auszahlungsfunktionen ab, die im Bereich (1.1.4) den folgenden Bedingungen genügen:

a) $a(v, w)$ ist in v und in w stetig.

b) Für $v \neq w$ existieren die partiellen Ableitungen $\frac{\partial a(v, w)}{\partial v}$ und $\frac{\partial a(v, w)}{\partial w}$.

Die Ableitungen sind stetig und erfüllen die Ungleichungen

$$\frac{\partial a(v,w)}{\partial v}\begin{cases}\geqq 0 \text{ für } v > w,\\ \leqq 0 \text{ für } v < w,\end{cases} \qquad \frac{\partial a(v,w)}{\partial w}\begin{cases}\geqq 0 \text{ für } v < w,\\ \leqq 0 \text{ für } v > w.\end{cases} \tag{1.1.8}$$

Für $v = w$ existieren die entsprechenden rechtsseitigen bzw. linksseitigen Ableitungen.

c) Für $v \neq w$ gelte

$$\frac{\partial^2 a(v,w)}{\partial w^2} \geqq 0 . \tag{1.1.9}$$

Wie aus (1.1.8) hervorgeht, nimmt der Wert der Auszahlungsfunktion mit steigender Differenz $v - w$ zu. (1.1.9) bedeutet, daß $a(v, w)$ in w konvex ist.

1.5 *Satz:* Es gibt ein w^* aus dem Intervall $v_0 \leqq w^* \leqq v_1$ mit

$$a(v_0, w^*) = a(v_1, w^*) = a, \tag{1.1.10}$$

$$\min_{W(w)} \max_{V(v)} \int_{v_0}^{v_1}\int_{v_0}^{v_1} a(v,w)\,dV(v)\,dW(w) \leqq a, \tag{1.1.11}$$

$$\max_{V(v)} \min_{W(w)} \int_{v_0}^{v_1}\int_{v_0}^{v_1} a(v,w)\,dV(v)\,dW(w) \geqq a. \tag{1.1.12}$$

Beweis: Wir beweisen zunächst (1.1.10). Aus (1.1.8) folgt

$$a(v_0, v_1) - a(v_1, v_1) \geqq 0,$$
$$a(v_0, v_0) - a(v_1, v_0) \leqq 0.$$

Die stetige Funktion $\varphi(w) = a(v_0, w) - a(v_1, w)$ ist daher in $w = v_1$ größer oder gleich Null und in $w = v_0$ kleiner oder gleich Null. Sie besitzt mindestens eine Nullstelle w^* mit $v_0 \leqq w^* \leqq v_1$, für welche (1.1.10) erfüllt ist.

Zum Beweis von (1.1.11) beachten wir, daß wegen (1.1.8) die folgenden Ungleichungen gelten:

$$a(v,w)\begin{cases}\leqq a(v_0, w) \text{ für } w \geqq v,\\ \leqq a(v_1, w) \text{ für } w \leqq v.\end{cases}$$

Daraus folgt

$$\max_{V(v)} \int_{v_0}^{v_1} a(v,w)\,dV(v) \leqq \max\{a(v_0,w), a(v_1,w)\}.$$

Für $w = w^*$ gilt wegen (1.1.10)

$$\max\{a(v_0,w^*), a(v_1,w^*)\} = a$$

und daher auch

$$\max_{V(v)} \int_{v_0}^{v_1} a(v,w^*)\,dV(v) \leqq a. \tag{1.1.13}$$

(1.1.11) folgt nun aus (1.1.13). Wir müssen noch (1.1.12) beweisen. Aus (1.1.8) folgt

$$\frac{\partial\, a\,(v_0, w)}{\partial\, w} \geqq 0\,, \quad \frac{\partial\, a\,(v_1, w)}{\partial\, w} \leqq 0\,.$$

Es gibt daher sicher ein α aus dem Intervall $0 \leqq \alpha \leqq 1$, für welches die Gleichung

$$\alpha \left.\frac{\partial\, a\,(v_0, w)}{\partial\, w}\right|_{w\,=\,w^*} + (1-\alpha) \left.\frac{\partial\, a\,(v_1, w)}{\partial\, w}\right|_{w\,=\,w^*} = 0 \qquad (1.1.14)$$

erfüllt ist. Setzen wir $\psi\,(w) = \alpha\, a\,(v_0, w) + (1-\alpha)\, a\,(v_1, w)$, dann folgt aus (1.1.10) und (1.1.14)

$$\psi\,(w^*) = a,\ \psi'\,(w^*) = 0\,.$$

Wegen (1.1.9) gilt

$$\psi''\,(w^*) = \alpha \left.\frac{\partial^2\, a\,(v_0, w)}{\partial\, w^2}\right|_{w\,=\,w^*} + (1-\alpha) \left.\frac{\partial^2\, a\,(v_1, w)}{\partial\, w^2}\right|_{w\,=\,w^*} \geqq 0\,.$$

$\psi\,(w)$ besitzt daher in $w = w^*$ ein Minimum und es gilt

$$\psi\,(w) \geqq \psi\,(w^*) = a \text{ für } v_0 \leqq w \leqq v_1\,.$$

Daraus folgt

$$\begin{aligned} &\min_{W\,(w)} \int_{v_0}^{v_1} \{\alpha\, a\,(v_0, w) + (1-\alpha)\, a\,(v_1, w)\}\, dW\,(w) \\ &\qquad = \min_{W\,(w)} \int_{v_0}^{v_1} \psi\,(w)\, dW\,(w) \geqq a\,. \end{aligned} \qquad (1.1.15)$$

Die gewünschte Abschätzung des Erwartungswertes des Auszahlungsbetrages wird nun durch die Strategie

$$V\,(v) = \begin{cases} 0 \text{ für } v \leqq v_0 \\ \alpha \text{ für } v_0 < v \leqq v_1 \\ 1 \text{ für } v_1 < v \end{cases} \qquad (1.1.16)$$

gesichert, für die (1.1.12) aus (1.1.15) folgt. Damit ist der Satz vollständig bewiesen.

Ein Spiel mit einer nach Punkt 1.4 eingeführten Auszahlungsfunktion hat daher im Bereich (1.1.4) mindestens eine Lösung. Der Wert des Spieles ist a. Eine Lösung ist die Strategie $w = w^*$ gemäß (1.1.10) für den Spieler 2 und die Strategie (1.1.16) für den Spieler 1. Die Lösung gibt optimale Strategien der beiden Spieler an, wobei der Ausdruck optimal in dem Sinne zu verstehen ist, daß bei entsprechendem Gegenspiel Spieler 1 keinen höheren und Spieler 2 keinen geringeren Erwartungswert des Auszahlungsbetrages erreichen kann als a, wie dies durch (1.1.11) und (1.1.12) angegeben wird.

1.6 Wir haben nun die Aufgabe, das Problem der Wahl der Sterbetafel so zu formulieren, daß die Methoden der Spieltheorie darauf angewendet werden können. Die Wahl einer bestimmten Sterbetafel durch den Versicherungsmathematiker wird als „Zug“ in einem Spiel aufgefaßt. Die tatsächlichen Sterbehäufigkeiten werden von der Natur festgesetzt, und wir wollen die Natur als gleichberechtigten Spieler ansehen. Weichen die vom Versicherungsmathematiker verwendeten Sterbewahrscheinlichkeiten von den tatsächlichen Sterbewahrscheinlichkeiten, wie sie die Natur festsetzt, ab, dann erleidet die Versicherungsgesellschaft einen Schaden. In Punkt 1.2 wird festgestellt, daß die Gesellschaft sowohl bei zu hoch als auch bei zu niedrig angenommenen Sterbewahrscheinlichkeiten einen Verlust erleidet. Wenn wir diesen Verlust als Auszahlungsfunktion des Spieles ansehen, dann können wir die Verhältnisse folgendermaßen beschreiben:

Es findet ein Spiel zwischen dem ersten Spieler, der Natur, und dem zweiten Spieler, dem Versicherungsmathematiker, statt. Die Züge dieses Spieles bestehen in der Auswahl einer Sterbetafel, also in der Auswahl bestimmter Sterbehäufigkeiten. Das Ende eines Spieles ist dann eingetreten, wenn sowohl die Natur, der erste Spieler, als auch der Versicherungsmathematiker, der zweite Spieler, ihre Sterbehäufigkeiten gewählt haben. Offenbar wählt die Natur die Sterbehäufigkeiten zu einem späteren Zeitpunkt als der Versicherungsmathematiker. Nach Beendigung des Spieles zahlt Spieler 2, also der Versicherungsmathematiker, den durch die Auszahlungsfunktion bestimmten Betrag. Wir wissen, daß die Gesellschaft einen Verlust erleidet, wenn der Versicherungsmathematiker Sterbehäufigkeiten wählt, die mit den von der Natur gewählten Sterbehäufigkeiten nicht übereinstimmen. Es ist nun naheliegend, diesen Verlust als Auszahlungsfunktion des Spieles einzuführen. Spieler 2 wird dann jedenfalls bestrebt sein, den Verlust so klein wie möglich zu halten.

Spieler 1, also die Natur, ist wohl kaum an einem besonders hohen Auszahlungsbetrag interessiert, wie dies bei den spieltheoretischen Untersuchungen vorausgesetzt wurde. Das spieltheoretische Modell stimmt also mit der Wirklichkeit nicht völlig überein. Trotzdem ist eine optimale Strategie, wie sie durch die Beziehungen (1.1.10), (1.1.11) und (1.1.12) angegeben wird, auch für unser Modell in gewissem Sinn optimal. Diese Strategie sichert nämlich dem Spieler 2 eine obere Grenze a für seinen maximalen Verlust. Der Versicherungsmathematiker kann also erreichen, daß der Verlust infolge einer falschen Einschätzung der Sterbehäufigkeiten einen maximalen Wert nicht übersteigt. Der für Spieler 2 optimale Wert (1.1.6) kann jedoch dann weiter verkleinert werden, wenn Spieler 2 über Informationen verfügt, die besagen, daß Spieler 1 bestimmte Strategien $V(v)$ nicht spielen wird. Schränkt man die Menge der zulässigen Verteilungsfunktionen $V(v)$, also der zulässigen Strategien von Spieler 1, ein, dann kann (1.1.6) verkleinert werden. Spieler 2, der ein Interesse an einem möglichst kleinen Wert von (1.1.6) hat, wird also daran interessiert sein, Informationen über die zu erwartenden Strategien $V(v)$ des Spielers 1 zu sammeln.

Ein Einblick in die Strategien der Natur kann im allgemeinen nur aus der Beobachtung der Entwicklung der Sterbehäufigkeiten in der Vergangenheit erfolgen. Die Kenntnisse des Versicherungsmathematikers über die von der Natur zu wählenden Sterbehäufigkeiten stammen aus jenen Zeitabschnitten der Vergangenheit, für welche entsprechende Erhebungen vorgenommen worden sind. Eine Versicherungsgesellschaft ist in der Lage, die Sterbehäufigkeiten für die bei ihr versicherten Personen jährlich zu bestimmen. Für die Gesamtbevölkerung eines ganzen Landes aber werden die Sterbehäufigkeiten nur in den Jahren der Volkszählung, also meist alle 10 Jahre, bekannt. Aussagen über die zukünftige Entwicklung sind auf Grund einer Extrapolation der Ergebnisse der Vergangenheit in die Zukunft möglich. Die Erfahrung zeigt nun in den meisten Ländern, daß in nahezu allen Altersgruppen eine Abnahme der Sterbehäufigkeiten zu beobachten ist. Ein Versuch, die Abnahme der Sterbehäufigkeiten formelmäßig zu erfassen, muß natürlich von stark vereinfachenden Annahmen ausgehen, da die Vielfalt aller die Sterbehäufigkeiten beeinflussenden Faktoren diese einer vollständigen Erfassung entzieht. Entwicklungen auf dem Gebiete der Medizin, aber auch Veränderungen wirtschaftlicher Art können die Sterbehäufigkeiten in unvorhergesehener Weise beeinflussen.

Die Beobachtung der Werte aus der Vergangenheit zeigt, daß die einjährige Sterbewahrscheinlichkeit für einen x-Jährigen in Abhängigkeit von der Zeit vielfach durch eine Formel der Gestalt

$$q(x, t) = q(x, t_0)\, e^{-\lambda_x (t-t_0)} \qquad (1.1.17)$$

beschrieben werden kann, wobei $q(x, t_0)$ die einjährige Sterbewahrscheinlichkeit eines x-Jährigen für den Zeitpunkt t_0 ist. Die Sterbewahrscheinlichkeiten werden also exponentiell fallend angenommen und die jeweilige Geschwindigkeit der Abnahme wird durch einen altersabhängigen Parameter λ_x bestimmt. Dieser Form der Abhängigkeit der Sterbewahrscheinlichkeit von der Zeit darf nicht der Charakter eines Naturgesetzes beigemessen werden. Für $t \to \infty$ strebt der nach dieser Formel berechnete Wert $q(x, t)$ gegen Null und es ist fraglich, ob ein solches Ergebnis tatsächlich zu erwarten ist. Die Formel wird jedoch in der Praxis für Zeiträume von höchstens einigen Dezennien angewendet werden und sie braucht daher nur für diese Zeiträume passende Ergebnisse zu liefern. Sollte in einem speziellen Fall eine andere Extrapolation der Sterbewahrscheinlichkeiten angemessen erscheinen, dann lassen sich die im folgenden abgeleiteten Ergebnisse ebenfalls anwenden; sie sind dann nur der gewählten Extrapolationsformel entsprechend zu modifizieren.

Für $\lambda_x = 0$ wird $q(x, t) = q(x, t_0)$. Die Sterbewahrscheinlichkeiten sind also in diesem Fall von der Zeit unabhängig. Es liegen dann genau jene Verhältnisse vor, wie sie bei der Anwendung einer unveränderlichen Sterbetafel, also einer Periodentafel, vorausgesetzt werden. Untersuchungen von P. Nolfi [*41*] über die Entwicklung der Sterbewahrscheinlichkeiten lassen vermuten, daß die Größen λ_x gegenwärtig für die schweizerische Wohnbevölkerung annähernd mit $\frac{\ln 2}{x}$ nach oben abgeschätzt werden können. Solche Ergebnisse dürfen natürlich nicht kritiklos verallgemeinert werden. Es zeigt sich aber, daß die Abgrenzung eines Bereiches, in unserem Fall des Bereiches

$$0 \leqq \lambda_x \leqq \frac{\ln 2}{x} \tag{1.1.18}$$

möglich ist, in dem die Größen λ_x liegen. Da die Größen λ_x die Grundlage für die Berechnung der Sterbewahrscheinlichkeiten, diese wieder die Grundlage für die Ermittlung von Versicherungswerten bilden, kann mit Hilfe von (1.1.17) und (1.1.18) für jeden Versicherungswert ein Bereich angegeben werden, in den der von der Natur gewählte tatsächliche Wert voraussichtlich fällt. Die weiteren Ergebnisse unserer Untersuchung sind analog anwendbar, wenn statt (1.1.18) ein anderer Bereich für die Abgrenzung der Sterbewahrscheinlichkeiten gewählt wird.

Wir wollen also annehmen, daß die Natur bei der Auswahl der wahren Sterbewahrscheinlichkeiten sich auf Strategien beschränkt, die mit (1.1.17) und (1.1.18) verträglich sind. Wird jede Berechnung eines Versicherungswertes, also etwa der Prämie für eine Erlebens- oder Ablebensversicherung, als ein „Spiel gegen die Natur" aufgefaßt, dann können wir statt der Auswahl der Sterbewahrscheinlichkeiten die Auswahl des Versicherungswertes als „Zug" der Natur ansehen. Wir haben dann jene Situation vor uns, die wir in Punkt 1.4 beschrieben haben. Spieler 1, die Natur, wählt den wahren Versicherungswert v aus einem Bereich $v_0 \leqq v \leqq v_1$. Der Versicherungsmathematiker wählt einen Versicherungswert w aus demselben Bereich. Unsere Aufgabe ist es, die beste Wahl des Versicherungsmathematikers zu beschreiben.

1.7 Um nun die beste Wahl, die beste Strategie, für den Versicherungsmathematiker zu ermitteln, müssen wir die Auszahlungsfunktion näher bestimmen. Es war $a(v, w)$ der von Spieler 2 an Spieler 1 zu zahlende Betrag, also der Verlust für den Fall, daß der Versicherungsmathematiker w, die Natur aber v wählt. Dieser Verlust wird umso größer, je größer der Unterschied zwischen den beiden Versicherungswerten ist. Man wird daher annehmen können, daß die Auszahlungsfunktion den Beziehungen (1.1.8) und (1.1.9) genügt.

Wir betrachten zunächst den einfachsten Fall einer linearen Abhängigkeit und nehmen an, es sei

$$a\,(v, w) = \begin{cases} \alpha\,(w - v) \text{ für } w \geqq v\,, \\ \beta\,(v - w) \text{ für } v \geqq w\,. \end{cases}$$

Für den Fall $v = w$, wenn also der Versicherungsmathematiker den von der Natur gewählten Versicherungswert genau errät, ist der durch eine Fehleinschätzung entstehende Verlust gleich Null. Die Größen v_0 und v_1 lassen wir vorerst noch unbestimmt.

Auf Grund der Ergebnisse aus Punkt 1.5 können wir zunächst einen Wert w^* bestimmen, der (1.1.10) erfüllt. Es gilt

$$a\,(v_0, w) = \alpha\,(w - v_0)\,,$$
$$a\,(v_1, w) = \beta\,(v_1 - w)\,.$$

Aus (1.1.10) folgt

$$\alpha\,(w^* - v_0) = \beta\,(v_1 - w^*)$$

und daraus

$$w^* = \frac{\alpha\, v_0 + \beta\, v_1}{\alpha + \beta}\,. \tag{1.1.19}$$

Dieser Wert w^* ist eine optimale Strategie für den Versicherungsmathematiker. Nun gilt

$$a\,(v_0, w^*) = a\,(v_1, w^*) = a = \frac{\alpha\,\beta}{\alpha + \beta}\,(v_1 - v_0)\,. \tag{1.1.20}$$

Durch die Wahl des Versicherungswertes w^* aus (1.1.19) erreicht der Versicherungsmathematiker, daß der durch eine Fehleinschätzung entstehende Verlust nicht größer werden kann als der Wert a aus (1.1.20).

Das Intervall $[v_0, v_1]$, aus dem die Natur und der Versicherungsmathematiker den Versicherungswert wählen, können wir mit Hilfe von (1.1.18) ermitteln. Es darf angenommen werden, daß der gesuchte Versicherungswert in jeder der in Betracht kommenden Größen λ_x monoton ist. Handelt es sich etwa um eine lebenslängliche Todesfallversicherung, dann ist die Einmalprämie für diese Todesfallversicherung in jedem der in Betracht kommenden q_x monoton steigend. Der Versicherungswert ist daher, wie aus (1.1.17) hervorgeht, in jedem λ_x monoton fallend. Er wird für $\lambda_x = 0$ seinen größten und für $\lambda_x = \dfrac{\ln 2}{x}$ seinen kleinsten Wert annehmen. Die Grenzen des Intervalls, aus dem der Versicherungswert stammen kann, erhalten wir, wenn wir die Größen λ_x abwechselnd alle gleich Null oder alle gleich $\dfrac{\ln 2}{x}$ setzen, den kleinsten Wert, also v_0, erhalten wir für $\lambda_x = \dfrac{\ln 2}{x}$ und den größten Wert v_1 für $\lambda_x = 0$.

Mit Hilfe der so gewonnenen Werte v_0 und v_1 kann die optimale Strategie w^* aus (1.1.19) errechnet werden. Der Versicherungsmathematiker kann durch die Wahl von w^* als Versicherungswert seinen Verlust kleiner oder höchstens gleich (1.1.20) machen.

Ein etwas anderes Ergebnis erhalten wir, wenn wir annehmen, daß der bei einer Abweichung des geschätzten Versicherungswertes vom tatsächlichen Versicherungswert eintretende Verlust nicht dem Fehler proportional ist, sondern etwa proportional dem Quadrat des Fehlers ansteigt. Die Auszahlungsfunktion

$$a(v, w) = \alpha (v - w)^2$$

beschreibt einen derartigen Fall. Sie erfüllt offenbar die Beziehungen (1.1.8) und (1.1.9). (1.1.10) lautet nun

$$\alpha (v_1 - w^*)^2 = \alpha (w^* - v_0)^2$$

und daraus folgt

$$w^* = \frac{v_0 + v_1}{2} .$$

Der Versicherungsmathematiker wird daher als beste Strategie das arithmetische Mittel zwischen den beiden möglichen Extremwerten für den gesuchten Versicherungswert wählen. Setzt man diesen Wert w^* in (1.1.10) ein, dann findet man, daß der entstehende Verlust sicher nicht größer wird als

$$a = \frac{(v_1 - v_0)^2}{4} .$$

In analoger Weise können andere Auszahlungsfunktionen, die (1.1.8) und (1.1.9) erfüllen, behandelt werden.

1.8 Die in diesem Kapitel hergeleitete Methode gestattet es, einen optimalen Versicherungswert zu ermitteln, wobei der Ausdruck optimal im Sinne des kleinstmöglichen Maximalverlustes (1.1.11) zu verstehen ist. Die optimale Strategie des Versicherungsmathematikers läßt sich unter Zugrundelegung einer Auszahlungsfunktion mit den Eigenschaften (1.1.8) und (1.1.9) und eines Intervalls $[v_0, v_1]$ für die zugelassenen Versicherungswerte bestimmen. Was die Wahl des Intervalls $[v_0, v_1]$ betrifft, so haben wir in Punkt 1.6 gezeigt, auf welche Weise ein derartiges Intervall gewonnen werden kann. Die dort gemachten Aussagen werden jedoch nicht in allen Fällen zutreffen. Bei der Anwendung der Methode ist es immer notwendig, zu prüfen, durch welche Überlegungen Aussagen über die untere Grenze v_0 und die obere Grenze v_1 für den gesuchten Versicherungswert gewonnen werden können.

Neben der Ermittlung der extremalen Versicherungswerte ist die Frage der Wahl der Auszahlungsfunktion von besonderer praktischer Bedeutung. Allgemein können kaum genauere Aussagen gemacht werden.

Konkrete Angaben über die Funktion $a(v, w)$ können nur auf Grund eingehender Untersuchungen der Versicherungsgesellschaft gewonnen werden. Es ist anzunehmen, daß bei Todesfallversicherungen die Funktion $a(v, w)$ für $v > w$, also der Verlust der Gesellschaft bei einem zu niedrig angesetzten Versicherungswert, leichter ermittelt werden kann als für $v < w$. Wurde der Versicherungswert zu niedrig gewählt, dann entsteht der Verlust auf Grund der höheren Sterbehäufigkeiten offenbar durch die häufigere Auszahlung von Versicherungssummen und seine Ermittlung ist im wesentlichen eine Frage der Berechnung. Man sieht allerdings dabei davon ab, daß unter Umständen gerade deshalb mehr Versicherungen abgeschlossen wurden, weil die Prämien zu niedrig angesetzt wurden, wodurch ebenfalls das Ausmaß des Verlustes beeinflußt werden kann. Anders steht es im Falle $v < w$. Der Schaden, der der Versicherungsgesellschaft dadurch erwächst, daß Versicherungen zu überhöhten Prämien seltener abgeschlossen werden, wird im allgemeinen nur in grober Annäherung abzuschätzen sein. Das mathematische Modell, wie wir es hier für die Behandlung unserer Probleme verwendet haben, kann den Versicherungsmathematiker zwar bei seinen Entscheidungen unterstützen; es kann ihm jedoch nie die letzte Entscheidung abnehmen.

2. Die Übersterblichkeit

2.1 Der Abschluß einer Lebensversicherung, die über einen äußerst kurzfristigen Schutz, wie ihn etwa eine Flugversicherung darstellt, hinausgeht, wird im allgemeinen von den Versicherungsgesellschaften nur nach einer ärztlichen Untersuchung des Versicherungswerbers vorgenommen. Zweck dieser Untersuchung ist es, den allgemeinen Gesundheitszustand des Versicherungswerbers zu überprüfen, um auf diese Weise einer negativen Riskenauslese vorzubeugen. Die Versicherungsgesellschaft will verhindern, daß Personengruppen mit erhöhter Sterblichkeit die auf Grund der Sterbetafeln zu erwartenden Sterbehäufigkeiten in einer für die Gesellschaft ungünstigen Weise beeinflussen. Bei den nach einer solchen ärztlichen Untersuchung ausgeschlossenen Personen handelt es sich um „erhöhte Risken", also um Personen mit einer höheren Sterblichkeit, als es dem Gesamtdurchschnitt der Versicherten entsprechen würde.

Um auch diesen Personen die Möglichkeit einer Versicherung zu bieten, werden die Versicherungswerber entsprechend der für sie zu erwartenden Sterbehäufigkeiten in Risikogruppen eingeteilt. Der größten Gruppe der „normalen Risken" stehen eine oder mehrere Gruppen von „erhöhten" Risken gegenüber. Die Zuordnung von Versicherungswerbern zu derartigen Risikogruppen ist nicht immer leicht. Eine der Schwierigkeiten, auf die man beim Versuch der Gruppenbildung stößt, besteht darin, daß zwar durch die ärztliche Untersuchung eine Gruppeneinteilung entsprechend dem medizinischen Befund möglich ist, die verhältnismäßig geringe Zahl der in die einzelnen Gruppen fallenden Personen jedoch eine genaue Bestimmung der Sterbehäufigkeiten erschwert. Auf Grund der ärztlichen Untersuchungen können zwar Gruppeneinteilungen getroffen werden, jedoch bleibt die Bestimmung der Sterbehäufigkeiten für die auf Grund medizinischer Diagnosen erhaltenen Gruppen eine nicht immer leicht zu lösende Aufgabe.

Das höhere Risiko der in der entsprechenden Risikogruppe eingereihten Versicherungswerber wird sich in der Weise zeigen, daß die Sterbewahrscheinlichkeiten, welche die Sterbehäufigkeiten für die Mitglieder der Gruppe beschreiben, größer sind als die entsprechenden Sterbewahrscheinlichkeiten der gesamten Bevölkerung bzw. der Gruppen des „normalen Risikos“. Zur Beschreibung des erhöhten Risikos müssen also Sterbewahrscheinlichkeiten für alle Alter der Mitglieder der Gruppe gebildet werden. Die Schwierigkeit, aus dem ohnehin im allgemeinen nicht sehr umfangreichen Beobachtungsmaterial Aussagen über eine solche Vielzahl von Parametern zu machen — für jedes Einzelalter muß eine Sterbewahrscheinlichkeit abgeschätzt werden — führt dazu, daß nach Methoden gesucht wurde, die höheren Sterbewahrscheinlichkeiten der erhöhten Risken einfacher zu beschreiben. Eine derartige Methode beruht auf der Annahme, daß die Sterbewahrscheinlichkeit $\bar{q}_x$ für ein Mitglied der Gruppe des erhöhten Risikos jeweils um den gleichen Prozentsatz höher ist als die Sterbewahrscheinlichkeit q_x für die Gruppe des normalen Risikos. Man nimmt also an, es gilt

$$\bar{q}_x = \alpha\, q_x \text{ mit } \alpha > 1\,, \tag{1.2.1}$$

und zwar unabhängig vom Alter x. Die höhere Sterbewahrscheinlichkeit für die Gruppe des erhöhten Risikos — sie soll als Übersterblichkeit bezeichnet werden — drückt sich dann durch einen einzigen Parameter aus, dessen Bestimmung aus einer Stichprobe verhältnismäßig geringen Umfanges sicher leichter ist als die Bestimmung sämtlicher Werte $\bar{q}_x$ für alle verschiedenen Alter x gesondert. Wir wollen hier auf eine Prüfung, unter welchen Voraussetzungen eine derartige multiplikative Übersterblichkeit angenommen werden kann, verzichten und uns im weiteren der Frage der Bestimmung des Parameters der Übersterblichkeit α zuwenden.

2.2 Auf Grund einer medizinischen Untersuchung von Versicherungswerbern sei eine Gruppe von Personen erhöhten Risikos ausgesondert worden, für welche der Parameter der Übersterblichkeit bestimmt werden soll. Wir wollen annehmen, daß diese Gruppe von Personen ein Jahr hindurch beobachtet worden ist, so daß auch die Zahl der Todesfälle, die in diesem einen Jahr für jedes Alter x eingetreten sind, bekannt ist. Wir kennen also die Zahlen L_x der Personen der Gruppe des Alters x und die

Zahlen T_x der auf diese Personen im Laufe eines Jahres entfallenden Todesfälle für alle Alter x. Außerdem seien die Sterbewahrscheinlichkeiten q_x für die normalen Risken bekannt. Gesucht sind die Sterbewahrscheinlichkeiten $\bar{q}_x$ für die Mitglieder der Gruppe. Unter der Annahme einer multiplikativen Übersterblichkeit gemäß (1.2.1) ist dann der Parameter α gesucht, der ein Maß für die Übersterblichkeit darstellt.

Würde die Zahl der Todesfälle für jedes Alter genau den Sterbewahrscheinlichkeiten entsprechen, dann müßte $\bar{q}_x = \frac{T_x}{L_x}$ gelten. Die Größe α wäre demnach wegen (1.2.1) durch

$$\alpha = \frac{T_x}{L_x\, q_x}$$

bestimmt. Da aber die Zahl der Todesfälle T_x immer um den der Sterbewahrscheinlichkeit entsprechenden Wert schwankt, wird der so errechnete Wert von x abhängen und von Alter zu Alter verschieden sein. Eine naheliegende Methode der Bestimmung von α besteht nun darin, sämtliche Alter x in die Berechnung einzubeziehen und α mit der Schätzfunktion

$$\hat{\alpha} = \frac{\sum\limits_{(x)} T_x}{\sum\limits_{(x)} L_x\, q_x} \tag{1.2.2}$$

abzuschätzen. Der nach dieser Formel berechnete Wert $\hat{\alpha}$ ist sicher eindeutig.

$\hat{\alpha}$ wird auf Grund der Größen L_x, q_x und T_x errechnet. Die Größen q_x sind feste Parameter, während die Größen L_x und T_x zufällige Größen sind. L_x hängt davon ab, wieviele Personen des Alters x sich der ärztlichen Untersuchung unterziehen und auf Grund des Befundes in die Gruppe des erhöhten Risikos eingereiht werden und T_x hängt davon ab, wieviele Personen davon im Laufe eines Jahres sterben, wenn die Sterbewahrscheinlichkeit für ein x-jähriges Mitglied der Gruppe den festen aber unbekannten Wert $\bar{q}_x$ hat. Werden die Größen L_x als zufällige Variable aufgefaßt, dann ist es schwer, Aussagen über ihre Verteilung zu erhalten. Vor allem im Hinblick auf den verhältnismäßig geringen Umfang des betrachteten Personenkreises werden kaum genauere Angaben über die Verteilung der Größen L_x gemacht werden können. Da die Größen L_x außerdem für sich allein noch keine Aussage über die Sterbewahrscheinlichkeiten $\bar{q}_x$, die wir hier untersuchen wollen, ermöglichen, wollen wir sie als feste Größen annehmen. Die Größen T_x hingegen betrachten wir als zufällige Variable mit dem Erwartungswert

$$E\,(T_x) = L_x\,\bar{q}_x\,. \tag{1.2.3}$$

Die Streuung von T_x hat dann die Form

$$\sigma^2\,(T_x) = L_x\,\bar{q}_x\,(1 - \bar{q}_x) = L_x\,\alpha\,q_x\,(1 - \alpha\,q_x)\,. \tag{1.2.4}$$

Aus (1.2.1), (1.2.2) und (1.2.3) folgt

$$E(\hat{\alpha}) = \frac{\sum\limits_{(x)} E(T_x)}{\sum\limits_{(x)} L_x q_x} = \frac{\sum\limits_{(x)} L_x \bar{q}_x}{\sum\limits_{(x)} L_x q_x} = \alpha .$$

$\hat{\alpha}$ ist daher eine erwartungstreue Schätzfunktion für den gesuchten Parameterwert α. $\hat{\alpha}$ ist aber nicht die einzige erwartungstreue Schätzfunktion. Wir interessieren uns im folgenden für alle linearen erwartungstreuen Schätzfunktionen für α.

2.3 Zur Bildung der Schätzfunktion stehen die Größen L_x und T_x zur Verfügung. Die Größen L_x werden als feste Werte angenommen, die Größen T_x als zufällige Variable. Für das Alter x sollen die Werte $x = 1, \ldots, \omega$ zugelassen sein. Eine Schätzfunktion $\hat{\alpha}$ für den Parameter α, die aus den zufälligen Variablen $T_1, \ldots, T_\omega$ gebildet wird, heißt linear, wenn sie die Beziehung

$$\hat{\alpha}\,(T_1, \ldots, T_\omega) = \sum_{\nu=1}^{\omega} a_\nu T_\nu \tag{1.2.5}$$

erfüllt. Soll eine solche Schätzfunktion erwartungstreu sein, dann muß die folgende Gleichung gelten:

$$E\,(\hat{\alpha}) = \sum_{\nu=1}^{\omega} a_\nu E\,(T_\nu) = \alpha . \tag{1.2.6}$$

Nun ist aber

$$E\,(T_\nu) = L_\nu \bar{q}_\nu = \alpha\, L_\nu\, q_\nu .$$

Aus (1.2.6) folgt daher

$$\sum_{\nu=1}^{\omega} a_\nu E\,(T_\nu) = \alpha \sum_{\nu=1}^{\omega} a_\nu L_\nu q_\nu = \alpha$$

und daraus

$$\sum_{\nu=1}^{\omega} a_\nu L_\nu q_\nu = 1 . \tag{1.2.7}$$

Wählen wir ω beliebige endliche Größen $b_1, \ldots, b_\omega$ mit $\sum\limits_{\nu=1}^{\omega} b_\nu L_\nu q_\nu \neq 0$, dann erfüllen die Größen a_ν mit

$$a_\nu = \frac{b_\nu}{\sum\limits_{\mu=1}^{\omega} b_\mu L_\mu q_\mu}$$

die Beziehung (1.2.7). Wir können daher jede lineare erwartungstreue Schätzfunktion von α in der Gestalt

$$\hat{\alpha} = \hat{\alpha}\,(T_1, \ldots, T_\omega) = \frac{\sum\limits_{\nu=1}^{\omega} b_\nu T_\nu}{\sum\limits_{\nu=1}^{\omega} b_\nu L_\nu q_\nu} \tag{1.2.8}$$

darstellen. Diese Klasse von Schätzfunktionen werden wir im weiteren näher untersuchen.

Für die folgenden Ableitungen ist es zweckmäßig, sich auf jene Alter zu beschränken, für die die Sterbewahrscheinlichkeiten q_ν monoton steigend in ν sind und für die $\alpha\, q_\nu < \frac{1}{2}$ gilt. Bekanntlich sind die Sterbewahrscheinlichkeiten q_ν bereits von einem Alter $\nu = 10$ an monoton steigend in ν. Die Beschränkung auf Alter größer als 10 für die Untersuchung der Übersterblichkeit ist daher keine ins Gewicht fallende Einschränkung. Die zweite Einschränkung, nur Alter mit $\alpha\, q_\nu < \frac{1}{2}$ zu betrachten, kann zwar dazu führen, daß einzelne Personen aus der untersuchten Personengesamtheit ausgeschlossen werden, jedoch wird eine so hohe Sterbewahrscheinlichkeit nur in wenigen Altern erreicht. Für die Praxis bedeutet auch die Außerachtlassung dieser Altersgruppe sicher keine schwerwiegende Einschränkung.

Wir wollen daher im folgenden stets nur über solche Indizes ν summieren, für welche die Werte q_ν den eben angeführten Voraussetzungen entsprechen. Eine solche Summierung werde durch das Zeichen $\sum\limits_{(\nu)}$ ausgedrückt.

2.4 Eine der Schwierigkeiten, die bei der Untersuchung der Übersterblichkeit auftreten, besteht darin, daß wegen des geringen Umfanges des zur Verfügung stehenden statistischen Materials die Schwankungen der zufälligen Variablen $\hat{\alpha}$ um ihren Erwartungswert verhältnismäßig groß sind. Die Genauigkeit, mit der der Parameter α der Übersterblichkeit ermittelt werden kann, wird umso größer sein, je kleiner die Streuung $\sigma^2(\hat{\alpha})$ der Schätzfunktion für α ist. Wir werden daher bestrebt sein, aus der Klasse der linearen erwartungstreuen Schätzfunktionen jene herauszufinden, die eine minimale Streuung aufweist.

Für die Streuung der Schätzfunktion $\hat{\alpha}$ aus (1.2.8) erhalten wir wegen (1.2.4)

$$\sigma^2(\hat{\alpha}) = \frac{\sum\limits_{(\nu)} b_\nu^2\, \sigma^2(T_\nu)}{(\sum\limits_{(\nu)} b_\nu L_\nu q_\nu)^2} = \frac{\sum\limits_{(\nu)} b_\nu^2 L_\nu\, \alpha\, q_\nu (1 - \alpha\, q_\nu)}{(\sum\limits_{(\nu)} b_\nu L_\nu q_\nu)^2} \tag{1.2.9}$$

Um das Minimum der Streuung über alle Werte b_ν zu ermitteln, differenzieren wir (1.2.9) nach b_ν:

$$\frac{d\,\sigma^2(\hat{\alpha})}{d b_\nu} = \frac{2\, b_\nu L_\nu\, \alpha\, q_\nu (1 - \alpha\, q_\nu) (\sum\limits_{(\mu)} b_\mu L_\mu q_\mu)^2 - 2\, L_\nu q_\nu (\sum\limits_{(\mu)} b_\mu L_\mu q_\mu) \sum\limits_{(\mu)} b_\mu^2 L_\mu\, \alpha q_\mu (1 - \alpha\, q_\mu)}{(\sum\limits_{(\mu)} b_\mu L_\mu q_\mu)^4}$$

$$= \frac{2\, L_\nu\, \alpha\, q_\nu}{(\sum\limits_{(\mu)} b_\mu L_\mu q_\mu)^3} \left[b_\nu (1 - \alpha\, q_\nu) \sum\limits_{(\mu)} b_\mu L_\mu q_\mu - \sum\limits_{(\mu)} b_\mu^2 L_\mu q_\mu (1 - \alpha\, q_\mu) \right] . \tag{1.2.10}$$

Wie man sieht, verschwindet dieser Ausdruck für

$$b_\nu = \frac{K}{1 - \alpha\, q_\nu} . \tag{1.2.11}$$

Wegen $\alpha q_\nu < \frac{1}{2}$ ist $1 - \alpha q_\nu > 0$ und wir können die Größen b_ν für alle ν errechnen. Für die so gewählten b_ν verschwindet $\frac{d}{db_\nu} \sigma^2(\hat{\alpha})$. Aus (1.2.10) ist leicht zu ersehen, daß $\sigma^2(\hat{\alpha})$ für b_ν aus (1.2.11) ein Minimum annimmt. Die lineare erwartungstreue Schätzfunktion mit minimaler Streuung hat daher die Gestalt

$$\hat{\alpha} = \frac{\sum\limits_{(\nu)} \frac{T_\nu}{1 - \alpha q_\nu}}{\sum\limits_{(\nu)} \frac{L_\nu q_\nu}{1 - \alpha q_\nu}}. \tag{1.2.12}$$

Die Schätzfunktion der Gestalt (1.2.12) gestattet wegen der minimalen Streuung die genaueste und damit die beste Schätzung des Parameters α unter allen linearen Schätzfunktionen. Allerdings läßt sich (1.2.12) in der Praxis nicht ohne weiteres anwenden. Tatsächlich tritt nämlich der gesuchte Parameterwert α in der Formel (1.2.12) auf und wir können die Schätzfunktion nur verwenden, wenn wir den gesuchten Parameterwert α vorher kennen. Da aber gerade dieser Parameterwert erst geschätzt werden soll, müssen wir in Formel (1.2.12) für α einen Näherungswert β einsetzen. Dieser Näherungswert wird, wenn wir den tatsächlichen Parameterwert α nicht zufälligerweise gerade richtig erraten, nicht die „beste" Schätzung des Parameters α ermöglichen, also die Schätzung mit minimaler Streuung. Wir können jedoch die Frage nach dem besten Näherungswert stellen, den wir in Formel (1.2.12) einsetzen, um einen Schätzwert $\hat{\alpha}$ für α mit möglichst geringer Streuung zu erhalten. Diese Frage kann mit Hilfe spieltheoretischer Methoden behandelt werden.

2.5 Bevor wir mit der spieltheoretischen Formulierung des Problems beginnen, wollen wir noch zeigen, daß die Schätzung β umso besser ist, je näher β an α liegt. Da wir eine Schätzung dann als besser bezeichnet haben, wenn sie zu einer geringeren Streuung führt, müssen wir also zeigen, daß die Streuung der Schätzfunktion von α umso geringer ist, je näher der Schätzwert β am wahren Wert α liegt.

Für den Schätzwert β und den wahren Wert α gilt

$$\sigma^2(\hat{\alpha}) = \frac{\sum\limits_{(\nu)} \frac{L_\nu \alpha q_\nu (1 - \alpha q_\nu)}{(1 - \beta q_\nu)^2}}{\left(\sum\limits_{(\nu)} \frac{L_\nu q_\nu}{1 - \beta q_\nu}\right)^2}. \tag{1.2.13}$$

Durch Differenzieren nach β erhalten wir

$$\frac{d\sigma^2(\hat{\alpha})}{d\beta} = \tag{1.2.14}$$

$$\frac{\sum\limits_{(\nu)} L_\nu \alpha q_\nu (1 - \alpha q_\nu) \frac{2 q_\nu}{(1 - \beta q_\nu)^3} \left(\sum\limits_{(\nu)} \frac{L_\nu q_\nu}{1 - \beta q_\nu}\right)^2 - 2 \sum\limits_{(\nu)} \frac{L_\nu q_\nu}{1 - \beta q_\nu} \sum\limits_{(\nu)} \frac{L_\nu q_\nu^2}{(1 - \beta q_\nu)^2} \sum\limits_{(\nu)} \frac{L_\nu \alpha q_\nu (1 - \alpha q_\nu)}{(1 - \beta q_\nu)^2}}{\left(\sum\limits_{(\nu)} \frac{L_\nu q_\nu}{1 - \beta q_\nu}\right)^4}.$$

Wir interessieren uns für das Vorzeichen von (1.2.14). Offenbar gilt

$$\operatorname{sgn}\left\{\frac{d\,\sigma^2(\hat{\alpha})}{d\beta}\right\} = \operatorname{sgn}\left\{\sum_{(\nu)} \frac{L_\nu q_\nu}{1-\beta q_\nu} \cdot \frac{q_\nu}{1-\beta q_\nu} \cdot \frac{1-\alpha q_\nu}{1-\beta q_\nu} \sum_{(\nu)} \frac{L_\nu q_\nu}{1-\beta q_\nu} - \right.$$

$$\left. - \sum_{(\nu)} \frac{L_\nu q_\nu}{1-\beta q_\nu} \cdot \frac{q_\nu}{1-\beta q_\nu} \sum_{(\nu)} \frac{L_\nu q_\nu}{1-\beta q_\nu} \cdot \frac{1-\alpha q_\nu}{1-\beta q_\nu}\right\}$$

$$= \operatorname{sgn}\left\{\sum_{(\nu)} \sum_{(\mu)} \frac{L_\nu q_\nu}{1-\beta q_\nu} \cdot \frac{L_\mu q_\mu}{1-\beta q_\mu} \left[\frac{q_\nu}{1-\beta q_\nu} - \frac{q_\mu}{1-\beta q_\mu}\right] \frac{1-\alpha q_\nu}{1-\beta q_\nu}\right\}$$

$$= \operatorname{sgn}\left\{\sum_{(\nu)} \sum_{\mu>\nu} \frac{L_\nu q_\nu}{1-\beta q_\nu} \cdot \frac{L_\mu q_\mu}{1-\beta q_\mu} \left[\frac{q_\nu}{1-\beta q_\nu} - \right.\right. \tag{1.2.15}$$

$$\left.\left. - \frac{q_\mu}{1-\beta q_\mu}\right] \left[\frac{1-\alpha q_\nu}{1-\beta q_\nu} - \frac{1-\alpha q_\mu}{1-\beta q_\mu}\right]\right\}.$$

Da $\frac{q_\nu}{1-\beta q_\nu}$ mit steigendem q_ν zunimmt, ist für $\mu > \nu$

$$\frac{q_\nu}{1-\beta q_\nu} - \frac{q_\mu}{1-\beta q_\mu} < 0\,. \tag{1.2.16}$$

Weiter gilt

$$\frac{d}{d q_\nu}\left(\frac{1-\alpha q_\nu}{1-\beta q_\nu}\right) = \frac{\beta(1-\alpha q_\nu) - \alpha(1-\beta q_\nu)}{(1-\beta q_\nu)^2} = \frac{\beta-\alpha}{(1-\beta q_\nu)^2}\,.$$

Der Ausdruck

$$\frac{1-\alpha q_\nu}{1-\beta q_\nu}$$

ist daher für $\beta > \alpha$ in q_ν monoton steigend, für $\beta < \alpha$ in q_ν monoton fallend. Da $q_\mu > q_\nu$ für $\mu > \nu$ gilt, folgt für $\beta \neq \alpha$

$$\operatorname{sgn}\left[\frac{1-\alpha q_\nu}{1-\beta q_\nu} - \frac{1-\alpha q_\mu}{1-\beta q_\mu}\right] = -\operatorname{sgn}(\beta-\alpha)\,. \tag{1.2.17}$$

Aus (1.2.15), (1.2.16) und (1.2.17) erhalten wir daher für $\beta \neq \alpha$

$$\operatorname{sgn}\left[\frac{d\sigma^2(\hat{\alpha})}{d\beta}\right] = \operatorname{sgn}(\beta-\alpha)\,. \tag{1.2.18}$$

Für $\beta = \alpha$ gilt bekanntlich

$$\left.\frac{d\,\sigma^2(\hat{\alpha})}{d\beta}\right|_{\alpha=\beta} = 0\,.$$

Die Ableitung der Streuung der Schätzfunktion $\sigma^2(\hat{\alpha})$ nach β ist daher für $\beta < \alpha$ negativ, für $\beta = \alpha$ Null und für $\beta > \alpha$ positiv. $\sigma^2(\hat{\alpha})$ hat somit als Funktion von β ein Minimum in α und ist im übrigen monoton steigend, je weiter sich β von α entfernt. Die Schätzfunktion $\hat{\alpha}$ für den gesuchten Parameter α liefert also eine umso bessere Abschätzung, das heißt einen Schätzwert mit umso kleinerer Streuung, je näher β an α liegt.

2.6 Das vorliegende Problem der besten Wahl von β kann analog dem in Kapitel 1 behandelten Problem formuliert werden. Es findet ein Spiel zwischen dem Versicherungsmathematiker und der Natur statt. Der Versicherungsmathematiker wählt den Näherungswert β, die Natur den Wert α. Auf Grund dieser „Züge" der beiden Spielpartner ergibt sich die Streuung $\sigma^2(\hat{\alpha})$ aus (1.2.13) der Schätzfunktion $\hat{\alpha}$. Der Versicherungsmathematiker ist an einer möglichst geringen Streuung interessiert. Wir werden daher die Streuung als Auszahlungsfunktion in das Spiel einführen.

Als nächstes müssen wir ein Intervall angeben, aus dem der Näherungswert β gewählt werden kann und aus dem der wahre Parameterwert α stammt. Da wir eine Übersterblichkeit untersuchen, werden wir offenbar $\alpha \geqq 1$ annehmen können. Eine obere Grenze für α können wir bei dieser allgemeinen Untersuchung nicht näher bestimmen. Die Frage, welchen Wert der Parameter α höchstens annehmen kann, wird von Fall zu Fall untersucht werden müssen. Wir wollen annehmen, es sei α_1 die obere Grenze für die in Frage kommenden Parameterwerte. Es gilt also

$$1 \leqq \alpha \leqq \alpha_1 . \tag{1.2.19}$$

Nun können die Methoden der Spieltheorie angewendet werden. Beide Spieler, der Versicherungsmathematiker und die Natur, wählen als Zug des Spiels einen Wert β bzw. α aus dem Intervall (1.2.19). Die Streuung $\sigma^2(\hat{\alpha})$ ist dann die Auszahlungsfunktion, die der Versicherungsmathematiker so klein wie möglich machen will. Es war (1.2.12) die Formel für den Schätzwert $\hat{\alpha}$ und (1.2.13) die Formel für die Streuung $\sigma^2(\hat{\alpha})$. Wir setzen

$$\sigma^2(\hat{\alpha}) = \varphi(\alpha, \beta) .$$

In Punkt 2.5 haben wir gezeigt, daß $\varphi(\alpha, \beta)$ für festes α als Funktion von β in α ein Minimum hat und für $\beta > \alpha$ bzw. $\beta < \alpha$ monoton steigend bzw. fallend ist. Nunmehr halten wir β fest und betrachten die partielle Ableitung von $\varphi(\alpha, \beta)$ nach α. Mit Hilfe von (1.2.13) erhalten wir die folgende Beziehung:

$$\frac{\partial \varphi(\alpha, \beta)}{\partial \alpha} = \frac{\sum\limits_{(\nu)} \frac{L_\nu q_\nu}{(1-\beta q_\nu)^2}(1 - 2\alpha q_\nu)}{\left(\sum\limits_{(\nu)} \frac{L_\nu q_\nu}{1-\beta q_\nu}\right)^2} . \tag{1.2.20}$$

In Punkt 2.4 wurde $\alpha q_\nu < \frac{1}{2}$ vorausgesetzt. Es ist daher $1 - 2\alpha q_\nu > 0$ und damit ist auch die partielle Ableitung (1.2.20) größer als Null. $\varphi(\alpha, \beta)$ ist daher für festes β in α monoton steigend. Daraus folgt wegen (1.2.19)

$$\max_{(\alpha)} \varphi(\alpha, \beta) = \varphi(\alpha_1, \beta) . \tag{1.2.21}$$

Wählt der Versicherungsmathematiker einen Näherungswert β, dann ist die größte Streuung, die der mit diesem Näherungswert errechnete Schätzwert $\hat{\alpha}$ aufweisen kann, $\varphi(\alpha_1, \beta)$. Will der Versicherungsmathematiker diese größtmögliche Streuung so klein wie möglich machen, dann muß er β so wählen, daß (1.2.21) ein Minimum wird. Er muß also jenes β mit

$$\min_{(\beta)} \max_{(\alpha)} \varphi(\alpha, \beta) = \min_{(\beta)} \varphi(\alpha_1, \beta)$$

wählen. $\varphi(\alpha, \beta)$ hat für festes α als Funktion von β in α ein Minimum und es gilt daher

$$\min_{(\beta)} \max_{(\alpha)} \varphi(\alpha, \beta) = \varphi(\alpha_1, \alpha_1)\,. \tag{1.2.22}$$

Die beste Strategie für den Versicherungsmathematiker besteht also darin, den größtmöglichen Wert α_1 als Näherungswert für α in Formel (1.2.12) für den Schätzwert $\hat{\alpha}$ einzusetzen. Die Streuung dieses Schätzwertes ist sicher nicht größer als $\varphi(\alpha_1, \alpha_1)$, das heißt, es gilt

$$\sigma^2(\hat{\alpha}) \leqq \varphi(\alpha_1, \alpha_1) = \frac{\alpha_1}{\sum\limits_{(\nu)} \dfrac{L_\nu q_\nu}{1 - \alpha_1 q_\nu}}\,.$$

Die Wahl $\beta = \alpha_1$ kann nur dann als „beste" Wahl angesehen werden, wenn gezeigt wird, daß die Natur durch entsprechende Wahl von α mindestens die Streuung (1.2.22) erreichen kann. Für festes α gilt

$$\min_{(\beta)} \varphi(\alpha, \beta) = \varphi(\alpha, \alpha)\,. \tag{1.2.23}$$

Zu jedem von der Natur gewählten α kann der Versicherungsmathematiker durch die Wahl $\beta = \alpha$ die Streuung mit dem durch (1.2.23) angegebenen Wert begrenzen. Nun ist

$$\frac{d\varphi(\alpha,\alpha)}{d\alpha} = \frac{\sum\limits_{(\nu)} \dfrac{L_\nu q_\nu}{1-\alpha q_\nu} - \sum\limits_{(\nu)} \dfrac{\alpha L_\nu q_\nu^2}{(1-\alpha q_\nu)^2}}{\left(\sum\limits_{(\nu)} \dfrac{L_\nu q_\nu}{1-\alpha q_\nu}\right)^2}$$

$$= \frac{\sum\limits_{(\nu)} \dfrac{L_\nu q_\nu - 2\alpha q_\nu^2 L_\nu}{(1-\alpha q_\nu)^2}}{\left(\sum\limits_{(\nu)} \dfrac{L_\nu q_\nu}{1-\alpha q_\nu}\right)^2}$$

$$= \frac{\sum\limits_{(\nu)} L_\nu q_\nu \dfrac{1-2\alpha q_\nu}{(1-\alpha q_\nu)^2}}{\left(\sum\limits_{(\nu)} \dfrac{L_\nu q_\nu}{1-\alpha q_\nu}\right)^2} > 0\,.$$

(1.2.23) erreicht daher ein Maximum für $\alpha = \alpha_1$:

$$\max_{(\alpha)} \min_{(\beta)} \varphi(\alpha, \beta) = \varphi(\alpha_1, \alpha_1)\,. \tag{1.2.24}$$

Es stimmen daher (1.2.22) und (1.2.24) überein, das heißt, $\alpha = \beta = \alpha_1$ ist die Lösung des Spieles und (1.2.22) bzw. (1.2.24) der Wert des Spieles.

Dieses Ergebnis kann folgendermaßen interpretiert werden: Der Versicherungsmathematiker kann durch die Wahl von $\beta = \alpha_1$ als Näherungswert für α in Formel (1.2.12) erreichen, daß die Streuung des Schätzwertes $\hat{\alpha}$ nicht größer wird als $\varphi(\alpha_1, \alpha_1)$. Die Natur kann durch die Wahl $\alpha = \alpha_1$ erreichen, daß die Streuung des Schätzwertes $\hat{\alpha}$ nicht kleiner wird als $\varphi(\alpha_1, \alpha_1)$. Die Wahl $\alpha = \beta = \alpha_1$ ist daher für beide Spieler optimal. Es ist nun nicht anzunehmen, daß die Natur an einer möglichst großen Streuung interessiert ist, daß sie sozusagen als Gegenspieler die entgegengesetzten Interessen vertritt. Trotzdem aber kann die Strategie $\beta = \alpha_1$ als optimal für den Versicherungsmathematiker angesehen werden, da sie die größtmögliche Streuung zu einem Minimum macht.

2.7 Wir wollen nun — rückblickend — die in Punkt 2.4 gemachten einschränkenden Voraussetzungen noch einmal kritisch betrachten. Die Beschränkung auf Alter ν, für die q_ν in ν monoton steigend ist, war notwendig, um die Beziehung (1.2.18) abzuleiten. Wie man sieht, treten die Ausdrücke aus (1.2.16) und (1.2.17), auf deren Vorzeichen es ankommt, in (1.2.15) in einer Summe auf. Das Vorzeichen der Summe in (1.2.15) wird aber dann nicht wechseln, wenn die Beziehungen (1.2.16) und (1.2.17) für einige wenige Alter ν mit nicht zu hohen Werten L_ν nicht erfüllt sind. Die große Mehrheit der Personen, deren Übersterblichkeit untersucht wird, stammt sicher aus Altersgruppen, für die (1.2.16) und (1.2.17) gelten, so daß die Ableitungen auch bei Einbeziehung schwächer besetzter Altersgruppen, für die (1.2.16) und (1.2.17) nicht gelten, richtig bleiben.

Eine weitere Einschränkung war die Bedingung $\alpha\, q_\nu < \frac{1}{2}$. Auch diese Bedingung war notwendig, damit das Vorzeichen einer Summe, nämlich der Summe aus (1.2.20), gleichmäßig größer als Null bleibt. Hier ist nun ebenfalls festzustellen, daß sich das Vorzeichen von (1.2.20) nicht ändert, wenn $\alpha\, q_\nu \geqq \frac{1}{2}$ für einige schwächer besetzte Altersgruppen gilt. Wir haben die Voraussetzung $\alpha\, q_\nu < \frac{1}{2}$ allerdings auch in Punkt 2.4 verwendet, um zu zeigen, daß der Nenner von (1.2.11) nicht Null wird. Dazu hätte es aber genügt, $\alpha\, q_\nu < 1$ vorauszusetzen und diese Voraussetzung bedeutet für die Praxis keine Einschränkung mehr, da sie nur den Extremfall $\bar{q}_\nu = \alpha\, q_\nu = 1$ ausschließt.

3. Die Abschätzung von Versicherungswerten

3.1 „Im wesentlichen besteht die Monte Carlo-Methode in der Simulation eines Experimentes, das den Zweck hat, irgend eine wahrscheinlichkeitstheoretische Eigenschaft einer Gesamtheit von Gegenständen oder Ereignissen durch die Anwendung der Zufallsstichprobe auf die Komponenten dieser Gegenstände oder Ereignisse zu bestimmen“[1]. Mit

[1] Churchman – Ackoff – Arnoff: „Operations Research“.

Hilfe der Monte Carlo-Methode kann die Verteilung einer zufälligen Variablen (bzw. die Parameter dieser Verteilung) beschrieben werden. Gesetzt den Fall, die Verteilung einer zufälligen Variablen sei so kompliziert, daß sie sich rechnerisch nur sehr schwer ermitteln läßt, dann ist es vielfach zweckmäßig, die Monte Carlo-Methode anzuwenden. Dies wird insbesondere dann der Fall sein, wenn eine Größe von mehreren zufälligen Variablen abhängt, deren Verteilung bekannt ist und die rechnerische Ermittlung der Verteilung der gesuchten Größe auf Schwierigkeiten stößt. Bei der Anwendung der Monte Carlo-Methode wird der Vorgang, der zur Bildung der gesuchten zufälligen Variablen führt, an Hand eines Modells nachgebildet, „simuliert". In einer Folge von Stichproben werden Realisierungen der zufälligen Variablen mit bekannter Verteilung ausgewählt, und zwar mit einer der Verteilung dieser Variablen entsprechenden Häufigkeit. Zu jeder derartigen Realisierung der einzelnen zufälligen Variablen mit bekannter Verteilung wird der Wert der abhängigen zufälligen Variablen errechnet, deren Verteilung gesucht ist. Zu jeder Stichprobe von je einer Realisierung der zufälligen Variablen mit bekannter Verteilung erhält man eine Realisierung der zufälligen Variablen mit unbekannter Verteilung. Für eine genügend große Zahl von Stichproben wird die gesuchte Verteilung der zufälligen Variablen mit beliebiger Genauigkeit approximiert.

Bezeichnen wir die zufälligen Variablen mit bekannter Verteilung mit x_i $(i = 1, \ldots, n)$ und die zufällige Variable, deren Verteilung gesucht ist, mit y, dann sei

$$y = y\,(x_1, \ldots, x_n)$$

der funktionelle Zusammenhang zwischen y und den Werten x_i. Nun wählen wir N Stichproben für jede der zufälligen Variablen x_i. Es sei x_{ij} die j^{te} Realisierung der zufälligen Variablen x_i, wobei der Index j von 1 bis N läuft. Dann ist $y_j = y\,(x_{1j}, \ldots, x_{nj})$ eine Realisierung der zufälligen Variablen y. Mit Hilfe der N Stichproben y_j $(j = 1, \ldots, N)$ können nun Aussagen über die gesuchte Verteilung der zufälligen Variablen y gemacht werden.

Wie man sieht, liegt der Vorteil dieser Methode in ihrer einfachen Handhabung. Es ist nur notwendig, einen Vorgang zu finden, der die Verteilung der zufälligen Variablen x_i darstellt, also Realisierungen entsprechend verteilter Größen auswählt, und mit Hilfe der jeweils gefundenen Realisierungen x_{ij} die Größen y_j zu errechnen. Als Nachteil der Methode zeichnet sich bereits jetzt ab, daß zur möglichst vollständigen Beschreibung der Verteilung der zufälligen Variablen y mitunter sehr viele Stichproben, also ein sehr großes N, notwendig sein werden, so daß ein bedeutender Rechenaufwand entstehen kann. Dieser Nachteil wird jedoch vielfach dann nicht stark ins Gewicht fallen, wenn die Berechnungen mit Hilfe von datenverarbeitenden Rechenanlagen durchgeführt werden können und auch die Eingabe der zufälligen Werte x_{ij} maschinell vorgenommen wird.

Nicht immer interessiert die Verteilung von y als Ganzes. Vielfach ist nur ein bestimmter Parameter der Verteilung (z. B. Mittelwert, Streuung) oder auch ein bestimmter Wert der Verteilungsfunktion $W\{y \geqq Y\} = 1 - F(Y)$ gefragt. Um hierüber Aussagen mit genügender Genauigkeit machen zu können, ist für große Y mitunter ebenfalls eine große Zahl N von Stichproben notwendig.

3.2 Im folgenden Beispiel soll die Technik des Verfahrens an Hand einer lebenslänglichen Todesfallversicherung erläutert werden:

Es sei x das Alter eines Versicherten beim Abschluß einer Versicherung. Stirbt der Versicherte im $x + \nu + 1^{\text{ten}}$ Lebensjahr, dann werde ein Betrag von $s_{x+\nu}$ im Zeitpunkt $x + \nu + 1$ fällig. Der Barwert einer solchen Versicherung lautet:

$$A_x = \frac{1}{D_x} \sum_{\nu=0}^{\omega-x-1} C_{x+\nu}\, s_{x+\nu}\,,$$

wobei ω das Schlußalter der verwendeten Sterbetafel bezeichnet. Dieser Barwert ist der Erwartungswert einer zufälligen Variablen, nämlich des tatsächlichen Barwertes der Kosten, die bei einer bestimmten derartigen Todesfallversicherung erwachsen. Die Höhe dieses Barwertes hängt davon ab, in welchem Jahr der Versicherte stirbt. Könnten wir eine genügend große Zahl von Versicherten betrachten und für jeden einzelnen feststellen, wie hoch der Barwert der für seinen Tod fällig gewordenen Leistungen ist – dies könnte natürlich erst nach dem Tode des Versicherten festgestellt werden –, dann wäre der Durchschnitt dieser Barwerte eine Schätzfunktion für A_x.

Die Beobachtung wird in der Praxis schwierig sein, insbesondere dann, wenn es sich nicht um einen so einfach gelagerten Fall handelt, wie ihn das vorliegende Beispiel darstellt. Die Monte Carlo-Methode kann eine solche Beobachtung ersetzen. Wir müssen zu diesem Zweck den unserem Problem zugrunde liegenden zufälligen Vorgang, in diesem speziellen Fall den Eintritt des Todes des Versicherten, „simulieren", also durch einen anderen zufälligen Vorgang beschreiben.

Dies kann nun folgendermaßen geschehen. Man geht von einer Tabelle von Zufallszahlen aus. Solche Tabellen von z. B. sechsstelligen Zufallszahlen liegen vor. Man wählt in beliebiger Auswahl solche sechsstellige Zufallszahlen und betrachtet die Zahl $p = 0, \ldots\ldots$, wobei an die Stelle der sechs Punkte die sechs Ziffern der Zufallszahl gesetzt werden. Offenbar ist p eine zufällige Variable, da sie ja durch die Auswahl einer Zufallszahl gewonnen wurde. Da jede der 10^6 sechsstelligen Zahlen mit gleicher Wahrscheinlichkeit ausgewählt wird, gilt

$$W\{p < \alpha\} \sim \alpha \text{ für } 0 < \alpha \leqq 1\,. \tag{1.3.1}$$

Die Beziehung gilt im allgemeinen nur annähernd, da α beliebige Werte aus dem Bereich (0,1] annehmen kann, p jedoch nur die durch die sechsstelligen Zufallszahlen bestimmten Werte. Die zufällige Variable p ist also bis auf die Größenordnung 10^{-6} im Intervall (0,1] gleichverteilt. Wir wollen aber der Einfachheit halber im folgenden in (1.3.1) stets das Gleichheitszeichen schreiben. Wir treffen nun eine Zuordnung, wonach jeder Wahl einer Zufallszahl p der Tod eines Versicherten in einem bestimmten Lebensjahr entspricht. Haben wir diese Zuordnung getroffen, dann wird offenbar der Vorgang des Absterbens der Versicherten durch den Vorgang der Auswahl der Zufallszahlen nachgebildet und wir können für eine beliebige Anzahl von Versicherten einen Versicherungsverlauf für eine Todesfallversicherung durch die Auswahl der Zufallszahlen „simulieren". Voraussetzung hierfür ist nur, daß die dem Tod in einem bestimmten Versicherungsjahr entsprechende Auswahl einer Zufallszahl mit der diesem Tod zukommenden Wahrscheinlichkeit vorgenommen wird.

Eine Sterbetafel mit dem Basisalter x hat die folgende Gestalt:

Alter	Zahl der Lebenden
x	l_x
$x+1$	l_{x+1}
$x+2$	l_{x+2}
.	.
.	.
.	.
ω	$l_\omega = 0$

$l_{x+\nu}$ ist die Anzahl der Personen, die das Alter $x+\nu$ lebend erreichen. Die Anzahl der Personen, die zwischen dem $x+\nu^{\text{ten}}$ und dem $x+\nu+1^{\text{ten}}$ Lebensjahr sterben, ist $d_{x+\nu} = l_{x+\nu} - l_{x+\nu+1}$. Die Wahrscheinlichkeit für einen x-Jährigen, zwischen dem $x+\nu^{\text{ten}}$ und dem $x+\nu+1^{\text{ten}}$ Lebensjahr zu sterben, ist

$$\frac{d_{x+\nu}}{l_x} = \frac{l_{x+\nu} - l_{x+\nu+1}}{l_x}.$$

ν kann hierbei die Werte $0, 1, \ldots, \omega - x - 1$ annehmen. Wir wählen nun Zufallszahlen in der beschriebenen Art und Weise und setzen das Ereignis

$$\frac{l_{x+\nu+1}}{l_x} \leqq p < \frac{l_{x+\nu}}{l_x} \tag{1.3.2}$$

dem Tod des Versicherten im $\nu+1^{\text{ten}}$ Jahr der Versicherung, also nach Vollendung des $x+\nu^{\text{ten}}$ Lebensjahres gleich. Wegen (1.3.1) gilt

$$W\left\{\frac{l_{x+\nu+1}}{l_x} \leqq p < \frac{l_{x+\nu}}{l_x}\right\} = \frac{l_{x+\nu} - l_{x+\nu+1}}{l_x} = \frac{d_{x+\nu}}{l_x}. \tag{1.3.3}$$

Die Wahrscheinlichkeit (1.3.3) stellt also gerade die Wahrscheinlichkeit für den Eintritt des Todes eines Versicherten im $\nu + 1^{\text{ten}}$ Jahr der Versicherung dar. Jeder Wahl einer Zufallszahl p entspricht nun ein Versicherungsverlauf, wobei der Tod des Versicherten in einem bestimmten Jahr ν angenommen wird. Das Jahr ν ist für jedes ausgewählte p aus (1.3.2) zu errechnen. Die am Ende des Todesjahres fällig werdende Versicherungssumme hat dann den Barwert $v^{\nu+1} s_{x+\nu}$.

Durch (1.3.2) wird jeder Zufallszahl p ein Wert $\nu = \nu(p)$ zugeordnet. Damit wird $\nu(p)$ selbst eine zufällige Variable und es gilt

$$W\{\nu(p) = \bar{\nu}\} = \frac{d_{x+\bar{\nu}}}{l_x}. \tag{1.3.4}$$

Wir bezeichnen mit $p_1, p_2, \ldots, p_N$ N Realisierungen der zufälligen Variablen p, gewonnen aus N ausgewählten Zufallszahlen. Jedem p_i wird durch (1.3.2) ein $\nu(p_i) = \nu_i$ zugeordnet. Es läßt sich nun leicht zeigen, daß

$$\hat{A}_x = \frac{1}{N} \sum_{i=1}^{N} s_{x+\nu_i} v^{\nu_i+1} \tag{1.3.5}$$

eine erwartungstreue Schätzfunktion für A_x ist. Wegen $D_x = l_x v^x$ und $C_x = d_x v^{x+1}$ und wegen (1.3.4) gilt nämlich

$$\begin{aligned} E(\hat{A}_x) &= \frac{1}{N} \sum_{i=1}^{N} E(s_{x+\nu_i} v^{\nu_i+1}) = \sum_{\bar{\nu}=0}^{\omega-x-1} s_{x+\bar{\nu}} v^{\bar{\nu}+1} W\{\nu(p) = \bar{\nu}\} \\ &= \sum_{\bar{\nu}=0}^{\omega-x-1} s_{x+\bar{\nu}} \frac{d_{x+\bar{\nu}} v^{x+\bar{\nu}+1}}{l_x v^x} = A_x . \end{aligned}$$

Für genügend große Werte von N, also für eine genügend große Auswahl von Zufallszahlen, wird der Schätzwert (1.3.5) von dem gesuchten Wert A_x beliebig wenig abweichen.

Um die Genauigkeit der Schätzung (1.3.5) beurteilen zu können, müssen Aussagen über die Streuung $\sigma^2(\hat{A}_x)$ der Schätzfunktion gemacht werden. Es gilt

$$\begin{aligned} \sigma^2(\hat{A}_x) &= \frac{1}{N} \sigma^2(s_{x+\nu} v^{\nu+1}) = \frac{1}{N} \sum_{\nu=0}^{\omega-x-1} (s_{x+\nu} v^{\nu+1} - A_x)^2 \frac{d_{x+\nu}}{l_x} \\ &= \frac{1}{N} \left\{ \sum_{\nu=0}^{\omega-x-1} (s_{x+\nu} v^{\nu+1})^2 \frac{d_{x+\nu}}{l_x} - A_x^2 \right\}. \end{aligned}$$

Für genügend große Werte von N wird also $\sigma^2(\hat{A}_x)$ beliebig klein.

3.3 Im nächsten Beispiel wird gezeigt, in welcher Weise die Streuung der Schätzfunktion bereits bei der Wahl der Schätzmethode berücksichtigt werden kann. Wir betrachten die Einmalprämie für eine Versicherung auf verbundene Leben der Alter x und y. Zunächst gehen wir von der bekannten Formel

$$a_{xy} = \frac{1}{l_x D_y} \sum_{\nu=1}^{\omega-x} l_{x+\nu} D_{y+\nu} \tag{1.3.6}$$

aus. Es sei

$$L_x = \sum_{\nu=0}^{\omega-x} l_{x+\nu}, \quad N_x = \sum_{\nu=0}^{\omega-x} D_{x+\nu}.$$

Wir wählen wieder Zufallszahlen auf die in Punkt 3.2 beschriebene Art aus und bestimmen zu jeder Zufallszahl p einen Wert $\nu = \nu(p)$ durch die Beziehung

$$\frac{L_{x+\nu(p)+1}}{L_{x+1}} \leqq p < \frac{L_{x+\nu(p)}}{L_{x+1}}. \tag{1.3.7}$$

Offenbar kann $\nu(p)$ alle Werte zwischen 1 und $\omega - x$ annehmen.

Es ist

$$\hat{a}_{xy}^{(1)} = \frac{1}{N} \frac{L_{x+1}}{l_x D_y} \sum_{i=1}^{N} D_{y+\nu_i}$$

wegen

$$E(\hat{a}_{xy}^{(1)}) = \frac{1}{N} \frac{L_{x+1}}{l_x D_y} \sum_{i=1}^{N} E(D_{y+\nu_i}) = \frac{L_{x+1}}{l_x D_y} \sum_{\nu=1}^{\omega-x} D_{y+\nu} W\left\{\frac{L_{x+\nu+1}}{L_{x+1}} \leqq p < \frac{L_{x+\nu}}{L_{x+1}}\right\}$$

$$= \frac{L_{x+1}}{l_x D_y} \sum_{\nu=1}^{\omega-x} D_{y+\nu} \frac{l_{x+\nu}}{L_{x+1}} = a_{xy}$$

eine erwartungstreue Schätzfunktion für die gesuchte Einmalprämie a_{xy}. Die Streuung dieser Schätzfunktion ist

$$\sigma^2(\hat{a}_{xy}^{(1)}) = \frac{1}{N} \sigma^2\left(\frac{L_{x+1}}{l_x D_y} D_{y+\nu}\right) = \frac{1}{N} \sum_{\nu=1}^{\omega-x} \left(\frac{L_{x+1}}{l_x D_y} D_{y+\nu} - a_{xy}\right)^2 \frac{l_{x+\nu}}{L_{x+1}}$$

$$= \frac{1}{N}\left(\frac{L_{x+1}}{l_x^2 D_y^2} \sum_{\nu=1}^{\omega-x} l_{x+\nu} D_{y+\nu}^2 - a_{xy}^2\right). \tag{1.3.8}$$

Eine weitere Schätzfunktion ist

$$\hat{a}_{xy}^{(2)} = \frac{1}{N} \frac{N_{x+1}}{D_x l_y} \sum_{i=1}^{N} l_{y+\nu_i},$$

wobei ν_i durch die Wahl der i^{ten} Zufallszahl aus der Ungleichung

$$\frac{N_{x+\nu(p)+1}}{N_{x+1}} \leqq p < \frac{N_{x+\nu(p)}}{N_{x+1}}$$

gewonnen wird. $\nu(p)$ kann wieder die Werte $\nu(p) = 1, \ldots, \omega - x$ annehmen. Wegen

$$E(\hat{a}_{xy}^{(2)}) = \frac{1}{N} \frac{N_{x+1}}{D_x l_y} \sum_{i=1}^{N} E(l_{y+\nu_i}) = \frac{N_{x+1}}{D_x l_y} \sum_{\nu=1}^{\omega-x} l_{y+\nu} W\left\{\frac{N_{x+\nu+1}}{N_{x+1}} \leqq p < \frac{N_{x+\nu}}{N_{x+1}}\right\}$$

$$= \frac{1}{D_x l_y} \sum_{\nu=1}^{\omega-x} l_{y+\nu} D_{x+\nu} = \frac{1}{l_x D_y} \sum_{\nu=1}^{\omega-x} l_{x+\nu} D_{y+\nu} = a_{xy}$$

ist $\hat{a}_{xy}^{(2)}$ ebenfalls eine erwartungstreue Schätzfunktion für a_{xy}. Ihre Streuung ist

$$\sigma^2(\hat{a}_{xy}^{(2)}) = \frac{1}{N} \sigma^2\left(\frac{N_{x+1}}{D_x l_y} l_{y+\nu}\right) = \frac{1}{N} \sum_{\nu=1}^{\omega-x} \left(\frac{N_{x+1}}{D_x l_y} l_{y+\nu} - a_{xy}\right)^2 \frac{D_{x+\nu}}{N_{x+1}}$$

$$= \frac{1}{N}\left(\frac{N_{x+1}}{D_x^2 l_y^2} \sum_{\nu=1}^{\omega-x} l_{y+\nu}^2 D_{x+\nu} - a_{xy}^2\right).$$

Dies kann in der Form

$$\sigma^2 (\hat{a}_{xy}^{(2)}) = \frac{1}{N} \left(\frac{N_{x+1}}{v^x L_{x+1}} \cdot \frac{L_{x+1}}{l_x^2 D_y^2} \sum_{\nu=1}^{\omega-x} l_{x+\nu} D_{y+\nu}^2 - a_{xy}^2 \right) \tag{1.3.9}$$

geschrieben werden. Aus (1.3.8) und (1.3.9) folgt

$$\sigma^2 (\hat{a}_{xy}^{(1)}) - \sigma^2 (\hat{a}_{xy}^{(2)}) = \frac{1}{N} \left(1 - \frac{N_{x+1}}{v^x L_{x+1}} \right) \frac{L_{x+1}}{l_x^2 D_y^2} \sum_{\nu=1}^{\omega-x} l_{x+\nu} D_{y+\nu}^2 . \tag{1.3.10}$$

Nun ist

$$N_{x+1} = \sum_{\nu=1}^{\omega-x} D_{x+\nu} = \sum_{\nu=1}^{\omega-x} v^{x+\nu} l_{x+\nu} < v^x L_{x+1} = \sum_{\nu=1}^{\omega-x} v^x l_{x+\nu}$$

und daher

$$1 - \frac{N_{x+1}}{v^x L_{x+1}} > 0 ,$$

so daß wegen (1.3.10) gilt:

$$\sigma^2 (\hat{a}_{xy}^{(1)}) > \sigma^2 (\hat{a}_{xy}^{(2)}) .$$

Die Schätzfunktion $\hat{a}_{xy}^{(2)}$ hat also eine geringere Streuung als die Schätzfunktion $\hat{a}_{xy}^{(1)}$. Da eine niedrigere Streuung wegen der größeren Genauigkeit erwünscht ist, wird die Schätzfunktion $\hat{a}_{xy}^{(2)}$ der Schätzfunktion $\hat{a}_{xy}^{(1)}$ vorzuziehen sein.

a_{xy} kann aber auch folgendermaßen dargestellt werden:

$$a_{xy} = a_y - a_{x|y} = a_y - \frac{1}{l_x D_y} \sum_{\nu=1}^{\omega-x} d_{x+\nu} N_{y+\nu} . \tag{1.3.11}$$

Die Rente auf verbundene Leben wird als Differenz zwischen einer Leibrente für den y-Jährigen und einer nach dem Tod von x an y zu zahlenden Überlebensrente ausgedrückt. Nimmt man an, daß die Rentenbarwerte für einfache Leibrenten bereits errechnet vorliegen, dann genügt es, die Summe auf der rechten Seite von (1.3.11) zu schätzen. Zu diesem Zweck wählen wir wieder Zufallszahlen und bestimmen $\nu(p)$ durch die folgende Ungleichung:

$$\frac{S_{y+\nu(p)+1}}{S_{y+1}} \leqq p < \frac{S_{y+\nu(p)}}{S_{y+1}}$$

mit

$$S_y = \sum_{\nu=0}^{\omega-y} N_{y+\nu} .$$

Offenbar kann $\nu(p)$ die Werte $\nu(p) = 1, 2, \ldots, \omega - y$ annehmen. Die Schätzfunktion

$$\hat{a}_{xy}^{(3)} = a_y - \frac{1}{N} \cdot \frac{S_{y+1}}{l_x D_y} \sum_{i=1}^{N} d_{x+\nu_i}$$

ist wegen

$$
\begin{aligned}
E(\hat{a}_{xy}^{(3)}) &= a_y - \frac{1}{N} \cdot \frac{S_{y+1}}{l_x D_y} \sum_{i=1}^{N} E(d_{x+\nu_i}) \\
&= a_y - \frac{S_{y+1}}{l_x D_y} \sum_{\nu=1}^{\omega-y} d_{x+\nu} W \left\{ \frac{S_{y+\nu+1}}{S_{y+1}} \leqq p < \frac{S_{y+\nu}}{S_{y+1}} \right\} \\
&= a_y - \frac{1}{l_x D_y} \sum_{\nu=1}^{\omega-y} d_{x+\nu} N_{y+\nu} = a_{xy}
\end{aligned}
$$

erwartungstreu für a_{xy}. Ihre Streuung ist

$$
\begin{aligned}
\sigma^2(\hat{a}_{xy}^{(3)}) &= \frac{1}{N} \sigma^2 \left(\frac{S_{y+1}}{l_x D_y} d_{x+\nu} \right) = \frac{1}{N} \sum_{\nu=1}^{\omega-x} \left(\frac{S_{y+1}}{l_x D_y} d_{x+\nu} - a_{x|y} \right)^2 \frac{N_{y+\nu}}{S_{y+1}} \\
&= \frac{1}{N} \left(\frac{S_{x+1}}{l_x^2 D_y^2} \sum_{\nu=1}^{\omega-x} d_{x+\nu}^2 N_{y+\nu} - a_{x|y}^2 \right).
\end{aligned}
$$

Für

$$
\sigma^2(\hat{a}_{xy}^{(3)}) < \sigma^2(\hat{a}_{xy}^{(2)})
$$

ist die Schätzfunktion $\hat{a}_{xy}^{(3)}$ der Schätzfunktion $\hat{a}_{xy}^{(2)}$ vorzuziehen. Es wird im allgemeinen nicht gleichgültig sein, welche Schätzfunktion verwendet wird und es ist zweckmäßig, Schätzfunktionen zu suchen, die eine geringe Streuung aufweisen.

3.4 Die Beispiele in Punkt 3.2 und Punkt 3.3 dienten der Beschreibung der Technik. Für eine praktische Anwendung käme allenfalls die Schätzung von a_{xy} in Betracht, wenn keine zu große Genauigkeit gefordert wird. Die Monte Carlo-Methode ist auch im allgemeinen für die Berechnung einfacher Erwartungswerte, wie sie die in den Beispielen angeführten Einmalprämien A_x und a_{xy} sind, nicht besonders zweckmäßig. Eine bessere Anwendungsmöglichkeit bietet sich dort, wo es darum geht, nicht nur den Mittelwert der Verteilung kennenzulernen, sondern genauere Aussagen über die Verteilung zu machen. Dies ist etwa der Fall, wenn die Prämie für eine Exzedentenrückversicherung angegeben werden soll. Es geht dann nicht mehr um den Erwartungswert $E(S)$ eines Versicherungswertes, sondern um die Wahrscheinlichkeit $W\{S \geqq M\}$, daß dieser Versicherungswert einen Maximalbetrag M übersteigt und um den Erwartungswert $E\{S - M \mid S > M\}$ des übersteigenden Betrages.

Die Technik einer derartigen Anwendung der Monte Carlo-Methode wollen wir wieder an einem einfachen Beispiel zeigen. Wir betrachten n Versicherte mit den Altern $x_1, x_2, \ldots, x_n$. Die einjährige Sterbewahrscheinlichkeit für einen x_i-Jährigen sei $q_{x_i} = q_i$. Die Versicherungssumme, die beim Tod des i^{ten} Versicherten fällig wird, sei s_i. Der Versicherungsvorgang wird nun in der Weise simuliert, daß für jeden Versicherten eine Zufallszahl p aus dem Intervall (0,1) gewählt wird. Ist $p < q_i$, dann entspricht dieses Ereignis dem Tod des Versicherten. Ist $p \geqq q_i$, dann entspricht dies dem Überleben des Versicherten. Wegen $W\{p < q_i\} = q_i$ tritt das den Tod simulierende Ereignis gerade mit der gewünschten Wahrscheinlichkeit ein. Für $p < q_i$, also im Falle des simulierten Todes des i^{ten} Versicherten, wird die Versicherungssumme s_i als fällig angenommen. Wiederholen wir diesen Vorgang für alle n Versicherten, dann erhalten wir auf Grund der Auswahl von n Zufallszahlen p_i $(i = 1, \ldots, n)$ eine Schadenssumme $S = \sum\limits_{p_i < q_i} s_i$. Eine Serie von n Auswahlen von Zufallszahlen führt zur Simulation des Schadensverlaufes für die n Versicherten.

Wir führen nun N Serien von n Auswahlen, also N Simulationen, durch. Es sei p_{ij} die für den i^{ten} Versicherten ausgewählte Zufallszahl der j^{ten} Simulation. Dann kann $S_{(j)}$, die Schadenssumme für die j^{te} Simulation, in der Form

$$S_{(j)} = \sum_{p_{ij} < q_i} s_i$$

dargestellt werden, wobei j die Zahlen 1 bis N durchläuft. Nun ist offenbar

$$\hat{S} = \frac{1}{N} \sum_{j=1}^{N} S_{(j)}$$

wegen

$$E(\hat{S}) = \frac{1}{N} \sum_{j=1}^{N} E(S_{(j)}) = \sum_{i=1}^{n} s_i W\{p_i < q_i\} = \sum_{i=1}^{n} s_i q_i$$

eine erwartungstreue Schätzfunktion für den Erwartungswert des gesamten Schadens, also für die Nettoprämie für die Versichertengesamtheit. Wir wollen aber nicht die Gesamtprämie mit der Monte Carlo-Methode ermitteln — die Prämie läßt sich durch direkte Berechnung einfacher und genauer feststellen —, sondern wir wollen die Prämie für eine Exzedentenrückversicherung mit dem Maximum M errechnen. Die Prämie für eine solche Rückversicherung ist offenbar

$$P = \sum_{s_{i_1} + \ldots + s_{i_\nu} > M} (s_{i_1} + \ldots + s_{i_\nu} - M)\, q_{i_1} \ldots q_{i_\nu} (1 - q_{i_{\nu+1}}) \ldots (1 - q_{i_n}) . \tag{1.3.12}$$

Zu summieren ist über alle ν-Tupel $(i_1, \ldots, i_\nu)$ mit beliebigen ν, für welche die Schadenssumme $s_{i_1} + \ldots + s_{i_\nu}$ größer als M ist. Man sieht nun leicht, daß

$$\hat{P} = \frac{1}{N} \sum_{S_{(j)} > M} (S_{(j)} - M) \tag{1.3.13}$$

eine erwartungstreue Schätzfunktion für P ist. Bezeichnet man die Zahl jener Simulationen, für die die Versicherten $i_1, \ldots, i_\nu$ „sterben“, die übrigen Versicherten „überleben“, mit $N(i_1, \ldots, i_\nu)$, dann gilt nämlich

$$E(\hat{P}) = E\left[\frac{1}{N} \sum_{S_{(j)} > M} (S_{(j)} - M)\right] =$$

$$= E\left[\sum_{s_{i_1} + \ldots + s_{i_\nu} > M} \frac{N(i_1, \ldots, i_\nu)}{N} (s_{i_1} + \ldots + s_{i_\nu} - M)\right]$$

$$= \sum_{s_{i_1} + \ldots + s_{i_\nu} > M} (s_{i_1} + \ldots + s_{i_\nu} - M)\, E\left[\frac{N(i_1, \ldots, i_\nu)}{N}\right]$$

$$= \sum_{s_{i_1} + \ldots + s_{i_\nu} > M} (s_{i_1} + \ldots + s_{i_\nu} - M)\, q_{i_1} \ldots q_{i_\nu} (1 - q_{i_{\nu+1}}) \ldots (1 - q_{i_n}).$$

Der Ausdruck (1.3.12) wird unter Umständen nur durch langwierige Berechnungen ermittelt werden können. Die Simulation durch (1.3.13) ist rechnerisch einfacher und kann vor allem durch die Verwendung geeigneter datenverarbeitender Rechenanlagen einfach gestaltet werden. Die Rechenanlage ist so zu programmieren, daß von den der Reihe nach eingegebenen Serien von je n Zufallszahlen p_{ij} aus dem Intervall (0,1) zunächst die einzelnen Werte p_{ij} mit den entsprechenden Werten q_i verglichen werden. Für den Fall $p_{ij} < q_i$ ist der entsprechende Wert s_i zu den bisherigen Werten aus der j^{ten} Serie zu addieren, im umgekehrten Fall nicht. Sobald eine Serie von n Zufallszahlen ausgewählt worden ist und so alle q_i mit je einer entsprechenden Zufallszahl verglichen worden sind, wird M von dem aufsummierten Wert $S_{(j)} = \sum_{p_{ij} < q_i} s_i$ abgezogen. Ist die Differenz $S_{(j)} - M$ kleiner als Null, wird sie vernachlässigt. Ist sie größer als Null, so wird sie zu den bisher bereits erhaltenen positiven Differenzen aus früheren Serien dazugezählt. Nach Abschluß der Serienwahl wird die erhaltene Gesamtsumme durch die Zahl der insgesamt ausgewählten Serien dividiert und der erhaltene Wert als Schätzwert $\hat{P}$ für die Rückversicherungsprämie P eingesetzt.

3.5 Als nächstes untersuchen wir die Bestimmung einer Nettoprämie für eine Gruppenlebensversicherung mit der Monte Carlo-Methode für den Fall eines Prämienrabattes der Form

$$R = \alpha\,(kP - S) \text{ für } kP > S$$

mit $\alpha > 0$ und $0 < k < 1$. Ein Rabatt der Höhe R wird gewährt, wenn ein Teil k der Prämie den Gesamtschaden übersteigt. In diesem Fall wird das α-fache des übersteigenden Betrages als Rabatt gezahlt. Die Prämie für eine derartige Versicherung muß offenbar der folgenden Gleichung genügen

$$P = \sum_{i=1}^{n} s_i q_i + \alpha \sum_{s_{i_1} + \ldots + s_{i_\nu} < kP} (kP - s_{i_1} - \ldots - s_{i_\nu})\, q_{i_1} \ldots q_{i_\nu} (1 - q_{i_{\nu+1}}) \ldots (1 - q_{i_n}), \qquad (1.3.14)$$

wobei in der zweiten Summe wieder über alle ν-Tupel $(i_1, \ldots, i_\nu)$ mit beliebigem ν zu summieren ist, für welche die Schadenssumme kleiner als kP ist. Als Schätzfunktion für P wählen wir jenes $\hat{P}$, welches der folgenden Gleichung genügt:

$$\hat{P} = \frac{1}{N} \sum_{j=1}^{N} S_{(j)} + \frac{\alpha}{N} \sum_{S_{(j)} < k\hat{P}} (k\hat{P} - S_{(j)}) . \tag{1.3.15}$$

Hierbei bedeutet $S_{(j)}$ die aufsummierte Schadenssumme aus der j^{ten} Serie der Simulationen. Nun bilden wir eine Funktion $\overline{F}(\overline{P})$ durch die folgende Beziehung:

$$\overline{F}(\overline{P}) = \overline{P} - \frac{1}{N} \sum_{j=1}^{N} S_{(j)} - \frac{\alpha}{N} \sum_{S_{(j)} < k\overline{P}} (k\overline{P} - S_{(j)}) .$$

Aus (1.3.15) folgt

$$\overline{F}(\hat{P}) = 0 . \tag{1.3.16}$$

$\overline{F}(\overline{P})$ ist für festes $\overline{P}$ eine zufällige Variable, die von den zufälligen Größen $S_{(j)}$ abhängt. Es gilt

$$E[\overline{F}(\overline{P})] = \overline{P} - \sum_{i=1}^{n} s_i q_i - \alpha E\left[\frac{1}{N} \sum_{S_{(j)} < k\overline{P}} (k\overline{P} - S_{(j)})\right] .$$

Wir setzen

$$E[\overline{F}(\overline{P})] = F(\overline{P}) \tag{1.3.17}$$

und erhalten in Analogie zu Punkt 3.4 die Beziehung

$$\begin{aligned} F(\overline{P}) &= E[\overline{F}(\overline{P})] \\ &= \overline{P} - \sum_{i=1}^{n} s_i q_i - \alpha \sum_{s_{i_1} + \dots + s_{i_\nu} < k\overline{P}} (k\overline{P} - s_{i_1} - \dots - s_{i_\nu})\, q_{i_1} \dots q_{i_\nu} \\ &\qquad (1 - q_{i_{\nu+1}}) \dots (1 - q_{i_n}) . \end{aligned} \tag{1.3.18}$$

Aus (1.3.14) und (1.3.18) folgt $F(P) = 0$, es gilt also $E[\overline{F}(P)] = 0$. Wegen (1.3.17) strebt $\overline{F}(\overline{P})$ stochastisch gegen $F(\overline{P})$. Da die Nullstelle von $F(\overline{P})$ die gesuchte Prämie P ist, kann also die Nullstelle von $\overline{F}(\overline{P})$, das ist $\hat{P}$, als Schätzfunktion für die gesuchte Prämie herangezogen werden. Die Schätzfunktion ist konsistent, sie wird jedoch im allgemeinen nicht erwartungstreu sein.

Zur Lösung von Gleichung (1.3.16) verwendet man am besten ein Iterationsverfahren. Es gilt $\overline{F}(0) < 0$ und $\overline{F}(\max S_{(j)}) > 0$. Man setzt

$$P_0 = 0 ,$$
$$P_1 = \max S_{(j)} ,$$
$$P_2 = \tfrac{1}{2}(P_0 + P_1) = \frac{P_1}{2} .$$

Je nachdem, ob $\overline{F}(P_2) > 0$ oder $\overline{F}(P_2) < 0$ ist, wird nun $P_3 = \frac{1}{2}(P_0 + P_2)$ oder $P_3 = \frac{1}{2}(P_1 + P_2)$ gesetzt. Allgemein setzt man

$$P_{n+1} = \tfrac{1}{2}(P_{n-\nu} + P_n) \tag{1.3.19}$$

für

$$\operatorname{sgn} \overline{F}(P_n) = \dots = \operatorname{sgn} \overline{F}(P_{n-\nu+1}) \neq \operatorname{sgn} \overline{F}(P_{n-\nu}) . \tag{1.3.20}$$

Behauptung:

$$|P_n - P_{n-1}| = \frac{P_1}{2^{n-1}}. \tag{1.3.21}$$

Beweis: Für $n = 2$ folgt (1.3.21) unmittelbar aus der Definition von P_2. Wir führen den Beweis durch Induktion und nehmen dazu an, es sei (1.3.21) bereits für alle $n \leqq n_0$ gezeigt und es gelte (1.3.20) für $n = n_0$. Dann gilt

$$\begin{aligned}
P_{n_0-\nu+2} &= \tfrac{1}{2}(P_{n_0-\nu+1} + P_{n_0-\nu}),\\
P_{n_0-\nu+3} &= \tfrac{1}{2}(P_{n_0-\nu+2} + P_{n_0-\nu}) = \tfrac{1}{4} P_{n_0-\nu+1} + \tfrac{3}{4} P_{n_0-\nu},\\
&\;\;\vdots\\
P_{n_0} &= \tfrac{1}{2}(P_{n_0-1} + P_{n_0-\nu}) = \frac{1}{2^{\nu-1}} P_{n_0-\nu+1} + \frac{2^{\nu-1}-1}{2^{\nu-1}} P_{n_0-\nu},\\
P_{n_0+1} &= \tfrac{1}{2}(P_{n_0} + P_{n_0-\nu}) = \frac{1}{2^{\nu}} P_{n_0-\nu+1} + \frac{2^{\nu}-1}{2^{\nu}} P_{n_0-\nu}.
\end{aligned}$$

Daraus folgt wegen der Induktionsvoraussetzung

$$|P_{n_0+1} - P_{n_0}| = \frac{1}{2^{\nu}} |P_{n_0-\nu+1} - P_{n_0-\nu}| = \frac{P_1}{2^{n_0}}.$$

(1.3.21) ist also auch für $n = n_0 + 1$ richtig und damit ist die Behauptung bewiesen.

Das Iterationsverfahren wird dann abgebrochen werden, wenn $|P_n - P_{n-1}|$ genügend klein geworden ist, wenn also $\frac{P_1}{2^{n-1}}$ genügend klein ist. In diesem Fall ist nämlich wegen (1.3.19) und (1.3.21) auch

$$|P_n - P_{n-\nu}| = \tfrac{1}{2} |P_{n-1} - P_{n-\nu}| = \ldots = \frac{1}{2^{\nu-1}} |P_{n-\nu+1} - P_{n-\nu}| = \frac{P_1}{2^{n-1}}$$

genügend klein und wegen

$$\operatorname{sgn} \overline{F}(P_n) \neq \operatorname{sgn} \overline{F}(P_{n-\nu})$$

und der Stetigkeit von $\overline{F}(P)$ in P liegt $\overline{F}(P_n)$ genügend nahe an Null.

Ein Iterationsverfahren der hier beschriebenen Art eignet sich besonders für eine Berechnung mit Hilfe von datenverarbeitenden Rechenanlagen. Wesentlich ist wohl, daß die Zufallszahlen ebenfalls maschinell eingegeben werden. Nur so kann eine ausreichende Arbeitsgeschwindigkeit erzielt und ein echter Vorteil gegenüber den konservativen Methoden der Berechnung erreicht werden.

3.6 Nach der in Punkt 3.5 beschriebenen Methode werden N Serien von je n Zufallszahlen ausgewählt, um für jeden einzelnen der n Versicherten N Versicherungsverläufe zu simulieren. Es ist hierzu notwendig,

nN Zufallszahlen auszuwählen. Der entstehende Rechenaufwand ist verhältnismäßig groß. Das folgende Verfahren gestattet es, die gewünschte Simulation von N Versicherungsverläufen für jeden Versicherten wesentlich rascher zu erreichen.

Während nach der bisherigen Methode eine Serie von Versicherungsverläufen nach der anderen für die n Versicherten auszuwählen war, betrachten wir bei der folgenden Methode zunächst nur einen einzelnen Versicherten. Die Wahrscheinlichkeit, daß der i^{te} Versicherte bei der ersten Simulation „stirbt", daß also der für den i^{ten} Versicherten simulierte Versicherungsverlauf zum „Tod" führt, ist q_i. Die Wahrscheinlichkeit, daß der i^{te} Versicherte bei der zweiten Simulation „stirbt", bei der ersten aber nicht, ist $q_i (1 - q_i)$. Allgemein ist

$$\begin{aligned} P_r(i) &= q_i + q_i(1 - q_i) + \ldots + q_i(1 - q_i)^{r-1} \\ &= 1 - (1 - q_i)^r, \qquad r = 1, \ldots, N \end{aligned} \tag{1.3.22}$$

die Wahrscheinlichkeit dafür, daß der i^{te} Versicherte innerhalb der ersten r Simulation „stirbt".

$$P_r(i) - P_{r-1}(i) = q_i(1 - q_i)^{r-1} \tag{1.3.23}$$

ist die Wahrscheinlichkeit dafür, daß der „Tod" genau bei der r^{ten} Simulation eintritt.

Unsere Aufgabe soll es sein, mit einer geringeren Zahl von Simulationen das Auslangen zu finden. Wir werden nicht N Simulationen für jeden Versicherten brauchen, sondern mit einer viel geringeren Zahl auskommen.

Wir wollen im weiteren nicht mehr von der r^{ten} Simulation, sondern vom r^{ten} Versicherungsjahr sprechen und annehmen, der Versicherte „durchlebe" das Versicherungsjahr N mal oder, anders ausgedrückt, er „durchlebe" N Versicherungsjahre, wobei er in jedem Versicherungsjahr die gleiche Sterbewahrscheinlichkeit q_i besitzt. In Punkt 3.5 haben wir noch für jedes Versicherungsjahr eine Simulation vorgenommen und eine Zufallszahl ausgewählt. Die folgende Methode besteht darin, nur für jene Versicherungsjahre, in denen ein „Tod" eintritt, eine Zufallszahl auszuwählen. (1.3.23) ist die Wahrscheinlichkeit dafür, daß der erste „Tod" des i^{ten} Versicherten im r^{ten} Versicherungsjahr eintritt. Wir wählen eine Zufallszahl p aus dem Intervall (0,1). Dann gilt

$$\begin{aligned} &W\{P_{r-1}(i) \leqq p < P_r(i)\} \\ &= P_r(i) - P_{r-1}(i) = q_i(1 - q_i)^{r-1}. \end{aligned} \tag{1.3.24}$$

Wir können also durch die Ungleichung

$$P_{r-1}(i) \leqq p < P_r(i) \tag{1.3.25}$$

jeder Zufallszahl p aus dem Intervall (0,1) eine Zahl r eindeutig zuordnen. Diese Zahl muß wegen (1.3.22) und (1.3.25) der Ungleichung

$$(1 - q_i)^r < 1 - p \leqq (1 - q_i)^{r-1}$$

genügen. Daher ist

$$r = \left[\frac{ln\,(1 - p)}{ln\,(1 - q_i)}\right] + 1\,, \qquad (1.3.26)$$

also die nächstgrößere ganze Zahl des Quotienten auf der rechten Seite. Die Wahrscheinlichkeit, daß einer Zufallszahl p eine Zahl r_1 zugeordnet wird, ist wegen (1.3.25) gleich der Wahrscheinlichkeit, daß der erste „Tod“ des i^{ten} Versicherten im $r_1{}^{\text{ten}}$ Versicherungsjahr eintritt. Im folgenden Versicherungsjahr ist unser Versicherter aber wieder lebendig, da wir ja N Versicherungsjahre mit gleicher Sterbewahrscheinlichkeit betrachten müssen. Wir können eine zweite Zufallszahl auswählen und ihr durch die Gleichung (1.3.26) eine Zahl r_2 zuordnen. Die Wahrscheinlichkeit, eine bestimmte Zahl r_2 zuzuordnen, ist wegen (1.3.25) gleich der Wahrscheinlichkeit, daß der erste „Tod“ im $r_2{}^{\text{ten}}$ Versicherungsjahr eintritt. Die Wahrscheinlichkeit, bei der ersten Auswahl einer Zufallszahl eine Zahl r_1 und bei der zweiten Auswahl eine Zahl r_2 zuzuordnen, ist dann gleich der Wahrscheinlichkeit, daß der erste „Tod“ im $r_1{}^{\text{ten}}$ und der zweite „Tod“ im $r_1 + r_2{}^{\text{ten}}$ Versicherungsjahr eintritt. Durch jede neue Auswahl einer Zufallszahl wird mit Hilfe der Zuordnung (1.3.26) ein neues „Todesjahr“ bestimmt.

Die Auswahl von Zufallszahlen ist für den i^{ten} Versicherten so lange fortzusetzen, bis $r_1 + \ldots + r_\nu \leqq N$ und $r_1 + \ldots r_\nu + r_{\nu+1} > N$ wird. Die ν ausgewählten Zufallszahlen entsprechen dem „Tod“ in den Versicherungsjahren $r_1, r_1 + r_2, \ldots, r_1 + \ldots + r_\nu$. Für den i^{ten} Versicherten werden auf diese Weise ν „Todesjahre“ simuliert.

In gleicher Weise sind die „Todesjahre“ für alle n Versicherten zu simulieren. Anschließend wird für jedes Versicherungsjahr festgestellt, welche Versicherten in diesem Jahr „gestorben“ sind. Die zugehörigen Versicherungssummen werden aufsummiert und für das j^{te} Versicherungsjahr mit $S_{(j)}$ bezeichnet. Die Schätzung der Prämien ist so vorzunehmen wie in Punkt 3.5.

Für die Durchmusterung von N Versicherungsverläufen für n Versicherte müssen nach dieser Methode weit weniger Zufallszahlen ausgewählt werden als nach der Methode aus Punkt 3.5. Der Erwartungswert des ersten „Todesjahres“ ist für den i^{ten} Versicherten

$$\begin{aligned} E\,(r) &= \sum_{r=1}^{\infty} r\, q_i\, (1 - q_i)^{r-1} = \sum_{r=1}^{\infty} r\,(1 - q_i)^{r-1} - \sum_{r=1}^{\infty} r\,(1 - q_i)^r \\ &= \sum_{r=1}^{\infty} (r - 1)\,(1 - q_i)^{r-1} + \sum_{r=1}^{\infty} (1 - q_i)^{r-1} - \sum_{r=1}^{\infty} r\,(1 - q_i)^r = \frac{1}{q_i}\,. \end{aligned}$$

Für den i^{ten} Versicherten werden daher im Durchschnitt Nq_i Zufallszahlen auszuwählen sein. Die Gesamtzahl der für alle n Versicherten auszuwählenden Zufallszahlen ist $N \sum_{i=1}^{n} q_i$, also wesentlich niedriger als die nach der früheren Methode notwendigen Nn Auswahlen.

3.7 Die N Größen $S_{(j)}$ sind Stichprobenwerte für den Gesamtschaden S, das ist die Summe der Versicherungsleistungen für n Versicherte. Die in Punkt 3.6 angegebene Methode erfordert für eine große Zahl n von Versicherten immer noch einen verhältnismäßig großen Rechenaufwand. Die im folgenden dargelegte Methode gestattet es, den Arbeitsaufwand in bestimmten Fällen weiter zu vermindern.

Unter der Voraussetzung, daß ein Todesfall eintritt, ist die Wahrscheinlichkeit dafür, daß dieser Todesfall den i_1^{ten} Versicherten trifft, gleich

$$\frac{q_{i_1}}{\sum\limits_{k=1}^{n} q_k}.$$

Unter der Voraussetzung, daß ein weiterer Todesfall eintritt, ist die Wahrscheinlichkeit, daß dieser Todesfall den i_2^{ten} Versicherten trifft, gleich

$$\frac{q_{i_2}}{\sum\limits_{k=1}^{n} q_k - q_{i_1}}$$

usw. Bezeichnen $i_1, \ldots, i_{r-1}$ die ersten $r-1$ gestorbenen Versicherten, dann ist unter der Voraussetzung, daß r Todesfälle eintreten, die Wahrscheinlichkeit dafür, daß der r^{te} Todesfall den i_r^{ten} Versicherten trifft, gleich

$$\frac{q_{i_r}}{\sum\limits_{\substack{k=1 \\ k \neq i_\nu,\ (\nu=1, \ldots, r-1)}}^{n} q_k}. \tag{1.3.27}$$

Die Auswahl des Versicherten, den jeweils ein eintretender Todesfall trifft, kann durch die Wahl einer Zufallszahl p simuliert werden. Wir ordnen der ersten Zufallszahl p durch die Ungleichung

$$\frac{\sum\limits_{k=1}^{i_1-1} q_k}{\sum\limits_{k=1}^{n} q_k} \leqq p < \frac{\sum\limits_{k=1}^{i_1} q_k}{\sum\limits_{k=1}^{n} q_k} \tag{1.3.28}$$

den i_1^{ten} Versicherten zu. (1.3.28) bedeutet also, daß der erste Tod, dessen Eintritt wir voraussetzen, den i_1^{ten} Versicherten trifft. In analoger Weise wird durch Ungleichungen der Gestalt (1.3.28) der r^{te} Tod dem i_r^{ten} Versicherten zugeordnet, wobei allerdings bei der Summierung in den Summen aus (1.3.28) die Sterbewahrscheinlichkeiten für die bereits gestorbenen Versicherten $i_1, \ldots, i_{r-1}$ wie in der Summe aus (1.3.27) außer Betracht bleiben und nur über die überlebenden Versicherten summiert wird.

Insgesamt können n Todesfälle eintreten. Durch die Auswahl der Zufallszahlen und durch die Zuordnung (1.3.28) erhalten wir die Reihenfolge der Todesfälle mit $i_1, \ldots, i_n$. Nach jedem Todesfall zählen wir die fällig werdende Versicherungssumme zu den Versicherungssummen der bereits eingetretenen Todesfälle hinzu und erhalten Größen der Gestalt

$$S_{(\nu)} = s_{i_1} + \ldots + s_{i_\nu} .$$

$S_{(\nu)}$ ist die Summe der fällig gewordenen Versicherungssummen bei Eintritt von genau ν Todesfällen und unter Zugrundelegung der durch die Auswahl von Zufallszahlen simulierten Auswahl der gestorbenen Versicherten. Untersuchen wir m Serien von je n aufeinanderfolgenden Todesfällen und bezeichnen wir die Summe der Versicherungsleistungen nach ν Todesfällen auf Grund der Simulation durch die μ^{te} Serie mit $S^{(\mu)}_{(\nu)}$, dann können wir das Ergebnis folgendermaßen anordnen:

Serie	Summe der Versicherungsleistungen nach				
	0	1	2	...	n
	Todesfällen				
1	0	$S^{(1)}_{(1)}$	$S^{(1)}_{(2)}$	...	$S^{(1)}_{(n)}$
2	0	$S^{(2)}_{(1)}$	$S^{(2)}_{(2)}$	...	$S^{(2)}_{(n)}$
.	.	.	.		.
.	.	.	.		.
.	.	.	.		.
m	0	$S^{(m)}_{(1)}$	$S^{(m)}_{(2)}$	...	$S^{(m)}_{(n)}$

Mit Hilfe dieser Zahlen können Aussagen über die Verteilung der gesamten Schadenssumme S gemacht werden. Wir wollen die Wahrscheinlichkeit untersuchen, daß S in einem Intervall I liegt. Es sei n_r die Zahl der $S^{(\mu)}_{(r)} \in I$. Die Größen n_r können aus der vorstehenden Tabelle gewonnen werden. $\frac{n_r}{m}$ ist offenbar eine Schätzfunktion für $W\{S \in I \mid r \text{ Todesfälle}\}$, also eine Schätzfunktion für die Wahrscheinlichkeit, daß die Schadenssumme in I liegt, unter der Voraussetzung, daß genau r Todesfälle eintreten. Es gilt

$$W\{S \in I\} = \sum_{r=0}^{n} W\{S \in I \mid r \text{ Todesfälle}\}\, W\{r \text{ Todesfälle}\} .$$

Setzen wir

$$Q = \sum_{i=1}^{n} q_i ,$$

dann kann die Wahrscheinlichkeit dafür, daß genau r Todesfälle eintreten, annähernd in der Form

$$W\{r \text{ Todesfälle}\} \sim \frac{Q^r}{r!} e^{-Q}$$

dargestellt werden.

$$\hat{W}\{S \in I\} = \sum_{r=0}^{n} \frac{n_r}{m} \frac{Q^r}{r!} e^{-Q} \tag{1.3.29}$$

kann als Schätzfunktion für $W\{S \in I\}$ angenommen werden.

Für eine große Zahl n von Versicherten und bei nicht zu hohen Sterbewahrscheinlichkeiten nimmt die Wahrscheinlichkeit für den Eintritt von r Todesfällen für größere Werte von r stark ab. So wird etwa für $n = 10000$ und $Q = \sum_{i=1}^{10000} q_i = 100$, entsprechend einer durchschnittlichen Sterbewahrscheinlichkeit von 1%, die Wahrscheinlichkeit für den Eintritt von mehr als 200 Todesfällen verschwindend klein. Es ist daher nicht notwendig, die Summierung in (1.3.29) bis $n = 10000$ vorzunehmen, sondern es genügt, nur die ersten 200 Todesfälle zu untersuchen. Im allgemeinen wird man annehmen können, daß es genügt, die ersten $\bar{n} < n$ Todesfälle zu untersuchen. Damit reduziert sich die Zahl der auszuwählenden Zufallszahlen auf $\bar{n}m$.

Die eben beschriebene Methode hat den Vorteil, daß auch bei einem sehr umfangreichen Versichertenkreis, also bei großen Werten von n, mit einer verhältnismäßig geringen Anzahl von Simulationen das Auslangen gefunden werden kann. Auch bei dieser Methode ist es notwendig, für alle Versicherten die einzelnen Versicherungssummen zur Verfügung zu haben. Bei einer großen Zahl von Versicherten ist es nun vielfach zweckmäßig, die Daten zu gruppieren. Die Versicherten werden einerseits nach Altersgruppen und andererseits nach Gruppen von Versicherungssummen zusammengefaßt. Für Zwecke der hier beschriebenen Schätzmethode werden die Versicherten einer Gruppe jeweils mit der dem Mittelwert der Altersgruppe entsprechenden Sterbewahrscheinlichkeit und mit dem Mittelwert der Versicherungssummen herangezogen.

3.8 In den Punkten 3.2 und 3.3 haben wir den Versicherungsverlauf für einen Versicherten bzw. bei verbundenen Leben für mehrere Versicherte jeweils für die gesamte zukünftige Zeit untersucht. In den Punkten 3.4 bis 3.7 betrachten wir ein einzelnes Versicherungsjahr für eine Gesamtheit von Versicherten verschiedenen Alters. Nunmehr behandeln wir die Schätzung von Versicherungswerten für eine Gesamtheit von Versicherten und betrachten für jeden einzelnen Versicherten den gesamten zukünftigen Versicherungsverlauf.

Ausgangspunkt unserer Überlegungen ist eine allgemeine Versicherungsform. Der Versicherungsbestand setze sich aus Versicherungen für

n Versicherte der Alter $x_1, \ldots, x_n$ zusammen. Stirbt der i^{te} Versicherte im ν^{ten} Versicherungsjahr, dann werde im Zeitpunkt ν die Summe $s_{x_i,\nu}$ fällig. Der Barwert für eine derartige Versicherung ist

$$A_{x_i} = \sum_{\nu=1}^{\omega-x_i} \frac{l_{x_i+\nu-1} - l_{x_i+\nu}}{l_{x_i}} v^\nu s_{x_i,\nu} = \sum_{\nu=1}^{\omega-x} \frac{C_{x_i+\nu-1}}{D_{x_i}} s_{x_i,\nu}\,.$$

Der gesamte Barwert aller Versicherungen für den gesamten Versicherungsbestand ist offenbar gleich

$$B = \sum_{i=1}^{n} \sum_{\nu=1}^{\omega-x_i} \frac{C_{x_i+\nu-1}}{D_{x_i}} s_{x_i,\nu}\,. \tag{1.3.30}$$

Um eine Schätzfunktion für B zu erhalten, wählen wir der Reihe nach m Serien für je n Zufallszahlen p aus dem Intervall (0,1), wobei in jeder Serie die i^{te} Zufallszahl dem i^{ten} Versicherten zugeordnet ist. Zu jeder Zufallszahl p_{ij}, die für den i^{ten} Versicherten in der j^{ten} Serie ausgewählt wird, bestimmen wir durch die Ungleichung

$$\frac{M_{x_i+\nu_{ij}}}{M_{x_i}} \leqq p_{ij} < \frac{M_{x_i+\nu_{ij}-1}}{M_{x_i}} \tag{1.3.31}$$

mit

$$M_x = \sum_{\nu=0}^{\omega-x-1} C_{x+\nu}$$

ein „Sterbejahr" $x_i + \nu_{ij}$. Offenbar kann ν_{ij} alle Werte zwischen 1 und $\omega - x_i$ annehmen. Nun ist

$$\hat{B} = \frac{1}{m} \sum_{i=1}^{n} \frac{M_{x_i}}{D_{x_i}} \sum_{j=1}^{m} s_{x_i,\nu_{ij}}$$

wegen

$$E(\hat{B}) = \sum_{i=1}^{n} \frac{M_{x_i}}{D_{x_i}} E(s_{x_i,\nu_{ij}}) = \sum_{i=1}^{n} \frac{M_{x_i}}{D_{x_i}} \sum_{\nu=1}^{\omega-x_i} s_{x_i,\nu}\, W\{\nu_{ij} = \nu\}$$
$$= \sum_{i=1}^{n} \frac{M_{x_i}}{D_{x_i}} \sum_{\nu=1}^{\omega-x_i} s_{x_i,\nu} \frac{M_{x_i+\nu-1} - M_{x_i+\nu}}{M_{x_i}} = \sum_{i=1}^{n} \frac{1}{D_{x_i}} \sum_{\nu-1}^{\omega-x_i} C_{x_i+\nu-1}\, s_{x_i,\nu} = B$$

eine erwartungstreue Schätzfunktion für den gesuchten Barwert B. Die Streuung der Schätzfunktion kann folgendermaßen dargestellt werden:

$$\sigma^2(\hat{B}) = \frac{1}{m} \sum_{i=1}^{n} \sigma^2\left(\frac{M_{x_i}}{D_{x_i}} s_{x_i,\nu}\right) = \frac{1}{m} \sum_{i=1}^{n} \sigma_i^2$$

mit

$$\sigma_i^2 = \frac{M_{x_i}}{D_{x_i}^2} \sum_{\nu=1}^{\omega-x_i} C_{x_i+\nu-1}\, s_{x_i,\nu}^2 - A_{x_i}^2\,. \tag{1.3.32}$$

Wir wollen nun annehmen, daß der Versicherungsbestand aus Gruppen von jeweils gleichartigen Versicherungen zusammengesetzt ist. Es seien n_1 gleiche Versicherungen, das heißt Versicherungen mit gleichen Versicherungssummen, für Versicherte des Alters x_1, n_2 gleiche Versicherungen für Versicherte des Alters x_2 usw. gegeben. Die Zahl der verschiedenen in Betracht kommenden Alter sei $\bar{n}$. Der Barwert aller Versicherungen des Bestandes ist dann

$$\overline{B} = \sum_{i=1}^{\overline{n}} n_i \sum_{\nu=1}^{\omega-x_i} \frac{C_{x_i+\nu-1}}{D_{x_i}} s_{x_i,\nu}.$$

Wir wählen nun wieder Zufallszahlen p_{ij}, denen wir durch die Ungleichung (1.3.31) ein „Todesjahr" ν_{ij} zuordnen. Die Simulation besteht wieder in der Wahl von Zufallszahlen für alle Gruppen, doch ist die Anzahl der für die einzelnen Gruppen gewählten Zufallszahlen nicht für alle Gruppen gleich. Es sei $\overline{n}_i$ die Anzahl der Zufallszahlen, die aus der i^{ten} Gruppe, also aus der Gruppe mit dem Eintrittsalter x_i, ausgewählt werden. Als Schätzfunktion für den Barwert des gesamten Versicherungsbestandes wählen wir

$$\hat{\overline{B}} = \sum_{i=1}^{\overline{n}} \frac{n_i}{\overline{n}_i} \frac{M_{x_i}}{D_{x_i}} \sum_{j=1}^{\overline{n}_i} s_{x_i,\nu_{ij}}.$$

Wegen

$$E(\hat{\overline{B}}) = \sum_{i=1}^{\overline{n}} n_i \frac{M_{x_i}}{D_{x_i}} E(s_{x_i,\nu_{ij}}) = \sum_{i=1}^{\overline{n}} \frac{n_i}{D_{x_i}} \sum_{\nu=1}^{\omega-x_i} C_{x_i+\nu-1} s_{x_i,\nu} = \overline{B}$$

ist die Schätzfunktion $\hat{\overline{B}}$ erwartungstreu. Die Streuung dieser Schätzfunktion ist

$$\sigma^2(\hat{\overline{B}}) = \sum_{i=1}^{\overline{n}} \frac{n_i^2}{\overline{n}_i} \sigma^2\left(\frac{M_{x_i}}{D_{x_i}} s_{x_i,\nu}\right) = \sum_{i=1}^{\overline{n}} \frac{n_i^2}{\overline{n}_i} \sigma_i^2 \tag{1.3.33}$$

mit σ_i^2 aus (1.3.32). Ist nun die Gesamtzahl der auszuwählenden Zufallszahlen $N = \sum_{i=1}^{\overline{n}} \overline{n}_i$ vorgegeben, dann ist es zweckmäßig, die Größen $\overline{n}_i$ so zu wählen, daß (1.3.33) ein Minimum wird. Gesucht ist also

$$\min_{(\overline{n}_i)} \sum_{i=1}^{\overline{n}} \frac{n_i^2 \sigma_i^2}{\overline{n}_i}$$

unter der Nebenbedingung

$$\sum_{i=1}^{\overline{n}} \overline{n}_i = N.$$

Dies führt zu der Bedingung

$$\frac{n_i^2 \sigma_i^2}{\overline{n}_i^2} = \lambda, \qquad i = 1, \ldots, \overline{n}.$$

Die Werte $\overline{n}_i$ sind daher proportional zu $n_i \sigma_i$ zu wählen. Da aber im allgemeinen die Größen σ_i nicht bekannt sind, ist es zweckmäßig, $\overline{n}_i$ proportional n_i zu wählen. Für $\sum_{i=1}^{\overline{n}} n_i = n$ folgt daraus als optimale Wahl $\overline{n} = \frac{N}{n} n_i$.

Gruppen mit hohen Versicherungssummen werden jedenfalls bei sonst gleichen Verhältnissen eine höhere Streuung aufweisen. Es ist daher zweckmäßig, für diese Gruppen einen entsprechend hohen Wert $\overline{n}_i$ zu wählen, wenn der Unterschied in der Streuung wenigstens annähernd abgeschätzt werden kann.

3.9 Den Schätzungen mit Hilfe der Monte Carlo-Methode ist gemeinsam, daß sie sich vor allem dann mit Vorteil anwenden lassen, wenn die Rechenarbeit weitgehend maschinell vorgenommen werden kann. Dies gilt insbesondere für die Auswahl von Zufallszahlen, die zweckmäßigerweise ebenfalls maschinell vorzunehmen ist. Die Resultate sind im allgemeinen rasch verfügbar. Ein Nachteil der Methode besteht darin, daß sie keine genauen Ergebnisse liefert. Die Näherungswerte können eine genaue Rechnung nicht völlig ersetzen. Die Methode ist aber insbesondere dann zweckmäßig, wenn es sich darum handelt, rasch Informationen zu gewinnen, ohne daß die Genauigkeit eine überragende Rolle spielt. Solche Fälle treten in der Praxis oft auf. Die Monte Carlo-Methode eignet sich daher auch zur Kontrolle und zur raschen Abschätzung der Ergebnisse und der Zwischenergebnisse anderer Berechnungsmethoden.

II. Die Abschätzung von Reserven

1. Die Methode der linearen Programme

1.1 In diesem Abschnitt wird die Abschätzung von Reserven behandelt. Dabei wird auch die Methode der linearen Programme verwendet, die wir in diesem Kapitel beschreiben. Das Problem, mit dem sich die Methode der linearen Programme beschäftigt, lautet, die Extremwerte einer Linearform zu finden, und zwar unter der Voraussetzung, daß gewisse Nebenbedingungen erfüllt sind. Als Extremwerte kommen sowohl das Maximum als auch das Minimum der Linearform in Betracht. Wir formulieren das Problem zunächst für den Fall des Maximums. Unter den Nebenbedingungen

$$\begin{aligned} a_{11}\, x_1 + a_{12}\, x_2 + \ldots + a_{1n}\, x_n &\leqq s_1, \\ \cdot \qquad\qquad\qquad\qquad &\cdot \\ \cdot \qquad\qquad\qquad\qquad &\cdot \\ \cdot \qquad\qquad\qquad\qquad &\cdot \\ a_{m1}\, x_1 + a_{m2}\, x_2 + \ldots + a_{mn}\, x_n &\leqq s_m, \\ x_1 \geqq 0, \ldots, x_n \geqq 0, & \end{aligned} \tag{2.1.1}$$

soll die Linearform

$$L = p_1\, x_1 + \ldots + p_n\, x_n \tag{2.1.2}$$

ein Maximum werden.

Für $n = 2$ und $m = 3$ kann das Problem folgendermaßen dargestellt werden. Gesucht ist das Maximum der Linearform

$$L = p_1\, x_1 + p_2\, x_2 \tag{2.1.3}$$

unter den Nebenbedingungen

$$\begin{aligned} a_{11}\, x_1 + a_{12}\, x_2 &\leqq s_1, \\ a_{21}\, x_1 + a_{22}\, x_2 &\leqq s_2, \\ a_{31}\, x_1 + a_{32}\, x_2 &\leqq s_3, \\ x_1 \geqq 0, x_2 \geqq 0 &. \end{aligned} \tag{2.1.4}$$

Durch die Ungleichungen (2.1.4) wird ein Bereich in der (x_1, x_2)-Ebene abgegrenzt. Bezeichnen wir die Gerade

$$a_{i1}\, x_1 + a_{i2}\, x_2 = s_i, \quad i = 1, 2, 3,$$

mit g_i, dann kann der durch die Ungleichungen (2.1.4) abgegrenzte Bereich graphisch wie in Diagramm I dargestellt werden. Gesucht ist nun jener Punkt (x_1, x_2) des konvexen Bereiches $P_0\, P_1\, P_2\, P_3\, P_4$, für den L aus (2.1.3) ein Maximum wird.

Um dieses Maximum zu bestimmen, betrachten wir die Geraden g (L) der Gestalt $p_1 x_1 + p_2 x_2 = L$. Diese Geraden bilden eine Schar mit dem Scharparameter L. Verändern wir den Parameter L, dann entspricht dies

Diagramm I

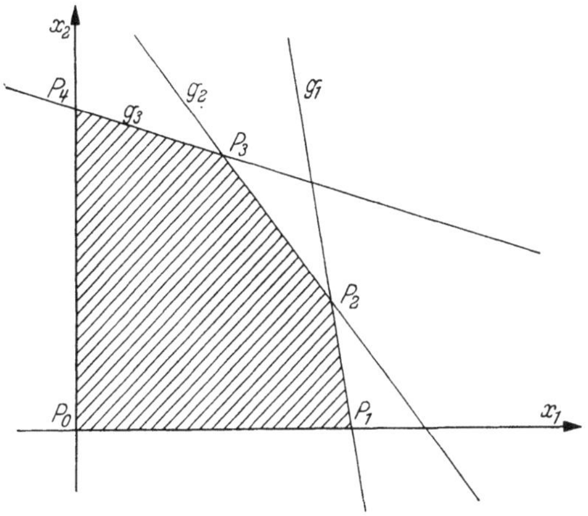

einer Parallelverschiebung der Geraden g (L). Die Schar besteht aus zueinander parallelen Geraden. Gesucht ist jene Gerade der Schar, die mit dem Bereich $P_0\,P_1\,P_2\,P_3\,P_4$ mindestens einen Punkt gemeinsam hat

Diagramm II

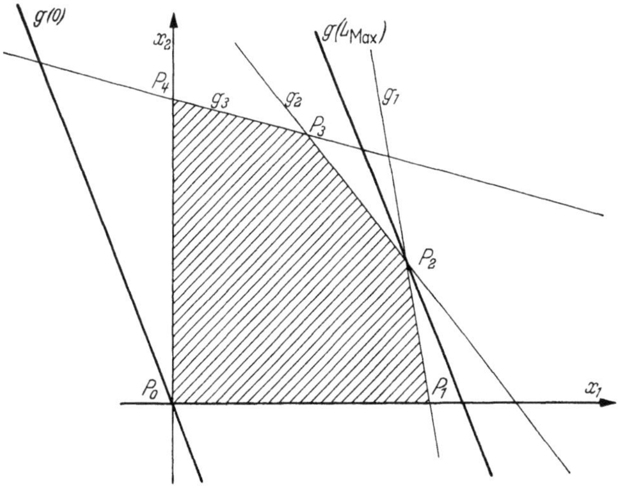

und den größten Scharparameter L aufweist. Graphisch kann dies wie in Diagramm II dargestellt werden. Die Gerade g (0) geht offenbar durch den Nullpunkt P_0. Mit steigendem Scharparameter L wird die Gerade für

$p_1 \geqq 0$ und $p_2 \geqq 0$ immer mehr in den ersten Quadranten hinein verschoben. Weiter als bis zum Punkt P_2 darf die Verschiebung nicht vorgenommen werden, da ansonsten kein Punkt der Geraden $g(L)$ im Bereiche $P_0 P_1 P_2 P_3 P_4$ liegen würde. $g(L_{\max})$ ist also die Gerade mit dem maximalen Scharparameter und die zur Lösung gehörenden Werte x_1 und x_2 sind die Koordinaten von P_2, also die Schnittpunkte der Geraden g_1 und g_2.

In diesem Beispiel gibt es genau einen Punkt (x_1, x_2), für den die Linearform L ihren maximalen Wert annimmt. Das Maximum wird offenbar dann in genau einem der Punkte P_0, P_1, P_2, P_3 oder P_4 angenommen werden, wenn die Gerade $g(L)$ zu keiner der Geraden $g_1, g_2, g_3, x_1 = 0$ und $x_2 = 0$ parallel verläuft. Andernfalls kann es unendlich viele Lösungen geben. Verläuft $g(L)$ etwa parallel zu g_2, dann führen alle Punkte der Strecke $\overline{P_2 P_3}$ zu einem maximalen Wert der Linearform.

1.2 Für $n = 2$ und $m > 3$ bzw. $m < 3$ erhöht bzw. verringert sich die Zahl der Geraden g_i, welche den Bereich der zulässigen Punkte (x_1, x_2) begrenzen. Für $n > 2$ läßt sich das Problem nicht mehr zweidimensional veranschaulichen. In diesem Fall handelt es sich bei dem gesuchten Bereich um einen Hyperoktanten, der von Hyperebenen begrenzt wird. Die Linearform L aus (2.1.2) stellt für variable L eine Schar von Hyperebenen dar. Es muß jene Hyperebene gefunden werden, die einen maximalen Wert L liefert und mindestens einen Punkt mit dem Bereich gemeinsam hat. Im allgemeinen wird der Maximalwert nur bei einem Eckpunkt des Bereiches angenommen. Verläuft die Hyperebene der Schar aber parallel zu einer Verbindungsgeraden durch zwei Eckpunkte des Bereiches, zu einer Verbindungsebene durch drei Eckpunkte des Bereiches oder zu einer Hyperebene durch mehr als drei Eckpunkte des Bereiches, dann gibt es eine ein-, zwei- oder mehrdimensionale kontinuierliche Mannigfaltigkeit von Punkten $(x_1, \ldots, x_n)$, für welche die Linearform (2.1.2) ihren maximalen Wert annimmt.

Der durch die Ungleichungen (2.1.1) abgegrenzte Bereich B ist immer konvex. Dies läßt sich leicht zeigen. Wir nehmen an, die Ungleichungen (2.1.1) sind durch $\bar{x} = (\bar{x}_1, \ldots, \bar{x}_n)$ und $\bar{\bar{x}} = (\bar{\bar{x}}_1, \ldots, \bar{\bar{x}}_n)$ erfüllt. Die Punkte $\bar{x}$ und $\bar{\bar{x}}$ liegen also im Bereich B. Ihre Verbindungsstrecke besteht aus den Punkten $x = \alpha\, \bar{x} + (1 - \alpha)\, \bar{\bar{x}}$ mit $0 \leqq \alpha \leqq 1$. Aus $\bar{x} \in B$ und $\bar{\bar{x}} \in B$ folgt

$$\sum_{j=1}^{n} a_{ij}\, \bar{x}_j \leqq s_i, \qquad i = 1, \ldots, m\,,$$

$$\sum_{j=1}^{n} a_{ij}\, \bar{\bar{x}}_j \leqq s_i, \qquad i = 1, \ldots, m$$

und daraus

$$\sum_{j=1}^{n} a_{ij} [\alpha \bar{x}_j + (1 - \alpha) \bar{\bar{x}}_j] \leqq s_i, \qquad i = 1, \ldots, m .$$

Dies bedeutet aber, daß auch $x = \alpha \bar{x} + (1 - \alpha) \bar{\bar{x}}$ in B liegt.

Für unsere weiteren Untersuchungen beschränken wir uns zunächst auf den Fall $s_i \geqq 0$ $(i = 1, \ldots, m)$ und behandeln das Problem mit der Simplexmethode von G. B. DANTZIG.

1.3 Zur Erläuterung der Methode diene das folgende Beispiel[1]: Unter den Nebenbedingungen

$$\begin{aligned} x_1 + x_2 &\leqq 5, \\ x_1 + x_3 &\leqq 6, \\ x_2 + x_3 &\leqq 4, \\ 2 x_1 + x_3 &\leqq 7, \\ x_1 \geqq 0, x_2 \geqq 0, x_3 &\geqq 0 \ , \end{aligned}$$

soll das Maximum der Linearform

$$L = x_1 + 2 x_2 + 3 x_3$$

gefunden werden. Man führt nun so viele neue Variablen $y_i \geqq 0$ ein, als notwendig sind, um die vorliegenden Ungleichungen (mit Ausnahme der Ungleichungen $x_j \geqq 0$) in Gleichungen umzuwandeln und schreibt

$$\begin{aligned} x_1 + x_2 + y_1 &= 5, \\ x_1 + x_3 + y_2 &= 6, \\ x_2 + x_3 + y_3 &= 4, \\ 2 x_1 + x_3 + y_4 &= 7. \end{aligned}$$

Die so eingeführten neuen Variablen werden als Schlupfvariablen bezeichnet. Diese Gleichungen können zusammen mit der aus der Linearform gewonnenen Gleichung

$$L - x_1 - 2 x_2 - 3 x_3 = 0$$

als ein Gleichungssystem in den Größen $x_1, x_2, x_3, y_1, y_2, y_3, y_4, L$ angesehen werden. Die auf der rechten Seite auftretenden Konstanten können jeweils als Koeffizienten von 1 betrachtet werden. Man ordnet nun die Koeffizienten folgendermaßen in einem Schema an:

Zeile	x_1	x_2	x_3	y_1	y_2	y_3	y_4	L	1
1	1	1	0	1	0	0	0	0	5
2	1	0	1	0	1	0	0	0	6
3	0	1	1	0	0	1	0	0	4
4	2	0	1	0	0	0	1	0	7
5	−1	−2	−3	0	0	0	0	1	0

[1] Einzelne Beispiele dieses Abschnittes sind dem Buch „Lineare Entscheidungsmodelle" von W. KROMPHARDT, R. HENN und K. FÖRSTNER, Springer-Verlag, Berlin, Göttingen, Heidelberg, entnommen.

Durch Addition oder Subtraktion von Zeilen aus dem vorstehenden Schema entstehen immer wieder Gleichungen, die mit den Ausgangsgleichungen verträglich sind, da man sie ja direkt aus der Addition bzw. Subtraktion der entsprechenden Ausgangsgleichungen erhalten kann. Die Methode zur Lösung der Extremalaufgabe besteht darin, durch Addition und Subtraktion der Zeilen schließlich eine Gleichung zu erhalten, aus der der gesuchte Extremalwert in trivialer Weise ersichtlich ist. Dieses Ziel erreicht man in mehreren Schritten.

Zunächst wird jene Spalte des Schemas gesucht, in welcher die kleinste negative Zahl der letzten Zeile liegt. In unserem Beispiel ist dies offenbar die Spalte der Koeffizienten von x_3 mit der Zahl -3. Nun wird jene Zeile gesucht, für welche der Quotient zwischen dem Koeffizienten der letzten Spalte und dem positiven Koeffizienten der ausgewählten Spalte den kleinsten Wert hat. Diese Quotienten sind für die Spalte der Koeffizienten von x_3 offenbar $\frac{6}{1} = 6$, $\frac{4}{1} = 4$ und $\frac{7}{1} = 7$. Der kleinste Wert ist 4, es ist also die Zeile 3 auszuwählen. Ein passendes Vielfaches dieser Zeile wird nun jeweils zu den anderen Zeilen addiert bzw. von den anderen Zeilen subtrahiert, und zwar so, daß die Koeffizienten von x_3 in den übrigen Zeilen verschwinden. Die dritte Zeile ist daher von der zweiten und von der vierten Zeile abzuziehen und das Dreifache der dritten Zeile ist zur letzten Zeile zu addieren. Man erhält das folgende Schema:

Zeile	x_1	x_2	x_3	y_1	y_2	y_3	y_4	L	1
1	1	1	0	1	0	0	0	0	5
2	1	-1	0	0	1	-1	0	0	2
3	0	1	1	0	0	1	0	0	4
4	2	-1	0	0	0	-1	1	0	3
5	-1	1	0	0	0	3	0	1	12

Nun geht man analog vor wie bei der Behandlung des ersten Schemas. Die kleinste negative Zahl der letzten Zeile ist -1 aus der ersten Spalte. Der kleinste Quotient aus den Koeffizienten der letzten und den positiven Koeffizienten der ersten Spalte ist $\frac{3}{2}$ aus der vierten Zeile. Diese Zeile wird nun mit $\frac{1}{2}$ multipliziert, von den ersten beiden Zeilen abgezogen und zur letzten Zeile addiert. Man erhält als nächstes das folgende Schema:

Zeile	x_1	x_2	x_3	y_1	y_2	y_3	y_4	L	1
1	0	$1\frac{1}{2}$	0	1	0	$\frac{1}{2}$	$-\frac{1}{2}$	0	$3\frac{1}{2}$
2	0	$-\frac{1}{2}$	0	0	1	$-\frac{1}{2}$	$-\frac{1}{2}$	0	$\frac{1}{2}$
3	0	1	1	0	0	1	0	0	4
4	1	$-\frac{1}{2}$	0	0	0	$-\frac{1}{2}$	$\frac{1}{2}$	0	$1\frac{1}{2}$
5	0	$\frac{1}{2}$	0	0	0	$2\frac{1}{2}$	$\frac{1}{2}$	1	$13\frac{1}{2}$

Hier treten in der letzten Zeile keine negativen Koeffizienten der x_i bzw. der y_i auf. Damit ist die Umformung des Schemas beendet und der Maximalwert der Linearform kann bereits aus dem Schema abgelesen werden. Es ist der Wert der letzten Zeile aus der letzten Spalte, das ist $13\frac{1}{2}$. Aus der letzten Zeile erhalten wir nämlich die Gleichung

$$\tfrac{1}{2}\, x_2 + 2\tfrac{1}{2}\, y_3 + \tfrac{1}{2}\, y_4 + L = 13\,\tfrac{1}{2}.$$

Der Maximalwert von L wird wegen $x_2 \geqq 0$, $y_3 \geqq 0$ und $y_4 \geqq 0$ für $x_2 = y_3 = y_4 = 0$ angenommen und er beträgt $13\frac{1}{2}$. Die Werte für x_1, x_3, y_1 und y_2 erhalten wir aus den übrigen Zeilen des Schemas, und zwar

$$\begin{aligned} &\text{aus Zeile 1:}\ y_1 = 3\tfrac{1}{2},\\ &\text{aus Zeile 2:}\ y_2 = \tfrac{1}{2},\\ &\text{aus Zeile 3:}\ x_3 = 4,\\ &\text{aus Zeile 4:}\ x_1 = 1\tfrac{1}{2}. \end{aligned}$$

Man überzeugt sich leicht durch Einsetzen in die Ausgangsgleichungen, daß diese Werte den geforderten Bedingungen genügen.

1.4 In dem in Punkt 1.3 angegebenen Beispiel wurde die Technik der Simplexmethode erläutert. Im allgemeinen Fall, also im Fall der Ungleichungen (2.1.1) und der Linearform (2.1.2), werden die Ungleichungen zunächst durch die Einführung von Schlupfvariablen in Gleichungen verwandelt:

$$\begin{aligned} a_{11}\, x_1 + \dots + a_{1m}\, x_n + y_1 &= s_1,\\ \cdot \qquad\qquad\qquad & \quad \cdot\\ \cdot \qquad\qquad\qquad & \quad \cdot\\ \cdot \qquad\qquad\qquad & \quad \cdot\\ a_{m1}\, x_1 + \dots + a_{mn}\, x_n + y_m &= s_m,\\ x_j \geqq 0,\ j = 1, \dots, n,\ y_i \geqq 0,\ i &= 1, \dots, m\,. \end{aligned} \tag{2.1.5}$$

Aus der Linearform (2.1.2) ergibt sich die Gleichung

$$L - p_1\, x_1 - \dots - p_n\, x_n = 0\,. \tag{2.1.6}$$

Das Koeffizientenschema dieser $m+1$ Gleichungen lautet:

Zeile	x_1	...	x_n	y_1	...	y_m	L	1
1	a_{11}	...	a_{1n}	1	...	0	0	s_1
.	.		.	.		.	.	.
.	.		.	.		.	.	.
.	.		.	.		.	.	.
m	a_{m1}	...	a_{mn}	0	...	1	0	s_m
$m+1$	$-p_1$	...	$-p_n$	0	...	0	1	0

Jede Zeile dieses Schemas entspricht einer der Gleichungen aus (2.1.5) bzw. der Gleichung (2.1.6). Diese Gleichungen können mit konstanten

Faktoren multipliziert werden, sie können zueinander addiert bzw. voneinander subtrahiert werden und die neu erhaltenen Gleichungen müssen ebenfalls gelten. Man kann daher in dem Schema einzelne Zeilen mit konstanten Faktoren multiplizieren und Zeilen zueinander addieren bzw. voneinander subtrahieren. Die Lösung des Extremalproblems, also die Konstruktion einer Lösung des Systems von Ungleichungen (2.1.5), welche die Linearform (2.1.6) zu einem Maximum macht, wird nun durch schrittweise Umformung des Schemas hergeleitet.

Wir nehmen an, das Schema wäre bereits so umgeformt, daß in der letzten Zeile nur Nullen oder positive Zahlen, aber keine negativen Zahlen mehr stehen. Aus der letzten Zeile erhalten wir dann eine Gleichung der Gestalt

$$\sum_{j=1}^{n} \pi_j x_j + \sum_{i=1}^{m} \pi_{n+i} y_i + L = S \tag{2.1.7}$$

wobei $\pi_j \geqq 0$ $(i = 1, \ldots, n + m)$ ist. Da (2.1.7) nur durch Umformung aus dem Schema erhalten wurde, muß es auch für den Extremwert der Linearform, also für das maximale L gelten. Wegen $x_j \geqq 0$, $y_i \geqq 0$, $\pi_j \geqq 0$ muß $L_{\max} \leqq S$ sein. $L_{\max} = S$ wird genau dann gelten, wenn alle x_j mit $\pi_j > 0$ und alle y_i mit $\pi_{n+i} > 0$ verschwinden. In diesem Fall findet man also eine Lösung des Extremalproblems, indem man alle jene x_j bzw. y_i, deren Koeffizienten in der $m + 1^{\text{ten}}$ Zeile ungleich Null sind, Null setzt. Den Wert der übrigen nicht Null gesetzten x_j bzw. y_i errechnet man aus den übrig bleibenden Gleichungen, die durch die Zeilen 1 bis m dargestellt werden.

Aber nicht jede Umformung, die zu nicht negativen Koeffizienten in der letzten Zeile des Schemas führt, entspricht auch einer zulässigen Lösung. Es kann nämlich der Fall eintreten, daß einzelne nicht verschwindende Werte der x_j bzw. y_i auf Grund der aus den Zeilen 1 bis m des Schemas erhaltenen Gleichungen negative Werte annehmen würden. Solche Lösungen sind nicht brauchbar. Das Problem besteht also darin, eine Umformung des Schemas zu finden, für welche in der letzten Zeile keine negativen Zahlen auftreten und für welche die Gleichungen für die nicht verschwindenden x_j und y_i zu nicht negativen Werten führen.

Wir geben nun eine Umformungsmethode an, die folgendes leistet:

a) Das Schema wird schrittweise umgeformt und nach jeder Umformung ist
 - — entweder das Maximum der Linearform erreicht (wonach die Umformung beendet ist) oder
 - — gezeigt, daß kein Maximum existiert (wonach die Umformung ebenfalls beendet ist) oder
 - — der nächste Schritt der Umformung vorzunehmen.

b) Die Umformung ist in endlich vielen Schritten beendet.

Der Beweis für diese Eigenschaften der Methode wird in der Theorie der linearen Programme gegeben.

Wir suchen zunächst den kleinsten negativen Koeffizienten der letzten Zeile des Schemas. Es sei dies $-p_\mu$ mit $-p_\mu \leqq -p_j$ $(j = 1, \ldots, n)$. Gibt es mehrere derartige Werte $-p_\mu$, dann wählen wir einen beliebigen Wert davon aus. Nun bilden wir für alle Koeffizienten $a_{i\mu}$ der μ^{ten} Spalte, die größer als Null sind, die Quotienten $\frac{s_i}{a_{i\mu}}$ und suchen den kleinsten dieser Quotienten. Es sei dies

$$\frac{s_\nu}{a_{\nu\mu}} = \min_{a_{i\mu}>0} \frac{s_i}{a_{i\mu}}. \tag{2.1.8}$$

Der Koeffizient $a_{\nu\mu}$ entspricht der ν^{ten} Zeile. Diese Zeile multiplizieren wir mit $\frac{1}{a_{\nu\mu}}$, so daß im Schema an die Stelle von $a_{\nu\mu}$ der Wert 1 tritt. Von der i^{ten} Zeile $(i = 1, \ldots, \nu - 1, \nu + 1, \ldots, m)$ subtrahieren wir das $\frac{a_{i\mu}}{a_{\nu\mu}}$fache der ursprünglichen ν^{ten} Zeile. Zur $m + 1^{\text{ten}}$ Zeile zählen wir das $\frac{p_\mu}{a_{\nu\mu}}$fache der ursprünglichen ν^{ten} Zeile hinzu. Damit haben wir erreicht, daß der Koeffizient von x_μ in der ν^{ten} Zeile gleich eins und in allen anderen Zeilen einschließlich der letzten Zeile gleich Null wird. In analoger Weise verfahren wir so lange, bis keine negativen Koeffizienten in der letzten Zeile mehr vorhanden sind. Durch die Umformung werden auch die Koeffizienten der y_i, die im Ausgangsschema nur 1 (in je einer Zeile) bzw. 0 (in den übrigen Zeilen) waren, beliebige Werte annehmen und wir bezeichnen den Koeffizienten von y_k in der i^{ten} Zeile mit $a_{i,\,n+k}$ $(i = 1, \ldots, m)$. Der Koeffizient von y_k in der letzten Zeile sei π_{n+k}. Haben wir diese Bezeichnung eingeführt, dann kann die vorher beschriebene Umformung auch angewendet werden, wenn der kleinste negative Koeffizient in der letzten Zeile zu einem der Werte y_i gehört.

Die Umformung kann nur dann in der beschriebenen Weise vorgenommen werden, wenn es zu jedem kleinsten Wert π_μ mindestens einen Koeffizienten $a_{i\mu} > 0$ gibt. Gibt es keinen derartigen Koeffizienten, dann ist die Umformung beendet und es existiert kein Maximum, sondern die Linearform nimmt beliebig große Werte an.

Dies ist sofort einzusehen, da für $\pi_\mu < 0$ und $a_{i\mu} \leqq 0$ für $\mu \leqq n$ die Variable x_μ und für $\mu > n$ die Schlupfvariable $y_{\mu-n}$ beliebig große Werte annehmen können. Hält man nämlich die übrigen Variablen und Schlupfvariablen fest und läßt nur x_μ bzw. $y_{\mu-n}$ über alle Grenzen wachsen, dann geht das Gleichungssystem (2.1.5) in das System der Ungleichungen (2.1.1) über, während L wegen $\pi_\mu < 0$ über alle Grenzen wächst. Wir werden anschließend ein Beispiel dafür angeben.

Die Umformung ist auch beendet, wenn keine negativen Koeffizienten in der letzten Zeile auftreten. In diesem Fall erscheint der Maximalwert der Linearform als Koeffizient in der letzten Zeile und in der 1-Spalte, also in der letzten Spalte. Alle x_j bzw. y_i mit nicht verschwindendem Koeffizienten in der letzten Zeile werden Null gesetzt, die übrigen aus den verbleibenden Gleichungen ausgerechnet (vgl. Punkt 1.3).

Damit die Umformung in endlich vielen Schritten beendet ist, muß die Auswahl der ν^{ten} Zeile gemäß (2.1.8) noch näher präzisiert werden. Die ν^{te} Zeile muß durch (2.1.8) noch nicht eindeutig bestimmt sein, da in mehreren Zeilen ein minimaler Quotient auftreten kann. In diesem Fall wählt man unter den gemäß (2.1.8) zulässigen Zeilen ν_1 bis ν_s jene mit

$$\frac{a_{\nu_k,\, n+m}}{a_{\nu_k,\, \mu}} < \frac{a_{\nu_e,\, n+m}}{a_{\nu_e,\, \mu}}, \; e = 1, \ldots, s\,. \tag{2.1.9}$$

Man wählt also jene Zeile, für die der Quotient aus den Koeffizienten der $n+m^{\text{ten}}$ Spalte und den Koeffizienten der μ^{ten} Spalte kleiner ist als für alle übrigen Zeilen, für welche (2.1.8) erfüllt ist. Gibt es keinen solchen kleinsten Quotienten, dann wählt man jene Zeilen, für die

$$\frac{a_{\nu_k,\, n+m}}{a_{\nu_k,\, \mu}} = \min_{(\nu_e)} \frac{a_{\nu_e,\, n+m}}{a_{\nu_e,\, \mu}}$$

und bildet für die verbleibenden Zeilen die Quotienten aus den Koeffizienten der $n+m-1^{\text{ten}}$ Spalte und den Koeffizienten der μ^{ten} Spalte. Dies setzt man solange fort, bis eine Zeile eindeutig bestimmt ist. Da je zwei Zeilen immer linear unabhängig sein müssen, läßt sich auf diese Weise stets eine Zeile eindeutig bestimmen.

1.5 An zwei weiteren Beispielen wollen wir die in Punkt 1.4 beschriebene Methode näher erläutern. Zunächst betrachten wir einen Fall, in dem bei der Umformung des Schemas eine Spalte ohne positive Zahlen auftritt. Gesucht ist das Maximum der Linearform

$$L = x_1 + x_2$$

unter den Nebenbedingungen

$$\begin{aligned} -\ x_1 + \ \ x_2 &\leqq 2, \\ x_1 - 2\,x_2 &\leqq 2, \\ -2\,x_1 + \ \ x_2 &\leqq 1, \\ x_1 \geqq 0, x_2 &\geqq 0. \end{aligned}$$

Das Schema dieser Aufgabe lautet:

Zeile	x_1	x_2	y_1	y_2	y_3	L	1
1	−1	1	1	0	0	0	2
2	1	−2	0	1	0	0	2
3	−2	1	0	0	1	0	1
4	−1	−1	0	0	0	1	0

Die Umformung mit Hilfe der zweiten Zeile führt zu dem folgenden Schema:

Zeile	x_1	x_2	y_1	y_2	y_3	L	1
1	0	-1	1	1	0	0	4
2	1	-2	0	1	0	0	2
3	0	-3	0	2	1	0	5
4	0	-3	0	1	0	1	2

Als nächstes wäre die zweite Spalte, also die Spalte der Koeffizienten von x_2 auszuwählen, da -3 der kleinste negative Koeffizient in der letzten Zeile ist. Doch in dieser Spalte gibt es keine positiven Koeffizienten. Es ist nicht möglich, eine Auswahl nach (2.1.8) zu treffen und wie die Theorie der linearen Programme lehrt, gibt es in einem solchen Fall kein Maximum. Die Linearform L nimmt beliebig große Werte an. Man überlegt sich leicht, daß etwa für $x_1 = x_2$ die Nebenbedingungen erfüllt bleiben, wenn x_1 und x_2 über alle Grenzen wachsen.

Treten in einer Spalte nur negative Koeffizienten auf, dann muß es sich nicht immer um Koeffizienten von x_j handeln. Dieser Fall kann auch für die Koeffizienten von y_i eintreten. Hätten wir damit begonnen, den Koeffizienten in der letzten Zeile der zweiten Spalte mit Hilfe der dritten Zeile zum Verschwinden zu bringen, dann hätte die Umformung zunächst zum folgenden Schema geführt:

Zeile	x_1	x_2	y_1	y_2	y_3	L	1
1	1	0	1	0	-1	0	1
2	-3	0	0	1	2	0	4
3	-2	1	0	0	1	0	1
4	-3	0	0	0	1	1	1

Nun ist die erste Zeile auszuwählen:

Zeile	x_1	x_2	y_1	y_2	y_3	L	1
1	1	0	1	0	-1	0	1
2	0	0	3	1	-1	0	7
3	0	1	2	0	-1	0	3
4	0	0	3	0	-2	1	4

In diesem Schema treten in der Spalte der Koeffizienten von y_3 keine positiven Zahlen auf und der Koeffizient in der letzten Zeile dieser Spalte ist kleiner als Null. In Diagramm III ist dieses Maximalproblem graphisch dargestellt und man sieht sofort, daß kein Maximum existiert.

Diagramm III

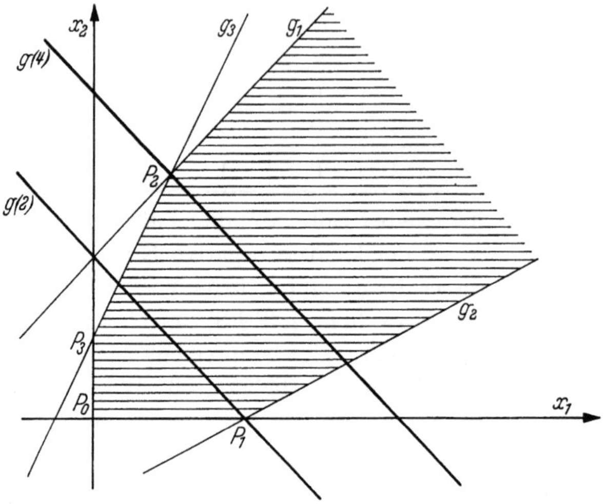

Das zweite Beispiel bezieht sich auf den Fall, daß ein Vergleich der Quotienten aus den Koeffizienten der letzten Spalte und den Koeffizienten der ausgewählten Spalte keine eindeutige Entscheidung über die Auswahl der Zeile ermöglicht. Das Ausgangsschema habe folgende Gestalt:

Zeile	x_1	x_2	x_3	y_1	y_2	y_3	y_4	y_5	L	1
1	3	0	1	1	0	0	0	0	0	3
2	1	1	0	0	1	0	0	0	0	4
3	0	1	1	0	0	1	0	0	0	3
4	4	0	1	0	0	0	1	0	0	4
5	0	2	0	0	0	0	0	1	0	6
6	−17	−18	−15	0	0	0	0	0	1	0

Es muß der Koeffizient in der letzten Zeile der zweiten Spalte, −18, zum Verschwinden gebracht werden. Die Quotienten aus den Koeffizienten der letzten Spalte und den positiven Koeffizienten der zweiten Spalte sind

in Zeile 2: $\frac{4}{1} = 4$,
in Zeile 3: $\frac{3}{1} = 3$,
in Zeile 5: $\frac{6}{2} = 3$.

Es gibt also keinen kleinsten Quotienten, der eine Auswahl entsprechend der Bedingung (2.1.8) ermöglichen würde, und die Zeilen 3 und 5 sind gleichwertig. Nun sind die Quotienten aus den Koeffizienten der $n+m^{\text{ten}}$ Spalte, also der achten Spalte, und der zweiten Spalte

$$\text{in Zeile } 3:\ \tfrac{0}{1} = 0,$$
$$\text{in Zeile } 5:\ \tfrac{1}{2} = \tfrac{1}{2}.$$

Der kleinste Quotient ist aus Zeile 3 gebildet. Es wird daher diese Zeile ausgewählt und wir erhalten durch die Umformung das folgende Schema:

Zeile	x_1	x_2	x_3	y_1	y_2	y_3	y_4	y_5	L	1
1	3	0	1	1	0	0	0	0	0	3
2	1	0	−1	0	1	−1	0	0	0	1
3	0	1	1	0	0	1	0	0	0	3
4	4	0	1	0	0	0	1	0	0	4
5	0	0	−2	0	0	−2	0	1	0	0
6	−17	0	3	0	0	18	0	0	1	54

Nun ist der Koeffizient in der letzten Zeile der ersten Spalte, −17, zum Verschwinden zu bringen. Die Quotienten aus den Koeffizienten der letzten Spalte und den positiven Koeffizienten der ersten Spalte sind

$$\text{in Zeile } 1:\ \tfrac{3}{3} = 1,$$
$$\text{in Zeile } 2:\ \tfrac{1}{1} = 1,$$
$$\text{in Zeile } 4:\ \tfrac{4}{4} = 1.$$

Es sind daher die Zeilen 1, 2 und 4 gleichwertig. Für diese Zeilen sind die Quotienten aus den Koeffizienten der achten Spalte und den Koeffizienten der ersten Spalte alle Null. Es sind daher als nächstes die Koeffizienten der siebenten Spalte auszuwählen. Die sich ergebenden Quotienten sind

$$\text{in Zeile } 1:\ \tfrac{0}{3} = 0,$$
$$\text{in Zeile } 2:\ \tfrac{0}{1} = 0,$$
$$\text{in Zeile } 4:\ \tfrac{1}{4} = \tfrac{1}{4}.$$

Noch sind die Zeilen 1 und 2 gleichwertig. Die vierte Zeile kommt nicht mehr in Betracht, da sie einen höheren Quotienten liefert. Zur Entscheidung, welche der beiden verbleibenden Zeilen gewählt werden soll, werden nun die Koeffizienten aus der sechsten Spalte ausgewählt. Die sich ergebenden Quotienten sind

$$\text{in Zeile } 1:\ \tfrac{0}{3} = \ \ 0,$$
$$\text{in Zeile } 2:\ \tfrac{-1}{1} = -1.$$

Der Quotient der zweiten Zeile ist kleiner. Mit dieser Zeile wird nun weitergerechnet und die Umformung führt auf das folgende Schema:

Zeile	x_1	x_2	x_3	y_1	y_2	y_3	y_4	y_5	L	1
1	0	0	4	1	− 3	3	0	0	0	0
2	1	0	− 1	0	1	−1	0	0	0	1
3	0	1	1	0	0	1	0	0	0	3
4	0	0	5	0	− 4	4	1	0	0	0
5	0	0	− 2	0	0	−2	0	1	0	0
6	0	0	−14	0	17	1	0	0	1	71

Als nächstes ist der Koeffizient -14 in der dritten Spalte zum Verschwinden zu bringen. Wie man sieht, sind die erste und die vierte Zeile zunächst gleichwertig, da für sie die Quotienten aus den Koeffizienten der letzten und der dritten Spalte 0 sind, der Quotient aus den Koeffizienten der dritten Zeile aber 3 ist. Die übrigen Zeilen kommen nicht in Betracht, da in ihnen keine positiven Koeffizienten in der dritten Spalte auftreten. Auch ein Vergleich mit Hilfe der Koeffizienten der achten Spalte liefert keine Entscheidung zwischen der ersten und der vierten Zeile. Erst aus der siebenten Spalte erhalten wir den Quotienten für die erste Zeile mit 0 und für die vierte Zeile mit $\frac{1}{5}$. Es ist also die erste Zeile auszuwählen und man formt das Schema folgendermaßen um:

Zeile	x_1	x_2	x_3	y_1	y_2	y_3	y_4	y_5	L	1
1	0	0	1	$\frac{1}{4}$	$-\frac{3}{4}$	$\frac{3}{4}$	0	0	0	0
2	1	0	0	$\frac{1}{4}$	$\frac{1}{4}$	$-\frac{1}{4}$	0	0	0	1
3	0	1	0	$-\frac{1}{4}$	$-\frac{3}{4}$	$\frac{1}{4}$	0	0	0	3
4	0	0	0	$-\frac{5}{4}$	$-\frac{1}{4}$	$\frac{1}{4}$	1	0	0	0
5	0	0	0	$\frac{1}{2}$	$-\frac{3}{2}$	$-\frac{1}{2}$	0	1	0	0
6	0	0	0	$\frac{7}{2}$	$\frac{13}{2}$	$\frac{23}{2}$	0	0	1	71

Damit sind die Umformungen beendet, da in der letzten Zeile keine negativen Koeffizienten auftreten. Der maximale Wert der Linearform ist 71 und er wird, wie aus den Zeilen 1 bis 3 hervorgeht, für $x_1 = 1$, $x_2 = 3$ und $x_3 = 0$ angenommen. Die Linearform war, dem Ausgangsschema entsprechend,

$$L = 17\,x_1 + 18\,x_2 + 15\,x_3\,.$$

Für die y_i erhalten wir $y_1 = y_2 = y_3 = y_4 = y_5 = 0$. Sämtliche Schlupfvariablen verschwinden also im Maximum der Linearform.

1.6 Ein Sonderfall des eben behandelten Problems, der bei unseren weiteren Untersuchungen auftreten wird, liegt darin, daß die Nebenbedingungen, unter denen der Extremwert einer Linearform gefunden werden soll, keine Ungleichungen, sondern Gleichungen sind. Das Maximumproblem kann in diesem Fall folgendermaßen formuliert werden: Unter den Nebenbedingungen

$$\begin{aligned} a_{11}\ x_1 + \ldots + a_{1n}\ x_n &= s_1, \\ \cdot \qquad\qquad \cdot \quad &\quad \cdot \\ \cdot \qquad\qquad \cdot \quad &\quad \cdot \\ \cdot \qquad\qquad \cdot \quad &\quad \cdot \\ a_{m1}\, x_1 + \ldots + a_{mn}\, x_n &= s_m, \\ x_j \geqq 0,\ j = 1, \ldots, n \end{aligned} \tag{2.1.10}$$

soll das Maximum der Linearform (2.1.2) gefunden werden. Es gilt, diese Aufgabe so umzuformen, daß die in Punkt 1.4 dargelegte Methode angewendet werden kann. Das Gleichungssystem (2.1.10) ist offenbar von dem analogen Gleichungssystem in Punkt 1.4 verschieden, da keine Schlupfvariablen auftreten. Das Kennzeichen der Schlupfvariablen war, daß in dem Ausgangsschema für jede dieser Variablen in jeder Zeile genau einmal eine Eins und in allen übrigen Spalten eine Null stand. Um ein analoges Schema für unser Problem zu erhalten, ergänzen wir das Gleichungssystem (2.1.10) zunächst durch m Schlupfvariable:

$$\begin{aligned} a_{11}\ x_1 + \ldots + a_{1n}\ x_n + y_1 &= s_1, \\ \cdot \qquad\qquad\qquad &\quad \cdot \\ \cdot \qquad\qquad\qquad &\quad \cdot \\ \cdot \qquad\qquad\qquad &\quad \cdot \\ a_{m1}\, x_1 + \ldots + a_{mn}\, x_n + y_m &= s_m, \\ x_j \geqq 0,\ j = 1, \ldots, n,\ y_i \geqq 0,\ i = 1, \ldots, m\,. \end{aligned} \tag{2.1.11}$$

Nun suchen wir das Maximum der Linearform

$$\overline{L} = \alpha\,(p_1\, x_1 + \ldots + p_n\, x_n) - y_1 - y_2 - \ldots - y_m, \tag{2.1.12}$$

wobei $\alpha > 0$ immer kleinere Werte annimmt. Für genügend kleine Werte von α müssen die Schlupfvariablen y_i offenbar im Maximum der Linearform verschwinden. Für verschwindende y_i ist aber das Maximum von $\overline{L}$ aus (2.1.12) gleich dem α-fachen Maximum von L aus (2.1.2).

Das Schema aus dem Gleichungssystem (2.1.11) und der Linearform (2.1.12) hat die folgende Gestalt:

Zeile	x_1	...	x_n	y_1	...	y_m	L	1
1	a_{11}	...	a_{1n}	1	...	0	0	s_1
.	.		.	.		.	.	.
.	.		.	.		.	.	.
.	.		.	.		.	.	.
m	a_{m1}	...	a_{mn}	0	...	1	0	s_m
$m+1$	$-\alpha\, p_1$	...	$-\alpha\, p_n$	$+1$	...	$+1$	1	0

Auch dieses Schema stimmt noch nicht genau mit einem Ausgangsschema der in Punkt 1.4 behandelten Art überein. Dort waren nämlich die Koeffizienten der y_i aus der letzten Zeile alle gleich Null. Subtrahiert man aber von der letzten Zeile dieses Schemas der Reihe nach die Zeilen 1 bis m, dann entsteht ein Schema, das dem Ausgangsschema auf Seite 49 entspricht:

Zeile	x_1	...	x_n	y_1	...	y_m	L	1
1	a_{11}	...	a_{1n}	1	...	0	0	s_1
.			.	.		.	.	.
.			.	.		.	.	.
.			.	.		.	.	.
m	a_{m1}	...	a_{mn}	0	...	1	0	s_m
$m+1$	$-\sum_{i=1}^{m} a_{i1} - \alpha p_1$	...	$-\sum_{i=1}^{m} a_{in} - \alpha p_n$	0	...	0	1	$-\sum_{i=1}^{m} s_i$

Die Tatsache, daß in der letzten Zeile der letzten Spalte eine negative Zahl steht, ist der weiteren Behandlung des Problems in der in Punkt 1.4 beschriebenen Art nicht hinderlich. Das Maximumproblem wird so wie in Punkt 1.4 behandelt, wobei immer α als genügend klein vorausgesetzt wird. Im Maximum verschwinden die Schlupfvariablen und aus dem Maximum der Linearform $\bar{L}$ aus (2.1.12) kann sofort das Maximum der Linearform L aus (2.1.2) ermittelt werden. Ein Beispiel soll diese Methode erläutern:

Gesucht sei das Maximum der Linearform

$$L = x_1 + 2\,x_2 - x_3 + x_4 - 2\,x_5$$

unter den Nebenbedingungen

$$x_1 + x_2 = 3,$$
$$x_3 + x_4 = 5,$$
$$x_4 - x_5 = 2,$$
$$x_j \geqq 0,\ j = 1, \ldots, 5.$$

Wir formen dieses Problem in der beschriebenen Art und Weise um und erhalten die Aufgabe, das Maximum der Linearform

$$\bar{L} = \alpha\,(x_1 + 2\,x_2 - x_3 + x_4 - 2\,x_5) - y_1 - y_2 - y_3$$

unter den Nebenbedingungen

$$x_1 + x_2 + y_1 = 3,$$
$$x_3 + x_4 + y_2 = 5,$$
$$x_4 - x_5 + y_3 = 2,$$
$$x_j \geqq 0,\ j = 1, \ldots, 5,\ y_i \geqq 0,\ i = 1, 2, 3$$

zu finden. Das Schema dieses Problems lautet:

Zeile	x_1	x_2	x_3	x_4	x_5	y_1	y_2	y_3	$\bar{L}$	1
1	1	1	0	0	0	1	0	0	0	3
2	0	0	1	1	0	0	1	0	0	5
3	0	0	0	1	-1	0	0	1	0	2
4	$-\alpha$	-2α	α	$-\alpha$	2α	1	1	1	1	0

Wir formen das Schema um und erhalten der Reihe nach die folgenden Schemata:

Zeile	x_1	x_2	x_3	x_4	x_5	y_1	y_2	y_3	$\bar{L}$	1
1	1	1	0	0	0	1	0	0	0	3
2	0	0	1	1	0	0	1	0	0	5
3	0	0	0	1	-1	0	0	1	0	2
4	$-1-\alpha$	$-1-2\alpha$	$-1+\alpha$	$-2-\alpha$	$1+2\alpha$	0	0	0	1	-10

Zeile	x_1	x_2	x_3	x_4	x_5	y_1	y_2	y_3	$\bar{L}$	1
1	1	1	0	0	0	1	0	0	0	3
.2	0	0	1	0	1	0	1	-1	0	3
3	0	0	0	1	-1	0	0	1	0	2
4	$-1-\alpha$	$-1-2\alpha$	$-1+\alpha$	0	$-1+\alpha$	0	0	$2+\alpha$	1	$-6+2\alpha$

Zeile	x_1	x_2	x_3	x_4	x_5	y_1	y_2	y_3	$\bar{L}$	1
1	1	1	0	0	0	1	0	0	0	3
2	0	0	1	0	1	0	1	-1	0	3
3	0	0	0	1	-1	0	0	1	0	2
4	α	0	$-1+\alpha$	0	$-1+\alpha$	$1+2\alpha$	0	$2+\alpha$	1	$-3+8\alpha$

Zeile	x_1	x_2	x_3	x_4	x_5	y_1	y_2	y_3	$\bar{L}$	1
1	1	1	0	0	0	1	0	0	0	3
2	0	0	1	0	1	0	1	-1	0	3
3	0	0	1	1	0	0	1	0	0	5
4	α	0	0	0	0	$1+2\alpha$	$1-\alpha$	$1+2\alpha$	1	5α

Damit ist die Umformung beendet. Für das Maximum von $\overline{L}$ gilt $x_1 = y_1 = y_2 = y_3 = 0$ und $\max \overline{L} = 5\,\alpha$. Daraus folgt $\max L = 5$. Das Maximum wird für $x_2 = 3$, $x_3 + x_5 = 3$, $x_3 + x_4 = 5$ angenommen. Wegen $x_j \geqq 0$ gilt also für das Maximum der Linearform $x_1 = 0$, $x_2 = 3$, $x_3 = 3 - x_5$, $x_4 = 5 - x_3 = 2 + x_5$, $0 \leqq x_5 \leqq 3$.

1.7 Wir behandeln als nächstes das Minimum einer Linearform. Es sei das Minimum der Linearform (2.1.2) unter den Nebenbedingungen

$$\begin{array}{l} a_{11}\; x_1 + \ldots + a_{1n}\; x_n \geqq s_1, \\ \quad\cdot \qquad\quad \cdot \qquad\quad \cdot \\ \quad\cdot \qquad\quad \cdot \qquad\quad \cdot \\ \quad\cdot \qquad\quad \cdot \qquad\quad \cdot \\ a_{m1}\, x_1 + \ldots + a_{mn}\, x_n \geqq s_m, \\ x_j \geqq 0,\, j = 1, \ldots, n \end{array} \tag{2.1.13}$$

gesucht. Es seien wieder alle Werte $s_i \geqq 0$.

Für $n = 2$ und $m = 3$ stellen wir das Problem graphisch dar. Wir bezeichnen mit g_i die Gerade

$$a_{i1}\, x_1 + a_{i2}\, x_2 = s_i$$

und mit $g(L)$ die Gerade

$$L = p_1\, x_1 + p_2\, x_2\,.$$

Nun stellen wir den durch die Ungleichungen (2.1.13) abgegrenzten Bereich in Diagramm IV dar. Die Geraden $g(L)$ bilden eine Schar. Gesucht

Diagramm IV

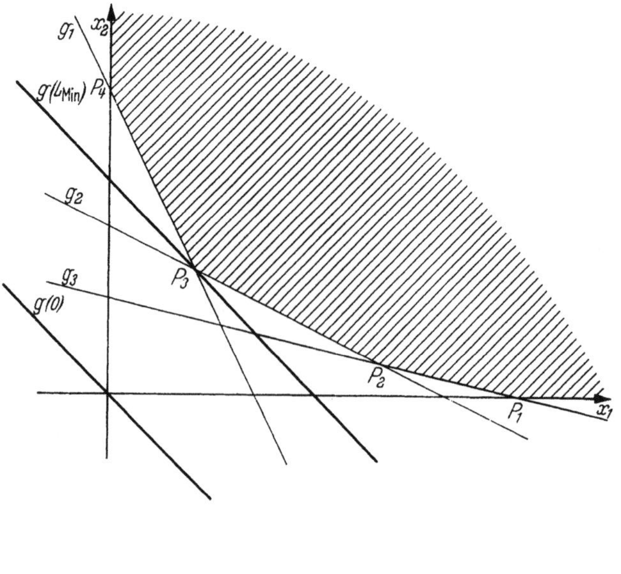

ist jene Gerade der Schar, die mindestens einen Punkt mit dem Bereich gemeinsam hat und den kleinsten Scharparameter L aufweist. Im Beispiel aus Diagramm IV geht die Gerade $g(L_{\min})$ durch P_3, also durch den Schnittpunkt der Geraden g_1 und g_2.

Im allgemeinen führt man die Lösung eines solchen Minimumproblems auf die Lösung eines Maximumproblems zurück. Dies kann folgendermaßen geschehen: Wir wählen einen beliebigen Punkt aus dem durch die Ungleichungen (2.1.13) abgegrenzten Bereich. Es sei dies der Punkt $x_j = c_j > 0$, $(j = 1, \ldots, n)$, für den die Ungleichungen (2.1.13) erfüllt sind. Nun führen wir neue Variablen $\bar{x}_j$ ein,

$$\bar{x}_j = M c_j - x_j,\ j = 1, \ldots, n,$$

wobei $M \geqq 1$ vorläufig noch unbestimmt gelassen wird. Die Ungleichungen (2.1.13) nehmen nun die folgende Gestalt an:

$$\begin{aligned}
&M a_{11}\, c_1 + \ldots + M a_{1n}\, c_n - a_{11}\, \bar{x}_1 - \ldots - a_{1n}\, \bar{x}_n \leqq s_1\,,\\
&\cdot \qquad\qquad\qquad\qquad\qquad\qquad\qquad\qquad\qquad \cdot\\
&\cdot \qquad\qquad\qquad\qquad\qquad\qquad\qquad\qquad\qquad \cdot\\
&\cdot \qquad\qquad\qquad\qquad\qquad\qquad\qquad\qquad\qquad \cdot\\
&M a_{m1}\, c_1 + \ldots + M a_{mn}\, c_n - a_{m1}\, \bar{x}_1 - \ldots - a_{mn}\, \bar{x}_n \leqq s_m\,,\\
&\qquad\qquad M c_j - \bar{x}_j \geqq 0\,.
\end{aligned}$$

Setzen wir

$$\bar{s}_i = M a_{i1}\, c_1 + \ldots + M a_{in}\, c_n - s_i,\ i = 1, \ldots, m,$$

dann erhalten wir das folgende System von Ungleichungen

$$\begin{aligned}
&a_{11}\, \bar{x}_1 + \ldots + a_{1n}\, \bar{x}_n \leqq \bar{s}_1,\\
&\cdot \qquad\qquad\qquad\qquad\quad \cdot\\
&\cdot \qquad\qquad\qquad\qquad\quad \cdot\\
&\cdot \qquad\qquad\qquad\qquad\quad \cdot\\
&a_{m1}\, \bar{x}_1 + \ldots + a_{mn}\, \bar{x}_n \leqq \bar{s}_m,\\
&\bar{x}_j \leqq M c_j,\ j = 1, \ldots, n,
\end{aligned} \tag{2.1.14}$$

wobei $\bar{s}_i \geqq 0$ wegen $M \geqq 1$ gilt. Die Linearform L aus (2.1.2) kann in der Form

$$L = p_1\, x_1 + \ldots + p_n\, x_n = M p_1\, c_1 + \ldots + M p_n\, c_n - p_1\, \bar{x}_1 - \ldots - p_n\, \bar{x}_n$$

dargestellt werden. Dem Minimum der Linearform L entspricht das Maximum der Linearform

$$\bar{L} = p_1\, \bar{x}_1 + \ldots + p_n\, \bar{x}_n\,. \tag{2.1.15}$$

Die Aufgabe, das Minimum der Linearform (2.1.2) unter den Nebenbedingungen (2.1.13) zu finden, ist also gleichbedeutend mit der Aufgabe, das Maximum der Linearform (2.1.15) unter den Nebenbedingungen (2.1.14) zu finden. Dies ist ein Maximumproblem, wie wir es bereits in unseren bisherigen Untersuchungen behandelt haben, mit der Einschränkung, daß wir Lösungen unter den Nebenbedingungen $\bar{x}_j \geqq 0$ statt unter den hier geforderten Nebenbedingungen $\bar{x}_j \leqq Mc_j$ gesucht haben. Lösen wir das neu formulierte Maximumproblem auf die in Punkt 1.4 beschriebene Weise, dann erhalten wir nur Lösungen mit $\bar{x}_j \geqq 0$, also Lösungen mit $x_j \leqq Mc_j$. Wählen wir M groß genug, dann bedeutet dies aber keine Einschränkung, sofern die Lösung von M unabhängig wird.

Das folgende Beispiel soll die Methode erläutern. Unter den Nebenbedingungen

$$\begin{aligned} x_1 + x_2 - x_3 &\geqq 7, \\ x_2 + x_3 &\geqq 4, \\ x_1 + x_3 &\geqq 3, \\ x_j \geqq 0,\ j &= 1, 2, 3 \end{aligned} \tag{2.1.16}$$

soll das Minimum der Linearform

$$L = 2\,x_1 + x_2 + x_3 \tag{2.1.17}$$

gefunden werden. Um diese Aufgabe in ein Maximumproblem umzuformen, wählen wir $c_1 = 4$, $c_2 = 4$, $c_3 = 1$. Diese Werte erfüllen die Ungleichungen (2.1.16). Nun setzen wir

$$\begin{aligned} \bar{x}_1 &= 4\,M - x_1, \\ \bar{x}_2 &= 4\,M - x_2, \\ \bar{x}_3 &= M \quad - x_3. \end{aligned}$$

Die Ungleichungen (2.1.16) werden wie folgt geschrieben:

$$\begin{aligned} \bar{x}_1 + \bar{x}_2 - \bar{x}_3 &\leqq 7\,M - 7, \\ \bar{x}_2 + \bar{x}_3 &\leqq 5\,M - 4, \\ \bar{x}_1 + \bar{x}_3 &\leqq 5\,M - 3, \\ \bar{x}_1 \leqq 4\,M, \bar{x}_2 &\leqq 4\,M, \bar{x}_3 \leqq M\,. \end{aligned}$$

Die Linearform (2.1.17) erhält die Gestalt

$$L = 13\,M - 2\,\bar{x}_1 - \bar{x}_2 - \bar{x}_3 = 13\,M - \bar{L}\,.$$

Wir suchen das Maximum von $\bar{L} = 2\,\bar{x}_1 + \bar{x}_2 + \bar{x}_3$. Das Schema dieses Maximumproblems lautet folgendermaßen:

Zeile	$\bar{x}_1$	$\bar{x}_2$	$\bar{x}_3$	y_1	y_2	y_3	y_4	y_5	y_6	$\bar{L}$	1
1	1	1	-1	1	0	0	0	0	0	0	$7M-7$
2	0	1	1	0	1	0	0	0	0	0	$5M-4$
3	1	0	1	0	0	1	0	0	0	0	$5M-3$
4	1	0	0	0	0	0	1	0	0	0	$4M$
5	0	1	0	0	0	0	0	1	0	0	$4M$
6	0	0	1	0	0	0	0	0	1	0	M
7	-2	-1	-1	0	0	0	0	0	0	1	0

Daraus erhalten wir

Zeile	$\bar{x}_1$	$\bar{x}_2$	$\bar{x}_3$	y_1	y_2	y_3	y_4	y_5	y_6	$\bar{L}$	1
1	0	1	-1	1	0	0	-1	0	0	0	$3M-7$
2	0	1	1	0	1	0	0	0	0	0	$5M-4$
3	0	0	1	0	0	1	-1	0	0	0	$M-3$
4	1	0	0	0	0	0	1	0	0	0	$4M$
5	0	1	0	0	0	0	0	1	0	0	$4M$
6	0	0	1	0	0	0	0	0	1	0	M
7	0	-1	-1	0	0	0	2	0	0	1	$8M$

Zeile	$\bar{x}_1$	$\bar{x}_2$	$\bar{x}_3$	y_1	y_2	y_3	y_4	y_5	y_6	$\bar{L}$	1
1	0	1	0	1	0	1	-2	0	0	0	$4M-10$
2	0	1	0	0	1	-1	1	0	0	0	$4M-1$
3	0	0	1	0	0	1	-1	0	0	0	$M-3$
4	1	0	0	0	0	0	1	0	0	0	$4M$
5	0	1	0	0	0	0	0	1	0	0	$4M$
6	0	0	0	0	0	-1	1	0	1	0	3
7	0	-1	0	0	0	1	1	0	0	1	$9M-3$

Zeile	$\bar{x}_1$	$\bar{x}_2$	$\bar{x}_3$	y_1	y_2	y_3	y_4	y_5	y_6	$\bar{L}$	1
1	0	1	0	1	0	1	-2	0	0	0	$4M-10$
2	0	0	0	-1	1	-2	3	0	0	0	9
3	0	0	1	0	0	1	-1	0	0	0	$M-3$
4	1	0	0	0	0	0	1	0	0	0	$4M$
5	0	0	0	-1	0	-1	2	1	0	0	10
6	0	0	0	0	0	-1	1	0	1	0	3
7	0	0	0	1	0	2	-1	0	0	1	$13M-13$

Zeile	$\bar{x}_1$	$\bar{x}_2$	$\bar{x}_3$	y_1	y_2	y_3	y_4	y_5	y_6	$\bar{L}$	1
1	0	1	0	$\frac{1}{3}$	$\frac{2}{3}$	$-\frac{1}{3}$	0	0	0	0	$4M-4$
2	0	0	0	$-\frac{1}{3}$	$\frac{1}{3}$	$-\frac{2}{3}$	1	0	0	0	3
3	0	0	1	$-\frac{1}{3}$	$\frac{1}{3}$	$\frac{1}{3}$	0	0	0	0	M
4	1	0	0	$\frac{1}{3}$	$-\frac{1}{3}$	$\frac{2}{3}$	0	0	0	0	$4M-3$
5	0	0	0	$-\frac{1}{3}$	$-\frac{2}{3}$	$\frac{1}{3}$	0	1	0	0	4
6	0	0	0	$\frac{1}{3}$	$-\frac{1}{3}$	$-\frac{1}{3}$	0	0	1	0	0
7	0	0	0	$\frac{2}{3}$	$\frac{1}{3}$	$\frac{4}{3}$	0	0	0	1	$13M-10$

Damit ist die Umformung beendet. Das Maximum der Linearform $\overline{L}$ wird für $\overline{x}_1 = 4M - 3$, $\overline{x}_2 = 4M - 4$, $\overline{x}_3 = M$, $y_1 = y_2 = y_3 = y_6 = 0$, $y_4 = 3$, $y_5 = 4$ angenommen und beträgt $13M - 10$. Daraus folgt, daß das Minimum der Linearform (2.1.17) an der Stelle $x_1 = 3$, $x_2 = 4$, $x_3 = 0$ angenommen wird und 10 beträgt. Diese Lösung des Minimumproblems ist unabhängig von dem genügend groß gewählten M.

Es kann auch der Fall eintreten, daß die Lösung des umgeformten Minimumproblems von M abhängig ist und das ursprüngliche Minimumproblem keine Lösung besitzt. Wir zeigen dies an Hand des eben behandelten Beispiels, wobei wir jedoch an Stelle der Linearform (2.1.17) die Linearform

$$L = 2x_1 - x_2 + x_3$$

unter den Nebenbedingungen (2.1.16) zu einem Minimum machen wollen. Für diese Linearform gilt

$$L = 5M - 2\overline{x}_1 + \overline{x}_2 - \overline{x}_3 = 5M - \overline{L}$$

mit

$$\overline{L} = 2\overline{x}_1 - \overline{x}_2 + \overline{x}_3$$

und das Schema des entsprechenden Maximumproblems lautet:

Zeile	$\overline{x}_1$	$\overline{x}_2$	$\overline{x}_3$	y_1	y_2	y_3	y_4	y_5	y_6	$\overline{L}$	1
1	1	1	−1	1	0	0	0	0	0	0	$7M-7$
2	0	1	1	0	1	0	0	0	0	0	$5M-4$
3	1	0	1	0	0	1	0	0	0	0	$5M-3$
4	1	0	0	0	0	0	1	0	0	0	$4M$
5	0	1	0	0	0	0	0	1	0	0	$4M$
6	0	0	1	0	0	0	0	0	1	0	M
7	−2	1	−1	0	0	0	0	0	0	1	0

Die Umformung nach den Vorschriften des Punktes 1.4 führt schließlich zu folgendem Schema:

Zeile	$\overline{x}_1$	$\overline{x}_2$	$\overline{x}_3$	y_1	y_2	y_3	y_4	y_5	y_6	$\overline{L}$	1
1	0	1	0	1	0	1	−2	0	0	0	$4M-10$
2	0	1	0	0	1	−1	1	0	0	0	$4M-1$
3	0	0	1	0	0	1	−1	0	0	0	$M-3$
4	1	0	0	0	0	0	1	0	0	0	$4M$
5	0	1	0	0	0	0	0	1	0	0	$4M$
6	0	0	0	0	0	−1	1	0	1	0	3
7	0	1	0	0	0	1	1	0	0	1	$9M-3$

Die Lösung des Maximumproblems lautet also $\bar{x}_2 = y_3 = y_4 = 0$, $\bar{x}_1 = 4M$, $\bar{x}_3 = M - 3$, $y_1 = 4M - 10$, $y_2 = 4M - 1$, $y_5 = 4M$, $y_6 = 3$. Das Maximum der Linearform ist $\bar{L}_{\max} = 9M - 3$. Damit ist die Lösung des Minimumproblems $x_1 = 0$, $x_2 = 4M$, $x_3 = 3$ und das Minimum beträgt $L_{\min} = -4M + 3$. Für genügend große Werte von M wird dieser Ausdruck beliebig klein. Es existiert also kein Minimum von L unter den Nebenbedingungen (2.1.16), sondern L nimmt beliebig kleine Werte an.

Bei Vorliegen von Gleichungen an Stelle von Ungleichungen kann das Minimumproblem in gleicher Weise behandelt werden wie das Maximumproblem. Soll unter der Voraussetzung der Gültigkeit des Gleichungssystems (2.1.10) das Minimum der Linearform (2.1.2) gefunden werden, dann setzen wir $\bar{L} = -L = -p_1 x_1 - \ldots - p_n x_n$ und suchen nun das Maximum der Linearform $\bar{L}$ auf die in Punkt 1.4 beschriebene Art.

1.8 In den bisherigen Untersuchungen haben wir stets $s_i \geqq 0$ vorausgesetzt. Diese Einschränkung war, wie in der Theorie der linearen Programme gezeigt wird, notwendig, um sicher zu sein, daß die beschriebene Rechnungsmethode auch in endlich vielen Schritten zu einem Ergebnis mit $x_j \geqq 0$, $y_i \geqq 0$ führt. Im folgenden werden wir zeigen, wie die Simplexmethode auch für den Fall $s_i < 0$ angewendet werden kann. Wir gehen dabei wieder von dem System von Ungleichungen (2.1.1) aus. Unter den Nebenbedingungen (2.1.1) soll das Maximum der Linearform (2.1.2) gefunden werden. Wir wählen nun wieder Schlupfvariablen $y_i \geqq 0$ $(i = 1, \ldots, m)$, durch die die Ungleichungen (2.1.1) in Gleichungen verwandelt werden:

$$\sum_{j=1}^{n} a_{ij} x_j + y_i = s_i, \qquad i = 1, \ldots, m .$$

Es sei $s_i < 0$ für $i = 1, \ldots, \bar{m}$ und $s_i \geqq 0$ für $i = \bar{m} + 1, \ldots, m$. Wir setzen $\bar{s}_i = -s_i$ für $s_i < 0$ und $\bar{s}_i = s_i$ für $s_i \geqq 0$ und erhalten

$$\sum_{j=1}^{n} (-a_{ij}) x_j - y_i = \bar{s}_i, \qquad i = 1, \ldots, \bar{m} , \tag{2.1.18}$$

$$\sum_{j=1}^{n} a_{ij} x_j + y_i = \bar{s}_i, \qquad i = \bar{m} + 1, \ldots, m , \tag{2.1.19}$$

wobei $\bar{s}_i > 0$ für alle i ist. Wir haben nun ein Maximumproblem vor uns, wobei die Nebenbedingungen lauter Gleichungen sind. Diesen Fall haben wir in Punkt 1.6 bereits behandelt. Das Gleichungssystem mußte um m Schlupfvariablen erweitert werden. Hier ist es für die Gleichungen (2.1.19) nicht mehr notwendig, zusätzliche Schlupfvariablen einzuführen, da die bereits eingeführten y_i ausreichen. In den ersten $\bar{m}$ Gleichungen

(2.1.18) haben aber die Schlupfvariablen y_i negatives Vorzeichen. Hier sind nun neue Schlupfvariablen z_i mit $i = 1, \ldots, \bar{m}$ einzuführen:

$$\sum_{j=1}^{n} (-a_{ij}) x_j - y_i + z_i = \bar{s}_i . \tag{2.1.20}$$

In Analogie zu Punkt 1.6 ist nun unter den Nebenbedingungen (2.1.19) und (2.1.20) für $x_j \geqq 0$, $y_i \geqq 0$, $z_i \geqq 0$ das Maximum der Linearform

$$\bar{L} = \alpha \sum_{j=1}^{n} p_j x_j - \sum_{i=1}^{\bar{m}} z_i$$

für genügend kleine Werte von $\alpha > 0$ zu suchen. Wird α klein genug gewählt, dann muß im Maximum $z_i = 0$ $(i = 1, \ldots, \bar{m})$ gelten und die Bedingungen (2.1.18) und (2.1.19) sind erfüllt. Damit ist das Maximumproblem gelöst.

Ein Beispiel soll diese Methode erläutern. Unter den Nebenbedingungen

$$\begin{aligned} -x_1 + x_2 &\leqq 1, \\ -x_1 - 2x_2 &\leqq -2, \\ 2x_1 + x_2 &\leqq 4, \\ x_1 \geqq 0,\ x_2 &\geqq 0 \end{aligned}$$

soll das Maximum der Linearform

$$L = x_1 + x_2$$

gefunden werden. Wir verwandeln die Ungleichungen in Gleichungen:

$$\begin{aligned} -x_1 + x_2 + y_1 &= 1, \\ -x_1 - 2x_2 + y_2 &= -2, \\ 2x_1 + x_2 + y_3 &= 4. \end{aligned}$$

Nun multiplizieren wir die zweite Gleichung mit -1 und führen gleichzeitig eine weitere Schlupfvariable z ein. Die zweite Gleichung lautet dann

$$x_1 + 2x_2 - y_2 + z = 2 .$$

Gesucht ist das Maximum der Linearform

$$\bar{L} = \alpha(x_1 + x_2) - z .$$

Das Schema dieser Aufgabe lautet:

Zeile	x_1	x_2	y_1	y_2	y_3	z	$\bar{L}$	1
1	-1	1	1	0	0	0	0	1
2	1	2	0	-1	0	1	0	2
3	2	1	0	0	1	0	0	4
4	$-\alpha$	$-\alpha$	0	0	0	1	1	0

Der Koeffizient der Schlupfvariablen y_2 in der zweiten Zeile ist -1. Wir können aber diese Schlupfvariable durch die neue Variable z ersetzen, deren Koeffizient 1 ist. Allerdings ist auch der Koeffizient von z in der letzten Zeile 1, während im Ausgangsschema in der letzten Zeile der Schlupfvariablen stets 0 stehen soll. Wir ziehen daher in Analogie zu Punkt 1.6 die zweite Zeile von der letzten Zeile ab und erhalten

Zeile	x_1	x_2	y_1	y_2	y_3	z	$\bar{L}$	1
1	-1	1	1	0	0	0	0	1
2	1	2	0	-1	0	1	0	2
3	2	1	0	0	1	0	0	4
4	$-1-\alpha$	$-2-\alpha$	0	1	0	0	1	-2

In diesem Schema entsprechen die Variablen y_1, z und y_3 den Schlupfvariablen der Simplexmethode, wie wir sie in Punkt 1.4 angegeben haben. Das Schema wird nun schrittweise umgeformt, wobei stets angenommen wird, daß α genügend klein ist:

Zeile	x_1	x_2	y_1	y_2	y_3	z	$\bar{L}$	1
1	-1	1	1	0	0	0	0	1
2	3	0	-2	-1	0	1	0	0
3	3	0	-1	0	1	0	0	3
4	$-3-2\alpha$	0	$2+\alpha$	1	0	0	1	α

Zeile	x_1	x_2	y_1	y_2	y_3	z	$\bar{L}$	1
1	0	1	$\frac{1}{3}$	$-\frac{1}{3}$	0	$\frac{1}{3}$	0	1
2	1	0	$-\frac{2}{3}$	$-\frac{1}{3}$	0	$\frac{1}{3}$	0	0
3	0	0	1	1	1	-1	0	3
4	0	0	$-\frac{\alpha}{3}$	$-\frac{2\alpha}{3}$	0	$1+\frac{2\alpha}{3}$	1	α

Zeile	x_1	x_2	y_1	y_2	y_3	z	$\bar{L}$	1
1	0	1	$\frac{2}{3}$	0	$\frac{1}{3}$	0	0	2
2	1	0	$-\frac{1}{3}$	0	$\frac{1}{3}$	0	0	1
3	0	0	1	1	1	-1	0	3
4	0	0	$\frac{\alpha}{3}$	0	$\frac{2\alpha}{3}$	1	1	3α

Das Maximum von $\overline{L}$ beträgt somit 3α und wird für $x_1 = 1$, $x_2 = 2$, $y_1 = y_3 = z = 0$, $y_2 = 3$ angenommen. Das Maximum von L beträgt also 3. Diagramm V stellt die Verhältnisse graphisch dar. Der durch die Ungleichungen bestimmte Bereich ist im Diagramm schraffiert. Wie man sieht, liegt der Punkt $x_1 = x_2 = 0$ außerhalb des Bereiches. Dies ist offenbar allgemein immer der Fall, wenn $s_i < 0$ für mindestens ein i gilt.

Die hier beschriebene Methode ermöglicht es, ein Maximumproblem zu lösen, ohne daß die Koeffizienten in den Ungleichungen (2.1.1) irgendwelchen Einschränkungen unterliegen. Damit ist es aber auch möglich,

Diagramm V

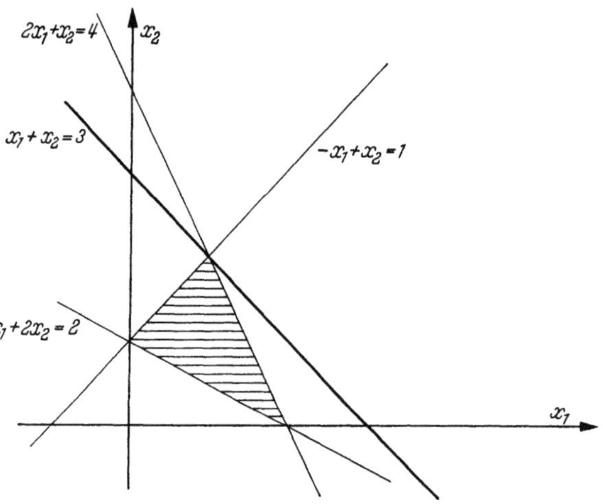

jedes Minimumproblem direkt in ein Maximumproblem umzuwandeln und umgekehrt. Das Minimum der Linearform (2.1.2) unter den Nebenbedingungen (2.1.1) wird genau an der Stelle des Maximums der Linearform

$$\overline{L} = -L = \sum_{j=1}^{n} (-p_j)\, x_j$$

unter den Nebenbedingungen

$$\sum_{j=1}^{n} (-a_{ij})\, x_j \leqq -s_i = \bar{s}_i, \quad (i = 1, \ldots, m),$$
$$x_j \geqq 0, \qquad (j = 1, \ldots, n)$$

angenommen. Das Maximumproblem kann aber mit der eben beschriebenen Methode gelöst werden, da auch Werte $\bar{s}_i < 0$ entsprechend den Werten $s_i > 0$ zugelassen sind. Die Frage, auf welche Weise ein Minimumproblem am besten auf ein Maximumproblem zurückgeführt werden soll, kann nur im Hinblick auf den Rechenaufwand beantwortet werden, den die verschiedenen Methoden erfordern.

1.9 Eine andere Methode, ein Minimumproblem auf ein Maximumproblem zurückzuführen, bietet der sogenannte *Dualitätssatz*, der folgendermaßen beschrieben werden kann:

Die Aufgabe, das Maximum der Linearform

$$L_1(x_1, \ldots, x_n) = \sum_{j=1}^{n} p_j x_j \tag{2.1.22}$$

unter den Nebenbedingungen (2.1.1)

$$\begin{array}{l} a_{11}\, x_1 + \ldots + a_{1n}\, x_n \leqq s_1, \\ \cdot \qquad \cdot \qquad \cdot \\ \cdot \qquad \cdot \qquad \cdot \\ \cdot \qquad \cdot \qquad \cdot \\ a_{m1}\, x_1 + \ldots + a_{mn}\, x_n \leqq s_m, \\ x_1 \geqq 0, \ldots, x_n \geqq 0 \end{array}$$

zu finden und die Aufgabe, das Minimum der Linearform

$$L_2(w_1, \ldots, w_m) = \sum_{i=1}^{m} s_i w_i \tag{2.1.23}$$

unter den Nebenbedingungen

$$\begin{array}{l} a_{11}\, w_1 + a_{21}\, w_2 + \ldots + a_{m1}\, w_m \geqq p_1, \\ \cdot \qquad \cdot \qquad \cdot \qquad \cdot \\ \cdot \qquad \cdot \qquad \cdot \qquad \cdot \\ \cdot \qquad \cdot \qquad \cdot \qquad \cdot \\ a_{1n}\, w_1 + a_{2n}\, w_2 + \ldots + a_{mn}\, w_m \geqq p_n, \\ w_1 \geqq 0, \ldots, w_m \geqq 0 \end{array} \tag{2.1.24}$$

zu finden, sind zueinander dual. Sei $X = \{x\}$ die Menge aller $x = (x_1, \ldots, x_n)$, welche die Ungleichungen (2.1.1) erfüllen und $W = \{w\}$ die Menge aller $w = (w_1, \ldots, w_m)$, welche die Ungleichungen (2.1.24) erfüllen, dann gilt

$$\max_{x \in X} L_1(x_1, \ldots, x_n) = \min_{w \in W} L_2(w_1, \ldots, w_m). \tag{2.1.25}$$

Wird das Maximumproblem nach der Simplexmethode behandelt und bezeichnet man die Koeffizienten der Variablen $x_1, \ldots, x_n$ und der Schlupfvariablen $y_1, \ldots, y_m$ in der letzten Zeile des Schlußschemas mit $\pi_1, \ldots, \pi_n, \pi_{n+1}, \ldots, \pi_{n+m}$, $(\pi_\nu \geqq 0)$, dann ist $w = (\pi_{n+1}, \ldots, \pi_{n+m}) \in W$ Lösung des Minimumproblems.

Wir beweisen zunächst folgende

Behauptung: Für $x \in X$ und $w \in W$ gilt

$$L_1(x_1, \ldots, x_n) \leqq L_2(w_1, \ldots, w_n). \tag{2.1.26}$$

Beweis: Aus (2.1.1) folgt für $w_i \geqq 0$

$$\sum_{i=1}^{m} \sum_{j=1}^{n} w_i\, a_{ij}\, x_j \leqq \sum_{i=1}^{m} w_i\, s_i = L_2(w_1, \ldots, w_m). \tag{2.1.27}$$

Aus (2.1.24) folgt für $x_j \geqq 0$

$$\sum_{j=1}^{n} \sum_{i=1}^{m} x_j a_{ij} w_i \geqq \sum_{j=1}^{n} x_j p_j = L_1 (x_1, \ldots, x_n) . \tag{2.1.28}$$

Die Doppelsummen in (2.1.27) und (2.1.28) sind identisch. Aus (2.1.27) und (2.1.28) folgt somit die Behauptung (2.1.26).

Zum *Beweis des Dualitätssatzes* gehen wir vom Schema des Maximumproblems aus:

Zeile	x_1	...	x_n	y_1	...	y_m	L_1	1
1	a_{11}	...	a_{1n}	1	...	0	0	s_1
.	.		.	.		.	.	.
.	.		.	.		.	.	.
.	.		.	.		.	.	.
m	a_{m1}	...	a_{mn}	0	...	1	0	s_m
$m+1$	$-p_1$	...	$-p_n$	0	...	0	1	0

Dieses Schema wird nun entsprechend der in Punkt 1.4 angegebenen Methode schrittweise umgeformt. Sofern ein Maximum der Linearform existiert, treten in der letzten Zeile des Schlußschemas keine negativen Zahlen auf. Es sei

$m+1$	$\pi_1,$	$\ldots,$	π_n	$\pi_{n+1},$	$\ldots,$	π_{n+m}	1	$L_{\max}$

die letzte Zeile des Schlußschemas mit $\pi_\nu \geqq 0$ und $L_{\max} = \max\limits_{x \in X} L_1$ $(x_1, \ldots, x_n)$. Die letzte Zeile des Schemas wird bei jedem Schritt in der Weise umgeformt, daß ein Vielfaches einer der Zeilen 1 bis m zur letzten Zeile addiert wird. Nach jedem Schritt bestehen auch die Zeilen 1 bis m des Schemas aus Vielfachen der Zeilen 1 bis m des Ausgangsschemas. Die letzte Zeile des Schlußschemas kann daher aus der letzten Zeile des Ausgangsschemas dadurch erhalten werden, daß ein Vielfaches jeder der Zeilen 1 bis m des Ausgangsschemas hinzuaddiert wird. Bezeichnen wir den Multiplikator der i^{ten} Zeile mit λ_i, dann gilt offenbar

$$\begin{aligned}
\pi_1 &= -p_1 + \lambda_1 a_{11} + \ldots + \lambda_m a_{m1}, \\
&\;\;\vdots \\
\pi_n &= -p_1 + \lambda_1 a_{1n} + \ldots + \lambda_m a_{mn}, \\
\pi_{n+1} &= \lambda_1, \\
&\;\;\vdots \\
\pi_{n+m} &= \lambda_m, \\
L_{\max} &= \lambda_1 s_1 + \ldots + \lambda_m s_m .
\end{aligned}$$

Daraus folgt wegen $\pi_\nu \geqq 0$

$$\begin{aligned} a_{11}\,\pi_{n+1} + \ldots + a_{m1}\,\pi_{n+m} &\geqq p_1, \\ &\ \ \vdots \\ a_{1n}\,\pi_{n+1} + \ldots + a_{mn}\,\pi_{n+m} &\geqq p_n \end{aligned}$$

und

$$L_{\max} = \max_{x \in X} L_1(x_1, \ldots, x_n) = \sum_{i=1}^{m} s_i\,\pi_{n+i} = L_2(\pi_{n+1}, \ldots, \pi_{n+m}). \quad (2.1.29)$$

$w = (\pi_{n+1}, \ldots, \pi_{n+m})$ erfüllt daher (2.1.24), es gilt also $w \in W$ und wegen (2.1.26) und (2.1.29)

$$L_2(\pi_{n+1}, \ldots, \pi_{n+m}) = \min_{w \in W} L_2(w_1, \ldots, w_m)\,.$$

Daraus und aus (2.1.29) folgt (2.1.25). Damit ist der Dualitätssatz bewiesen.

1.10 Wir zeigen die Lösung eines Minimumproblems mit Hilfe des Dualitätssatzes anhand des in Punkt 1.7 angegebenen Beispiels. Es soll das Minimum der Linearform

$$L = 2\,w_1 + w_2 + w_3 \quad (2.1.30)$$

unter den Nebenbedingungen

$$\begin{aligned} w_1 + w_2 - w_3 &\geqq 7, \\ w_2 + w_3 &\geqq 4, \\ w_1 + w_3 &\geqq 3, \\ w_1 \geqq 0,\ w_2 \geqq 0,\ w_3 &\geqq 0 \end{aligned} \quad (2.1.31)$$

gefunden werden. Nach dem Dualitätssatz kann die Lösung dieses Minimumproblems auf Grund der Lösung eines Maximumproblems gefunden werden. Die Ungleichungen (2.1.31) entsprechen den Ungleichungen (2.1.24) und die Linearform (2.1.30) der Linearform (2.1.23). Dem Maximumproblem sind die Ungleichungen (2.1.1) und die Linearform (2.1.22) zugrunde zu legen, die in unserem vorliegenden Beispiel folgendermaßen lauten:

$$\begin{aligned} x_1 + x_3 &\leqq 2, \\ x_1 + x_2 &\leqq 1, \\ -x_1 + x_2 + x_3 &\leqq 1, \\ L_1(x_1, x_2, x_3) &= 7\,x_1 + 4\,x_2 + 3\,x_3\,. \end{aligned}$$

Das Schema dieses Maximumproblems lautet:

Zeile	x_1	x_2	x_3	y_1	y_2	y_3	L_1	1
1	1	0	1	1	0	0	0	2
2	1	1	0	0	1	0	0	1
3	−1	1	1	0	0	1	0	1
4	−7	−4	−3	0	0	0	1	0

Dieses Schema wird folgendermaßen umgeformt:

Zeile	x_1	x_2	x_3	y_1	y_2	y_3	L_1	1
1	0	−1	1	1	−1	0	0	1
2	1	1	0	0	1	0	0	1
3	0	2	1	0	1	1	0	2
4	0	3	−3	0	7	0	1	7

Zeile	x_1	x_2	x_3	y_1	y_2	y_3	L_1	1
1	0	−1	1	1	−1	0	0	1
2	1	1	0	0	1	0	0	1
3	0	3	0	−1	2	1	0	1
4	0	0	0	3	4	0	1	10

Die Umformung ist beendet. Die Lösung des Maximumproblems lautet $L_1(x_1, x_2, x_3) = 10$, sie wird für $y_1 = y_2 = 0$

$$x_1 = \frac{2 + y_3}{3}, x_2 = \frac{1 - y_3}{3}, x_3 = \frac{4 - y_3}{3}, 0 \leqq y_3 \leqq 1$$

angenommen. Die Lösung des Minimumproblems lautet dann, dem Dualitätssatz entsprechend, $L_2(w_1, w_2, w_3) = 10$, sie wird für $w_1 = 3$, $w_2 = 4$, $w_3 = 0$ angenommen. Dieses Ergebnis haben wir in Punkt 1.7 ohne die Benützung des Dualitätssatzes mit einer anderen Methode bereits erhalten. Der dabei erforderliche Rechenaufwand war aber bedeutend größer als bei der Lösung des dualen Maximumproblems.

In vielen Fällen der praktischen Anwendung liefert der Dualitätssatz nicht nur eine rechnerisch einfachere Lösung, sondern es entspricht dem jeweils dualen Problem auch ein konkreter Sachverhalt. Wir bemerken abschließend, daß der Dualitätssatz wegen der in Punkt 1.8 angegebenen Verallgemeinerung auf negative Werte s_i auch auf Linearformen mit negativen Koeffizienten angewendet werden kann.

2. Schranken für die Reserve

2.1 Es sei B ein Bestand von Versicherungen verschiedener Art und verschiedener Laufzeit. Wir behandeln in diesem Kapitel das Problem, Schranken für die technische Reserve aller Versicherungen eines solchen Versicherungsbestandes zu ermitteln. Zur genaueren Ermittlung der Reserve für den gesamten Versicherungsbestand ist es notwendig, die Reserven der einzelnen Versicherungen zu berechnen und über den gesamten Versicherungsbestand B zu summieren. Der Rechenaufwand für eine derartige Untersuchung ist bei größeren Versicherungsbeständen oft sehr bedeutend. Es wurde daher eine Reihe von Näherungsverfahren ausgearbeitet, die es gestatten, an Hand einzelner Hilfszahlen, die bei Abschluß der Versicherung für jeden einzelnen Versicherungsvertrag errechnet werden, die Reserve in jedem beliebigen Zeitpunkt abzuschätzen. Wir geben solche Methoden, die sich für unsere Untersuchungen besonders eignen, im nächsten Kapitel an. In diesem Kapitel wollen wir die Frage der Reserveschätzung zunächst allgemeiner behandeln.

Es sei ${}_tV_{x,n}$ die technische Reserve der Versicherung für einen Versicherten mit dem Eintrittsalter x, der Versicherungsdauer n und einer bereits verflossenen Laufzeit t für die Versicherungssumme 1 und $y(x, n, t)$ die Versicherungssumme für diese Versicherung. Dann ist

$$V = \sum_{(B)} {}_tV_{x,n}\; y(x, n, t) \tag{2.2.1}$$

die technische Reserve für den gesamten Versicherungsbestand. Denken wir uns die Versicherungen des Bestandes in beliebiger Reihenfolge angeordnet und bezeichnen wir mit v_j die Reserve der j^{ten} Versicherung unter Zugrundelegung der Versicherungssumme 1 und mit y_j die Versicherungssumme der j^{ten} Versicherung, dann gilt

$$V = \sum_{(j)} v_j\, y_j\,. \tag{2.2.2}$$

Wir nehmen nun an, es lägen Informationen über die einzelnen Versicherungen in der Gestalt von Hilfszahlen h_j vor, die für die j^{te} Versicherung, bezogen auf die Versicherungssumme 1, charakteristisch sind. Eine solche Hilfszahl ist etwa $P_{x,n}$, die Nettoprämie für die Versicherung, bezogen auf die Versicherungssumme 1. $h_j\, y_j$ ist dann die der Hilfszahl entsprechende Größe, bezogen auf die Versicherungssumme y_j. Wird als Hilfszahl h_j die Nettoprämie für die Versicherungssumme 1 gewählt, dann ist $h_j\, y_j$ die Nettoprämie für die Versicherung. Wir nehmen weiter an, es sei die Summe

$$H = \sum_{(j)} h_j\, y_j\,,$$

also die Summe aller Hilfszahlen, vervielfacht mit der Versicherungssumme, über den gesamten Versicherungsbestand bekannt. Wählen wir etwa als Hilfszahlen $h_j = 1$, dann ist $H = \sum_{(j)} y_j$ die gesamte Versicherungssumme, summiert über alle Versicherungen.

Allgemein wollen wir annehmen, daß uns m verschiedene Summen

$$H_i = \sum_{(j)} h_{ij} y_j, \quad i = 1, \ldots, m \tag{2.2.3}$$

bekannt sind. Wir wollen mit Hilfe dieser Information Schranken für die Reserve (2.2.2) angeben. Hierzu ermitteln wir den größten und den kleinsten Wert, den die Reserve (2.2.2) unter den Nebenbedingungen (2.2.3) und unter den trivialen Nebenbedingungen $y_j \geqq 0$ annehmen kann.

Diese Aufgabe läßt sich offenbar mit Hilfe der Methode der linearen Programme behandeln. Sie läßt sich als Extremalaufgabe folgendermaßen formulieren: Unter den Nebenbedingungen

$$\begin{aligned} H_i &= \sum_{(j)} h_{ij} y_j, \qquad i = 1, \ldots, m \\ y_j &\geqq 0, \end{aligned}$$

sind das Maximum und das Minimum der Linearform (2.2.2) zu finden. Aufgaben dieser Art haben wir im vorangegangenen Kapitel behandelt. Wir halten fest, daß für die praktische Anwendung nur Werte mit $v_j \neq 0$ und $h_{ij} \neq 0$ auftreten und wir setzen zunächst ohne Beschränkung der Allgemeinheit

$$v_j > 0, \; h_{ij} > 0 \tag{2.2.4}$$

voraus. In Punkt 2.4 werden wir auch auf diese Einschränkung verzichten können.

2.2 Wir nehmen im weiteren an, es gäbe n Versicherungen und behandeln zunächst den Fall $m = 1$. Unter der Voraussetzung

$$\sum_{j=1}^{n} h_j y_j = H, \; y_j \geqq 0, \tag{2.2.5}$$

soll das Maximum der Linearform

$$L = \sum_{j=1}^{n} v_j y_j \tag{2.2.6}$$

gefunden werden. Zur Lösung dieser Aufgabe wird zunächst eine zusätzliche Variable $z \geqq 0$ eingeführt und unter der Nebenbedingung

$$\sum_{j=1}^{n} h_j y_j + z = H$$

das Maximum der Linearform

$$\overline{L} = \alpha \sum_{j=1}^{n} v_j y_j - z$$

für genügend kleine $\alpha > 0$ gesucht. Das Schema dieser Aufgabe ist das folgende:

Zeile	y_1	...	y_n	z	L	1
1	h_1	...	h_n	1	0	H
2	$-\alpha v_1$	...	$-\alpha v_n$	1	1	0

Durch Umformung erhalten wir

Zeile	y_1	...	y_n	z	L	1
1	h_1	...	h_n	1	0	H
2	$-h_1 - \alpha v_1$	...	$-h_n - \alpha v_n$	0	1	$-H$

Dieses Schema kann in der üblichen Art behandelt werden. Für

$$\frac{v_\nu}{h_\nu} \geqq \frac{v_j}{h_j}, \; j = 1, \ldots, n$$

wählen wir die ν^{te} Spalte für die erste Umformung aus und erhalten als nächstes das folgende Schema:

Zeile	y_1	...	y_ν	...	y_n	z	L	1
1	$\frac{h_1}{h_\nu}$	...	1	...	$\frac{h_n}{h_\nu}$	$\frac{1}{h_\nu}$	0	$\frac{H}{h_\nu}$
2	$\alpha\left(h_1\frac{v_\nu}{h_\nu} - v_1\right)$	...	0	...	$\alpha\left(h_n\frac{v_\nu}{h_\nu} - v_n\right)$	$1 + \alpha\frac{v_\nu}{h_\nu}$	1	$\alpha H\frac{v_\nu}{h_\nu}$

In Zeile 2 ist der Koeffizient von y_ν Null, die Koeffizienten der übrigen y_j und die von z sind größer als Null. Die Umformung ist bereits beendet und das Maximum der Linearform $\overline{L}$ ist $\alpha H \frac{v_\nu}{h_\nu}$, das Maximum von L ist

$$\max L = H\frac{v_\nu}{h_\nu} \text{ mit } \frac{v_\nu}{h_\nu} = \max_{(j)} \frac{v_j}{h_j}. \tag{2.2.7}$$

Es wird angenommen für $y_1 = \ldots = y_{\nu-1} = y_{\nu+1} = \ldots = y_n = z = 0$, $y_\nu = \frac{H}{h_\nu}$.

Zur Lösung des Minimumproblems bedienen wir uns des Dualitätssatzes. Mit Hilfe dieses Satzes kann das Minimum der Linearform (2.2.6) unter der Voraussetzung $\sum_{j=1}^{n} h_j y_j \geqq H$ gefunden werden. Die Nebenbedingung ist also eine Ungleichung, während in unserem Fall das Gleichheitszeichen gefordert wird. Grundsätzlich würde diese Abschwächung der Nebenbedingung bedeuten, daß ein minimaler Wert errechnet wird, der unter Voraussetzung der strengeren Bedingung (2.2.5) nicht erreicht werden könnte. Für den Fall $m = 1$ muß jedoch wegen $v_j > 0$ $(j = 1,\ldots,n)$ für das Minimum das Gleichheitszeichen gelten. Wäre nämlich

$$\hat{L} = \sum_{j=1}^{n} v_j \hat{y}_j = \min L$$

und

$$\sum_{j=1}^{n} h_j \hat{y}_j > H\,,$$

dann könnte ein beliebiges $\hat{y}_j$ so lange verkleinert werden, bis statt der Ungleichung das Gleichheitszeichen gilt. Hierdurch würde aber $\hat{L}$ weiter verkleinert werden und dies steht im Widerspruch zu $\hat{L} = \min L$.

Wir müssen nun ein Maximumproblem formulieren, dessen duales Problem unser Minimumproblem ist. Das Ausgangsschema dieses Maximumproblems ist das folgende:

Zeile	x	y_1	$\ldots$	y_n	L	1
1	h_1	1	$\ldots$	0	0	v_1
.	.	.		.	.	.
.	.	.		.	.	.
.	.	.		.	.	.
n	h_n	0	$\ldots$	1	0	v_n
$n+1$	$-H$	0	$\ldots$	0	1	0

Nun sei

$$\frac{v_\mu}{h_\mu} \leqq \frac{v_j}{h_j}\,, \quad j = 1, \ldots, n\,.$$

Wir wählen daher zur Umformung die x-Spalte und die μ^{te} Zeile:

Zeile	x	y_1	$\ldots$	y_μ	$\ldots$	y_n	L	1
1	0	1	$\ldots$	$-\frac{h_1}{h_\mu}$	$\ldots$	0	0	$v_1 - v_\mu \frac{h_1}{h_\mu}$
.	.	.		.		.	.	.
.	.	.		.		.	.	.
.	.	.		.		.	.	.
μ	1	0	$\ldots$	$\frac{1}{h_\mu}$	$\ldots$	0	0	$\frac{v_\mu}{h_\mu}$
.	.	.		.		.	.	.
.	.	.		.		.	.	.
.	.	.		.		.	.	.
n	0	0	$\ldots$	$-\frac{h_n}{h_\mu}$	$\ldots$	0	0	$v_n - v_\mu \frac{h_n}{h_\mu}$
$n+1$	0	0	$\ldots$	$\frac{H}{h_\mu}$	$\ldots$	0	1	$H \frac{v_\mu}{h_\mu}$

Das Minimum der Linearform beträgt

$$\min L = H \frac{v_\mu}{h_\mu} \text{ mit } \frac{v_\mu}{h_\mu} = \min_{(j)} \frac{v_j}{h_j}. \tag{2.2.8}$$

Es wird für $y_1 = \ldots = y_{\mu-1} = y_{\mu+1} = \ldots = y_n = 0$, $y_\mu = \frac{H}{h_\mu}$ angenommen. So wie im Maximumproblem ist auch im Minimumproblem für den extremalen Wert der Linearform nur eine einzige Variable ungleich Null.

2.3 Als nächstes behandeln wir den Fall $m = 2$. Unter den Nebenbedingungen

$$\begin{aligned} h_{11} y_1 + \ldots + h_{1n} y_n &= H_1, \\ h_{21} y_1 + \ldots + h_{2n} y_n &= H_2, \\ y_j \geqq 0, \qquad j &= 1, \ldots, n \end{aligned} \tag{2.2.9}$$

soll das Maximum der Linearform (2.2.6) gefunden werden. Dieses Problem kann allgemein nach der in Punkt 1.6 dargelegten Methode behandelt werden. Ohne nähere Angaben über die Größen h_{ij}, H_i und v_j sind die Untersuchungen jedoch sehr langwierig. Wir werden eine Methode anwenden, die zu einer allgemeinen Lösung des Problems in einfacherer Weise führt. Zunächst stellen wir mit Hilfe der beiden Gleichungen aus (2.2.9) die Variablen y_1 und y_2 durch die Variablen y_j $(j = 3, \ldots, n)$ dar und erhalten

$$\begin{aligned} y_1 (h_{11} h_{22} - h_{21} h_{12}) &= H_1 h_{22} - H_2 h_{12} - \sum_{j=3}^{n} y_j (h_{1j} h_{22} - h_{2j} h_{12}), \\ y_2 (h_{12} h_{21} - h_{11} h_{22}) &= H_1 h_{21} - H_2 h_{11} - \sum_{j=3}^{n} y_j (h_{1j} h_{21} - h_{2j} h_{11}). \end{aligned} \tag{2.2.10}$$

Im weiteren erweist es sich als zweckmäßig, neue Variable einzuführen. Wir setzen

$$v_j y_j = z_j, \quad j = 1, \ldots, n,$$

$$\frac{h_{1j}}{v_j} = a_j, \frac{h_{2j}}{v_j} = b_j.$$

Es gilt $a_j > 0$, $b_j > 0$. Wir setzen voraus, es sei $h_{11} h_{22} - h_{21} h_{12} \neq 0$. Schreiben wir die Koeffizienten in den Gleichungen (2.2.10) als Determinanten an und verwenden wir die neuen Bezeichnungen, dann gilt

$$z_1 = \frac{\begin{vmatrix} H_1 & a_2 \\ H_2 & b_2 \end{vmatrix}}{\begin{vmatrix} a_1 & a_2 \\ b_1 & b_2 \end{vmatrix}} - \sum_{j=3}^{n} z_j \frac{\begin{vmatrix} a_j & a_2 \\ b_j & b_2 \end{vmatrix}}{\begin{vmatrix} a_1 & a_2 \\ b_1 & b_2 \end{vmatrix}},$$

$$z_2 = - \frac{\begin{vmatrix} H_1 & a_1 \\ H_2 & b_1 \end{vmatrix}}{\begin{vmatrix} a_1 & a_2 \\ b_1 & b_2 \end{vmatrix}} + \sum_{j=3}^{n} z_j \frac{\begin{vmatrix} a_j & a_1 \\ b_j & b_1 \end{vmatrix}}{\begin{vmatrix} a_1 & a_2 \\ b_1 & b_2 \end{vmatrix}}.$$

Wegen $z_1 \geqq 0$ und $z_2 \geqq 0$ erhalten wir aus diesen beiden Gleichungen die folgenden Ungleichungen:

$$\sum_{j=3}^{n} z_j \frac{\begin{vmatrix} a_j & a_2 \\ b_j & b_2 \end{vmatrix}}{\begin{vmatrix} a_1 & a_2 \\ b_1 & b_2 \end{vmatrix}} \leqq \frac{\begin{vmatrix} H_1 & a_2 \\ H_2 & b_2 \end{vmatrix}}{\begin{vmatrix} a_1 & a_2 \\ b_1 & b_2 \end{vmatrix}}, \quad \sum_{j=3}^{n} z_j \frac{-\begin{vmatrix} a_j & a_1 \\ b_j & b_1 \end{vmatrix}}{\begin{vmatrix} a_1 & a_2 \\ b_1 & b_2 \end{vmatrix}} \leqq \frac{-\begin{vmatrix} H_1 & a_1 \\ H_2 & b_1 \end{vmatrix}}{\begin{vmatrix} a_1 & a_2 \\ b_1 & b_2 \end{vmatrix}}. \tag{2.2.11}$$

Das Maximumproblem kann nun folgendermaßen formuliert werden: Unter den Nebenbedingungen (2.2.11) und für $z_j \geqq 0$ $(j = 3, \ldots, n)$ soll das Maximum der Linearform

$$L = \sum_{j=1}^{n} z_j = \sum_{j=3}^{n} z_j \left(1 - \frac{\begin{vmatrix} a_j & a_2 \\ b_j & b_2 \end{vmatrix}}{\begin{vmatrix} a_1 & a_2 \\ b_1 & b_2 \end{vmatrix}} + \frac{\begin{vmatrix} a_j & a_1 \\ b_j & b_1 \end{vmatrix}}{\begin{vmatrix} a_1 & a_2 \\ b_1 & b_2 \end{vmatrix}}\right) + \frac{\begin{vmatrix} H_1 & a_2 \\ H_2 & b_2 \end{vmatrix}}{\begin{vmatrix} a_1 & a_2 \\ b_1 & b_2 \end{vmatrix}} - \frac{\begin{vmatrix} H_1 & a_1 \\ H_2 & b_1 \end{vmatrix}}{\begin{vmatrix} a_1 & a_2 \\ b_1 & b_2 \end{vmatrix}} \tag{2.2.12}$$

gefunden werden. Dies ist ein Maximumproblem der in Punkt 1.4 behandelten Art. Wir haben die Variablen z_1 und z_2 als Schlupfvariable eingeführt. Da die Numerierung der z_j noch frei gewählt werden kann, nehmen wir an, die Wahl sei so erfolgt, daß

$$1 - \frac{\begin{vmatrix} a_j & a_2 \\ b_j & b_2 \end{vmatrix}}{\begin{vmatrix} a_1 & a_2 \\ b_1 & b_2 \end{vmatrix}} + \frac{\begin{vmatrix} a_j & a_1 \\ b_j & b_1 \end{vmatrix}}{\begin{vmatrix} a_1 & a_2 \\ b_1 & b_2 \end{vmatrix}} = \frac{\begin{vmatrix} a_1 & a_2 & a_j \\ b_1 & b_2 & b_j \\ 1 & 1 & 1 \end{vmatrix}}{\begin{vmatrix} a_1 & a_2 \\ b_1 & b_2 \end{vmatrix}} \leqq 0\,, \tag{2.2.13}$$

$$\frac{\begin{vmatrix} H_1 & a_2 \\ H_2 & b_2 \end{vmatrix}}{\begin{vmatrix} a_1 & a_2 \\ b_1 & b_2 \end{vmatrix}} \geqq 0\,, \quad \frac{\begin{vmatrix} H_1 & a_1 \\ H_2 & b_1 \end{vmatrix}}{\begin{vmatrix} a_1 & a_2 \\ b_1 & b_2 \end{vmatrix}} \leqq 0\,. \tag{2.2.14}$$

Wir zeigen später, daß stets eine Numerierung vorgenommen werden kann, für welche die Ungleichungen (2.2.13) und (2.2.14) erfüllt sind. Die Ungleichungen (2.2.11) führen nun zusammen mit der zu maximierenden Linearform (2.2.12) zu einem Schema der in Punkt 1.4 behandelten Form mit $m = 2$. Wegen (2.2.13) sind die Koeffizienten von $z_3, \ldots, z_n$ in der letzten Zeile größer oder gleich Null und wegen (2.2.14) gilt dasselbe für die Koeffizienten von 1, also für die Zahlen der letzten Spalte. Das Maximum von L wird daher für $z_3 = \ldots = z_n = 0$ angenommen und aus (2.2.12) folgt

$$\max L = \frac{-\begin{vmatrix} 0 & 1 & 1 \\ H_1 & a_1 & a_2 \\ H_2 & b_1 & b_2 \end{vmatrix}}{\begin{vmatrix} a_1 & a_2 \\ b_1 & b_2 \end{vmatrix}} = \frac{-\begin{vmatrix} 0 & v_1 & v_2 \\ H_1 & h_{11} & h_{12} \\ H_2 & h_{21} & h_{22} \end{vmatrix}}{\begin{vmatrix} h_{11} & h_{12} \\ h_{21} & h_{22} \end{vmatrix}}. \tag{2.2.15}$$

Um zu zeigen, daß es stets möglich ist, die Ungleichungen (2.2.13) und (2.2.14) zu erfüllen, betrachten wir die Größen a_j und b_j als Koordinaten der Ebene. Es gibt n Punkte $P_j = (a_j, b_j)$ und einen Punkt $H = (H_1, H_2)$. Den Rand des kleinsten konvexen Bereiches, der die Punkte P_j $(j = 1, \ldots, n)$ beinhaltet, bezeichnen wir mit p. Diagramm VI stellt die Verhältnisse graphisch dar. Es ist $P_{\min}$ der Punkt mit $\min\limits_{(j)} \frac{b_j}{a_j}$ und $P_{\max}$ der Punkt mit $\max\limits_{(j)} \frac{b_j}{a_j}$. g_1 ist die Gerade $\overline{OP_{\min}}$, g_2 die Gerade $\overline{OP_{\max}}$. Aus (2.2.9) folgt, daß sich der Vektor $h = \overrightarrow{OH}$ als Linearkombination aus den Vektoren $p_j = \overrightarrow{OP_j}$ mit positiven Koeffizienten darstellen läßt. H muß daher zwischen g_1 und g_2 liegen, das heißt, es muß

$$\min_{(j)} \frac{b_j}{a_j} \leqq \frac{H_2}{H_1} \leqq \max_{(j)} \frac{b_j}{a_j} \tag{2.2.16}$$

gelten, damit die Gleichungen (2.2.9) für $y_j \geqq 0$ erfüllt sein können.

Diagramm VI

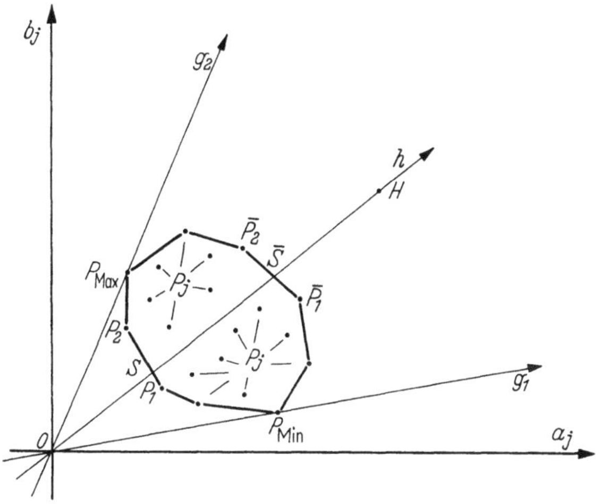

Wir betrachten nun die Ungleichungen (2.2.13). Die Determinante

$$\begin{vmatrix} a_1 & a_2 & a_j \\ b_1 & b_2 & b_j \\ 1 & 1 & 1 \end{vmatrix} \tag{2.2.17}$$

muß für alle P_j das umgekehrte Vorzeichen besitzen wie die Determinante

$$\begin{vmatrix} a_1 & a_2 \\ b_1 & b_2 \end{vmatrix}$$

Dies bedeutet, daß alle Punkte P_j auf der selben Seite der Geraden $g = \overline{P_1\,P_2}$, also der Geraden durch die Punkte P_1 und P_2, liegen müssen, da die Determinante (2.2.17) das Vorzeichen wechselt, wenn der Punkt $P_j = (a_j, b_j)$ von einer Seite der Geraden g auf die andere Seite wechselt. P_1 und P_2 können daher nur zwei Punkte sein, deren Verbindungsstrecke mit dem Rand p zusammenfällt. P_1 und P_2 werden daher im allgemeinen benachbarte Randpunkte auf p sein.

Die Ungleichung (2.2.13) ist nicht erfüllt, wenn wir in der Determinante (2.2.17) $a_j = b_j = 0$ setzen. Der Punkt (0,0) liegt daher auf der anderen Seite der Geraden g wie alle übrigen Punkte P_j.

Aus den Ungleichungen (2.2.14) folgt, daß die Determinante

$$\begin{vmatrix} H_1 & a_j & 0 \\ H_2 & b_j & 0 \\ 1 & 1 & 1 \end{vmatrix}$$

für $j = 1$ anderes Vorzeichen besitzen muß als für $j = 2$. Die Punkte P_1 und P_2 müssen daher auf verschiedenen Seiten der Geraden $\overline{OH}$ liegen. Damit sind aber die Punkte P_1 und P_2 bestimmt. Man zieht die Gerade $\overline{OH}$. Diese schneidet im allgemeinen p zweimal. Es wird der dem Nullpunkt näher liegende Schnittpunkt S gewählt. Die beiden dem Schnittpunkt S benachbarten Punkte P_j auf p werden als P_1 und P_2 gewählt und man überzeugt sich leicht, daß dann die Ungleichungen (2.2.13) und (2.2.14) erfüllt sind.

Fällt S mit einem P_j zusammen, schneidet die Gerade $\overline{OH}$, also p in einen Punkt P_j, dann kann jeder der beiden in Betracht kommenden benachbarten Punkte gewählt werden. Für den Schnittpunkt gilt in diesem Fall in (2.2.14) das Gleichheitszeichen.

Sofern nicht alle P_j auf einer durch Null gehenden Geraden liegen, können also stets zwei Punkte P_1 und P_2 mit

$$\begin{vmatrix} a_1 & a_2 \\ b_1 & b_2 \end{vmatrix} \neq 0$$

gefunden werden, welche (2.2.13) und (2.2.14) erfüllen. Liegen aber alle P_j auf einer Geraden durch Null, dann sind die beiden Gleichungen aus (2.2.9) linear abhängig. In diesem Fall liegt ein Problem mit $m = 1$ vor, da jede der beiden Gleichungen aus (2.2.9) als Vielfaches der anderen Gleichung dargestellt werden kann.

Zur Lösung des Minimumproblems verwenden wir dieselbe Methode. Unter den Nebenbedingungen (2.2.9) ist das Minimum der Linearform (2.2.6) zu suchen. Dies ist gleichbedeutend mit der Aufgabe, das Maximum von $\overline{L} = -L$ zu suchen. Es gilt

$$\overline{L} = -L = \sum_{j=3}^{n} z_j \left(\frac{\begin{vmatrix} a_j & a_2 \\ b_j & b_2 \end{vmatrix}}{\begin{vmatrix} a_1 & a_2 \\ b_1 & b_2 \end{vmatrix}} - \frac{\begin{vmatrix} a_j & a_1 \\ b_j & b_1 \end{vmatrix}}{\begin{vmatrix} a_1 & a_2 \\ b_1 & b_2 \end{vmatrix}} - 1 \right) + \frac{\begin{vmatrix} H_1 & a_1 \\ H_2 & b_1 \end{vmatrix}}{\begin{vmatrix} a_1 & a_2 \\ b_1 & b_2 \end{vmatrix}} - \frac{\begin{vmatrix} H_1 & a_2 \\ H_2 & b_2 \end{vmatrix}}{\begin{vmatrix} a_1 & a_2 \\ b_1 & b_2 \end{vmatrix}}. \qquad (2.2.18)$$

Diese Maximumaufgabe ist ebenso wie in Punkt 1.4 zu behandeln. Wir nehmen zunächst an, wir haben die Numerierung so vorgenommen, daß die Ungleichungen (2.2.14) und

$$\frac{\begin{vmatrix} a_j & a_2 \\ b_j & b_2 \end{vmatrix}}{\begin{vmatrix} a_1 & a_2 \\ b_1 & b_2 \end{vmatrix}} - \frac{\begin{vmatrix} a_j & a_1 \\ b_j & b_1 \end{vmatrix}}{\begin{vmatrix} a_1 & a_2 \\ b_1 & b_2 \end{vmatrix}} - 1 = \frac{-\begin{vmatrix} a_1 & a_2 & a_j \\ b_1 & b_2 & b_j \\ 1 & 1 & 1 \end{vmatrix}}{\begin{vmatrix} a_1 & a_2 \\ b_1 & b_2 \end{vmatrix}} \leqq 0 \qquad (2.2.19)$$

gelten. In dem diesem Maximumproblem zugehörigen Schema sind die Koeffizienten von $z_3, \ldots, z_n$ in der letzten Zeile sämtlich größer oder gleich Null und wegen (2.2.14) gilt dies auch für die Koeffizienten von 1 aus der letzten Spalte des Schemas. Das Maximum von $\overline{L}$ wird daher für $z_3 = \ldots = z_n = 0$ angenommen und aus (2.2.18) folgt

$$\min L = -\max \overline{L} = \frac{-\begin{vmatrix} 0 & 1 & 1 \\ H_1 & a_1 & a_2 \\ H_2 & b_1 & b_2 \end{vmatrix}}{\begin{vmatrix} a_1 & a_2 \\ b_1 & b_2 \end{vmatrix}} = \frac{-\begin{vmatrix} 0 & v_1 & v_2 \\ H_1 & h_{11} & h_{12} \\ H_2 & h_{21} & h_{22} \end{vmatrix}}{\begin{vmatrix} h_{11} & h_{12} \\ h_{21} & h_{22} \end{vmatrix}}. \qquad (2.2.20)$$

Damit ist min L auf die gleiche Form wie max L in (2.2.15) gebracht worden. Allerdings müssen für das Minimumproblem andere Punkte als P_1 und P_2 ausgewählt werden, damit (2.2.19) statt (2.2.13) erfüllt ist. Die Überlegungen für die Auswahl von P_1 und P_2 sind die gleichen wie im Falle des Maximumproblems. Es wird wieder eine Gerade $\overline{OH}$ durch Null und durch den Punkt H gelegt und diesmal der von Null weiter entfernt liegende Schnittpunkt $\overline{S}$ der Geraden mit p aufgesucht. Die $\overline{S}$ benachbarten Punkte P_j werden als $\overline{P_1}$ und $\overline{P_2}$ bezeichnet. Für sie ist offenbar (2.2.19) erfüllt, da Null und alle Punkte P_j auf der selben Seite der Geraden $\overline{g}$ durch $\overline{P_1}$ und $\overline{P_2}$ liegen. Ebenso sind die Ungleichungen (2.2.14) erfüllt, da die Punkte P_1 und P_2 nicht auf der selben Seite der Geraden $\overline{\mathrm{OH}}$ liegen, wie dies in Diagramm VI graphisch dargestellt ist.

Es können immer Punkte $\overline{P_1}$ und $\overline{P_2}$ gefunden werden, welche die gewünschten Bedingungen erfüllen, sofern nicht alle P_j auf einer Geraden durch Null liegen. In diesem Fall liegt aber, wie bereits erwähnt, ein Problem mit $m = 1$ vor.

2.4 Allgemein haben wir m Gleichungen der Gestalt (2.2.3) vor uns. Wir verzichten auf die Einschränkung (2.2.4) und setzen lediglich $v_j \neq 0$ voraus. Weiter setzen wir zur Vereinfachung

$$v_j\, y_j = z_j \text{ und } \frac{h_{ij}}{v_j} = a_{ij}\,.$$

Unsere Aufgabe lautet dann, das Extrem der Linearform

$$L = \sum_{j=1}^{n} z_j \tag{2.2.21}$$

unter den Nebenbedingungen

$$\sum_{j=1}^{n} a_{ij} z_j = H_i, \quad z_j \geqq 0, \; i = 1, \ldots, m \tag{2.2.22}$$

zu finden. Aus den m Gleichungen (2.2.3) errechnen wir die Variablen $z_1, \ldots, z_m$ als Funktion der Variablen $z_{m+1}, \ldots, z_n$ und erhalten

$$z_r \begin{vmatrix} a_{11} & \ldots & a_{1m} \\ \cdot & & \cdot \\ \cdot & & \cdot \\ \cdot & & \cdot \\ a_{m1} & \ldots & a_{mm} \end{vmatrix} = \begin{vmatrix} a_{11}, & \ldots, & a_{1,r-1}, & H_1, & a_{1,r+1}, & \ldots, & a_{1m} \\ \cdot & & \cdot & \cdot & \cdot & & \cdot \\ \cdot & & \cdot & \cdot & \cdot & & \cdot \\ \cdot & & \cdot & \cdot & \cdot & & \cdot \\ a_{m1}, & \ldots, & a_{m,r-1}, & H_m, & a_{m,r+1}, & \ldots, & a_{mm} \end{vmatrix} -$$

$$- \sum_{j=m+1}^{n} z_j \begin{vmatrix} a_{11} & \ldots & a_{1j} & \ldots & a_{1m} \\ \cdot & & \cdot & & \cdot \\ \cdot & & \cdot & & \cdot \\ \cdot & & \cdot & & \cdot \\ a_{m1} & \ldots & a_{mj} & \ldots & a_{mm} \end{vmatrix}, \qquad r = 1, \ldots, m. \tag{2.2.23}$$

In der Determinanten auf der rechten Seite wird jeweils die Spalte der a_{ir} durch eine Spalte der Größen H_i bzw. a_{ij} ersetzt. Die Linearform (2.2.21) kann nun folgendermaßen dargestellt werden:

$$L = \sum_{j=m+1}^{n} z_j \left(1 - \sum_{r=1}^{m} \frac{\begin{vmatrix} a_{11} & \ldots & a_{1,r-1} & a_{1j} & a_{1,r+1} & \ldots & a_{1m} \\ \cdot & & \cdot & \cdot & \cdot & & \cdot \\ \cdot & & \cdot & \cdot & \cdot & & \cdot \\ \cdot & & \cdot & \cdot & \cdot & & \cdot \\ a_{m1} & \ldots & a_{m,r-1} & a_{mj} & a_{m,r+1} & \ldots & a_{mm} \end{vmatrix}}{\begin{vmatrix} a_{11} & \ldots & a_{1m} \\ \cdot & & \cdot \\ \cdot & & \cdot \\ \cdot & & \cdot \\ a_{m1} & \ldots & a_{mm} \end{vmatrix}} \right) +$$

$$+ \sum_{r=1}^{m} \frac{\begin{vmatrix} a_{11} & \ldots & a_{1,r-1} & H_1 & a_{1,r+1} & \ldots & a_{1m} \\ \cdot & & \cdot & \cdot & \cdot & & \cdot \\ \cdot & & \cdot & \cdot & \cdot & & \cdot \\ \cdot & & \cdot & \cdot & \cdot & & \cdot \\ a_{m1} & \ldots & a_{m,r-1} & H_m & a_{m,r+1} & \ldots & a_{mm} \end{vmatrix}}{\begin{vmatrix} a_{11} & \ldots & a_{1m} \\ \cdot & & \cdot \\ \cdot & & \cdot \\ \cdot & & \cdot \\ a_{m1} & \ldots & a_{mm} \end{vmatrix}}. \tag{2.2.24}$$

Aus $z_r \geqq 0$ $(r = 1, \ldots, m)$ folgt

$$\sum_{j=m+1}^{n} z_j \frac{\begin{vmatrix} a_{11} & \ldots & a_{1,r-1} & a_{1j} & a_{1,r+1} & \ldots & a_{1m} \\ \cdot & & \cdot & \cdot & \cdot & & \cdot \\ \cdot & & \cdot & \cdot & \cdot & & \cdot \\ \cdot & & \cdot & \cdot & \cdot & & \cdot \\ a_{m1} & \ldots & a_{m,r-1} & a_{mj} & a_{m,r+1} & \ldots & a_{mm} \end{vmatrix}}{\begin{vmatrix} a_{11} & \ldots & a_{1m} \\ \cdot & & \cdot \\ \cdot & & \cdot \\ \cdot & & \cdot \\ a_{m1} & \ldots & a_{mm} \end{vmatrix}} \leqq \frac{\begin{vmatrix} a_{11} & \ldots & a_{1,r-1} & H_1 & a_{1,r+1} & \ldots & a_{1m} \\ \cdot & & \cdot & \cdot & \cdot & & \cdot \\ \cdot & & \cdot & \cdot & \cdot & & \cdot \\ \cdot & & \cdot & \cdot & \cdot & & \cdot \\ a_{m1} & \ldots & a_{m,r-1} & H_m & a_{m,r+1} & \ldots & a_{mm} \end{vmatrix}}{\begin{vmatrix} a_{11} & \ldots & a_{1m} \\ \cdot & & \cdot \\ \cdot & & \cdot \\ \cdot & & \cdot \\ a_{m1} & \ldots & a_{mm} \end{vmatrix}}. \tag{2.2.25}$$

Wir nehmen nun an, es sei möglich, die Numerierung der y_j so zu wählen, daß die folgenden Ungleichungen erfüllt sind:

$$1 - \sum_{r=1}^{m} \frac{\begin{vmatrix} a_{11} & \ldots & a_{1j} & \ldots & a_{1m} \\ \cdot & & \cdot & & \cdot \\ \cdot & & \cdot & & \cdot \\ \cdot & & \cdot & & \cdot \\ a_{m1} & \ldots & a_{mj} & \ldots & a_{mm} \end{vmatrix}}{\begin{vmatrix} a_{11} & \ldots & a_{1m} \\ \cdot & & \cdot \\ \cdot & & \cdot \\ \cdot & & \cdot \\ a_{m1} & \ldots & a_{mm} \end{vmatrix}} = \frac{\begin{vmatrix} 1 & 1 & \ldots & 1 \\ a_{1j} & a_{11} & \ldots & a_{1m} \\ \cdot & \cdot & & \cdot \\ \cdot & \cdot & & \cdot \\ \cdot & \cdot & & \cdot \\ a_{mj} & a_{m1} & \ldots & a_{mm} \end{vmatrix}}{\begin{vmatrix} a_{11} & \ldots & a_{1m} \\ \cdot & & \cdot \\ \cdot & & \cdot \\ \cdot & & \cdot \\ a_{m1} & \ldots & a_{mm} \end{vmatrix}} \leqq 0, \quad j = m+1, \ldots, n \;. \tag{2.2.26}$$

$$\begin{vmatrix} a_{11} & \ldots & a_{1m} \\ \cdot & & \cdot \\ \cdot & & \cdot \\ \cdot & & \cdot \\ a_{m1} & \ldots & a_{mm} \end{vmatrix} > 0, \quad \begin{vmatrix} a_{11} & \ldots & a_{1,r-1} & H_1 & a_{1,r+1} & \ldots & a_{1m} \\ \cdot & & \cdot & \cdot & \cdot & & \cdot \\ \cdot & & \cdot & \cdot & \cdot & & \cdot \\ \cdot & & \cdot & \cdot & \cdot & & \cdot \\ a_{m1} & \ldots & a_{m,r-1} & H_m & a_{m,r+1} & \ldots & a_{mm} \end{vmatrix} \geqq 0, \; r = 1, \ldots, m \,. \tag{2.2.27}$$

Zur Bestimmung des Maximums der Linearform (2.2.21) kann nun ein Schema aufgestellt werden, in dessen letzter Zeile die Koeffizienten der z_j $(j = m+1, \ldots, n)$ wegen (2.2.26) nicht negativ sind. Da auch die Koeffizienten von 1, die Zahlen der letzten Spalte des Schemas, wegen (2.2.27) nicht negativ sind, wird das Maximum der Linearform L für $z_{m+1} = \ldots = z_n = 0$ angenommen und es gilt

$$\max L = \sum_{r=1}^{m} \frac{\begin{vmatrix} a_{11} & \ldots & a_{1,r-1} & H_1 & a_{1,r+1} & \ldots & a_{1m} \\ \cdot & & \cdot & \cdot & \cdot & & \cdot \\ \cdot & & \cdot & \cdot & \cdot & & \cdot \\ \cdot & & \cdot & \cdot & \cdot & & \cdot \\ a_{m1} & \ldots & a_{m,r-1} & H_m & a_{m,r+1} & \ldots & a_{mm} \end{vmatrix}}{\begin{vmatrix} a_{11} & \ldots & a_{1m} \\ \cdot & & \cdot \\ \cdot & & \cdot \\ \cdot & & \cdot \\ a_{m1} & \ldots & a_{mm} \end{vmatrix}} = - \frac{\begin{vmatrix} 0 & 1 & \ldots & 1 \\ H_1 & a_{11} & \ldots & a_{1m} \\ \cdot & \cdot & & \cdot \\ \cdot & \cdot & & \cdot \\ \cdot & \cdot & & \cdot \\ H_m & a_{m1} & \ldots & a_{mm} \end{vmatrix}}{\begin{vmatrix} a_{11} & \ldots & a_{1m} \\ \cdot & & \cdot \\ \cdot & & \cdot \\ \cdot & & \cdot \\ a_{m1} & \ldots & a_{mm} \end{vmatrix}}. \tag{2.2.28}$$

Zur Bestimmung des Minimums der Linearform (2.2.21) nehmen wir an,

6*

es sei eine Numerierung der y_j gefunden, für welche die Ungleichungen (2.2.27) gelten, während in den Ungleichungen (2.2.26) das Zeichen $\geqq$ statt dem Zeichen $\leqq$ steht. Nun wird das Maximum von $-L$ gesucht, das für $z_{m+1} = \ldots = z_n = 0$ angenommen wird. Das Minimum der Linearform stellt sich wieder in der Form (2.2.28) dar, also in der selben Form wie das Maximum, jedoch mit dem Unterschied, daß die Determinanten aus anderen Koeffizienten gebildet werden, da die Numerierung der y_j eine andere ist als im Fall eines Maximums.

Wir müssen noch zeigen, daß stets eine Numerierung gefunden werden kann, für welche die geforderten Ungleichungen erfüllt sind.

Es seien $P_j = (a_{j1}, \ldots, a_{jm})$ mit $j = 1, \ldots, n$ Punkte eines m dimensionalen Raumes. Ein weiterer Punkt sei $H = (H_1, \ldots, H_m)$. Die Ungleichungen (2.2.26) bedeuten nun, daß alle Punkte P_j mit $j = m+1, \ldots, n$ auf der selben Seite der Hyperfläche durch die Punkte $P_1, \ldots, P_m$ liegen müssen. Bezeichnet p den Rand des kleinsten konvexer Bereiches, der alle Punkte $P_1, \ldots, P_n$ umfaßt, dann müssen die Punkte $P_1, \ldots, P_m$ Randpunkte dieses Bereiches sein, also auf p liegen. Wie in Punkt 2.3 sieht man, daß die Punkte $P_1, \ldots, P_m$ die dem Schnittpunkt der Geraden $\overline{OH}$ mit p benachbarten Punkte P_j auf p sein müssen. Die Gerade $\overline{OH}$ hat mit p im allgemeinen zwei Schnittpunkte. Liegt 0 auf derselben Seite der Hyperebene durch die Punkte $P_1, \ldots, P_m$ wie die übrigen Punkte P_j $(j = m+1, \ldots, n)$, dann gilt in (2.2.26) das $\geqq$ Zeichen, andernfalls gilt (2.2.26). Zur Wahl der Punkte $P_1, \ldots, P_m$ wird daher für den Fall des Maximums der näher an Null liegende Schnittpunkt, für den Fall des Minimums der weiter von Null liegende Schnittpunkt der Geraden $\overline{OH}$ mit p gewählt.

Die Extrema der Linearform der Gestalt (2.2.21) können in den Größen h_{ij} und v_j wie folgt dargestellt werden:

$$\operatorname{Extr} L = \sum_{r=1}^{m} v_r \frac{\begin{vmatrix} h_{11} & \ldots & h_{1,r-1} & H_1 & h_{1,r+1} & \ldots & h_{1m} \\ \cdot & & \cdot & \cdot & \cdot & & \cdot \\ \cdot & & \cdot & \cdot & \cdot & & \cdot \\ \cdot & & \cdot & \cdot & \cdot & & \cdot \\ h_{m1} & \ldots & h_{m,r-1} & H_m & h_{m,r+1} & \ldots & h_{mm} \end{vmatrix}}{\begin{vmatrix} h_{11} & \ldots & h_{1m} \\ \cdot & & \cdot \\ \cdot & & \cdot \\ \cdot & & \cdot \\ h_{m1} & \ldots & h_{mm} \end{vmatrix}} = \frac{-\begin{vmatrix} 0 & v_1 & \ldots & v_m \\ H_1 & h_{11} & \ldots & h_{1m} \\ \cdot & \cdot & & \cdot \\ \cdot & \cdot & & \cdot \\ \cdot & \cdot & & \cdot \\ H_m & h_{m1} & \ldots & h_{mm} \end{vmatrix}}{\begin{vmatrix} h_{11} & \ldots & h_{1m} \\ \cdot & & \cdot \\ \cdot & & \cdot \\ \cdot & & \cdot \\ h_{m1} & \ldots & h_{mm} \end{vmatrix}}. \tag{2.2.29}$$

2.5 Ziel unserer Untersuchungen war die Abschätzung der Reserve (2.2.2). Die Reserve ist durch eine Linearform dargestellt, deren Extremwerte (2.2.29) angibt. Wir setzen

$$\max L = \overline{V}, \quad \min L = \underline{V}.$$

Die Abschätzung der Reserve ist um so besser, je kleiner die Differenz $\overline{V} - \underline{V}$ ist, also je kleiner der Bereich ist, in dem die „wahre“ Reserve liegen muß. Um von absoluten Größen möglichst unabhängig zu sein, ist es vielfach üblich, die Güte der Abschätzung durch den Standardfehler

$$\varrho = \frac{\overline{V} - \underline{V}}{\overline{V} + \underline{V}} \tag{2.2.30}$$

zu messen. Im Falle $m = 1$ erhalten wir aus (2.2.7) und (2.2.8)

$$\overline{V} = H \max_{(j)} \frac{v_j}{h_j} = H \frac{v_\nu}{h_\nu}, \quad \underline{V} = H \min_{(j)} \frac{v_j}{h_j} = H \frac{v_\mu}{h_\mu}$$

und daraus

$$\varrho = \frac{\frac{v_\nu}{h_\nu} - \frac{v_\mu}{h_\mu}}{\frac{v_\nu}{h_\nu} + \frac{v_\mu}{h_\mu}}. \tag{2.2.31}$$

Die Abschätzung ist also um so besser, je kleiner der Standardfehler auf Grund der Werte $\frac{v_j}{h_j}$ ist. Für $v_j = a h_j$ $(j = 1, \ldots, n)$ ist der Fehler Null, da dann $\overline{V} = \underline{V} = aH$ gelten muß. In diesem Fall kann die Reserve genau angegeben werden.

Für den Fall $m = 2$ gehen wir von den Formeln (2.2.15) und (2.2.20) aus und betrachten die Größen a_j und b_j wieder als Koordinaten der Ebene. Für $P_j = (a_j, b_j)$, $H = (H_1, H_2)$ und $O = (0{,}0)$ stellt das Diagramm VI die Verhältnisse graphisch dar. Es sei

$$\overline{V} = \frac{-\begin{vmatrix} 0 & 1 & 1 \\ H_1 & a_1 & a_2 \\ H_2 & b_1 & b_2 \end{vmatrix}}{\begin{vmatrix} a_1 & a_2 \\ b_1 & b_2 \end{vmatrix}} \qquad \underline{V} = \frac{-\begin{vmatrix} 0 & 1 & 1 \\ H_1 & \overline{a}_1 & \overline{a}_2 \\ H_2 & \overline{b}_1 & \overline{b}_2 \end{vmatrix}}{\begin{vmatrix} \overline{a}_1 & \overline{a}_2 \\ \overline{b}_1 & \overline{b}_2 \end{vmatrix}}.$$

Sind P, Q, R drei beliebige Punkte der Ebene, dann wollen wir mit $|\,PQR\,|$ die Fläche des Dreiecks mit den Eckpunkten P, Q und R bezeichnen. $|\,OPQR\,|$ sei die Fläche des Vierecks mit den Eckpunkten O, P, Q und R. Die Fläche sei positiv, wenn das betreffende Vieleck im positiven Sinn durchlaufen werde. Nun gilt

$$|\,OP_1\,P_2\,| = \tfrac{1}{2}\begin{vmatrix} a_1 & a_2 \\ b_1 & b_2 \end{vmatrix}, \quad |\,O\overline{P}_1\,\overline{P}_2\,| = \tfrac{1}{2}\begin{vmatrix} \overline{a}_1 & \overline{a}_2 \\ \overline{b}_1 & \overline{b}_2 \end{vmatrix},$$

$$|\,OP_1\,HP_2\,| = |\,OP_1\,H\,| + |\,OHP_2\,| = -\tfrac{1}{2}\begin{vmatrix} 0 & 1 & 1 \\ H_1 & a_1 & a_2 \\ H_2 & b_1 & b_2 \end{vmatrix},$$

$$|\,O\overline{P}_1\,H\overline{P}_2\,| = |\,O\overline{P}_1\,H\,| + |\,OH\overline{P}_2\,| = -\tfrac{1}{2}\begin{vmatrix} 0 & 1 & 1 \\ H_1 & \overline{a}_1 & \overline{a}_2 \\ H_2 & \overline{b}_1 & \overline{b}_2 \end{vmatrix}.$$

Die Extrema können nun folgendermaßen dargestellt werden:

$$\overline{V} = \frac{|OP_1 HP_2|}{|OP_1 P_2|}, \quad \underline{V} = \frac{|O\overline{P}_1 H\overline{P}_2|}{|O\overline{P}_1 \overline{P}_2|}.$$

Der Standardfehler beträgt:

$$\frac{\dfrac{|OP_1 HP_2|}{|OP_1 P_2|} - \dfrac{|O\overline{P}_1 H\overline{P}_2|}{|O\overline{P}_1 \overline{P}_2|}}{\dfrac{|OP_1 HP_2|}{|OP_1 P_2|} + \dfrac{|O\overline{P}_1 H\overline{P}_2|}{|O\overline{P}_1 \overline{P}_2|}}$$

$$= \frac{|O\overline{P}_1 \overline{P}_2|\,(|OP_1 P_2| + |P_1 HP_2|) - |OP_1 P_2|\,(|O\overline{P}_1 \overline{P}_2| + |\overline{P}_1 H\overline{P}_2|)}{|O\overline{P}_1 \overline{P}_2|\,|OP_1 HP_2| + |OP_1 P_2|\,|O\overline{P}_1 H\overline{P}_2|}$$

$$= \frac{|O\overline{P}_1 \overline{P}_2|\,|P_1 HP_2| - |OP_1 P_2|\,|\overline{P}_1 H\overline{P}_2|}{|O\overline{P}_1 \overline{P}_2|\,|OP_1 HP_2| + |OP_1 P_2|\,|O\overline{P}_1 H\overline{P}_2|}.$$

Wie aus Diagramm VI ersichtlich, ist der Standardfehler um so kleiner, je näher die Strecke $\overline{P_1 P_2}$ an der Strecke $\overline{\overline{P}_1 \overline{P}_2}$ liegt. Fallen beide Strecken zusammen, liegen also alle Punkte P_j auf einer Geraden, dann ist $\overline{V} = \underline{V}$ und $\varrho = 0$. Dies ist jedenfalls der Fall, wenn alle $a_j = \frac{h_{1j}}{v_j}$ oder alle $b_j = \frac{h_{2j}}{v_j}$ einander gleich sind. In beiden Fällen genügt bereits eine der beiden Gleichungen, um die Reserve genau zu bestimmen.

Für $m > 2$ gehen wir von der Extremalform (2.2.29) aus. Wir betrachten $P_j = (a_{j1}, \ldots, a_{jm})$ als Punkt eines m dimensionalen Raumes und bezeichnen mit $|O, P_1, \ldots, P_m|$ das (positive oder negative) Volumen des kleinsten konvexen Körpers, der die Punkte $|O, P_1, \ldots, P_m|$ enthält, also des jeweiligen Simplex mit vorgegebenen Eckpunkten O bzw. P_r $(r = 1, \ldots, m)$, wobei sich das Vorzeichen nach der Reihenfolge der Punkte P_r richtet. Bekanntlich gilt dann

$$|O, P_1 \ldots, P_m| = \frac{1}{m!} \begin{vmatrix} a_{11} & \ldots & a_{1m} \\ \cdot & & \cdot \\ \cdot & & \cdot \\ \cdot & & \cdot \\ a_{m1} & \ldots & a_{mm} \end{vmatrix}$$

und für $H = (H_1, \ldots, H_m)$

$$|H, P_1, \ldots, P_m| = \frac{-1}{m!} \begin{vmatrix} 1 & 1 & \ldots & 1 \\ H_1 & a_{11} & \ldots & a_{1m} \\ \cdot & \cdot & & \cdot \\ \cdot & \cdot & & \cdot \\ \cdot & \cdot & & \cdot \\ H_m & a_{m1} & \ldots & a_{mm} \end{vmatrix}.$$

Wegen

$$-\frac{1}{m!}\begin{vmatrix} 0 & 1 & \dots & 1 \\ H_1 & a_{11} & \dots & a_{1m} \\ \cdot & \cdot & & \cdot \\ \cdot & \cdot & & \cdot \\ \cdot & \cdot & & \cdot \\ H_m & a_{m1} & \dots & a_{mm} \end{vmatrix} = -\frac{1}{m!}\begin{vmatrix} 1 & 1 & \dots & 1 \\ H_1 & a_{11} & \dots & a_{1m} \\ \cdot & \cdot & & \cdot \\ \cdot & \cdot & & \cdot \\ \cdot & \cdot & & \cdot \\ H_m & a_{m1} & \dots & a_{mm} \end{vmatrix} + \frac{1}{m!}\begin{vmatrix} 1 & 1 & \dots & 1 \\ 0 & a_{11} & \dots & a_{1m} \\ \cdot & \cdot & & \cdot \\ \cdot & \cdot & & \cdot \\ \cdot & \cdot & & \cdot \\ 0 & a_{m1} & \dots & a_{mm} \end{vmatrix}$$

$$= |H, P_1, \dots, P_m| + |O, P_1, \dots, P_m|$$

folgt aus (2.2.29)

$$\overline{V} = 1 + \frac{|H, P_1, \dots, P_m|}{|O, P_1, \dots, P_m|}.$$

Das Minimum der Linearform hat die selbe Gestalt (2.2.29) wie das Maximum. Bezeichnen wir die für das Minimum ausgewählten Punkte mit $\overline{P}_1, \dots, \overline{P}_m$, dann gilt

$$\underline{V} = 1 + \frac{|H, \overline{P}_1, \dots, \overline{P}_m|}{|O, \overline{P}_1, \dots, \overline{P}_m|}.$$

Für den Standardfehler erhalten wir

$$\varrho = \frac{|O, \overline{P}_1, \dots, \overline{P}_m|\,|H, P_1, \dots, P_m| - |O, P_1, \dots, P_m|\,|H, \overline{P}_1, \dots, \overline{P}_m|}{|O,\overline{P}_1,\dots,\overline{P}_m|\,|H,P_1,\dots,P_m| + |O,P_1,\dots,P_m|\,|H,\overline{P}_1,\dots,\overline{P}_m| + 2|O,P_1,\dots,P_m|\,|O,\overline{P}_1,\dots,\overline{P}_m|}.$$

Für $P_r = \overline{P}_r$ $(r = 1, \dots, m)$ ist $\varrho = 0$. Dies ist allgemein der Fall, wenn die Punkte $P_1, \dots, P_m$ und $\overline{P}_1, \dots, \overline{P}_m$ in der selben Ebene bzw. Hyperebene liegen. Da die Punkte P_r und $\overline{P}_r$ auf p, dem Rand des kleinsten konvexen Körpers, der alle Punkte P_j enthält, liegen, ist dies wegen der in Punkt 2.4 dargelegten Grundsätze für die Auswahl der Punkte P_r und $\overline{P}_r$ nur möglich, wenn alle Punkte P_j in einer Ebene bzw. Hyperebene liegen. Man kann sich leicht überzeugen, daß dies jedenfalls dann der Fall ist, wenn sich die Reserve bereits auf Grund der m Gleichungen der Gestalt (2.2.22) genau bestimmen läßt.

2.6 Maßgebend für die Güte der Schranken $\overline{V}$ und $\underline{V}$ sind also die Größen $\frac{h_{ij}}{v_j}$. Die Güte einer einzigen Nebenbedingung der Gestalt

$$\sum_{j=1}^{n} h_{1j}\, y_j = H_1$$

zur Bestimmung der Reserve (2.2.2) hängt von der Differenz

$$\max_{(j)} \frac{h_{1j}}{v_j} - \min_{(j)} \frac{h_{1j}}{v_j}$$

ab. Zwei Nebenbedingungen, von denen jede einzelne für sich betrachtet zu einem großen Standardfehler führen würde, weil die Größen $\frac{h_{ij}}{v_j}$ stärker voneinander abweichen, können sich in der Weise ergänzen, daß der Standardfehler beliebig klein wird, wenn die einzelnen Punkte $P_j = \left(\frac{h_{1j}}{v_j}, \frac{h_{2j}}{v_j}\right)$ möglichst nahe an einer Geraden liegen. Ebenso verhält es sich mit drei oder mehr Nebenbedingungen. Sofern nur die Punkte P_j möglichst nahe einer Hyperebene liegen, ist der Standardfehler gering.

Diese Überlegungen zeigen, daß die Auswahl der Hilfszahlen h_{ij} wesentlich für die Güte der Schranken ist. Eine Nebenbedingung

$$\sum_{j=1}^{n} h_{1j}\, y_j = H_1$$

für die die Größen $\frac{h_{1j}}{v_j}$ nicht stark von ihrem Mittelwert abweichen, führt für sich allein betrachtet zu einer guten Abschätzung. Soll eine weitere Nebenbedingung

$$\sum_{j=1}^{n} h_{2j}\, y_j = H_2$$

hinzugenommen werden, dann kann sich $\overline{V}$ nur verkleinern und $\underline{V}$ nur vergrößern. Die zweite Nebenbedingung wird aber nur dann zu einer Verringerung des Standardfehlers führen, wenn sie von der ersten Nebenbedingung linear unabhängig ist. Nur dann werden nämlich zusätzliche Informationen durch die zweite Nebenbedingung vermittelt, die den Standardfehler (2.2.30) verringern können. Die Brauchbarkeit von Hilfszahlen einer neuen Nebenbedingung muß daher immer im Zusammenhang mit den bereits bekannten Nebenbedingungen untersucht werden.

Es gibt eine Reihe von Verfahren zur Schätzung der Reserve eines Versicherungsbestandes, die mit Hilfszahlen und Nebenbedingungen der Gestalt (2.2.3) arbeiten. Diese Verfahren bestehen im wesentlichen darin, daß zunächst die Hilfszahlen h_{ij} und im weiteren die Summen

$$\sum_{j=1}^{n} h_{ij}\, y_j = H_i$$

errechnet werden, worauf mit Hilfe der Ergebnisse die Gesamtreserve abgeschätzt wird. Im nächsten Kapitel werden wir eine Reihe solcher Verfahren angeben, die sich für eine Behandlung nach der in diesem Kapitel angegebenen Methode eignen.

3. Reserveschätzungen mittels Hilfszahlen

3.1 Die Gesamtreserve für einen Versicherungsbestand kann in der Form (2.2.1) dargestellt werden. Beinhaltet der Versicherungsbestand lauter gleichartige Versicherungen, etwa lauter gemischte Versicherungen, dann können alle Versicherungen mit gleichem Eintrittsalter x, gleicher Versicherungsdauer n und gleicher bisheriger Laufzeit t in eine Gruppe zusammengefaßt werden. Bezeichnet $v(x, n, t) = {}_tV_{x,\overline{n|}}$ die technische Reserve für die Versicherungssumme 1 und $y(x, n, t)$ die auf diese Gruppe von Versicherungen entfallende Gesamtversicherungssumme, dann kann die gesamte Reserve V folgendermaßen dargestellt werden:

$$V = \sum_{(x, n, t)} v(x, n, t)\, y(x, n, t)\,. \tag{2.3.1}$$

Hierbei ist über alle vorkommenden Kombinationen (x, n, t) zu summieren.

Wegen der großen Zahl der im allgemeinen in Frage kommenden Kombinationen (x, n, t) erfordert die Reserveberechnung nach der Formel (2.3.1) einen erheblichen Rechenaufwand. Es wurde daher eine Reihe von Verfahren entwickelt, die Zahl der in Frage kommenden Kombinationen zu vermindern, um den Arbeitsaufwand einzuschränken. Diese Verfahren beruhen im wesentlichen darauf, die Zahl der Gruppen, über die zur Bildung der Gesamtreserve summiert werden muß, zu reduzieren. Gelingt es etwa, die Reserve $v(x, n, t)$ allgemein in der Form

$$v(x, n, t) = \sum_{r=1}^{m} g_r(t)\, h_r(x, n) \tag{2.3.2}$$

darzustellen, dann gilt

$$V = \sum_{(t)} \sum_{r=1}^{m} g_r(t) \sum_{(x, n)} h_r(x, n)\, y(x, n, t)\,.$$

Es sei

$$\sum_{(x, n)} h_r(x, n,)\, y(x, n, t) = H_r(t)\,. \tag{2.3.3}$$

Die Größen $H_r(t)$ können leicht mit Hilfe der Größen $h_r(x, n)$ ermittelt werden, die einmal zu Beginn der Versicherung errechnet werden müssen. Zur Berechnung der Größen $H_r(t)$ werden die Hilfszahlen $h_r(x, n)$ für jede Versicherung mit den entsprechenden Versicherungssummen der einzelnen Versicherungen multipliziert. Anschließend wird über alle noch unter Vertrag stehenden Versicherungen summiert. Zu Beginn jeder Versicherung kann gleich das Produkt $h_r(x, n)\, s_j(x, n)$ errechnet werden, wobei $s_j(x, n)$ die zur betreffenden Versicherung gehörende Versicherungssumme bedeutet. Die Reserve hat dann die einfache Form

$$V = \sum_{(t)} \sum_{r=1}^{m} g_r(t)\, H_r(t)\,. \tag{2.3.4}$$

Gegenüber der Formel (2.3.1) ist damit die Zahl der in Betracht kommenden Gruppen stark reduziert.

Nicht immer ist es möglich, eine Darstellung in der Form (2.3.4) zu finden und $v(x, n, t)$ in der Weise zu zerlegen, daß $g_r(t)$ nur von t abhängig ist. Falls $g_r(t)$ außer von t noch von einer weiteren Variablen (x oder n) abhängig ist, kann die Zahl der Gruppen ebenfalls reduziert werden, wenn auch nicht im gleichen Maße wie bei einer Zerlegung nach (2.3.4). Es sei

$$v(x, n, t) = \sum_{r=1}^{m} g_r(x, t)\, h_r(x, n)\,. \tag{2.3.5}$$

Dann gilt

$$V = \sum_{(x,t)} \sum_{r=1}^{m} g_r(x, t) H_r(x, t) \tag{2.3.6}$$

für

$$\sum_{(n)} h_r(x, n) y(x, n, t) = H_r(x, t) . \tag{2.3.7}$$

Für

$$v(x, n, t) = \sum_{r=1}^{m} g_r(n, t) h_r(x, n) \tag{2.3.8}$$

und

$$\sum_{(x)} h_r(x, n) y(x, n, t) = H_r(n, t) \tag{2.3.9}$$

gilt

$$V = \sum_{(n,t)} \sum_{r=1}^{m} g_r(n, t) H_r(n, t) . \tag{2.3.10}$$

In (2.3.6) und (2.3.10) ist über eine geringere Zahl von Gruppen zu summieren als in (2.3.1). Voraussetzung ist natürlich, daß die Zahl m der für die einzelnen Versicherungen in Frage kommenden Hilfszahlen klein ist.

Es ist schließlich möglich, die Reserve für einen Bestand gleichartiger Versicherungen dadurch näherungsweise zu ermitteln, daß für alle Versicherungen des Bestandes ein durchschnittliches Eintrittsalter x^*, eine durchschnittliche Versicherungsdauer n^* und eine durchschnittliche bisherige Laufzeit t^* angenommen wird. In diesem Fall gilt

$$V = r(x^*, n^*, t^*) \sum_{(x,n,t)} y(x, n, t) . \tag{2.3.11}$$

Hier hat

$$S = \sum_{(x,n,t)} y(x, n, t), \tag{2.3.12}$$

also die Summe der noch unter Vertrag stehenden Versicherungssummen, den Charakter einer Hilfszahlensumme. In Analogie zu (2.3.4) sind allgemeine Schätzungen der Form

$$V = \sum_{(j)} \sum_{r=1}^{m} g_{rj}^* H_{rj} \tag{2.3.13}$$

möglich, wobei g_{rj}^* ebenfalls aus Durchschnittswerten x^*, n^* bzw. t^* oder aus Kombinationen solcher Durchschnittswerte für bestimmte Gruppen von Versicherungen errechnet wird und sich der Index j auf die Summierung über diese Gruppen bezieht.

Die Summen $H_r(t)$ aus (2.3.3), $H_r(x, t)$ aus (2.3.7), $H_r(n, t)$ aus (2.3.9), S aus (2.3.12) sowie die Summen H_{rj} aus (2.3.13) entsprechen den Summen H_i aus (2.2.3).

Ist eine Zerlegung der Einzelreserven nach einer der Formeln (2.3.2), (2.3.5) oder (2.3.8) möglich, dann kann die Gesamtreserve durch die Formel (2.3.4), (2.3.6) oder (2.3.10) genau dargestellt werden. Die Durchschnittswerte aus einer der Formeln (2.3.11) oder (2.3.13) werden im allgemeinen nur eine näherungsweise Darstellung der Reserve gestatten, so daß auf Grund der Summen S aus (2.3.12) bzw. der Summen H_{rj} aus (2.3.13) mit Hilfe der Methoden aus Kapitel 2 eine obere und eine untere Schranke für die Gesamtreserve gefunden werden kann.

In den folgenden Punkten werden nun verschiedene Verfahren behandelt, die entweder zu einer genauen Darstellung der Reserve führen oder die Ermittlung einer oberen und einer unteren Schranke nach den Methoden aus Kapitel 2 gestatten.

3.2 Wir beginnen mit jenen Verfahren, die durch eine entsprechende Gruppierung der Versicherungen zu einer der vereinfachten Darstellungen (2.3.4), (2.3.6) oder (2.3.10) führen. Durch diese Verfahren wird die gesuchte Reserve genau dargestellt.

Als erstes soll die Methode von Karup für gemischte Versicherungen angegeben werden. Für gemischte Versicherungen lautet die retrospektive Darstellung der Prämienreserve wie folgt:

$$ {}_tV_{x,\overline{n}|} = \frac{D_x}{D_{x+t}} (\text{a}_{x,\overline{t}|}\, P_{x,\overline{n}|} - {}_{/t}A_x) . \tag{2.3.14}$$

Hierbei bedeutet x das Alter des Versicherten bei Beginn der Versicherung, t die bisherige Laufzeit der Versicherung und n die Versicherungsdauer. Setzen wir

$$ g_1(x,t) = \text{a}_{x,\overline{t}|} \frac{D_x}{D_{x+t}} , \qquad g_2(x,t) = -\, {}_{/t}A_x \frac{D_x}{D_{x+t}} ,$$
$$ h_1(x,n) = P_{x,\overline{n}|} , \qquad h_2(x,n) = 1 ,$$

dann gilt

$$ {}_tV_{x,\overline{n}|} = v(x,n,t) = g_1(x,t)\, h_1(x,n) + g_2(x,t)\, h_2(x,n) .$$

Dies entspricht (2.3.5) und gestattet eine Darstellung der Reserve in der Form (2.3.6):

$$ \begin{aligned} V &= \sum_{(x,n,t)} \frac{D_x}{D_{x+t}} (\text{a}_{x,\overline{t}|}\, P_{x,\overline{n}|} - {}_{/t}A_x)\, y(x,n,t) \\ &= \sum_{(x,t)} [g_1(x,t)\, H_1(x,t) + g_2(x,t)\, H_2(x,t)] . \end{aligned} \tag{2.3.15}$$

Hierbei bedeutet:

$$ \begin{aligned} H_1(x,t) &= \sum_{(n)} h_1(x,n)\, y(x,n,t) , \\ H_2(x,t) &= \sum_{(n)} h_2(x,n)\, y(x,n,t) . \end{aligned} \tag{2.3.16}$$

Die beiden Hilfszahlen $h_1(x,n)$ und $h_2(x,n)$ sind zusammen mit der Versicherungssumme $y(x,n,t)$ zu Beginn der Versicherung festzustellen. Die Summen $H_1(x,t)$ und $H_2(x,t)$ werden dann jeweils durch Summierung über den verbleibenden Versicherungsbestand ermittelt.

Gebräuchlicher als die retrospektive Zerlegung ist die prospektive Zerlegung, welche folgendermaßen lautet:

$$ {}_tV_{x,n} = A_{x+t,\overline{n-t}|} - P_{x,n}\, \text{a}_{x+t,n-t} . \tag{2.3.17}$$

Diese Darstellung erlaubt zwar nicht unmittelbar eine Vereinfachung der Gruppierung nach einer der in Punkt 3.1 angegebenen Formeln, doch kann trotzdem die Zahl der notwendigen Gruppen vermindert werden. Wir bezeichnen das im Zeitpunkt der Reserveberechnung erreichte Alter des Versicherten in jeder Versicherung mit $z = x + t$ und die zukünftige Laufzeit mit $s - z = n - t$, wobei s das am Ende der Versicherung erreichte Schlußalter $x + n$ bedeutet. Nun sei

$$g_1(z, s) = A_{x+t,\overline{n-t}|} = A_{z,\overline{s-z}|}, \quad g_2(z, s) = -\,\mathrm{a}_{x+t,\overline{n-t}|} = -\,\mathrm{a}_{z,\overline{s-z}|},$$
$$h_1(x, n) = 1, \quad h_2(x, n) = P_{x,\overline{n}|}.$$

Dann gilt

$$\begin{aligned} V &= \sum_{(x,n,t)} \left(A_{x+t,\overline{n-t}|} - P_{x,\overline{n}|}\, \mathrm{a}_{x+t,\overline{n-t}|}\right)(x, n, t) \\ &= \sum_{(z,s)} \left[g_1(z, s)\, H_1(z, s) + g_2(z, s)\, H_2(z, s)\right] \end{aligned} \tag{2.3.18}$$

mit

$$\begin{aligned} H_1(z, s) &= \sum_{(x)} h_1(x, n)\, y(x, n, t) = \sum_{(x)} y(x, s - x, z - x), \\ H_2(z, s) &= \sum_{(x)} h_2(x, n)\, y(x, n, t) = \sum_{(x)} P_{x,\overline{s-x}|}\, y(x, s - x, z - x). \end{aligned} \tag{2.3.19}$$

Die beiden Hilfszahlen $h_1(z, s)$ und $h_2(z, s)$ werden zu Beginn der Versicherung errechnet. Die Summen $H_1(z, s)$ und $H_2(z, s)$ werden jeweils durch Summierung über alle noch unter Vertrag stehenden Versicherungen ermittelt. Auch hier ist die Gruppierung über x vermieden worden und es muß lediglich über zwei Variable, nämlich über z und s, summiert werden.

Die Nebenbedingungen der Gestalt (2.3.16) bzw. (2.3.19) entsprechen den Nebenbedingungen (2.2.9). Die Ausdrücke (2.3.15) und (2.3.18) entsprechen dem Ausdruck (2.2.2), dessen extremale Werte die Schranken für die gesuchte Reserve angeben. Hierbei gilt

$$\begin{aligned} v_j = {}_{t_j}V_{x_j,\overline{n_j}|} &= \frac{D_{x_j}}{D_{x_j+t_j}}\left(\mathrm{a}_{x_j,\overline{t_j}|}\, P_{x_j,\overline{n_j}|} - {}_{|t_j}A_{x_j}\right) \\ &= A_{x_j+t_j,\overline{n_j-t_j}|} - P_{x_j,\overline{n_j}|}\, \mathrm{a}_{x_j+t_j,\overline{n_j-t_j}|}. \end{aligned} \tag{2.3.20}$$

Die folgende Methode, als Verfahren der konstanten Hilfszahlen bekannt, stammt von ALTENBURGER. Sie verwendet drei Arten von Hilfszahlen und es ist dadurch möglich, eine weitere Summierung zu unterdrücken. Die Methode entspricht daher der Zerlegung (2.3.2), doch wird anstelle der bisherigen Laufzeit t das bisher erreichte Alter $z = x + t$ herangezogen. Ausgangspunkt ist die prospektive Darstellung der Reserve gemäß (2.3.17). Wegen

$$\mathrm{a}_{x+t,\overline{n-t}|} = \mathrm{a}_{x+t} - \frac{N_{x+n}}{D_{x+t}},$$

$$A_{x+t,\overline{n-t}|} = A_{x+t} + d\,\frac{N_{x+n}}{D_{x+t}}$$

gilt

$$_tV_{x,n} = A_{x+t} - P_{x,n}\, \mathfrak{a}_{x+t} + \frac{1}{D_{x+t}} [N_{x+n} (d + P_{x,n})] .$$

Für

$$g_1(z) = A_z, \quad g_2(z) = -\mathfrak{a}_z, \quad g_3(z) = \frac{1}{D_z},$$
$$h_1(x, n) = 1,\ h_2(x, n) = P_{x,n},\ h_3(x, n) = N_{x+n} (d + P_{x,n}) \tag{2.3.21}$$

gilt

$$V = \sum_{(z)} [g_1(z) H_1(z) + g_2(z) H_2(z) + g_3(z) H_3(z)] \tag{2.3.22}$$

mit

$$H_1(z) = \sum_{(x,n)} h_1(x, n)\, y(x, n, z - x) = \sum_{(x,n)} y(x, n, z - x) ,$$
$$H_2(z) = \sum_{(x,n)} h_2(x, n)\, y(x, n, z - x) = \sum_{(x,n)} P_{x,n}\, y(x, n, z - x) ,$$
$$H_3(z) = \sum_{(x,n)} h_3(x, n)\, y(x, n, z - x) = \sum_{(x,n)} N_{x+n} (d + P_{x,n})\, y(x, n, z - x) .$$

Für die Anwendung der Methoden aus Kapitel 2 ist v_j gemäß (2.3.20) zu bestimmen.

Maßgebend für die Güte der Hilfszahlen ist immer, wie in Punkt 2.6 dargelegt wurde, die räumliche Lage der Punkte

$$P_j = \left(\frac{h_{1j}}{v_j}, \ldots, \frac{h_{mj}}{v_j}\right).$$

Für die Hilfszahlen $h_i(x, n)$ aus (2.3.21) gilt

$$\frac{h_{1j}}{v_j} = \frac{1}{v_j}, \quad \frac{h_{2j}}{v_j} = \frac{P_{x_j, n_j}}{v_j}, \quad \frac{h_{3j}}{v_j} = \frac{N_{x_j+n_j} (d + P_{x_j, n_j})}{v_j} .$$

Daraus folgt

$$A_z \frac{h_{1j}}{v_j} - \mathfrak{a}_z \frac{h_{2j}}{v_j} + \frac{1}{D_z} \frac{h_{3j}}{v_j} = 1 .$$

Für konstante Werte von z liegen daher alle Punkte $P_j = \left(\frac{h_{1j}}{v_j}, \frac{h_{2j}}{v_j}, \frac{h_{3j}}{v_j}\right)$ in einer Ebene und wir haben in Punkt 2.5 gezeigt, daß dann $\overline{V} = \underline{V}$ gilt.

Ein analoges Ergebnis kann für die Methode von Karup hergeleitet werden, weil auch mit Hilfe dieser Methode die Reserve aus den Hilfszahlen genau errechnet werden kann.

Innerhalb einer Gruppe mit konstantem z-Wert ist jeweils die Reserve genau zu bestimmen. Zur Bestimmung der Gesamtreserve muß gemäß (2.3.22) über alle Gruppen, also über alle z-Werte, summiert werden.

Für die angegebenen Methoden erübrigt sich eine Berechnung mit Hilfe der Methode der linearen Programme, da die genaue Reserve auf Grund der Formeln (2.3.15), (2.3.18) und (2.3.22) einfacher und rascher ermittelt werden kann. Dies gilt ganz allgemein für alle jene Methoden, die lediglich durch eine bestimmte Gruppierung zu einer vereinfachten Darstellung der Reserve führen, wobei die Reserve selbst jeweils genau angegeben wird. Für alle diese Fälle kann gezeigt werden, daß die Punkte P_j in einer Ebene bzw. in einer Hyperebene liegen.

Anders liegen die Verhältnisse bei Schätzungen etwa entsprechend den Formeln (2.3.11) oder (2.3.13). Hier wird lediglich ein Näherungswert der Reserve angegeben und es ist sinnvoll, durch die Berechnung des Standardfehlers ϱ Aussagen über die Genauigkeit der Schätzmethode zu machen. Grundsätzlich ist festzuhalten, daß a priori noch nicht gesagt werden kann, ob eine Schätzmethode nach (2.3.11) oder (2.3.13) einen Schätzwert liefert, der tatsächlich zwischen den Extremwerten $\overline{V}$ und $\underline{V}$ liegt, wenn dies auch in der Praxis meist der Fall sein wird. Jedenfalls aber können für derartige Schätzmethoden durch die Angabe der Schranken $\overline{V}$ und $\underline{V}$ wertvolle zusätzliche Informationen über die Genauigkeit der Schätzung erhalten werden. Wir behandeln im folgenden Methoden für die Ermittlung von Näherungswerten der Gesamtreserve.

3.3 Die z-Methode von LIDSTONE faßt gemischte Versicherungen mit gleicher zukünftiger Laufzeit $m = n - t$ in einer Gruppe zusammen. Für ein erreichtes Alter $z = x + t$ gilt (2.3.17), also

$$\begin{aligned} {}_tV_{x,\,\overline{n}|} &= A_{z,\,\overline{m}|} - P_{x,\,\overline{n}|}\, a_{z,\,\overline{m}|} \\ &= 1 - d\, a_{z.\,\overline{m}|} - \frac{1 - d\, a_{x,\,\overline{n}|}}{a_{x,\,\overline{n}|}}\, a_{z,\,\overline{m}|} = 1 - \frac{a_{z,\,\overline{m}|}}{a_{x,\,\overline{n}|}}\,. \end{aligned} \tag{2.3.23}$$

Summieren wir über alle x und alle z, dann folgt

$$\begin{aligned} V_{(m)} &= \sum_{(x,\,z)} {}_tV_{x,\,n}\, y\,(x, z + m - x, z - x) \\ &= \sum_{(x,\,z)} \left(1 - \frac{a_{z,\,\overline{m}|}}{a_{x,\,\overline{z+m-x}|}} \right) y\,(x, z + m - x, z - x)\,. \end{aligned} \tag{2.3.24}$$

Bilden wir aus den erreichten Altern z_i ein Durchschnittsalter z durch die Gleichung

$$a_{\overline{z},\,\overline{m}} \sum_{(x,\,z)} \frac{y\,(x, z + m - x, z - x)}{a_{x,\,\overline{z+m-x}|}} = \sum_{(x,\,z)} \frac{a_{z,\,\overline{m}|}\, y\,(x, z + m - x, z - x)}{a_{x,\,\overline{z+m-x}}} \tag{2.3.25}$$

dann gilt

$$V_{(m)} = \sum_{(x,\,z)} \left(1 - \frac{a_{\overline{z},\,m|}}{a_{x,\,\overline{z+m-x}}} \right) y\,(x, z + m - x, z - x)\,. \tag{2.3.26}$$

Für

$$g_1\,(m) = 1, \quad g_2\,(m) = a_{\overline{z},\,\overline{m}}\,, \quad h_1\,(x, z) = 1, \quad h_2\,(x, z) = \frac{1}{a_{x,\,\overline{z+m-x}|}}$$

gilt

$$V_{(m)} = g_1\,(m)\, H_1\,(m) + g_2\,(m)\, H_2\,(m)$$

mit

$$H_1\,(m) = \sum_{(x,\,z)} h_1\,(x, z)\, y\,(x, z + m - x, z - x) = \sum_{(x,\,z)} y\,(x, z + m - x, z - x),$$

$$H_2(m) = \sum_{(x,z)} h_2(x,z)\, y(x, z+m-x, z-x) = \sum_{(x,z)} \frac{y(x, z+m-x, z-x}{\text{a}_{x,\,\overline{z+m-x}|}} .$$

Zur Bestimmung des Durchschnittsalters z aus (2.3.25) gehen wir von der MAKEHAMschen Formel

$$l_x = k s^x \, g^{c^x}$$

aus. Daraus folgt

$$\frac{D_{x+t}}{D_x} = v^t \frac{l_{x+t}}{l_x} = (vs)^t g^{c^x(c^t-1)} = (vs)^t e^{c^x(c^t-1)\, ln\, g} .$$

Entwickelt man die e-Potenz in eine Reihe und bricht wegen $|\, ln\, g\, | << 1$ nach dem zweiten Glied ab, dann gilt

$$\frac{D_{x+t}}{D_x} \sim (vs)^t \, [1 + ln\, g\, c^x (c^t - 1)] \tag{2.3.27}$$

und

$$\text{a}_{x,\,\overline{m}|} = \sum_{\nu=0}^{m-1} \frac{D_{x+\nu}}{D_x} \sim \sum_{\nu=0}^{m-1} (vs)^\nu \, [1 + ln\, g\, c^x (c^\nu - 1)] .$$

Für $vs = a$ und $vsc = b$ gilt

$$\text{a}_{x,\,\overline{m}|} \sim \sum_{\nu=0}^{m-1} [a^\nu + ln\, g\, c^x (b^\nu - a^\nu)] = A(m) + c^x B(m) . \tag{2.3.28}$$

Aus (2.3.25) folgt nun

$$[A(m) + c^{\bar{z}} B(m)] \sum_{(x,z)} \frac{y(x, z+m-x, z-x)}{\text{a}_{x,\,\overline{z+m-x}|}}$$

$$= \sum_{(x,z)} [A(m) + c^z B(m)] \frac{y(x, z+m-x, z-x)}{\text{a}_{x,\,\overline{z+m-x}|}}$$

und weiter

$$c^{\bar{z}} \sum_{(x,z)} \frac{y(x, z+m-x, z-x)}{\text{a}_{x,\,\overline{z+m-x}|}} = \sum_{(x,z)} c^z \frac{y(x, z+m-x, z-x)}{\text{a}_{x,\,\overline{z+m-x}|}} . \tag{2.3.29}$$

Um die komplizierte Berechnung von z zu vereinfachen, wird ein Näherungswert $\bar{\bar{z}}$ für $\bar{z}$ aus der Beziehung

$$c^{\bar{\bar{z}}} \sum_{(x,z)} y(x, z+m-x, z-x) = \sum_{(x,z)} c^z y(x, z+m-x, z-x) \tag{2.3.30}$$

errechnet. Führen wir neue Hilfszahlen $h_3(x,z) = c^z$ ein, dann gilt

$$\bar{\bar{z}} = \frac{ln\, H_3(m) - ln\, H_1(m)}{ln\, c}$$

für

$$H_3(m) = \sum_{(x,z)} h_3(x,z)\, y(x, z+m-x, z-x) .$$

Insgesamt werden also bei dieser Methode drei Hilfszahlen verwendet. Aus (2.3.30) folgt durch eine einfache Umformung

$$\mu_{\bar{\bar{z}}} \sum_{(x,z)} y(x, z+m-x, z-x) = \sum_{(x,z)} \mu_z \, y(x, z+m-x, z-x) , \tag{2.3.31}$$

wobei $\mu_z = -\frac{d}{dz} \ln l_z$ die Sterblichkeitsintensität für einen z-jährigen darstellt. Sofern keine nach MAKEHAM ausgeglichene Sterbetafel vorliegt, muß $\bar{\bar{z}}$ aus (2.3.31) errechnet werden. An die Stelle von (2.3.31) kann auch näherungsweise die Beziehung

$$q_{\bar{z}} \sum_{(x,z)} y\,(x, z + m - x, z - x) \sim \sum_{(x,z)} q_z\, y\,(x, z + m - x, z - x) \quad (2.3.32)$$

treten, wobei q_z die einjährige Sterbewahrscheinlichkeit für einen z-jährigen ist.

Zur Anwendung der Methode der linearen Programme ist

$$v_j = 1 - \frac{a_{z_j, \overline{m}|}}{a_{x_j, \overline{z_j + m - x_j}|}}$$

zu setzen. Es gilt

$$\alpha \frac{h_{1j}}{v_j} + \beta \frac{h_{2j}}{v_j} + \gamma \frac{h_{3j}}{v_j} = \frac{a_{x_j, \overline{z_j+m-x_j}|}\,(\alpha + \gamma c^{z_j}) + \beta}{a_{x_j, \overline{z_j+m-x_j}|} - a_{z_j, \overline{m}|}}. \quad (2.3.33)$$

α, β und γ können nicht so gewählt werden, daß dieser Ausdruck eine Konstante wird, da $a_{x_j, \overline{z_j+m-x_j}|}$ von z_j und von x_j abhängt. Die Punkte $P_j = \left(\frac{h_{1j}}{v_j}, \frac{h_{2j}}{v_j}, \frac{h_{3j}}{v_j}\right)$ liegen also im allgemeinen nicht in einer Ebene, so daß $\overline{V} > \underline{V}$ zu erwarten ist. Daraus kann geschlossen werden, daß die Hilfszahlen zur genauen Bestimmung der Reserve nicht ausreichen.

Man überlegt sich unschwer, daß für

$$h_3\,(x, z) = \frac{c^z}{a_{x, \overline{z+m-x}|}}$$

wegen (2.3.28) Werte α, β und γ gefunden werden können, so daß (2.3.33) nahezu konstant ist. In diesem Fall liegen die Punkte P_j nahezu in einer Ebene und die Reserve kann für die Gruppe mit festem m aus den Hilfszahlen mit genügender Genauigkeit berechnet werden.

Durch die Bestimmung des Standardfehlers ϱ mit Hilfe der Methode der linearen Programme können Aussagen über die Güte der verwendeten Hilfszahlen gemacht werden. Außerdem kann festgestellt werden, ob $V_{(m)}$ aus (2.3.26) im Intervall $(\underline{V}, \overline{V})$ liegt. Dies muß nämlich durchaus nicht bei jeder Schätzmethode der Fall sein. Wir sehen, daß uns aus den hier behandelten Schätzmethoden zur Ermittlung von Reservewerten eine neue Aufgabe erwächst. Es ist der Schätzwert selbst, in unserem Fall der Schätzwert (2.3.36), zu prüfen. Daß dies nicht nur in der Weise erfolgen kann, indem geprüft wird, ob der Schätzwert im zulässigen Intervall $(\underline{V}, \overline{V})$ liegt, werden wir im nächsten Kapitel zeigen. Zunächst untersuchen wir noch einige weitere Schätzverfahren.

3.4 Die t-Methode von JECKLIN entspricht der z-Methode von LIDSTONE, nur wird, was dort aus der prospektiven Darstellung der Reserve gewonnen wird, hier aus der retrospektiven Darstellung erhalten.

Wir gehen von der Formel (2.3.14) aus, fassen alle Versicherungen mit gleicher verflossener Laufzeit t in eine Gruppe zusammen und erhalten

$$ {}_tV = \sum_{(x,n)} P_{x,\overline{n}|} \frac{N_x - N_{x+t}}{D_{x+t}} y(x,n,t) - \sum_{(x,n)} \frac{M_x - M_{x+t}}{D_{x+t}} y(x,n,t) . \qquad (2.3.34) $$

Nun wird aus den erreichten Altern $x + t$ ein Durchschnittsalter $\bar{z}$ gebildet, so daß die folgende Beziehung erfüllt ist:

$$ {}_tV = \frac{N_{\bar{z}-t} - N_{\bar{z}}}{D_{\bar{z}}} \sum_{(x,n)} P_{x,\overline{n}|} y(x,n,t) - \frac{M_{\bar{z}-t} - M_{\bar{z}}}{D_{\bar{z}}} \sum_{(x,n)} y(x,n,t) . \qquad (2.3.35) $$

Für

$$ h_1(x,n) = 1, \quad h_2(x,n) = P_{x,\overline{n}|} $$

$$ g_1(t) = -\frac{M_{\bar{z}-t} - M_{\bar{z}}}{D_{\bar{z}}}, \quad g_2(t) = \frac{N_{\bar{z}-t} - N_{\bar{z}}}{D_{\bar{z}}} $$

gilt

$$ {}_tV = g_1(t) H_1(t) + g_2(t) H_2(t) $$

mit

$$ H_1(t) = \sum_{(x,n)} h_1(x,n) y(x,n,t) = \sum_{(x,n)} y(x,n,t) , $$

$$ H_2(t) = \sum_{(x,n)} h_2(x,n) y(x,n,t) = \sum_{(x,n)} P_{x,\overline{n}|} y(x,n,t) . $$

Da die Bestimmung von $\bar{z}$ aus (2.3.34) und (2.3.35) länger dauern würde als die Berechnung der gesuchten Reserve wird ein Näherungswert $\bar{\bar{z}}$ für $\bar{z}$ aus der folgenden Beziehung errechnet:

$$ \begin{aligned} &\frac{N_{\bar{\bar{z}}-t} - N_{\bar{\bar{z}}}}{D_{\bar{\bar{z}}}} \sum_{(z,n)} P_{x,\overline{n}|} y(x,n,t) \\ &= \sum_{(z,n)} P_{x,\overline{n}|} \frac{N_x - N_{x+t}}{D_{x+t}} y(x,n,t) . \end{aligned} \qquad (2.3.36) $$

(2.3.36) folgt aus (2.3.34) und (2.3.35), wenn in diesen beiden Gleichungen jeweils der zweite nicht stark ins Gewicht fallende Summand vernachlässigt wird. Der Näherungswert für $\bar{z}$ wird aus (2.3.36) durch die Anwendung der MAKEHAMschen Formel errechnet. Mit Hilfe von (2.3.27) erhält man zunächst

$$ \frac{N_{\bar{\bar{z}}-t} - N_{\bar{\bar{z}}}}{D_{\bar{\bar{z}}}} = \sum_{\nu=1}^{t} \frac{D_{\bar{\bar{z}}-\nu}}{D_{\bar{\bar{z}}}} \sim \sum_{\nu=1}^{t} (vs)^{-\nu} [1 + \ln g\, c^{\bar{\bar{z}}} (c^{-\nu} - 1)] = C(t) + c^{\bar{\bar{z}}} D(t) \qquad (2.3.37) $$

und im weiteren

$$ [C(t) + c^{\bar{\bar{z}}} D(t)] \sum_{(x,n)} P_{x,\overline{n}|} y(x,n,t) = \sum_{(x,n)} [C(t) + c^{x+t} D(t)] P_{x,\overline{n}|} y(x,n,t) $$

und

$$ c^{\bar{\bar{z}}} \sum_{(x,n)} P_{x,\overline{n}|} y(x,n,t) = c^t \sum_{(x,n)} c^x P_{x,\overline{n}|} y(x,n,t) . \qquad (2.3.38) $$

Ein Näherungswert für $\bar{\bar{z}}$ kann nun analog zu (2.3.30) aus der Beziehung

$$ c^{\bar{\bar{z}}-t} \sum_{(x,n)} y(x,n,t) \sim \sum_{(x,n)} c^x y(x,n,t) \qquad (2.3.39) $$

gewonnen werden. Wird dieser Näherungswert verwendet, dann sind die Hilfszahlen

$$\bar{h}_3(x, n) = c^x$$

zu wählen. Es gilt dann

$$\bar{\bar{z}} \sim t + \frac{\ln \bar{H}_3(t) - \ln H_1(t)}{\ln c}$$

mit

$$\bar{H}_3(t) = \sum_{(x,n)} \bar{h}_3(x, n)\, y(x, n, t)\,.$$

Zur genauen Bestimmung von $\bar{\bar{z}}$ wählt man die Hilfszahlen

$$h_3(x, n) = c^x P_{\overline{x,n|}}\,.$$

Aus (2.3.38) folgt dann

$$\bar{\bar{z}} = t + \frac{\ln H_3(t) - \ln H_2(t)}{\ln c}$$

mit

$$H_3(t) = \sum_{(x,n)} h_3(x, n)\, y(x, n, t)\,.$$

Zur Anwendung der Methode der linearen Programme setzt man

$$v_j = \frac{D_{x_j}}{D_{x_j+t}} (a_{x_j,\overline{t|}} P_{x_j,n_j} - {}_{/t}A_{x_j}) = \frac{N_{x_j} - N_{x_j+t}}{D_{x_j+t}} P_{x_j,n_j} - \frac{M_{x_j} - M_{x_j+t}}{D_{x_j+t}}$$

und erhält

$$\alpha \frac{h_{1j}}{v_j} + \beta \frac{h_{2j}}{v_j} + \gamma \frac{h_{3j}}{v_j} = \frac{\alpha D_{x_j+t} + \beta D_{x_j+t} P_{x_j,\overline{n_j|}} + \gamma D_{x_j+t} c^{x_j} P_{x_j,\overline{n_j|}}}{(N_{x_j} - N_{x_j+t}) P_{x_j,\overline{n_j|}} - (M_{x_j} - M_{x_j+t})} \tag{2.3.40}$$

Durch geeignete Wahl von β und γ kann wegen (2.3.37) erreicht werden, daß $\beta D_{x_j+t} + \gamma D_{x_j+t} c^{x_j}$ ein konstantes Vielfaches von $N_{x_j} - N_{x_j+t}$ wird, doch lassen sich wegen des Ausdruckes $M_{x_j} - M_{x_j+t}$ im Nenner von (2.3.40) die Größen α, β und γ nicht so wählen, daß (2.3.40) eine Konstante wird. Dies gilt natürlich auch, wenn an Stelle der Hilfszahlen $h_3(x, n)$ die Hilfszahlen $\bar{h}_3(x, n)$ gewählt werden. Es wird also im allgemeinen $\bar{V} > \underline{V}$ sein, das heißt, die Hilfszahlen $h_{1j}(x, n)$, $h_{2j}(x, n)$ und $h_{3j}(x, n)$ bzw. $\bar{h}_{3j}(x, n)$ reichen zur genauen Bestimmung der Reserve nicht aus.

Eine andere Methode zur Abschätzung des Durchschnittsalters $\bar{z}$ beruht darauf, daß als dritte Hilfszahl für jede Versicherung ein Reservewert nach einer festen Laufzeit t_0 gewählt wird. Für jede Versicherung wird

$$h_3(x, n) = {}_{t_0}V_{\overline{x,n|}} = \frac{N_x - N_{x+t_0}}{D_{x+t_0}} P_{\overline{x,n|}} - \frac{M_x - M_{x+t_0}}{D_{x+t_0}}$$

zu Beginn der Versicherung errechnet. Rein formal kann $h_3(x, n)$ auch für $t_0 > n$ errechnet werden, wenn sich auch in diesem Fall ein fiktiver Reservewert größer als Eins ergibt. Nun nimmt man an, daß nach t_0

Jahren die gesamte Reserve, errechnet auf Grund des Durchschnittsalters $\bar{z}$, mit der Summe der Einzelreserven übereinstimmt:

$$\frac{N_{\bar{z}-t}-N_{\bar{z}-t+t_0}}{D_{\bar{z}-t+t_0}} \sum_{(x,n)} P_{x,\overline{n}|}\, y(x,n,t) - \frac{M_{\bar{z}-t}-M_{\bar{z}-t+t_0}}{D_{\bar{z}-t+t_0}} \sum_{(x,n)} y(x,n,t) = \sum_{(x,n)} {}_{t_0}V_{x,n|}\, y(x,n,t)\,. \qquad (2.3.41)$$

Wegen

$$M_z = N_z v - N_z + D_z$$

folgt aus (2.3.41)

$$\frac{N_{\bar{z}-t}-N_{\bar{z}-t+t_0}}{D_{\bar{z}-t+t_0}} [H_2(t) + (1-v)\, H_1(t)] + \left(1 - \frac{D_{\bar{z}-t}}{D_{\bar{z}-t+t_0}}\right) H_1(t) = H_3(t)$$

mit

$$H_3(t) = \sum_{(x,n)} h_3(x,n)\, y(x,n,t) = \sum_{(x,n)} {}_{t_0}V_{x,\overline{n}|}\, y(x,n,t)\,.$$

Aus (2.3.27) und (2.3.37) folgt nun

$$[C(t_0) + c^{\bar{z}-t+t_0} D(t_0)]\,[H_2(t) + dH_1(t)] + [E(t_0) + F(t_0)\, c^{\bar{z}-t+t_0}]\, H_1(t) = H_3(t)$$

mit $d = 1 - v$,

$$E(t_0) = 1 - (vs)^{-t_0},$$
$$F(t_0) = (vs)^{-t_0}(1 - c^{-t_0}) \ln g$$

und daraus

$$\bar{z} = t - t_0 + \frac{\ln\{H_3(t) - E(t_0)\, H_1(t) - C(t_0)\,[H_2(t) + dH_1(t)]\} - \ln\{D(t_0)\,[H_2(t) + dH_1(t)] + F(t_0)\, H_1(t)\}}{\ln c}$$

Es läßt sich leicht zeigen, daß die Punkte $P_j = \left(\frac{h_{1j}}{v_j}, \frac{h_{2j}}{v_j}, \frac{h_{3j}}{v_j}\right)$ nur für $t = t_0$ in einer Ebene liegen. Nur in diesem Sonderfall reichen daher die Hilfszahlen $h_{3j} = h_3(x, n)$ zur genauen Bestimmung der Reserve aus.

3.5 Die n-Altermethode, begründet von HENRY, PERKS und JOSEPH, beruht, wie die t-Methode, auf einer Gruppierung des Bestandes nach Versicherungen mit gleicher bisheriger Laufzeit t. Wir behandeln zunächst lebenslängliche Todesfallversicherungen. Es wird ${}_tV_x$ innerhalb einer Gruppe näherungsweise als quadratische Funktion in x angenommen:

$$ {}_tV_x \sim a_0 + a_1 x + a_2 x^2. \qquad (2.3.42)$$

Für die Gesamtreserve der Gruppe folgt daraus

$$ {}_tV = \sum_{(x)} {}_tV_x\, y(x,t) = a_0 \sum_{(x)} y(x,t) + a_1 \sum_{(x)} x\, y(x,t) + a_2 \sum_{(x)} x^2\, y(x,t)\,. \qquad (2.3.43)$$

Da es sich um lebenslängliche Todesfallversicherungen handelt, entfällt eine Summierung über die Versicherungsdauer n. Man wählt nun zwei Alter y und z mit

$$ {}_tV = \sum_{(x)} {}_tV_x \, y(x,t) = \tfrac{1}{2} ({}_tV_y + {}_tV_z) \sum_{(x)} y(x,t) \,. \tag{2.3.44} $$

Für

$$ h_1(x,t) = 1,\ h_2(x,t) = x,\ h_3(x,t) = x^2, $$
$$ g_1(t) = a_0,\ g_2(t) = a_1,\ g_3(t) = a_2 $$

gilt

$$ {}_tV = g_1(t) H_1(t) + g_2(t) H_2(t) + g_3(t) H_3(t) $$

mit

$$ \begin{aligned} H_1(t) &= \sum_{(x)} h_1(x,t)\, y(x,t) = \sum_{(x)} y(x,t), \\ H_2(t) &= \sum_{(x)} h_2(x,t)\, y(x,t) = \sum_{(x)} x\, y(x,t), \\ H_3(t) &= \sum_{(x)} h_3(x,t)\, y(x,t) = \sum_{(x)} x^2\, y(x,t)\,. \end{aligned} \tag{2.3.45} $$

Zur Ermittlung der Alter y und z erhält man nun aus (2.3.42), (2.3.43), (2.3.44) und (2.3.45)

$$ a_0 H_1(t) + a_1 H_2(t) + a_2 H_3(t) = \tfrac{1}{2} H_1(t) \left[2a_0 + a_1(y+z) + a_2(y^2+z^2)\right] . \tag{2.3.46} $$

Für die beiden Alter y und z ist bisher erst eine Bedingungsgleichung, nämlich (2.3.44), angegeben worden, die zu (2.3.46) geführt hat. Man kann daher in (2.3.46)

$$ \frac{y+z}{2} = \frac{H_2(t)}{H_1(t)}, \qquad \frac{y^2+z^2}{2} = \frac{H_3(t)}{H_1(t)} $$

setzen und erhält schließlich

$$ y = \frac{H_2(t)}{H_1(t)} \pm \sqrt{\frac{H_3(t)}{H_1(t)} - \frac{H_2^2(t)}{H_1^2(t)}}, $$
$$ z = \frac{H_2(t)}{H_1(t)} \mp \sqrt{\frac{H_3(t)}{H_1(t)} - \frac{H_2^2(t)}{H_1^2(t)}}. $$

Eine Besonderheit dieser Methode und ein Unterschied gegenüber den bisherigen Methoden liegt darin, daß die verwendeten Hilfszahlen von den Rechnungsgrundlagen, wie Zinsfuß und Sterbetafel, unabhängig sind. Damit ist die Methode auch von Schätzfehlern bei der Einschätzung der Rechnungsgrundlagen unabhängig.

Die Punkte $P_j = \left(\frac{h_{1j}}{v_j}, \frac{h_{2j}}{v_j}, \frac{h_{3j}}{v_j}\right)$ liegen für

$$ v_j = a_0 + a_1 x_j + a_2 x_j^2 $$

offenbar in einer Ebene. Tatsächlich gibt (2.3.42) aber nur einen Näherungswert der Einzelreserve v_j an. Betrachtet man die Punkte P_j, errechnet auf Grund der wahren Einzelreserven v_j, dann liegen sie im allgemeinen nicht genau in einer Ebene, so daß $\overline{V} > \underline{V}$ gelten wird.

Als nächstes behandeln wir einen Stock gemischter Versicherungen, den wir nach gleicher bisheriger Laufzeit t und gleichem Endalter $s = x + n$ gliedern. Innerhalb einer Gruppe setzt man

$$ {}_tV_{s-n,\overline{n|}} = \frac{a_0}{n} + a_1 + a_2 n . \tag{2.3.47} $$

Dann gilt

$$ \begin{aligned} {}_tV_{(s)} &= \sum_{(n)} {}_tV_{s-n,\overline{n|}}\, y\,(s-n,n,t) \\ &= a_0 \sum_{(n)} \frac{y\,(s-n,n,t)}{n} + a_1 \sum_{(n)} y\,(s-n,n,t) + a_2 \sum_{(n)} n y\,(s-n,n,t) . \end{aligned} \tag{2.3.48} $$

Nun bestimmt man n_1 und n_2 mit

$$ {}_tV_{(s)} = \tfrac{1}{2}\left({}_tV_{s-n_1,\overline{n_1|}} + {}_tV_{s-n_2,\overline{n_2|}}\right) \sum_{(n)} y\,(s-n,n,t) . \tag{2.3.49} $$

Für

$$ g_1\,(t,s) = a_0,\; g_2\,(t,s) = a_1,\quad g_3\,(t,s) = a_2 , $$

$$ h_1\,(x,n) = \frac{1}{n},\; h_2\,(x,n) = 1,\; h_3\,(x,n) = n $$

gilt

$$ {}_tV_{(s)} = g_1\,(t,s)\,H_1\,(t,s) + g_2\,(t,s)\,H_2\,(t,s) + g_3\,(t,s)\,H_3\,(t,s) $$

mit

$$ \begin{aligned} H_1\,(t,s) &= \sum_{(n)} h_1\,(s-n,n)\,y\,(s-n,n,t) = \sum_{(n)} \frac{y\,(s-n,n,t)}{n} , \\ H_2\,(t,s) &= \sum_{(n)} h_2\,(s-n,n)\,y\,(s-n,n,t) = \sum_{(n)} y\,(s-n,n,t), \\ H_3\,(t,s) &= \sum_{(n)} h_3\,(s-n,n)\,y\,(s-n,n,t) = \sum_{(n)} n y\,(s-n,n,t) . \end{aligned} \tag{2.3.50} $$

Aus (2.3.47), (2.3.48), (2.3.49) und (2.3.50) folgt

$$ \begin{aligned} & a_0\,H_1\,(t,s) + a_1\,H_2\,(t,s) + a_2\,H_3\,(t,s) \\ &= \tfrac{1}{2} H_2\,(t,s)\left[\frac{a_0}{n_1} + \frac{a_0}{n_2} + 2\,a_1 + a_2\,(n_1 + n_2)\right] \end{aligned} $$

und für

$$ \tfrac{1}{2}\left(\frac{1}{n_1} + \frac{1}{n_2}\right) = \frac{H_1\,(t,s)}{H_2\,(t,s)}, \qquad \tfrac{1}{2}\,(n_1 + n_2) = \frac{H_3\,(t,s)}{H_2\,(t,s)} $$

gilt

$$ n_1 = \frac{H_3\,(t,s)}{H_2\,(t,s)}\left(1 \pm \sqrt{1 - \frac{H_2^2\,(t,s)}{H_1\,(t,s)\,H_3\,(t,s)}}\right), $$

$$ n_2 = \frac{H_3\,(t,s)}{H_2\,(t,s)}\left(1 \mp \sqrt{1 - \frac{H_2^2\,(t,s)}{H_1\,(t,s)\,H_3\,(t,s)}}\right). $$

Wieder sind die verwendeten Hilfszahlen $\frac{1}{n}$, 1, n von den Rechnungsgrundlagen unabhängig.

Die Punkte $P_j = \left(\frac{h_{1j}}{v_j}, \frac{h_{2j}}{v_j}, \frac{h_{3j}}{v_j}\right)$ liegen nur dann in einer Ebene, wenn die Beziehung (2.3.47) gilt. Da dies aber für die Einzelreserven nur näherungsweise der Fall ist, gilt im allgemeinen $\overline{V} > \underline{V}$.

3.6 Bei der n-Altermethode, die wir im vorangegangenen Punkt behandelt haben, werden die Einzelreserven gemäß (2.3.42) und (2.3.47) durch Kurven zweiter Ordnung approximiert. Eine analoge Approximation verwendet die F-Methode von JECKLIN. Bei dieser Methode werden die Reserven durch eine gleichseitige Hyperbel approximiert. Eine solche Approximation ist nicht immer für die gesamte Versicherungsdauer mit genügender Genauigkeit möglich. Man geht daher so vor, daß die Reservefunktion, also ${}_tV_{x,\overline{n}|}$ als Funktion von t, stückweise durch den Ast einer gleichseitigen Hyperbel approximiert wird, und zwar für jedes Stück mit eigenen passenden Parametern.

Wir nehmen zunächst an, es sei für ein Intervall $t_0 \leqq t \leqq t_1$ die Reserve einer gemischten Versicherung ${}_tV_{x,\overline{n}|}$ durch die Hyperbel

$$(t + \alpha)\,({}_tV_{x,\,n} + \beta) + c^2 = 0$$

näherungsweise darzustellen. Für

$$F = \frac{\alpha + t_0}{\alpha + t_1}$$

folgt daraus

$${}_tV_{x,\overline{n}|} = {}_{t_0}V_{x,\overline{n}|} + \frac{{}_{t_1}V_{x,\,n} - {}_{t_0}V_{x,\,n}}{1 + F\dfrac{t_1 - t_0}{t - t_0}}\,. \tag{2.3.51}$$

Wir nehmen nun an, daß die Größen F, die im Intervall (t_0, t_1) konstant sind, zu Beginn jeder Versicherung für alle in Betracht kommenden Intervalle errechnet werden. Ebenso werden die Reservewerte ${}_{t_j}V_{x,\overline{n}|}$ in den Endpunkten der einzelnen Intervalle errechnet. Die Versicherungen werden nun so gruppiert, daß $\tau = t - t_0$ für alle Versicherungen einer Gruppe gleich ist. Es wird also nicht, wie bei den bisherigen Methoden, angenommen, daß die bisherige Laufzeit t innerhalb einer Gruppe gleich ist, sondern die Gruppierung richtet sich nach der bisherigen Laufzeit τ in dem für die Approximation (2.3.51) jeweils in Betracht kommenden Intervall. Es sei ${}_tV_{x,\overline{n}|} = {}_{(\tau)}V_{x,\overline{n}|}$ mit $\tau = t - t_0$. Für

$$a = \frac{{}_{(t_1-t_0)}V_{x,\overline{n}|} - {}_{(0)}V_{x,\overline{n}|}}{F\,(t_1 - t_0)}\,, \qquad b = \frac{F - 1}{F\,(t_1 - t_0)}$$

gilt

$${}_{(\tau)}V_{x,\overline{n}|} = {}_{(0)}V_{x,\overline{n}|} + \frac{a\,\tau}{1 - b\,\tau}\,.$$

Für den gesamten Versicherungsbestand gilt dann

$${}_{(\tau)}V = \sum_{(x,n)} {}_{(\tau)}V_{x,\overline{n}|}\, y\,(x, n, t) = \sum_{(j)} V_j\, y_j + \sum_{(j)} \frac{a_j\,\tau}{1 - b_j\,\tau}\, y_j \tag{2.3.52}$$

mit

$${}_{(0)}V_{x,\overline{n}|} = V_j,\quad a = a\,(x, n) = a_j,\quad b = b\,(x, n) = b_j,\quad y\,(x, n, t) = y_j\,.$$

Setzt man

$$\sum_{(j)} \frac{a_j\,\tau}{1 - b_j\,\tau}\, y_j = \frac{\tau \sum\limits_{(j)} a_j\, y_j}{1 - \Phi\,\tau}\,,$$

dann folgt

$$1 - \Phi\,\tau = \frac{\tau \sum\limits_{(j)} a_j\, y_j}{\sum\limits_{(j)} \dfrac{a_j\,\tau\,y_j}{1 - b_j\,\tau}}$$

$$= \frac{\sum\limits_{(j)} a_j\, y_j}{\sum\limits_{(j)} a_j\, y_j\,(1 + b_j\,\tau\, + b_j^2\,\tau^2 + \ldots)} \sim 1 - \tau\,\frac{\sum\limits_{(j)} a_j\, b_j\, y_j}{\sum\limits_{(j)} a_j\, y_j}$$

und daraus

$$\Phi \sim \frac{\sum\limits_{(j)} a_j\, b_j\, y_j}{\sum\limits_{(j)} a_j\, y_j} \,. \tag{2.3.53}$$

Für $h_{1j} = V_j$, $h_{2j} = a_j$, $h_{3j} = a_j\, b_j$ gilt dann

$$_{(\tau)}V \sim H_1\,(\tau) + \frac{\tau\, H_2^2\,(\tau)}{H_2\,(\tau) - \tau\, H_3\,(\tau)} \tag{2.3.54}$$

mit

$$H_1\,(\tau) = \sum_{(j)} h_{1j}\, y_j = \sum_{(j)} V_j\, y_j,$$

$$H_2\,(\tau) = \sum_{(j)} h_{2j}\, y_j = \sum_{(j)} a_j\, y_j,$$

$$H_3\,(\tau) = \sum_{(j)} h_{3j}\, y_j = \sum_{(j)} a_j\, b_j\, y_j\,.$$

Da in diesem Fall die Zerlegung der Einzelreserven nicht der Formel (2.3.2) entspricht, erhält man die Gesamtreserve in (2.3.54) nicht in der Gestalt (2.3.4). Die Punkte $P_j = \left(\dfrac{h_{1j}}{v_j}, \dfrac{h_{2j}}{v_j}, \dfrac{h_{3j}}{v_j}\right)$ liegen im allgemeinen nicht in einer Ebene, da α, β und γ nie so gewählt werden können, daß

$$\frac{\alpha\, h_{1j}\, + \beta\, h_{2j} + \gamma\, h_{3j}}{v_j} = \frac{\alpha\, V_j + \beta\, a_j + \gamma\, a_j\, b_j}{V_j + \dfrac{\tau\, a_j}{1 - \tau\, b_j}}$$

für beliebige j konstant ist. Wegen

$$\frac{1}{1 - \tau\, b_j} \sim 1 + \tau\, b_j$$

liegen die Punkte P_j jedoch alle in der Nähe der durch $\alpha = 1$, $\beta = \tau$, $\gamma = \tau^2$ bestimmten Ebene

$$\alpha\, h_{1j} + \beta\, h_{2j} + \gamma\, h_{3j} = v_j\,.$$

3.7 Verzichtet man darauf, die Versicherungsdauer in mehrere Intervalle zu unterteilen, dann gilt $t_0 = 0$, $t_1 = n$. Aus (2.3.51) folgt dann wegen

$$_0V_{x,\,n\,|} = 0\,, \qquad _nV_{x,\,n\,|} = 1$$

die Beziehung

$$_tV_{x,\,n\,|} = \frac{1}{1 + F\,\dfrac{n - t}{t}} = \frac{t}{t + F\,(n - t)} \tag{2.3.55}$$

und wegen

$$V_j = 0, \quad a_j = \frac{1}{n_j F_j}, \quad b_j = \frac{F_j - 1}{F_j n_j}$$

folgt aus (2.3.52) für den gesamten Versicherungsbestand

$$_tV = \frac{t \sum\limits_{(j)} a_j y_j}{1 - t\Phi}.$$

Nach (2.3.53) kann Φ näherungsweise als ein mit den Gewichten $a_j y_j$ gewogenes Mittel der b_j dargestellt werden. Ersetzt man die Gewichte $a_j y_j$ durch y_j, dann folgt

$$\Phi \sim \frac{\sum\limits_{(j)} b_j y_j}{\sum\limits_{(j)} y_j} = \frac{\sum\limits_{(j)} \frac{y_j}{n_j} - \sum\limits_{(j)} a_j y_j}{\sum\limits_{(j)} y_j}. \tag{2.3.56}$$

Für

$$h_{1j} = 1, \; h_{2j} = a_j = \frac{1}{F_j n_j}, \quad h_{3j} = \frac{1}{n_j}$$

gilt

$$_tV = \frac{t H_2(t)}{1 - t \dfrac{H_3(t) - H_2(t)}{H_1(t)}}$$

mit

$$H_1(t) = \sum_{(j)} h_{1j} y_j = \sum_{(j)} y_j,$$

$$H_2(t) = \sum_{(j)} h_{2j} y_j = \sum_{(j)} a_j y_j,$$

$$H_3(t) = \sum_{(j)} h_{3j} y_j = \sum_{(j)} \frac{y_j}{n_j}.$$

Auch hier sind drei Hilfszahlen notwendig. Die Summierung zur Ermittlung von $H_3(t)$ kann aber durch eine entsprechende Gruppierung vereinfacht werden. Die Versicherungen werden in Gruppen gleicher Dauer gegliedert. Ist y_{ik} die Versicherungssumme für die k^{te} Versicherung der Gruppe mit der Versicherungsdauer n_i, dann gilt

$$H_3(t) = \sum_{(i)} \frac{1}{n_i} \sum_{(k)} y_{ik}.$$

Durch die weitere Gruppierung kann daher auf die Bildung der Hilfszahl $h_{3j} = \frac{1}{n_j}$ verzichtet werden und man findet mit den beiden Hilfszahlen $h_{1j} = 1$ und $h_{2j} = a_j$ das Auslangen. Φ kann schließlich auch so bestimmt werden, daß statt einem gewogenen Mittel der b_j ein Wert $\bar{b}$, errechnet aus einem durchschnittlichen Eintrittsalter $\bar{x}$ und einer durchschnittlichen Versicherungsdauer $\bar{n}$, gewählt wird. Diese Verfahren sind als Φ-Methode bekannt.

Eine der F-Methode analoge Approximation führt zur sogenannten φ-Methode. Die Reserve wird nicht wie in (2.3.51) durch den Ast einer gleichseitigen Hyperbel, sondern durch die Summe einer Geraden und einer gleichseitigen Hyperbel approximiert. Wir beschränken uns der Einfachheit halber auf ein einziges Intervall $(t_0, t_1) = (0, n)$:

$$_tV_{x,n} \sim t\frac{1-C}{n} + C\left(\frac{1}{n} - \varphi\right)\frac{t}{1-\varphi t}.$$

Für $0 \leqq \alpha \leqq n$ folgt daraus

$$C = \frac{1-\alpha\varphi}{\alpha\varphi(n-\alpha)}(\alpha - n\,{}_\alpha V_{x,n}).$$

φ soll nun so gewählt werden, daß für die Gruppe aller Versicherungen mit gleicher bisheriger Laufzeit t

$$_tV = \sum_{(x,n)} {}_tV_{x,n}\, y(x,n,t) \sim t\sum_{(j)} \frac{1-C_j}{n_j} y_j + \frac{t}{1-\varphi t}\sum_{(j)}\left(\frac{1}{n_j} - \varphi\right) C_j y_j$$

gesetzt werden kann. Der Index j bezieht sich auf die Nummer der einzelnen Versicherung. Nach ZWINGGI ist $\varphi = 0'002 + 0'4\,i$ zu setzen, wobei i die Zinsrate ist. Das Verfahren beruht also auf den Hilfszahlen

$$h_{1j} = \frac{1-C_j}{n_j},$$

$$h_{2j} = \left(\frac{1}{n_j} - \varphi\right) C_j$$

und es gilt

$$_tV \sim tH_1(t) + \frac{t}{1-\varphi t} H_2(t)$$

mit

$$H_1(t) = \sum_{(j)} h_{1j}\, y_j = \sum_{(j)} \frac{1-C_j}{n_j} y_j,$$

$$H_2(t) = \sum_{(j)} h_{2j}\, y_j = \sum_{(j)} \left(\frac{1}{n_j} - \varphi\right) C_j y_j.$$

In Analogie zur F-Methode kann dieses Verfahren durch die Bildung von Intervallen für die Approximation verbessert werden. In diesem Fall ist eine weitere Hilfszahl, entsprechend der Reserve $_{(0)}V_{x,n}$ am Beginn des jeweils in Betracht kommenden Intervalls zu bilden.

Sowohl die Φ-Methode als auch die φ-Methode geben Näherungswerte an und es ist leicht zu zeigen, daß die mit Hilfe der Methode der linearen Programme ermittelten Werte $\overline{V}$ und $\underline{V}$ ungleich sein müssen, da die Punkte $P_j = \left(\frac{h_{1j}}{v_j}, \frac{h_{2j}}{v_j}, \frac{h_{3j}}{v_j}\right)$ bzw. $P_j = \left(\frac{h_{1j}}{v_j}, \frac{h_{2j}}{v_j}\right)$ nicht in einer Ebene bzw. auf einer Geraden liegen.

In diesem Zusammenhang ist noch die ebenfalls von JECKLIN stammende n-Methode anzuführen. Der Gedanke, einen Durchschnittswert für den gesamten Versicherungsbestand einzuführen, wie er der Berechnung der Werte Φ und φ zugrunde liegt, führt zur folgenden einfachen Darstellung:

$$_tV = \sum_{(x,n)} {_tV_{x,n}}\, y(x, n, t) = {_tV_{\bar{x},\bar{n}}} \sum_{(x,n)} y(x, n, t)\,.$$

Die Reserve wird als Produkt aus der gesamten Versicherungssumme und einer Durchschnittsreserve errechnet, wobei die Durchschnittsreserve auf einem durchschnittlichen Eintrittsalter $\bar{x}$ und einer durchschnittlichen Versicherungsdauer $\bar{n}$ beruht. Das Durchschnittsalter $\bar{x}$ kann wie im Falle der z-Methode von LIDSTONE gemäß (2.3.32) unter Zugrundelegung der Hilfszahlen $h_{1j} = 1$, $h_{2j} = q_{x_j}$ nach der Formel

$$\bar{x} = \frac{H_2(t)}{H_1(t)}$$

mit

$$H_1(t) = \sum_{(j)} h_{1j}\, y_j = \sum_{(j)} y_j,$$

$$H_2(t) = \sum_{(j)} h_{2j}\, y_j = \sum_{(j)} q_{x_j}\, y_j$$

errechnet werden. Für die Berechnung der durchschnittlichen Versicherungsdauer $\bar{n}$ wird in Analogie zur Bestimmung des Wertes Φ das harmonische Mittel der n_j herangezogen. Mittels der Hilfszahlen $h_{3j} = \frac{1}{n_j}$ wird $\bar{n}$ nach der Formel

$$\bar{n} = \frac{H_1(t)}{H_3(t)}$$

mit

$$H_1(t) = \sum_{(j)} h_{1j}\, y_j = \sum_{(j)} y_j,\ H_3(t) = \sum_{(j)} h_{3j}\, y_j = \sum_{(j)} \frac{y_j}{n_j}$$

errechnet. Es ist leicht zu zeigen, daß auch in diesem Fall die Punkte $P_j = \left(\frac{h_{1j}}{v_j}, \frac{h_{2j}}{v_j}, \frac{h_{3j}}{v_j}\right)$ im allgemeinen nicht in einer Ebene liegen.

Von W. PÖTTKER stammt ein Verfahren, das mit Hilfe einer Reservedarstellung gemäß (2.3.2) bzw. (2.3.4) zur Ermittlung der Gesamtreserve für alle Versicherungen mit gleicher Laufzeit führt. Hierbei werden die Hilfszahlen $h_{1j} = 1$, $h_{2j} = h_2(x, n) = P_{x,n}$ und $h_{3j} = h_3(x, n) = nP_{x,n}$ verwendet. Zunächst wird durch

$$\bar{n}(t) = \frac{\sum\limits_{(x,n)} nP_{x,n}\, y(x, n, t)}{\sum\limits_{(x,n)} P_{x,n}\, y(x, n, t)} = \frac{\sum\limits_{(j)} h_{3j}\, y_j}{\sum\limits_{(j)} h_{2j}\, y_j} = \frac{H_3(t)}{H_2(t)}$$

eine durchschnittliche Versicherungsdauer errechnet. Weiter wird durch

$$\bar{P}(t) = \frac{\sum\limits_{(x,n)} P_{x,n}\, y(x, n, t)}{\sum\limits_{(x,n)} y(x, n, t)} = \frac{\sum\limits_{(j)} h_{2j}\, y_j}{\sum\limits_{(j)} h_{1j}\, y_j} = \frac{H_2(t)}{H_1(t)}$$

eine Durchschnittsprämie ermittelt und durch

$$P_{\bar{x},\bar{n}} = \bar{P}(t)$$

ein Durchschnittsalter $\bar{x}$. Nun wird die Gesamtreserve der Gruppe von Versicherungen mit gleicher Laufzeit entsprechend (2.3.4) durch

$$_tV = {}_tV_{\bar{x},\bar{n}}\, H_1(t)$$

abgeschätzt.

3.8 Eine andere Methode von W. Pöttker führt zu einer Approximation der Gesamtreserve, ohne daß eine Gruppierung des Versicherungsbestandes notwendig wäre. Als Hilfszahlen werden für jede Versicherung tatsächliche Reservewerte in bestimmten Zeitpunkten verwendet. Die Einzelreserven werden nun durch Interpolation der vorgegebenen Reservewerte in einer Weise dargestellt, die es gestattet, die Gesamtreserve durch Interpolation der Gesamtreserve in den ausgewählten einzelnen Zeitpunkten, bezogen auf den beobachteten Versicherungsbestand, zu gewinnen.

Auf der Makehamschen Formel beruht der Näherungswert (2.3.27), aus dem unschwer die folgende Darstellung gewonnen werden kann:

$$\begin{aligned} \mathrm{a}_{x+t,\,n-t} \sim a_1(x, n) + a_2(x, n)\left(\frac{1}{vs}\right)^t + \\ + a_3(x, n)\, c^t + a_4(x, n)\left(\frac{c}{vs}\right)^t. \end{aligned} \tag{2.3.57}$$

Hierbei bedeuten c und s die Konstanten der Formel von Gompertz—Makeham und v den Abzinsungsfaktor. Aus (2.3.23) folgt, daß dann auch die Reserve $_tV_{x,n}$ einer gemischten Versicherung näherungsweise durch die Formel

$$\begin{aligned} {}_tV_{x,n} \sim A_1(x, n) + A_2(x, n)\left(\frac{1}{vs}\right)^t + \\ + A_3(x, n)\, c^t + A_4(x, n)\left(\frac{c}{vs}\right)^t \end{aligned} \tag{2.3.58}$$

dargestellt werden kann. Es werden nun vier feste Zeitpunkte t_1, t_2, t_3 und t_4 gewählt. In diesen vier Zeitpunkten soll die Reserve der Versicherung mit dem Näherungswert (2.3.58) genau übereinstimmen. Damit sind vier Beziehungsgleichungen für die vier Größen $A_i(x, n)$, $i = 1, 2, 3, 4$, gegeben. Die Praxis zeigt, daß es ausreichend ist, die Zeitpunkte t_i in einem Abstand von je zehn Jahren festzusetzen. Die Berechnungsmethode kann daher über einen Zeitraum von rund 40 Jahren verwendet werden. Für diese Art der Berechnung sind vier Hilfszahlen für jede Versicherung notwendig, nämlich die Reserven in den Zeitpunkten t_i $(i = 1, 2, 3, 4)$. Es sei $V_{x,n}(t_i)$ die Reserve im Zeitpunkt t_i; dann muß

$$\begin{aligned} V_{x,n}(t_i) = {}_{\bar{t}_i}V_{x,n} = A_1(x, n) + A_2(x, n)\left(\frac{1}{vs}\right)^{\bar{t}_i} + \\ + A_3(x, n)\, c^{\bar{t}_i} + A_4(x, n)\left(\frac{c}{vs}\right)^{\bar{t}_i} \end{aligned} \tag{2.3.59}$$

für $i = 1, 2, 3, 4$ gelten, wobei $\bar{t}_i$ die im Zeitpunkt t_i bereits verflossene Laufzeit der betreffenden Versicherung bedeutet. (2.3.59) kann in der Form

$$V_{x,n}\,(t_i) = B_1\,(x, n) + B_2\,(x, n)\left(\frac{1}{vs}\right)^{t_i} + B_3\,(x, n)\,c^{t_i} + B_4\,(x, n)\left(\frac{c}{vs}\right)^{t_i} \tag{2.3.60}$$

und (2.3.58) in der Form

$$V_{x,n}\,(t) \sim B_1\,(x, n) + B_2\,(x, n)\left(\frac{1}{vs}\right)^{t} + B_3\,(x, n)\,c^{t} + B_4\,(x, n)\left(\frac{c}{vs}\right)^{t} \tag{2.3.61}$$

geschrieben werden. Setzt man

$$C = \begin{pmatrix} 1, \left(\frac{1}{vs}\right)^{t_1}, c^{t_1}, \left(\frac{c}{vs}\right)^{t_1} \\ 1, \left(\frac{1}{vs}\right)^{t_2}, c^{t_2}, \left(\frac{c}{vs}\right)^{t_2} \\ 1, \left(\frac{1}{vs}\right)^{t_3}, c^{t_3}, \left(\frac{c}{vs}\right)^{t_3} \\ 1, \left(\frac{1}{vs}\right)^{t_4}, c^{t_4}, \left(\frac{c}{vs}\right)^{t_4} \end{pmatrix},$$

$$\mathfrak{b} = [B_1\,(x, n),\ B_2\,(x, n),\ B_3\,(x, n),\ B_4\,(x, n)],$$

$$\mathfrak{c} = \left[1, \left(\frac{1}{vs}\right)^{t}, c^t, \left(\frac{c}{vs}\right)^{t}\right],$$

$$\mathfrak{v} = [V_{x,n}\,(t_1),\ V_{x,n}\,(t_2),\ V_{x,n}\,(t_3),\ V_{x,n}\,(t_4)]\,,$$

dann kann (2.3.60) in der Form

$$\mathfrak{v}' = C\,\mathfrak{b}'$$

und (2.3.61) in der Form

$$V_{x,n}\,(t) \sim \mathfrak{c}\mathfrak{b}'$$

geschrieben werden. Daraus folgt

$$\mathfrak{b}' \sim C^{-1}\,\mathfrak{v}'$$

und

$$V_{x,n}\,(t) \sim \mathfrak{c}\,C^{-1}\,\mathfrak{v}'\,.$$

Nun ist

$$\mathfrak{d} = (D_1, D_2, D_3, D_4) = \mathfrak{c}\,C^{-1}$$

von x und n unabhängig. Es gilt daher die folgende näherungsweise Darstellung:

$$\begin{aligned} V_{x,n}\,(t) \sim D_1\,(t)\,V_{x,n}\,(t_1) + D_2\,(t)\,V_{x,n}\,(t_2) + \\ + D_3\,(t)\,V_{x,n}\,(t_3) + D_4\,(t)\,V_{x,n}\,(t_4)\,. \end{aligned} \tag{2.3.62}$$

Für

$$h_i\,(x, n) = V_{x,n}\,(t_i),\ i = 1, 2, 3, 4$$

und

$$H_i\,(t) = \sum_{(x,n)} h_i\,(x, n)\,y\,(x, n, \bar{t_i}),\ i = 1, 2, 3, 4$$

gilt für die Gesamtreserve die Beziehung

$${}_tV = D_1\,(t)\,H_1\,(t) + D_2\,(t)\,H_2\,(t) + D_3\,(t)\,H_3\,(t) + D_4\,(t)\,H_4\,(t)\,.$$

Die Größen $D_i(t)$ $(i = 1, 2, 3, 4)$ sind nur von c, s, v und t abhängig. Die Punkte $P_j = \left(\frac{h_{1j}}{v_j}, \frac{h_{2j}}{v_j}, \frac{h_{3j}}{v_j}, \frac{h_{4j}}{v_j}\right)$ liegen, wie man sich leicht überzeugt, im allgemeinen in der Nähe der Hyperebene $\sum_{i=1}^{4} \alpha_i D_i(t) = 1$. Für $t = t_i$ $(i = 1, 2, 3, 4)$ liegen die Punkte genau in einer Hyperebene, da in diesem Fall in (2.3.62) das Gleichheitszeichen gilt.

Es kann der Fall eintreten, daß einzelne der Zeitpunkte t_i nicht in den Zeitraum der Versicherungsdauer fallen. Auch in diesem Fall müssen die vier Hilfszahlen formal errechnet werden, so daß sich gegebenenfalls Reservewerte größer als Eins oder sogar kleiner als Null ergeben können. Negative Hilfszahlen können vermieden werden, indem man zu jeder Hilfszahl eine genügend große Konstante addiert, also die Reserve vergrößert, und nach Abschluß der Berechnungen den Betrag der Überhöhung wieder abzieht.

Die eben beschriebene „Skalar-Methode" ist nicht nur für gemischte Versicherungen, sondern auch für andere Erlebens- und Todesfallversicherungen brauchbar.

3.9 Eine weitere Methode, die auf einer Interpolation der Reservefunktion zwischen fest vorgegebenen Reservewerten beruht, ist die K_0-Methode von J. Meier. Die Versicherungsdauer wird in Intervalle zu je 15 Jahren eingeteilt. Der Parameter τ bezeichne die jeweils im Intervall verflossene Zeit. Es sei $V_j(\tau)$ die Reserve der j^{ten} Versicherung im Zeitpunkt τ. $V_j(\tau)$ sei für $\tau = 0, 5, 10$ und 15 vorgegeben. Für die übrigen τ-Werte wird $V_j(\tau)$ nach der Formel

$$V_j(\tau) = V_j(0) + s_{\tau}\; P_{1j} + \tau\, P_{2j} \tag{2.3.63}$$

interpoliert. Hierbei bedeutet $s_{\tau} = \sum_{\nu=1}^{\tau} (1+i)^{\nu}$ den Endwert einer τ-jährigen gleichbleibenden Zeitrente. Die Zinsrate i wird bei dieser Methode nicht dem Bankzinsfuß entsprechend gewählt, sondern so hoch angenommen, daß die auf Grund der Werte $V_j(0)$, $V_j(5)$ und $V_j(10)$ errechneten Parameter P_{1j} und P_{2j} keine negativen Werte annehmen. Dies ist in der Praxis für $i \sim 6\%$ erfüllt.

Endet die Versicherung nicht vor dem Zeitpunkt $\tau = 10$, dann folgt aus (2.3.63)

$$P_{1j} = \frac{5\, V_j(10) - 10\, V_j(5) + 5\, V_j(0)}{5 s_{\overline{10|}} - 10 s_{\overline{5|}}},$$

$$P_{2j} = \frac{s_{\overline{10|}}\, V_j(5) - s_{\overline{5|}}\, V_j(10) - V_j(0)\,(s_{\overline{10|}} - s_{\overline{5|}})}{5 s_{\overline{10|}} - 10 s_{\overline{5|}}}.$$

Endet die Versicherung im Zeitpunkt τ_n mit $6 \leqq \tau_n < 10$, dann wird zwischen $V_j(5)$ in $\tau = 5$ und $V_j(\tau_n)$ in $\tau = \tau_n$ nach (2.3.63) interpoliert. Es folgt

$$P_{1j} = \frac{5\, V_j(\tau_n) - \tau_n\, V_j(5) + V_j(0)(\tau_n - 5)}{5 s_{\overline{\tau_n}|} - \tau_n\, s_{\overline{5}|}},$$

$$P_{2j} = \frac{s_{\overline{\tau_n}|}\, V_j(5) - s_{\overline{5}|}\, V_j(\tau_n) - V_j(0)(s_{\overline{\tau_n}|} - s_{\overline{5}|})}{5 s_{\overline{\tau_n}|} - \tau_n\, s_{\overline{5}|}}.$$

Endet die Versicherung im Zeitpunkt $\tau_n \leqq 5$, dann sei

$$V_j(\tau) = V_j(0) + P_{1j}\, s_{\overline{\tau}|}$$

mit

$$P_{1j} = \frac{V_j(\tau_n) - V_j(0)}{s_{\overline{\tau_n}|}}.$$

Dies entspricht der Gleichung (2.3.63) mit $P_{2j} = 0$. Die Größen P_{1j} und P_{2j} werden mit $V_j(0)$ als Hilfszahlen eingeführt. Für

$$h_{1j} = V_j(0),\ h_{2j} = P_{1j},\ h_{3j} = P_{2j}$$

beträgt die Gesamtreserve des Versicherungsbestandes

$$V(\tau) = \sum_{(j)} V_j(\tau)\, y_j = H_1(\tau) + s_{\overline{\tau}|}\, H_2(\tau) + \tau\, H_3(\tau) \qquad (2.3.64)$$

mit

$$H_1(\tau) = \sum_{(j)} h_{1j}\, y_j = \sum_{(j)} V_j(0)\, y_j,$$
$$H_2(\tau) = \sum_{(j)} h_{2j}\, y_j = \sum_{(j)} P_{1j}\, y_j,$$
$$H_3(\tau) = \sum_{(j)} h_{3j}\, y_j = \sum_{(j)} P_{2j}\, y_j.$$

Die Punkte $P_j = \left(\frac{h_{1j}}{v_j}, \frac{h_{2j}}{v_j}, \frac{h_{3j}}{v_j}\right)$ liegen im allgemeinen in der Nähe der Ebene

$$\frac{h_{1j}}{v_j} + s_{\overline{\tau}|}\frac{h_{2j}}{v_j} + \tau\frac{h_{3j}}{v_j} = 1.$$

Für $\tau = 0$, $\tau = 5$ und $\tau = 10$ liegen die Punkte genau in der Ebene.

Die bisherige Methode erfordert noch immer eine Gruppierung nach τ. Die Hilfszahlen lassen sich aber so ergänzen, daß auf diese Gruppierung verzichtet werden kann. Dazu wird ein genügend weit in der Zukunft, etwa im Jahre 2000, gelegener Zeitpunkt T gewählt. Bezeichnet K_j den Zeitraum vom Beginn des Intervalles bis T und k den Zeitraum vom Stichtag der Reservebildung bis T, dann gilt offenbar $K_j - k = \tau_j$, wobei τ_j hier den Wert τ für die j^{te} Versicherung bedeutet. Weiter gilt

$$s_{\overline{\tau_j}|} = s_{\overline{K_j}|}\, v^k - a_{\overline{k}|}.$$

Setzt man

$$h_{4j} = s_{\overline{K_j}|}\, P_{1j}, \qquad h_{5j} = K_j\, P_{2j},$$

dann gilt

$$s_{\overline{\tau_j}|}\, P_{1j} = h_{4j}\, v^k - a_{\overline{k}|}\, h_{2j}, \qquad \tau_j\, P_{2j} = h_{5j} - k h_{3j}.$$

Daraus folgt für die Gesamtreserve aus (2.3.64)

$$V = H_1 - a_{\overline{k}|}\, H_2 - k H_3 + v^k H_4 + H_5$$

mit

$$H_i = \sum_{(j)} h_{ij}\, y_j,\ i = 1, \ldots, 5,$$

wobei über alle Versicherungen ohne Rücksicht auf τ_j zu summieren ist, da k für alle Versicherungen den gleichen Wert hat. h_{1j} und h_{5j} können selbstverständlich in eine Hilfszahl $\bar{h}_{1j} = h_{1j} + h_{5j}$ zusammengefaßt werden.

Die Punkte $P_j = \left(\frac{\bar{h}_{1j}}{v_j}, \frac{h_{2j}}{v_j}, \frac{h_{3j}}{v_j}, \frac{h_{4j}}{v_j}\right)$ werden im allgemeinen nicht in einer Hyperebene liegen, da sich die Zeitintervalle für die einzelnen Versicherungen nicht decken. Es wird in jedem Jahr die Approximation (2.3.63) für einen Teil der Versicherungen, im Durchschnitt für etwa $\frac{1}{5}$, den genauen Wert liefern, für die übrigen aber nur einen Näherungswert.

3.10 Die folgende Zusammenstellung gibt eine Übersicht über die bei den verschiedenen Methoden verwendeten Gruppierungen und Hilfszahlen. Hierbei finden die folgenden Bezeichnungen Verwendung:

$$z = x + t,\ s = x + n,\ m = n - t,$$
$$V_0 = {}_{(0)}V_{x,\overline{n}|},\ V_1 = {}_{(t_1-t_0)}V_{x,\overline{n}|}\,.$$

Die Werte F, P_{1j} und P_{2j} sind in den Punkten 3.6 und 3.9 erklärt.

Methode	Gruppierungsmerkmale	Hilfszahlen
KARUP *retrospektiv*	x, t	$1, P_{x,\overline{n}\vert}$
KARUP *prospektiv*	z, s	$1, P_{x,\overline{n}\vert}$
ALTENBURGER	z	$1, P_{x,\overline{n}\vert}, (d + P_{x,\overline{n}\vert})\, N_{x+n}$
z-Methode	m	$1, \frac{1}{a_{x,\overline{n}\vert}}, c^z$
t-Methode, *Näherung*	t	$1, P_{x,\overline{n}\vert}, c^x$
genau	t	$1, P_{x,\overline{n}\vert}, c^x P_{x,\overline{n}\vert}$
Variation	t	$1, P_{x,\overline{n}\vert}, {}_{t_0}V_{x,\overline{n}\vert}$
n-Altermethode 1.	t	$1, x, x^2$
2.	t, s	$\frac{1}{n}, 1, n$
F-Methode	τ	$V_0, \frac{V_1 - V_0}{F(t_1 - t_0)}, \frac{F - 1}{F(t_1 - t_0)}$
Φ-Methode	t	$1, \frac{1}{Fn}, \frac{1}{n}$
φ-Methode	t	$\frac{1-C}{n}, \left(\frac{1}{n} - \varphi\right) C$
n-Methode	t	$1, q_x, \frac{1}{n}$
PÖTTKER 1.	t	$1, P_{x,\overline{n}\vert}, n\, P_{x,\overline{n}\vert}$
2.	—	${}_{t_1}V_{x,\overline{n}\vert}, {}_{t_2}V_{x,\overline{n}\vert}, {}_{t_3}V_{x,\overline{n}\vert}, {}_{t_4}V_{x,\overline{n}\vert}$
K_0-Methode	τ	$V_0\, P_{1j}, P_{2j}$.

Über die praktische Wirksamkeit der Verfahren kann eine Untersuchung von U. BAUMGARTNER [3] informieren, die sich auf einen Testbestand von 239 Versicherungen mit einer bisherigen Laufzeit von $t = 13$ Jahren bezieht. Mit der Methode der linearen Programme wurden die Extrema $\overline{V}$ und $\underline{V}$ sowie der Standardfehler ϱ errechnet. Außerdem konnte im Falle dieses Testbestandes die genaue Reserve V ermittelt und mit ihrer Hilfe der relative Fehler

$$\sigma = \frac{\overline{V} + \underline{V} - 2\,V}{2\,V},$$

also die relative Abweichung des arithmetischen Mittels der Extrema vom tatsächlichen Wert errechnet werden. Die folgende Tabelle informiert über die Ergebnisse, wobei die Extrema jeweils auf Grund einer einzigen Hilfszahl errechnet wurden:

Hilfszahl	ϱ	σ
	in Prozenten	
1	57'53	28'87
$P_{x,n}$	10'39	– 4'21
c^x	92'15	182'74
${}_5V_{x,n}$	2'93	– 1'46
${}_{15}V_{x,n}$	1'25	– 0'10
${}_{25}V_{x,n}$	14'83	– 6'18
${}_{35}V_{x,n}$	57'06	– 20'64

Erwartungsgemäß liefert die Hilfszahl ${}_{15}V_{x,n}$ die beste Näherung, da der Zeitpunkt $t = 13$ nahe an 15 liegt. Durch die Einbeziehung mehrerer Hilfszahlen kann die Genauigkeit natürlich wesentlich gesteigert werden. Die folgende Zusammenstellung gibt einen Überblick über den Standardfehler und den relativen Fehler, wenn mehrere der in der weiter oben angeführten Tabelle enthaltenen Hilfszahlen zugleich zur Abschätzung herangezogen werden.

Hilfszahlen	ϱ	σ
	in Prozenten	
1, $P_{x,n}$	7'02	–4'32
1, ${}_5V_{x,n}$	2'54	–1'51
1, ${}_{15}V_{x,n}$	0'89	0'03
$P_{x,n}$, ${}_{15}V_{x,n}$	0'56	–0'31
1, $P_{x,n}$, ${}_{15}V_{x,n}$	0'31	–0'12
1, $P_{x,n}$, c^x	1'07	–0'50
1, $P_{x,n}$, $c^x P_{x,n}$	1'79	–0'41
${}_5V_{x,n}$, ${}_{15}V_{x,n}$, ${}_{25}V_{x,n}$, ${}_{35}V_{x,n}$	0'06	–0'01

Während die Hilfszahl 1 für sich allein zu einem Standardfehler von $\varrho = 57'53\%$ führt und die Hilfszahl $P_{x,\overline{n}|}$ für sich allein zu $\varrho = 10'39\%$, führt die Kombination beider Hilfszahlen zu $\varrho = 7'02\%$. Wird zu diesen beiden Hilfszahlen noch die Hilfszahl c^x genommen, die für sich allein nur einen Standardfehler von 92'15% ergibt, dann wird der Standardfehler für die Kombination aller drei Hilfszahlen auf 1'07% verringert. Man sieht also deutlich, wie durch die Kombination mehrerer Hilfszahlen eine sukzessive Verbesserung des Näherungswertes erreicht werden kann.

Es zeigt sich, daß erwartungsgemäß die Methode mit vier Hilfszahlen, die Skalarmethode von W. Pöttker, die genauesten Resultate liefert. Hier spielt die Hilfszahl ${}_{15}V_{x,\overline{n}|}$ keine Sonderrolle, da auch die Reserven in $t = 5$, $t = 25$ und $t = 35$ einbezogen wurden.

3.11 Die Auswahl eines Schätzverfahrens für die Gesamtreserve eines Versicherungsbestandes führt auf eine Reihe von Problemen. Je mehr Hilfszahlen verwendet werden und je detaillierter die Gruppierungen vorgenommen werden, um so genauer ist das Resultat, um so geringer der Standardfehler. Andererseits verursachen eine größere Zahl von Gruppen und eine größere Zahl von Hilfszahlen administrative Mehraufwendungen und damit Mehrkosten. Für die Versicherungsgesellschaft erhebt sich nun die Frage, welcher Aufwand für die Ermittlung der Reserve noch gerechtfertigt erscheint und welche Schätzmethode unter Berücksichtigung der Kosten angewendet werden soll.

Dazu kommt ein zweites Problem. Die in diesem Kapitel angegebenen Methoden führen unter Verwendung von Hilfszahlen zu einem durch die Methode selbst eindeutig bestimmten Schätzwert, wie er etwa für die F-Methode von Jecklin in (2.3.53) angegeben ist. Ist dies aber tatsächlich der „beste" Schätzwert, der auf Grund der verfügbaren Hilfszahlen gewonnen werden kann? Ist nicht vielleicht das arithmetische oder das geometrische Mittel aus $\overline{V}$ und $\underline{V}$ ein besserer Schätzwert? Wann ist überhaupt ein Schätzwert „besser" als ein anderer? Im nächsten Kapitel werden wir diese Fragen genauer behandeln.

4. Optimale Schätzmethoden für die Reserve

4.1 Der Vorgang anläßlich einer Reserveschätzung kann etwa folgendermaßen beschrieben werden: Die Versicherungsgesellschaft sammelt zunächst Informationen über den Versicherungsbestand. Sie ist bereit, die Kosten für die Sammlung dieser Informationen zu tragen. Auf Grund der gesammelten Informationen wird ein Schätzwert für die Reserve nach einer bestimmten Regel gewählt. Die Versicherungsgesellschaft hat ein Interesse daran, die Reserve möglichst genau zu schätzen. Wenn die Gesellschaft bereit ist, Mittel für die Informationsgewinnung aufzuwenden, dann darf angenommen werden, daß ihr aus einer allfälligen

Fehlschätzung ein Verlust erwächst. Die zur Erlangung der Informationen notwendigen Mittel werden also aufgewendet, um den durch einen Schätzfehler entstehenden Schaden zu vermeiden oder möglichst klein zu halten.

Ein Beispiel für die Sammlung von Informationen ist etwa die Errechnung und der Vermerk von Hilfszahlen auf den Versicherungskarten, die Bildung der Summen $H_i = \sum_{(j)} h_{ij}\, y_j$ sowie die Errechnung des Schätzwertes für die Reserve aus diesen Summen. Wesentlich für die weiteren Untersuchungen ist es, die Kosten der Informationsgewinnung abzuschätzen. Diese Kosten sind von der Verwaltungsstruktur der Versicherungsgesellschaft abhängig. Es können daher nur schwer allgemeine Richtlinien angegeben werden. Hilfszahlen, wie etwa die Prämie, werden im allgemeinen in der Versicherungskarte aufscheinen, während andere Hilfszahlen, wie etwa ein Reservewert ${}_{t_0}V_{x.\overline{n}|}$, erst errechnet werden müssen. Mit steigender Zahl der Hilfszahlen nimmt auch der Rechenaufwand, der für die Bildung der Summen H_i notwendig wird, zu.

Der Aufwand, den die Sammlung der Informationen für die verschiedenen Methoden der Reserveberechnung erfordert, kann mehr oder weniger genau abgeschätzt werden. Wesentlich für seine Ermittlung sind die Durchschnittskosten für die Berechnung einer bestimmten Hilfszahl sowie die Kosten der Speicherung und der fallweisen Bildung von Summen. Schwieriger erscheint es, den Schaden abzuschätzen, der der Gesellschaft durch eine Fehlschätzung der Reserve erwächst. So einleuchtend es ist, daß eine Fehlschätzung einen Nachteil für die Gesellschaft bedeutet, so schwer ist es, diesen Nachteil durch einen Geldbetrag zu bewerten. Wird die Reserve zu hoch geschätzt, dann werden zu viel Mittel der Gesellschaft gebunden. Wird die Reserve zu niedrig geschätzt, dann kommt die Gesellschaft später in Zahlungsschwierigkeiten. So plausibel aber alle qualitativen Angaben über den Nachteil einer Fehlschätzung sind, so schwer ist es, quantitative Aussagen zu machen. Wir werden später sehen, daß es genügt, verhältnismäßig allgemeine Angaben betreffend die Kosten einer Fehlschätzung zu machen.

Der Versicherungsmathematiker einer Versicherungsgesellschaft hat die Aufgabe, sich für eine Methode der Reserveschätzung zu entscheiden. Er wird trachten, die „beste" Methode zu finden. Darunter ist sicher jene Methode zu verstehen, welche die geringsten Gesamtaufwendungen (Kosten der Informationsgewinnung zuzüglich Kosten einer Fehlschätzung) erfordert. Die Schwierigkeit liegt darin, daß zwar die Kosten der Informationsgewinnung a priori abgeschätzt werden können, nicht aber die Kosten einer Fehlschätzung, die erst im Nachhinein annähernd ermittelt werden können. Wäre die Verteilung der Kosten des Schätzfehlers bekannt, dann könnte als optimale Schätzmethode jene gewählt werden, für die der Erwartungswert der Gesamtkosten ein Minimum wird. Es kann jedoch a priori auch keine ausreichende Aussage über die Verteilung der Kosten des Schätzfehlers gemacht werden.

Die Situation des Versicherungsmathematikers ist ähnlich der Situation eines Spielers, der sich eine Strategie für die Spieldurchführung zurechtlegen muß und der sich durch einen zusätzlichen Einsatz zusätzliche Informationen über die Strategie seines Spielpartners beschaffen kann, die seinen Spielverlust — das Spiel ist zu seinen Ungunsten — verringern können. Man kann die Wahl des Schätzverfahrens als ein Spiel des Versicherungsmathematikers, der seine Strategie und damit das Schätzverfahren für die Reserve wählt, gegen die Natur, die dann die wahre Reserve festsetzt, beschreiben. Über je mehr Informationen der Versicherungsmathematiker verfügt, um so genauer wird er die von der Natur festgesetzte Reserve abschätzen können. Diese Parallelen zwischen dem Problem der Reserveschätzung und den Problemen der Spieltheorie gestatten es, die Frage nach der optimalen Methode der Reserveschätzung mit den Methoden der Spieltheorie zu behandeln.

4.2 Wir geben nun ein spieltheoretisches Modell für unser Problem an. Spieler 1, die Natur, wählt die wahre Reserve. Diese ist wegen ihrer Abhängigkeit von der Zeit praktisch ein zufälliger Prozeß, so daß wir annehmen können, Spieler 1 wählt r Parameterwerte $\omega_1, \ldots, \omega_r$, welche den zufälligen Prozeß $V(t)$ charakterisieren. Für die Praxis ist es ausreichend, wenn der zufällige Prozeß durch endlich viele Parameterwerte beschrieben wird. Die wahre Reserve $V(t)$ ist unter anderem vom künftigen Schadensverlauf abhängig und enthält jene Beträge, die notwendig sind, um die tatsächlichen künftigen Ausgaben unter Berücksichtigung der tatsächlichen zukünftigen Einnahmen zu decken. Wir wollen uns bei unseren Untersuchungen aber auf die technische Reserve beschränken, also auf jene Reserve, die auf Grund der Angaben über die einzelnen Versicherungsverträge des Versicherungsbestandes gemäß (2.3.1) genau errechnet werden kann. Wir wollen für den festen Zeitpunkt t, für den die Reserve $V(t)$ ermittelt werden soll, diese als Funktion der r Parameter betrachten: $V(t) = V(\omega_1, \ldots, \omega_r)$. Durch die Wahl von r Parameterwerten $\omega_1, \ldots, \omega_r$ bestimmt Spieler 1 die wahre Reserve V^*.

Spieler 2, der Versicherungsmathematiker, beschafft sich zunächst mit Hilfe einer Methode, die wir mit dem Buchstaben g_1 bezeichnen wollen, eine Information J über die Parameter $\omega_1, \ldots, \omega_r$. Diese Information ist natürlich selbst von den Parameterwerten abhängig und wir können $J = J(\omega_1, \ldots, \omega_r)$ setzen. Weiter wählt der Versicherungsmathematiker mit Hilfe einer Methode, die wir mit g_2 bezeichnen, einen Schätzwert W^*. Für die Wahl von W^* kommen nur jene Werte W in Betracht, die mit der Information J verträglich sind. Eine Strategie von

Spieler 2 besteht daher in der Wahl der beiden Methoden g_1 und g_2. Nach Beendigung des Spieles hat Spieler 2 die Kosten zu bezahlen, die sich aus den Kosten für die Methoden g_1 und g_2 sowie aus den Kosten, die durch die Fehlschätzung verursacht wurden, zusammensetzen.

Die Methode g_1 besteht z. B. in der Sammlung von Hilfszahlen, der Bildung von Summen und der Errechnung der Schranken $\overline{V}$ und $\underline{V}$. Die Information, die Spieler 2 über die Strategie von Spieler 1 hierdurch gewinnt, lautet: $\underline{V} \leqq V^* \leqq \overline{V}$. Sie besteht also in der Angabe eines Intervalls, aus dem die Natur den Wert der Reserve wählt.

Die Methode g_2 besteht nun in der Auswahl eines Schätzwertes W^*. Eine solche Methode ist etwa die Festsetzung von $W^* = V$ durch (2.3.54). Die sogenannte Auszahlungsfunktion, also der Betrag, den Spieler 2 nach Beendigung des Spieles insgesamt zu bezahlen hat, lautet:

$$A = A_I\,(g_1, g_2) + A_{II}\,(V, W)\,.$$

Darin bedeutet $A_I\,(g_1, g_2)$ den Aufwand zur Ermittlung der Information J und $A_{II}\,(V, W)$ die Kosten der Fehlschätzung, die dann entstehen, wenn die Natur den Reservewert V und der Versicherungsmathematiker den Reservewert W wählen. Wir wollen $A_{II}\,(V, W)$ als stetig in V und W annehmen.

Die Schwierigkeit bei der praktischen Behandlung dieses spieltheoretischen Problems liegt vor allem darin, daß $A_{II}\,(V, W)$ nur schwer für bestimmte Werte von V bzw. W betragsmäßig angegeben werden kann. Hingegen können allgemeinere Aussagen über $A_{II}\,(V, W)$, wie etwa ob die Funktion steigend oder fallend ist, leichter gemacht werden. Es erweist sich daher als zweckmäßig, das Problem dadurch zu vereinfachen, daß Schätzmethoden mit gleichen administrativen Kosten $A_I\,(g_1, g_2)$ in eine Gruppe zusammengefaßt werden und eine optimale Strategie jeweils für eine derartige Gruppe von Methoden gesucht wird. Da jede optimale Strategie von linearen Transformationen $\alpha + \beta A$ der Auszahlungsfunktion unabhängig ist, kann unter der Voraussetzung eines konstanten Werts für $A_I\,(g_1, g_2)$ der weiteren Behandlung des Problems die vereinfachte Auszahlungsfunktion

$$A = A_{II}\,(V, W) = A\,(V, W)$$

zugrunde gelegt werden.

Innerhalb der Gruppen gleicher Kosten $A_I\,(g_1, g_2)$ werden noch die verschiedenen Methoden der Informationsgewinnung g_1 unterschieden. Zu jeder dieser Methoden wird eine „beste“ Methode g_2 gefunden. Im weiteren werden diese „besten“ Methoden für die verschiedenen Methoden g_1 und für die verschiedenen Kostengruppen miteinander verglichen.

4.3 Wir wollen als nächstes zeigen, wie zu einer bestimmten Methode g_1 die beste Methode g_2 gefunden werden kann. Die Methode g_1 liefert

Informationen über die gesuchte Reserve. Die im vorangegangenen Kapitel behandelten Methoden beruhen auf der Zusammenstellung von Hilfszahlen, aus denen Summen gebildet werden. In Kapitel 2 haben wir dargelegt, wie mit Hilfe der Methode der linearen Programme auf Grund der Summen H_i und der trivialen „Information" $y_j \geqq 0$ Schranken $\overline{V}$ und $\underline{V}$ für die Reserve gefunden werden können. Die Bildung dieser Schranken erfordert auch gewisse Informationen über Einzelreserven v_j. So sind z. B. für den Fall einer einzigen Hilfszahl h_1 die Extrema der Ausdrücke $\frac{h_{1j}}{v_j}$ zu suchen. Da es sich hierbei immer um extrem gelegene Punkte $P_j = \left(\frac{h_{1j}}{v_j}, \ldots, \frac{h_{mj}}{v_j}\right)$ handelt, soll angenommen werden, daß Aussagen hierüber möglich sind und ein Bereich $(\underline{V}, \overline{V})$ mit Hilfe der in Kapitel 2 dargelegten Methoden errechnet werden kann.

Nun suchen wir die Methode g_2 für den optimalen Schätzwert W^*, den der Versicherungsmathematiker wählt. Offenbar wird $\underline{V} \leqq W^* \leqq \overline{V}$ gelten müssen, da die genaue Reserve V^* ebenfalls nur aus diesem Bereich stammen kann. Welche Strategie muß der Versicherungsmathematiker verfolgen? Allgemein kann gesagt werden, daß der Versicherungsmathematiker zwischen einer reinen Strategie, bestehend in der Auswahl eines festen Schätzwertes W^*, und einer gemischten Strategie, bestehend in der Auswahl mehrerer Schätzwerte W^* mit entsprechenden Wahrscheinlichkeiten, wählen kann. Zwar handelt es sich bei der Wahl des Schätzwertes um einen einmaligen Vorgang, so daß zunächst noch nicht von einer gemischten Strategie gesprochen werden kann, doch kann der Versicherungsmathematiker seinen Schätzwert W^* auf Grund eines Zufallsexperimentes wählen, das so geartet ist, daß die in Frage kommenden Schätzwerte mit den für die gemischte Strategie notwendigen Wahrscheinlichkeiten gewählt werden. Dazu kommt, daß sich die Wahl eines Schätzwertes für die Reserve naturgemäß periodisch wiederholt. Es ist also sicherlich gerechtfertigt, bei der Wahl der Strategie des Versicherungsmathematikers gemischte Strategien in die Betrachtungen einzubeziehen. Ebenso darf angenommen werden, daß der 1. Spieler, die Natur, die genaue Reserve auf Grund eines Zufallsmechanismus „auswählt", so daß auch hier die Möglichkeit einer gemischten Strategie besteht.

Die Frage nach der optimalen Strategie stellt sich hier in der selben Form, wie in Abschnitt I, Kapitel 1. Allgemein gesehen handelt es sich um die Lösung eines Zweipersonen-Nullsummenspiels. Die Lösung eines solchen Spiels wird von der Spieltheorie geliefert. Wir wollen hier das Problem nicht in seiner ganzen Allgemeinheit behandeln, sondern annehmen, daß die Auszahlungsfunktion $A(V, W)$ bestimmten einschränkenden Bedingungen genügt. Der Einfachheit halber setzen wir $A(V, W)$

für $V \neq W$ als stetig in V und W und zweimal nach V und W differenzierbar voraus.

Zunächst ist es sinnvoll anzunehmen, daß die Kosten eines Schätzfehlers mit zunehmendem Schätzfehler nicht fallen. Dies bedeutet:

$$\frac{\partial}{\partial V} A(V, W) \begin{cases} \geqq 0 \text{ für } V > W \\ \leqq 0 \text{ für } V < W \end{cases}, \quad \frac{\partial}{\partial W} A(V, W) \begin{cases} \geqq 0 \text{ für } V < W \\ \leqq 0 \text{ für } V > W \end{cases}. \tag{2.4.1}$$

Außerdem sei $A(V, V) = 0$ und $A(V, W)$ sei in W konvex, das heißt, es gelte

$$\frac{\partial^2}{\partial W^2} A(V, W) \geqq 0. \tag{2.4.2}$$

Für $V = v$, $W = w$ und $A(V, W) = a(v, w)$ geht (2.4.1) in (1.1.8) und (2.4.2) in (1.1.9) über. Wir können daher die in Abschnitt I, Kapitel 1 hergeleiteten Ergebnisse anwenden. In Abschnitt I, Punkt 1.5 haben wir die Gültigkeit der Beziehungen (1.1.10), (1.1.11) und (1.1.12) gezeigt. Auf die Auszahlungsfunktion $A(V, W)$ angewendet folgt aus diesen Beziehungen, daß die optimale Strategie des Versicherungsmathematikers in der Wahl des Schätzwertes W^* mit

$$A(\overline{V}, W^*) = A(\underline{V}, W^*) = A \tag{2.4.3}$$

besteht. Die Strategie W^* zu wählen, gibt dem Versicherungsmathematiker die Sicherheit, daß unabhängig von dem von der Natur gewählten Reservewert V die Kosten nicht größer als A werden. Ob diese Strategie auch optimal ist, kann erst gesagt werden, wenn man zeigt, daß es eine Strategie der Natur gibt, die unabhängig von der Wahl des Versicherungsmathematikers zu Kosten in der Höhe von mindestens A führt. Daß eine solche Strategie der Natur existiert, folgt aus (1.1.12). Wie aus (1.1.14) und (1.1.15) hervorgeht, ist die gemischte Strategie, bei der $\underline{V}$ mit der Wahrscheinlichkeit

$$\alpha = \frac{\dfrac{\partial A(\overline{V}, W^*)}{\partial W}}{\dfrac{\partial A(\overline{V}, W^*)}{\partial W} - \dfrac{\partial A(\underline{V}, W^*)}{\partial W}}$$

und $\overline{V}$ mit der Wahrscheinlichkeit $1 - \alpha$ gewählt wird, für die Natur optimal. Das heißt, bei einer solchen Strategie wird der Erwartungswert des Auszahlungsbetrages unabhängig vom „Gegenspiel" des Versicherungsmathematikers A nicht unterschreiten. Wenn auch der Natur kein Gewinnstreben zugerechnet werden kann, so ist doch die erwähnte Strategie der Natur möglich und der Versicherungsmathematiker kann kein besseres Ergebnis erwarten, als maximale Kosten, die mit Sicherheit A nicht übersteigen.

4.4 An einigen praktischen Beispielen erläutern wir die optimalen Strategien. Es ist plausibel anzunehmen, daß die Kosten, also die Auszahlungsfunktion $A(V, W)$, von der Differenz $V - W$ abhängen. Außerdem wollen wir eine Abhängigkeit von V, also von der Reserve, in der Weise annehmen, daß $A(V, W)$ in der Form

$$A(V, W) = \begin{cases} A_1 (V - W)^{a_1} V^{b_1} \text{ für } V \geqq W, \\ A_2 (W - V)^{a_2} V^{b_2} \text{ für } V \leqq W \end{cases} \tag{2.4.4}$$
$$A_1 \geqq 0, A_2 \geqq 0$$

dargestellt werden kann. Die Annahme unterschiedlicher Parameter für die beiden Fälle $V \geq W$ und $V \leq W$ erscheint deshalb gerechtfertigt, weil die Kosten einer Fehlschätzung für den Fall einer Unterschätzung offenbar anderer Natur sein werden als für den Fall einer Überschätzung.

Die Werte a_1, a_2, b_1 und b_2 können nicht beliebig gewählt werden. Es ist vielmehr darauf Bedacht zu nehmen, daß die Bedingungen (2.4.1) und (2.4.2) erfüllt sind, für welche wir optimale Strategien errechnet haben. Nun gilt

$$\frac{\partial A(V, W)}{\partial V} = \begin{cases} A_1 (V - W)^{a_1 - 1} V^{b_1} \left[a_1 + b_1 \left(1 - \frac{W}{V}\right)\right] \text{ für } V > W, \\ -A_2 (W - V)^{a_2 - 1} V^{b_2} \left[a_2 + b_2 \left(1 - \frac{W}{V}\right)\right] \text{ für } V < W, \end{cases}$$

$$\frac{\partial A(V, W)}{\partial W} = \begin{cases} -A_1 a_1 (V - W)^{a_1 - 1} V^{b_1} \text{ für } V > W, \\ A_2 a_2 (W - V)^{a_2 - 1} V^{b_2} \text{ für } V < W, \end{cases}$$

$$\frac{\partial^2 A(V, W)}{\partial W^2} = \begin{cases} A_1 a_1 (a_1 - 1) (V - W)^{a_1 - 2} V^{b_1} \text{ für } V > W, \\ A_2 a_2 (a_2 - 1) (W - V)^{a_2 - 2} V^{b_2} \text{ für } V < W. \end{cases}$$

Wir betrachten zunächst die Ableitungen nach W und erhalten wegen (2.4.2) die Bedingung

$$a_1 \geqq 1, a_2 \geqq 1 . \tag{2.4.5}$$

Aus den Ableitungen nach V folgt wegen (2.4.1)

$$b_1 \geqq \frac{-a_1 \overline{V}}{\overline{V} - \underline{V}}, \quad b_2 \leqq \frac{a_2 \underline{V}}{\overline{V} - \underline{V}}. \tag{2.4.6}$$

Eine Auszahlungsfunktion der Gestalt (2.4.4) erfüllt daher nur dann (2.4.1) und (2.4.2), wenn die Bedingungen (2.4.5) und (2.4.6) erfüllt sind.

Die optimale Strategie W^* für den Versicherungsmathematiker erhalten wir aus (2.4.3), also aus

$$A_1 (\overline{V} - W^*)^{a_1} \overline{V}^{b_1} = A_2 (W^* - \underline{V})^{a_2} \underline{V}^{b_2} = A . \tag{2.4.7}$$

Für $A_1 = 0$ bringt eine Abweichung der Schätzung nach unten keine Kosten mit sich, so daß erwartungsgemäß $W^* = \underline{V}$ gilt. Ebenso bedeutet $A_2 = 0$, daß eine Abweichung nach oben keine Kosten verursacht, woraus $W^* = \overline{V}$ folgt.

Den Fall $a_1 = a_2 = 1$, $b_1 = b_2 = 0$ haben wir schon in Abschnitt I, Kapitel 1, behandelt. Aus (2.4.7) erhalten wir hierfür

$$W^* = \frac{A_1 \overline{V} + A_2 \underline{V}}{A_1 + A_2},$$

also das gewogene Mittel der Extremwerte wie in (1.1.19). Wir wollen W^* noch für den allgemeineren Fall $a_1 = a_2 = a$ explizit angeben. Aus (2.4.7) folgt dann

$$W^* = \underline{V} + \frac{A_1^{\frac{1}{a}} (\overline{V} - \underline{V})}{A_1^{\frac{1}{a}} + A_2^{\frac{1}{a}} \dfrac{\underline{V}^{\frac{b_2}{a}}}{\overline{V}^{\frac{b_1}{a}}}} \tag{2.4.8}$$

Auf Grund dieser Formel läßt sich leicht zeigen, in welcher Weise W^*, also der optimale Schätzwert für den Versicherungsmathematiker, von den Parametern A_1, A_2, a, b_1 und b_2 abhängt.

Der Wert A des Spieles, also die für den Versicherungsmathematiker erreichbaren minimalen Kosten, beträgt wegen (2.4.7) für den Fall $a_1 = a_2 = 1$, $b_1 = b_2 = 0$ in Analogie zu (1.1.20)

$$A = \frac{A_1 A_2}{A_1 + A_2} (\overline{V} - \underline{V}) .$$

Für den Fall $a_1 = a_2 = a$ erhält man aus (2.4.7) und (2.4.8) nach kurzer Rechnung

$$A = A(\underline{V}, W^*) = \frac{A_1 A_2 (\overline{V} - \underline{V})^a}{\left(A_1^{\frac{1}{a}} \underline{V}^{-\frac{b_2}{a}} + A_2^{\frac{1}{a}} \underline{V}^{-\frac{b_1}{a}}\right)^a} .$$

4.5 Zusammenfassend kann die Methode der Gewinnung eines optimalen Schätzwertes für die Reserve folgendermaßen beschrieben werden: Man untersucht zunächst die in Frage stehenden Methoden g_1 zur Gewinnung von Schranken $\underline{V}$ und $\overline{V}$ für die Reserve. Diese Schranken können mit der Methode der linearen Programme gefunden werden. Zu jeder Methode g_1 wird auf Grund der spieltheoretischen Überlegungen ein bester Schätzwert W^* mit Hilfe einer Methode g_2 gefunden. Dieser Schätzwert entspricht einem Wert des Spieles A^*. Zu jeder Methode g_1 wird also ein Wert des Spieles $A^*(g_1)$ gefunden, der die minimalen Kosten bedeutet, die dem Versicherungsmathematiker durch die zu erwartende Fehlschätzung erwachsen. Die Gesamtkosten, die sich aus den Kosten $A_I(g_1, g_2)$ für die Schätzung und den Kosten $A_{II}(V, W)$ des Schätzfehlers zusammensetzen, können durch $A^{**}(g_1)$ dargestellt werden. Nun sucht man das Minimum

$$\min_{(g_1)} A^{**}(g_1)$$

über alle Methoden g_1. Die so erhaltene Methode g_1^* ist im Sinne unserer Überlegungen optimal. Praktisch können als Methode g_1 die Sammlung und Auswertung von Hilfszahlen angesehen werden, wie sie in Kapitel 3 beschrieben worden sind.

Bei der Anwendung der hier dargelegten Methoden muß man sich darüber im klaren sein, daß die Kostenfunktion $A\ (V,\ W)$ nur annähernd bestimmt werden kann und daß außer den Schranken $\overline{V}$ und $\underline{V}$ keine Informationen über das Verhalten der Natur zugrunde gelegt werden. Bei den in Kapitel 3 behandelten Näherungsverfahren wird der Schätzwert für die Reserve nicht nach den Grundsätzen von Kapitel 4, also im Sinne minimaler Maximalkosten, sondern nach anderen Grundsätzen der Reserveapproximation gefunden. Die in Kapitel 3 angegebenen Schätzwerte werden dann den Schätzwerten nach Kapitel 4 vorzuziehen sein, wenn die zur Verfügung stehenden Hilfszahlen keinen genügend engen Bereich $(\underline{V},\ \overline{V})$ ergeben. Die Ermittlung des Schätzwertes durch spieltheoretische Überlegungen auf Grund der minimalen Maximalkosten ist um so wirksamer, je kleiner der Bereich $(\underline{V},\ \overline{V})$ ist.

Es muß in diesem Zusammenhang nochmals darauf hingewiesen werden, daß die ganze Frage der „optimalen" Methode in Kapitel 4 immer im spieltheoretischen Sinne behandelt wurde. Nicht der Erwartungswert der Gesamtkosten wird zu einem Minimum gemacht. Dies wäre nur möglich, wenn die Verteilung der Gesamtkosten, die als zufällige Variable aufgefaßt werden können, bekannt ist. Da aber keine Informationen über diese Verteilung vorausgesetzt werden können, wird in Kapitel 4 jene Methode als optimal eingeführt, für welche das Maximum der Gesamtkosten ein Minimum wird.

III. Zinsfuß und Bonus

1. Zinsen und Investitionen

1.1 Die klassische Versicherungsmathematik beruht auf bestimmten eindeutigen Versicherungsgrundlagen, wie z. B. die Sterbetafel und die Zinsrate. Insbesondere die Zinsrate wird so wie in der Finanzmathematik im allgemeinen konstant, immer aber eindeutig angenommen. Nun ist die Zinsrate nicht nur von der Art der für eine Kreditgewährung gebotenen Sicherstellung oder etwa von der Länge eines Rückversicherungszeitraumes abhängig. Eine Reihe von nicht immer leicht vorhersehbaren wirtschaftlichen Ursachen kann die Zinsrate beeinflussen. Die Annahme, daß die Zinsrate einen längeren Zeitraum hindurch unverändert bleibt, wird daher nur in Sonderfällen zutreffen. Im allgemeinen wird damit zu rechnen sein, daß sich die Zinsrate mit der Zeit ändert.

Ein naheliegender Weg, den Schwierigkeiten, die eine variable Zinsrate für die versicherungsmathematischen Berechnungen mit sich bringt, aus dem Wege zu gehen, liegt darin, mit einer durchschnittlichen Zinsrate zu arbeiten, die „aller Wahrscheinlichkeit nach" im Durchschnitt des in Rede stehenden Zeitraumes gelten wird. Die Abschätzung einer derartigen durchschnittlichen Zinsrate kann jedoch auf Schwierigkeiten stoßen. Dies wird insbesondere dann der Fall sein, wenn man annimmt, der Markt bietet immer dann, wenn die Versicherungsgesellschaft Kredit aufnehmen muß, eine hohe Zinsrate, wenn die Versicherungsgesellschaft aber einen Kredit gewähren will, eine niedrige Zinsrate. Dies kann an einem einfachen Beispiel gezeigt werden.

Die Versicherungsgesellschaft verfüge im Zeitpunkt 0 über ein Kapital $\frac{1}{1'03}$ und habe im Zeitpunkt 1 eine Schuld von 2 zu zahlen. Der Markt bringe ihr im ersten Jahr 3% Zinsen, so daß sie im Zeitpunkt 1 über ein aufgezinstes Kapital von 1 verfügt. Weiter kann die Gesellschaft im Zeitpunkt 2 mit Einnahmen in der Höhe von $1'05$ rechnen und es sei ihr möglich, sich im Zeitpunkt 1 das fehlende Kapital 1 zu einer Zinsrate von 5% zu beschaffen. Die zu erwartenden Einnahmen im Zeitpunkt 2 reichen dann gerade aus, das im Zeitpunkt 1 noch fehlende Kapital in der Höhe von 1 zu decken. Das aufgezinste Kapital, das im Zeitpunkt 0 in der Höhe von $\frac{1}{1'03}$ zur Verfügung steht, reicht daher zusammen mit den diskontierten Einnahmen in der Höhe von $1'05$ im Zeitpunkt 2 gerade aus, um die Zahlungsverpflichtung in der Höhe von 2 im Zeitpunkt 1 zu erfüllen.

Eine durchschnittliche Zinsrate läßt sich nicht berechnen. Diskontiert man alle Zahlungen auf den Zeitpunkt 0, dann gilt für $v = \frac{1}{1+i}$

$$\frac{1}{1'03} + 1'05\, v^2 = 2\, v$$

und daraus folgt

$$\frac{(1+i)^2}{1'03} + 1'05 = 2 + 2\, i$$

mit

$$i = 0'03 \pm \sqrt{-0'0206}\,.$$

Es gibt daher in diesem Falle keine reelle durchschnittliche Zinsrate. Dieses zunächst paradox erscheinende Ergebnis findet leicht seine Erklärung darin, daß eine Durchschnittsbildung zwischen den beiden Zinsraten von 3% und 5% für die Gesellschaft nur günstiger sein könnte, da sie die von ihr zu bezahlende Zinsrate nur verkleinern, die von ihr erhaltene Zinsrate aber nur vergrößern kann. Die beiden Zinsraten. können daher nie durch eine durchschnittliche Zinsrate ersetzt werden

Es zeigt sich also, daß die im zeitlichen Verlauf zu erwartenden Veränderungen der Zinsrate nicht in allen Fällen durch die Angabe einer durchschnittlichen Zinsrate beschrieben werden können.

1.2 Wie man sieht, ist es notwendig, die klassischen Methoden der Finanzmathematik, die auf der Annahme einer festen oder einer durchschnittlichen Zinsrate beruhen, so zu erweitern, daß sie zur Beschreibung einer zeitlich veränderlichen Zinsrate ausreichen. Da Angaben über die voraussichtliche Verzinsung praktisch nur mit einer mehr oder weniger großen Wahrscheinlichkeit gemacht werden können, also fehlerbehaftet sind, erweist sich der Prozeß einer Kapitalverzinsung als zufälliger Prozeß. Da – zumindest theoretisch – eine kontinuierliche Mannigfaltigkeit von Zinsraten möglich ist, kann jede tatsächliche Entwicklung der Zinsrate mit einer Wahrscheinlichkeitsdichte belegt werden. Sind nur abzählbar viele Entwicklungsreihen der Zinsrate möglich, dann kann jeder dieser Entwicklungsreihen eine Wahrscheinlichkeit zugeordnet werden.

Eine Versicherungsgesellschaft wird ihre Finanzpolitik von der voraussichtlichen Entwicklung der Zinsrate abhängig machen. Die Frage etwa, zu welchem Zeitpunkt welche Kapitalinvestitionen gemacht werden sollen, wird im Hinblick auf die zu erwartende zukünftige Entwicklung zu entscheiden sein. Die hierbei für die Versicherungsgesellschaft auftretenden Probleme sind so geartet, daß sie mit Hilfe der Methoden der Spieltheorie beschrieben werden können. Der eine Spielpartner ist der Versicherungsmathematiker der Versicherungsgesellschaft, der einen Finanzplan unter Berücksichtigung der zukünftigen

Entwicklung der Zinsrate aufzustellen hat. Der zweite Spielpartner ist, wie wir annehmen wollen, die Natur, die die tatsächliche Entwicklung der Zinsrate bestimmt. Der Versicherungsmathematiker wird hier als erster Spieler, die Natur als zweiter Spieler eingeführt, da die Auszahlungsfunktion eines Spieles den vom zweiten Spieler an den ersten Spieler zu zahlenden Betrag angibt. Da im weiteren als Auszahlungsfunktion der Kapitalsertrag auf Grund der Kapitalinvestitionen eingeführt werden soll, muß der Versicherungsmathematiker, der an einem hohen Kapitalsertrag interessiert ist, als erster Spieler eingeführt werden. Die Verhältnisse liegen dann, wenn der Auszahlungsbetrag des Spieles Kosten oder Verluste bedeutet, gerade umgekehrt.

Der Auszahlungsbetrag des Spieles ist vorläufig noch unbestimmt. Es ist naheliegend, daran zu denken, als Auszahlungsbetrag den tatsächlichen Zinsenertrag während eines bestimmten Zeitraumes anzunehmen. Dies wird insbesondere dann sinnvoll sein, wenn es sich um ein reines Investitionsproblem handelt, etwa der Art, welche von zwei Investitionsmöglichkeiten für ein bestimmtes Kapital gewählt werden soll, wenn für beide Möglichkeiten verschiedene Kapitalserträge mit bestimmten Wahrscheinlichkeiten auftreten können. Als Ergebnis des Spieles wird der Zinsenertrag als Auszahlungsbetrag vom zweiten Spieler, der Natur, an den ersten Spieler, den Versicherungsmathematiker bzw. die Versicherungsgesellschaft, gezahlt.

Nicht immer können die Verhältnisse so einfach beschrieben werden. Investitionen, die Kapitalbindungen über längere Zeiträume hinweg vorsehen, führen zu Zinsenerträgnissen, die sich über längere Zeiträume erstrecken und hier kann die zeitliche Lagerung der Zinsenzahlungen wesentlich sein für die Beurteilung der Zweckmäßigkeit einer Investition. Im Zusammenhang mit dem Finanzplan einer Versicherungsgesellschaft gewinnt die Frage nach der zeitlichen Lagerung der Zinsenerträgnisse auch dadurch große Bedeutung, daß die Dividendenpolitik der Gesellschaft, die Möglichkeit der Zahlung eines Bonus usw. wesentlich davon abhängig ist, in welchem Zeitpunkt Kapitalserträgnisse zur Verfügung stehen. Der Zinsenertrag allein wird daher nicht mehr als Maß für die Güte und Zweckmäßigkeit einer Investition herangezogen werden können. Damit ist er aber auch als Auszahlungsbetrag für das Spiel nicht mehr geeignet. Der Auszahlungsbetrag des Spieles soll ja um so größer sein, je günstiger das Spielergebnis für den ersten Spieler ist. Es wird daher notwendig sein, eine Größe als Auszahlungsbetrag einzuführen, die als Maß dafür angesehen werden kann, inwieweit das Spielergebnis für den ersten Spieler günstig ist.

Wir wollen im nächsten Punkt ein Entscheidungsproblem für den einfachen Fall behandeln, daß zwei verschiedene Möglichkeiten für die Investition eines Kapitals auf die Dauer eines Jahres bestehen und daß für jede der beiden Möglichkeiten drei verschiedene Marktsituationen mit vorgegebener Wahrscheinlichkeit eintreten können. Unter Marktsituationen verstehen wir hierbei die den Kapitalmarkt bestimmenden Bedingungen bezüglich Zinsenerträgnis, Kursveränderungen usw.

1.3 Es ist eine Entscheidung darüber zu treffen, in welcher Weise ein Kapital investiert werden soll[1]. Die Lage des Kapitalmarktes soll hierbei für ein Jahr genau bekannt sein, das heißt, Zinsenertrag, Dividendenauszahlung usw. sollen für ein Jahr festgelegt sein. Nach einem Jahr kann sich die Marktsituation ändern, wobei der Einfachheit halber mit drei verschiedenen Möglichkeiten gerechnet werden soll.

Für die Anlage des Kapitals sollen mündelsichere Anleihestücke in Betracht kommen, die sich im ersten Jahr mit $3^1/_2\%$ verzinsen und eine Laufzeit von sechs Jahren haben. Dies entspreche gerade der gegenwärtigen Marktsituation. Weiter sei eine Kapitalanlage in Pfandbriefen möglich, welche eine Dividende von 5% abwerfen. In beiden Fällen seien die Stücke zum Nominalkurs erhältlich.

Nach Ablauf eines Jahres kann sich die Marktsituation geändert haben, und zwar soll einer der drei folgenden Fälle eintreten können:

(1) Mündelsichere Anleihestücke verzinsen sich mit $3^1/_2\%$. Pfandbriefe der zur Verfügung stehenden Art bringen eine Dividende von 5%, während der Pfandbriefmarkt auch allgemein einen Ertrag von 5% bietet.

(2) Mündelsichere Anleihestücke verzinsen sich mit 5%. Pfandbriefe der zur Verfügung stehenden Art bringen eine Dividende von $6^1/_2\%$, während der Pfandbriefmarkt allgemein einen Ertrag von 6% bietet.

(3) Mündelsichere Anleihestücke verzinsen sich mit $2^1/_2\%$, Pfandbriefe der zur Verfügung stehenden Art bringen eine Dividende von 4%, während der Pfandbriefmarkt allgemein einen Ertrag von $4^1/_8\%$ bietet.

Wie man sieht, bedeutet die Marktsituation (1), daß gegenüber dem Zeitpunkt der Investition keine Änderung eingetreten ist. In (2) wird von den mündelsicheren Anleihen eine höhere Verzinsung, nämlich 5%, erwartet, als die zur Verfügung stehende Anleihe bietet. Der Kurswert dieser Anleihe wird daher fallen. Die Pfandbriefe hingegen bringen eine Dividende von $6^1/_2\%$, also mehr als im ersten Jahr. Dieser Dividendenanstieg steht offenbar im Zusammenhang mit der allgemeinen Ertragserhöhung am Pfandbriefmarkt von 5% auf 6%. Da die zur Verfügung stehenden Pfandbriefe aber auch eine höhere Dividende abwerfen als der allgemeine Pfandbriefmarkt erwartet, wird ihr Kurswert steigen. Im Fall (3) schließlich geht der Zinsenertrag der mündelsicheren Anleihen auf $2^1/_2\%$, der Ertrag des Pfandbriefmarktes auf $4^1/_8\%$ zurück. Die mündelsichere Anleihe mit der Verzinsung von $3^1/_2\%$ wird daher im

[1] Das vorliegende Beispiel ist nach S. BENJAMIN [5] ausgewählt.

Kurswert steigen. Hingegen erleidet der Kurswert der zur Verfügung stehenden Pfandbriefe einen Rückgang, da sie in Hinkunft nur 4% statt der vom Markt erwarteten $4^1/_8$% Dividende abwerfen.

Als Auszahlungsfunktion kann nun der gesamte Ertrag der Kapitalinvestition im Laufe des Jahres angesehen werden. Dieser Ertrag setzt sich aus den Zinsen bzw. den Dividendenzahlungen und aus dem Kursgewinn, also aus der Wertvermehrung der Wertpapiere, zusammen. Als Maß für die Höhe des Ertrages kann der Gesamtertrag je Einheit des investierten Kapitals gewählt werden. Bezeichnen wir mit P_0 den Einkaufspreis für ein Wertpapier, mit P_1 den Preis für dieses Wertpapier am Ende des ersten Jahres und mit d den Zinsen- bzw. Dividendenertrag im Laufe des Jahres, dann kann der Gewinn durch die Meßzahl

$$g = \frac{P_1 - P_0 + d}{P_0}$$

ausgedrückt und als Maß für die „Güte" der Investition eingeführt werden. Wählt man g als Auszahlungsfunktion des Spieles, dann führen günstige Kapitalinvestitionen zu einem hohen Gewinn g und damit zu einem hohen Auszahlungsbetrag für den ersten Spieler, wie wir dies für unser Spiel gefordert haben.

Als nächstes wollen wir den Auszahlungsbetrag für die drei möglichen Marktsituationen und für jede der beiden Investitionsmöglichkeiten ermitteln. Für die Marktsituation (1) ist der durch eine Investition in mündelsicheren Anleihen erhaltene Gewinn g_{11} durch die Zinsen in der Höhe von 3'5% gegeben. Ein Anleihestück mit dem Einkaufspreis 100 bringt Zinsen in der Höhe von 3'5. Da auch weiterhin von mündelsicheren Anleihen ein Zinsenertrag von 3'5% erwartet wird, ändert sich der Kurswert der Anleihe nicht, das heißt, es ist $P_1 = 100$ und es gilt

$$g_{11} = \frac{3'5}{100}.$$

Auch die Pfandbriefe werfen im weiteren die vorgesehene Dividende von 5% ab, wie dies der Marktsituation entspricht, so daß keine Kursveränderung eintritt und $P_1 = 100$ gilt. Der bei einer Investition in Pfandbriefen erhaltene Gewinn beträgt daher in diesem Fall

$$g_{21} = \frac{5}{100}.$$

Für die Marktsituation (2) treten Kursänderungen ein. Mündelsichere Anleihestücke verzinsen sich im allgemeinen mit 5%. Die vorliegende Anleihe, für welche nur eine Verzinsung von 3'5% vorgesehen ist, ist daher ungünstiger als die auf dem Markt befindlichen Anleihen, so daß sie einen Kursverlust erleidet. Der Wert der Anleihe mit einer nach Ablauf des ersten Jahres verbleibenden Laufzeit von fünf Jahren ist bei einer Verzinsung von 5% für ein Stück mit dem Einkaufspreis $P_0 = 100$ durch

$$P_1 = 3'5\, a_{\overline{5}|}\,(5\%) + 100\, v^5\,(5\%) \sim 93'5$$

gegeben. Zusammen mit dem Zinsenertrag von 3'5% bedeutet dies einen Gewinn von

$$g_{12} = \frac{-3}{100},$$

also einen Verlust von 3%.

Auch die Pfandbriefe erleiden eine Kursänderung. Da der Markt von Pfandbriefen einen Ertrag von 6% erwartet, die in Frage stehenden Pfandbriefe aber eine Dividende von $6^1/_2\%$ bringen, beträgt der Wert eines Stückes mit dem Einkaufspreis $P_0 = 100$ nach Ablauf des Jahres

$$P_1 = 100\,\frac{6'5}{6} \sim 108'3\,.$$

Zusammen mit der Dividende von 5% ergibt sich ein Gewinn von

$$g_{22} = \frac{13'3}{100}\,.$$

Die Marktsituation (3) schließlich verändert den Preis $P_0 = 100$ für die mündelsichere Anleihe auf

$$P_1 = 3'5\, a_{\overline{5}|}\,(2'5\%) + 100\, v^5\,(2'5\%) \sim 104'5\,.$$

Der Gewinn beträgt in diesem Fall unter Berücksichtigung des Zinsenertrages von $3^1/_2\%$

$$g_{13} = \frac{8}{100}\,.$$

Der Preis für Pfandbriefe mit $P_0 = 100$ beträgt nach einem Jahr auf Grund der Dividende von 4% und des auf dem Markt im allgemeinen erwarteten Ertrages von $4^1/_8\%$

$$P_1 = 100\,\frac{4}{4^1/_8} \sim 97\,.$$

Dies entspricht einem Kursverlust von 3%. Unter Berücksichtigung der Dividende von 5% beträgt der Gewinn in diesem Fall

$$g_{23} = \frac{2}{100}\,.$$

1.4 In der Terminologie der Spieltheorie kann das Ergebnis der vom ersten Spieler gewählten Investition, mündelsichere Anleihen zu $3^1/_2\%$ Verzinsung oder Pfandbriefe zu 5% Dividende im ersten Jahr, je nach der vom zweiten Spieler, der Natur, gewählten Marktsituation in Form eines Gewinnes g_{ij} ($i = 1, 2, j = 1, 2, 3$) ausgedrückt werden, wobei auch ein negativer Gewinn, entsprechend einem Verlust, zugelassen ist. Bezeichnen wir die Investition in mündelsicheren Anleihen mit I_1, die

Investition in Pfandbriefen mit I_2 und die drei Möglichkeiten für die Marktsituation nach einem Jahr mit M_1, M_2 und M_3 nach der in Punkt 1.3 angegebenen Reihenfolge, dann können die möglichen Auszahlungsbeträge des Spieles, also die möglichen Gewinne, folgendermaßen in Form einer Matrix angeordnet werden:

Spieler 2

		M_1	M_2	M_3
Spieler 1	I_1	g_{11}	g_{12}	g_{13}
	I_2	g_{21}	g_{22}	g_{23}

Die Aufgabe des ersten Spielers ist es nun, die „beste" Wahl für seine Investition zu treffen. Da die Regel, nach der der erste Spieler eine solche Wahl trifft, in der Spieltheorie als Strategie bezeichnet wird, ist die beste Strategie für den ersten Spieler gesucht.

Der erste Spieler ist daran interessiert, einen möglichst großen Gewinn zu erreichen, also den Auszahlungsbetrag zu einem Maximum zu machen. In der Spieltheorie wird im allgemeinen davon ausgegangen, daß der zweite Spieler im Gegensatz hierzu daran interessiert ist, den Auszahlungsbetrag möglichst klein zu halten, ihn also zu einem Minimum zu machen. Diese Voraussetzung trifft nun für den hier in Betracht gezogenen zweiten Spieler, die Natur, wohl nicht zu. Trotzdem können die Ergebnisse der Spieltheorie auch auf das vorliegende Problem sinnvoll angewendet werden. Wenn die optimale Strategie dem ersten Spieler eine gewisse Sicherheit gegenüber einem Gegenspiel eines nach Gewinn strebenden zweiten Spielers bietet, dann wird der erste Spieler diese Sicherheit um so mehr erhalten, wenn er die optimale Strategie gegen einen neutralen, von Zufallsmechanismen gesteuerten zweiten Spieler anwendet.

Beide Spieler können entweder reine Strategien spielen, das heißt, eine bestimmte Zeile bzw. Spalte der Matrix wählen, oder gemischte Strategien, das heißt, mehrere Zeilen bzw. Spalten der Matrix, und zwar jede mit einer bestimmten Wahrscheinlichkeit, auswählen. Wählt etwa der erste Spieler die Zeile 1, investiert er also das Kapital zur Gänze in mündelsicheren Anleihen, dann sagt man, er spielt eine reine Strategie. Das gleiche gilt, wenn er das Kapital zur Gänze in Pfandbriefen anlegt, also die zweite Zeile wählt. Wählt der erste Spieler hingegen die beiden Investitionsmöglichkeiten mit einer bestimmten Wahrscheinlichkeit, dann spricht man von einer gemischten Strategie. Die Wahl von I_1 bzw. I_2 durch den ersten Spieler im Sinne einer gemischten Strategie kann auf verschiedene Art und Weise erfolgen. Der erste Spieler kann etwa die Wahl der Investition I_1 bzw. I_2 vom Ergebnis eines Zufallsexperimentes abhängig machen, wobei das Experiment so geartet ist, daß I_1 mit der Wahrscheinlichkeit p und I_2 mit der Wahrscheinlichkeit $1 - p$ gewählt wird. Der erste Spieler kann aber auch einen Teil p seines Kapitals nach I_1 und einen Teil $1 - p$ seines Kapitals nach I_2 investieren. In beiden Fällen entspricht die so vorgenommene Wahl der Investition einer gemischten Strategie, da nach einer genügend großen Zahl von Wiederholungen der Teil p des gesamten Kapitals nach I_1 und der Teil $1 - p$ des gesamten Kapitals nach I_2 investiert wird. Für den zweiten Spieler haben wir bereits festgestellt, daß bei ihm von einem Gewinnstreben nicht gesprochen werden kann. Dieser Spieler scheint auch in bezug auf die Wahl seiner Strategien eingeschränkt, da für ihn nicht vorausgesetzt werden kann, daß etwa für einen Teil der Investitionen die Marktsituation M_1 und für einen anderen Teil die Marktsituation M_2 resultiert. Trotzdem kann aber auch der Spieler 2 eine gemischte Strategie spielen, da die Marktsituation als Ergebnis eines zufälligen Prozesses angesehen werden kann.

1.5 In Abschnitt I, Kapitel 1 haben wir einige Ergebnisse der Spieltheorie, wie sie für die Behandlung des vorliegenden Problems herangezogen werden können, angegeben. An die Stelle der dort verwendeten Werte der Auszahlungsfunktion a_{ij} treten im vorliegenden Problem die Gewinne g_{ij}. Wir können nun die in Abschnitt I, Kapitel 1 angegebenen Methoden zur Ermittlung des Wertes des Spieles heranziehen. Zugleich mit dem Wert des Spieles erhalten wir die optimale Strategie für den Versicherungsmathematiker.

Aus der Matrix der Auszahlungsfunktion, die in unserem Fall die Gestalt

$$\begin{pmatrix} g_{11} & g_{12} & g_{13} \\ g_{21} & g_{22} & g_{23} \end{pmatrix} = \begin{pmatrix} \frac{3'5}{100}, & \frac{-3}{100}, & \frac{8}{100} \\ \frac{5}{100}, & \frac{13'3}{100}, & \frac{2}{100} \end{pmatrix} \tag{3.1.1}$$

hat, ist sofort zu sehen, daß die optimalen Strategien nicht für beide Spieler reine Strategien sein können. Es gilt nämlich

$$\max_{(i)} \min_{(j)} g_{ij} = g_{23} = \frac{2}{100}, \quad \min_{(j)} \max_{(i)} g_{ij} = g_{21} = \frac{5}{100}.$$

Zumindest eine der beiden optimalen Strategien muß daher eine gemischte Strategie sein. Uns interessiert vor allem die optimale Strategie des Versicherungsmathematikers und wir werden zeigen, daß es sich um eine gemischte Strategie handelt.

Wir ermitteln zunächst den Wert des durch die Matrix (3.1.1) gegebenen Spieles. Der erste Spieler kann zwischen zwei Investitionsmöglichkeiten wählen, der zweite Spieler zwischen drei Marktsituationen. Es gilt also $n = 2$, $m = 3$. Für den Erwartungswert $E(G)$ des Gewinnes G des ersten Spielers erhalten wir den folgenden Ausdruck:

$$E(G) = \frac{1}{100}(3'5\, p_1 q_1 - 3\, p_1 q_2 + 8\, p_1 q_3 + 5\, p_2 q_1 + 13'3\, p_2 q_2 + 2\, p_2 q_3)\,. \tag{3.1.2}$$

Hierin bedeutet p_i die Wahrscheinlichkeit, mit der der erste Spieler die Investitionsmöglichkeit I_i wählt und q_j die Wahrscheinlichkeit, mit der der zweite Spieler die Marktsituation M_j wählt.

Diagramm VII

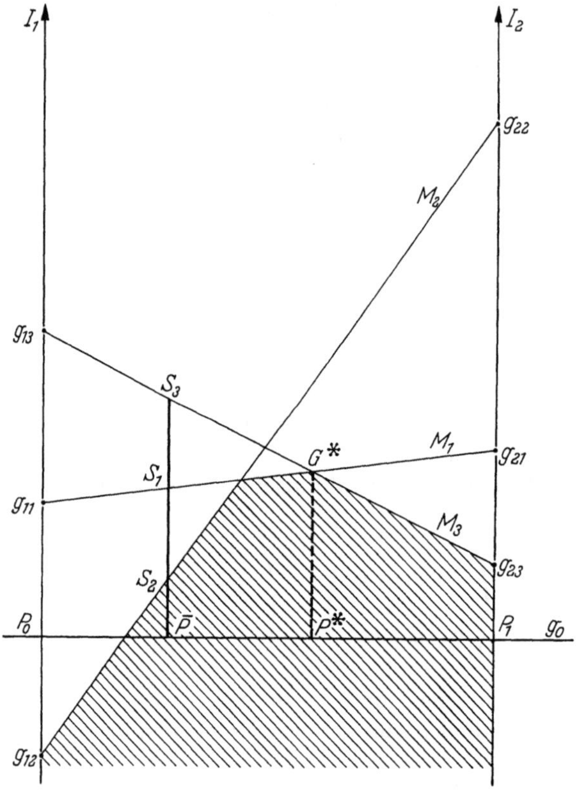

Zur Berechnung des Wertes des Spieles wollen wir uns einer graphischen Darstellung bedienen. In Diagramm VII entsprechen die Geraden I_1 und I_2 den beiden Investitionsmöglichkeiten des ersten Spielers und die Geraden M_1, M_2, M_3 den drei möglichen Marktsituationen. Die Schnittpunkte zwischen je zwei Geraden I_i und M_j geben den Auszahlungsbetrag g_{ij} bei Anwendung von reinen Strategien durch die beiden Spieler an. Wir interessieren uns nun für gemischte Strategien. Betrachten wir zunächst den Fall, daß der erste Spieler eine gemischte, der zweite Spieler aber eine reine Strategie wählt. Der Erwartungswert des Auszahlungsbetrages hat unter der Voraussetzung, daß der zweite Spieler die j^{te} Strategie wählt, die folgende Gestalt:

$$E(G) = p_1 g_{1j} + p_2 g_{2j} \,. \qquad (3.1.3)$$

Die Wahl der Wahrscheinlichkeiten p_1 und p_2 mit $p_1 + p_2 = 1$, also die Wahl einer gemischten Strategie für den ersten Spieler, entspricht im Diagramm der Wahl eines Punktes $\overline{P}$, der die Strecke $\overline{P_0 P_1}$ im Verhältnis p_1 zu p_2 teilt. $E(G)$ ist das mit den Wahrscheinlichkeiten p_1 und p_2 gewogene Mittel der Werte g_{1j} und g_{2j}. Im Diagramm entspricht daher $E(G)$ dem Abstand des Schnittpunktes S_j einer Senkrechten zu g_0 durch $\overline{P}$ mit der Geraden M_j von $\overline{P}$. Je nachdem, ob der zweite Spieler die erste, die zweite oder die dritte Strategie wählt, ist der Erwartungswert eines Auszahlungsbetrages $E(G)$ gleich einer der Strecken $\overline{S_1 \overline{P}}$, $\overline{S_2 \overline{P}}$ oder $\overline{S_3 \overline{P}}$. Der erste Spieler muß damit rechnen, daß der zweite Spieler eine Strategie mit dem niedrigsten Auszahlungsbetrag wählt, der bei der gemischten Strategie (p_1, p_2) erreicht werden kann. Dies ist offenbar jene Strategie, für welche $\overline{S_j \overline{P}}$ ein Minimum wird, im Diagramm also die Strategie M_2. Durch passende Wahl seiner Strategie kann der zweite Spieler den Erwartungswert des Auszahlungsbetrages offenbar immer bis auf den oberen Rand des im Diagramm schraffierten Bereiches herabdrücken. Dieser obere Rand entspricht dem Ausdruck

$$\min_{(j)} (p_1 g_{1j} + p_2 g_{2j}) \,. \qquad (3.1.4)$$

Der erste Spieler muß trachten, den Ausdruck zu einem Maximum zu machen. Er muß also p_1 und p_2 so wählen, daß durch die Teilung der Strecke $\overline{P_0 P_1}$ im Verhältnis p_1 zu p_2 im Diagramm der Punkt P^* erhalten wird. Dies ist, wie man leicht nachrechnet, für $p_1 = 0'4$ und $P_2 = 0'6$ der Fall. Der Schnittpunkt G^* der Geraden M_1 und M_3 teilt den Abstand zwischen den beiden Geraden I_1 und I_2 im Verhältnis p_1 zu p_2 mit

$$G = \overline{P^* G^*} = p_1 g_{11} + p_2 g_{21} = p_1 g_{13} + p_2 g_{23} \qquad (3.1.5)$$

und diese Gleichung ist für $p_1 + p_2 = 1$ wegen (3.1.2) gerade für die angegebenen Werte von p_1 und p_2 erfüllt. Für G erhalten wir

$$G = 0'4\,(3'5\%) + 0'6\,(5\%) = 4'4\% \,. \qquad (3.1.6)$$

Wählt der erste Spieler die gemischte Strategie $(p_1, p_2) = (0'4, 0'6)$, dann kann der Erwartungswert des Auszahlungsbetrages bei keinem Gegenspiel des zweiten Spielers kleiner werden als $4'4\%$. Wählt nämlich der zweite Spieler eine der beiden Strategien M_1 und M_3 oder mischt er die beiden mit beliebigen Wahrscheinlichkeiten, dann bleibt der Erwartungswert des Auszahlungsbetrages wegen (3.1.5) und (3.1.6) 4'4%. Wählt der zweite Spieler aber die Strategie M_2, dann ist der Erwartungswert des Auszahlungsbetrages wegen

$$0'4\, g_{12} + 0'6\, g_{22} = 0'4\,(-3\%) + 0'6\,(13'3\%) \sim 6'8\%$$

größer als 4'4%. Ebenso ist leicht zu zeigen, daß $E(G)$ für jede gemischte Strategie des zweiten Spielers mit $q_2 > 0$ größer sein muß als 4'4%.

Damit ist zunächst gezeigt, daß der erste Spieler einen Auszahlungsbetrag von mindestens 4'4% erreichen kann und dies entspricht dem Ausdruck (1.1.2). Wir müssen nun zeigen, daß er bei geeigneter Strategie des zweiten Spielers auch nicht mehr als 4'4% erreichen kann. Durch geeignete Wahl der Strategie kann nämlich der zweite Spieler erreichen, daß $E(G)$ von der Strategie des ersten Spielers unabhängig wird. Wählt der zweite Spieler die gemischte Strategie $q_1 = 0'8$, $q_2 = 0$, $q_3 = 0'2$, dann gilt wegen (3.1.2) und wegen $p_1 + p_2 = 1$

$$E(G) = \frac{1}{100}(3'5\, p_1 \cdot 0'8 + 8\, p_1 \cdot 0'2 + 5\, p_2 \cdot 0'8 + 2\, p_2 \cdot 0'2)$$
$$= \frac{1}{100}(4'4\, p_1 + 4'4\, p_2) = 4'4\% \,.$$

Dies entspricht dem Ausdruck (1.1.3).

Wir sehen also, daß der erste Spieler durch die gemischte Strategie $(p_1, p_2) = (0'4, 0'6)$ einen Erwartungswert für den Auszahlungsbetrag von mindestens 4'4%, der zweite Spieler durch die gemischte Strategie $(q_1, q_2, q_3) = (0'8, 0, 0'2)$ einen Erwartungswert für den Auszahlungsbetrag von genau 4'4% erreichen kann. Spieler 1 kann kein besseres Spielergebnis erreichen und Spieler 2 muß kein schlechteres Spielergebnis in Kauf nehmen als einen Erwartungswert für den Auszahlungsbetrag von 4'4%. Dies entspricht gerade der Beziehung (1.1.2) = (1.1.3), so daß der Wert des Spieles 4'4% beträgt.

Auf das ursprüngliche Problem aus Punkt 1.3 angewendet folgt daraus, daß die optimale Investition für den Versicherungsmathematiker darin besteht, 0'4 des Investitionskapitals in mündelsicheren Anleihen und 0'6 des Investitionskapitals in Pfandbriefen anzulegen. In diesem Fall ist der durch (3.1.4) für $p_1 = 0'4$ und $p_2 = 0'6$ ausgedrückte minimale Gewinn 4'4%.

1.6 Wie man sieht, läßt sich die Form der Darstellung von $m = 3$ in Diagramm VII auf beliebige m erweitern. Zu jedem ganzzahligen Index j mit $1 \leq j \leq m$ ist in das Diagramm eine Gerade M_j als Verbindungsgerade zwischen den Punkten g_{1j} auf I_1 und g_{2j} auf I_2 einzuzeichnen. Nun ist wieder jener Punkt G^* in dem von den Geraden I_1 und I_2 begrenzten und unterhalb der Geraden $M_1, \ldots, M_m$ liegenden Bereich zu suchen, der den maximalen Abstand von der Geraden g_0 hat. Der zugehörige Basispunkt P^* teilt die Strecke $\overline{P_0 P_1}$ im Verhältnis p_1 zu p_2, wobei (p_1, p_2) die optimale Strategie des ersten Spielers darstellt. Der Abstand der Punkte G^* und P^* voneinander ist der Wert des Spieles.

Für den allgemeinen Fall mit $n > 2$ können die Verhältnisse nicht mehr in der bisherigen Form graphisch dargestellt werden. An die Stelle der Geraden M_j, welche die reinen Strategien des zweiten Spielers repräsentieren, treten in diesem Fall Ebenen (für $n = 3$) bzw. Hyperebenen (für $n > 3$). Die gemischten Strategien des ersten Spielers werden nicht mehr durch die Auswahl eines Punktes aus einer eindimensionalen Mannigfaltigkeit gewonnen, wie bei der Wahl des Punktes P^* aus der Strecke $\overline{P_0 P_1}$, sondern durch Auswahl eines Punktes aus einer $(n-1)$-dimensionalen Mannigfaltigkeit. Die aus der graphischen Darstellung im Diagramm VII gewonnene Lösungsmethode läßt sich im Prinzip ohne Schwierigkeiten auf den allgemeinen Fall einer Matrix der Auszahlungsbeträge (g_{ij}) mit $i = 1, \ldots, n$ und $j = 1, \ldots, m$ übertragen.

Zur praktischen Berechnung des vorliegenden spieltheoretischen Problems kann die Methode der linearen Programme (vgl. Abschnitt II, Kapitel 1) herangezogen werden. Wir setzen zunächst ohne Beschränkung der Allgemeinheit $g_{ij} > 0$ voraus. Nun gehen wir von Gleichung (2.1.25) des Dualitätssatzes aus, wonach das Maximum der Linearform

$$L_1 = \sum_{j=1}^{n} x_j$$

unter den Voraussetzungen

$$\sum_{j=1}^{n} a_{ij} x_j \leqq 1, \qquad i = 1, \ldots, m,$$
$$x_j \geqq 0, \; j = 1, \ldots, n$$

gleich dem Minimum der Linearform

$$L_2 = \sum_{i=1}^{m} w_i$$

unter den Voraussetzungen

$$\sum_{i=1}^{m} a_{ij} w_i \geqq 1, \qquad j = 1, \ldots, n,$$
$$w_i \geqq 0, \; i = 1, \ldots, m$$

ist. Bezeichnen wir diesen Extremwert der beiden Linearformen mit $\frac{1}{A}$ und setzen

$$\begin{aligned} a_{ij} &= g_{ij}, \; i = 1, \ldots, m, \; j = 1, \ldots, n, \\ A x_j &= q_j, \; j = 1, \ldots, n, \\ A w_i &= p_i, \; i = 1, \ldots, m, \end{aligned}$$

dann folgt daraus, daß es $p^* = (p_1^*, \ldots, p_m^*)$ und $q^* = (q_1^*, \ldots, q_n^*)$ gibt, für welche die Beziehungen

$$\sum_{i=1}^{m} p_i^* = 1, \quad p_i^* \geqq 0, \quad i = 1, \ldots, m,$$

$$\sum_{j=1}^{n} q_j^* = 1, \quad q_j^* \geqq 0, \quad j = 1, \ldots, n$$

und

$$\sum_{j=1}^{n} g_{ij}\, q_j^* \leqq A, \quad i = 1, \ldots, m, \tag{3.1.7}$$

$$\sum_{i=1}^{m} g_{ij}\, p_i^* \geqq A, \quad j = 1, \ldots, n \tag{3.1.8}$$

erfüllt sind. Für $p = (p_1, \ldots, p_m)$, $\sum_{i=1}^{m} p_i = 1$, $p_i \geqq 0$, $i = 1, \ldots, m$ und $q = (q_1, \ldots, q_n)$, $\sum_{j=1}^{n} q_j = 1$, $q_j \geqq 0$, $j = 1, \ldots, n$ folgt aus (3.1.7)

$$\min_{(q)} \max_{(p)} \sum_{i=1}^{m} \sum_{j=1}^{n} p_i\, q_j\, g_{ij} \leqq \max_{(p)} \sum_{i=1}^{m} p_i \sum_{j=1}^{n} g_{ij}\, q_j^* \leqq A \tag{3.1.9}$$

und aus (3.1.8)

$$\max_{(p)} \min_{(q)} \sum_{i=1}^{m} \sum_{j=1}^{n} p_i\, q_j\, g_{ij} \geqq \min_{(q)} \sum_{j=1}^{n} q_j \sum_{i=1}^{m} g_{ij}\, p_i^* \geqq A\,. \tag{3.1.10}$$

Wegen

$$\max_{(p)} \sum_{i=1}^{m} p_i\, g_{i\mu} \geqq g_{\nu\mu} \geqq \min_{(q)} \sum_{j=1}^{n} q_j\, g_{\nu j}$$

für beliebige ν und μ mit $1 \leqq \nu \leqq m$ und $1 \leqq \mu \leqq n$ gilt allgemein

$$\min_{(q)} \max_{(p)} \sum_{i=1}^{m} \sum_{j=1}^{n} p_i\, q_j\, g_{ij} \geqq \max_{(p)} \min_{(q)} \sum_{i=1}^{m} \sum_{j=1}^{n} p_i\, q_j\, g_{ij}$$

und aus (3.1.9) und (3.1.10) folgt

$$\min_{(q)} \max_{(p)} \sum_{i=1}^{m} \sum_{j=1}^{n} p_i\, q_j\, g_{ij} = \max_{(p)} \min_{(q)} \sum_{i=1}^{m} \sum_{j=1}^{n} p_i\, q_j\, g_{ij} = A\,. \tag{3.1.11}$$

Mit Hilfe der eben hergeleiteten Ergebnisse können wir ein allgemeines Investitionsproblem behandeln, wobei der Versicherungsmathematiker als erster Spieler zwischen n Investitionsmöglichkeiten $I_1, \ldots, I_n$ und die Natur als zweiter Spieler zwischen m Marktsituationen $M_1, \ldots, M_m$ wählen kann. g_{ij} ist der Gewinn des ersten Spielers, wenn er die Investitionsmöglichkeit I_i und die Natur die Marktsituation M_j wählt. Bezeichnen wir mit p^* die gemischte Strategie des ersten Spielers, wonach die Investitionsmöglichkeit I_i mit der Wahrscheinlichkeit p_i^* gewählt wird ($i = 1, \ldots, m$), dann ist wegen (3.1.8) der Erwartungswert seines Gewinnes mindestens A. Bezeichnen wir mit q^* die gemischte Strategie des zweiten Spielers, wonach die Marktsituation M_j mit der Wahrscheinlichkeit q_j^* gewählt wird ($j = 1, \ldots, n$), dann ist wegen (3.1.7) die Gewinnerwartung höchstens A. Wegen (3.1.11) ist ein besseres Ergebnis für beide Spieler ausgeschlossen, die Strategien p^* bzw. q^* sind für beide Spieler optimal und A ist der Wert des Spieles.

Der erste Spieler, in unserem Fall der Versicherungsmathematiker, ist sicher an einem möglichst hohen Gewinn, also an einem möglichst hohen Auszahlungsbetrag, interessiert. Für den zweiten Spieler, die Natur, wird man hingegen kaum ein Interesse an einem bestimmten Spielausgang voraussetzen können. Die Strategie p^* bleibt jedoch für den Versicherungsmathematiker optimal, da sie ihm unabhängig von einem allfälligen Gewinnstreben der Natur gegenüber jeder beliebigen Strategie der Natur einen maximalen Minimalgewinn sichert.

Die eingangs gemachte Voraussetzung $g_{ij} \geqq 0$ wurde für die vorangegangenen Ableitungen nur insoweit benötigt, als sichergestellt werden mußte, daß ein Wert des Spieles $A > 0$ existiert. Nun ändern sich die optimalen Strategien der beiden Spieler sicher nicht, wenn zu jedem einzelnen Auszahlungsbetrag g_{ij} der selbe konstante Wert $C > 0$ addiert wird, so daß eine neue Auszahlungsmatrix $(\bar{g}_{ij}) = (g_{ij} + C)$ entsteht. Durch geeignete Wahl von C kann aber immer erreicht werden, daß alle $\bar{g}_{ij} > 0$ werden, so daß die optimalen Strategien für die Auszahlungsmatrix $(\bar{g}_{ij})$ nach der beschriebenen Methode errechnet werden können. Diese Strategien sind gleichzeitig optimal für die Auszahlungsmatrix (g_{ij}).

Das Problem der optimalen Investitionen, wie wir es in diesem Kapitel behandelt haben, läßt sich daher auf ein spieltheoretisches Problem zurückführen, das mit Hilfe der Methode der linearen Programme gelöst werden kann.

2. Optimaler Finanzplan

2.1 Im vorangegangenen Kapitel haben wir die Frage untersucht, auf welche Weise eine optimale Investition eines vorhandenen Kapitals zu einem bestimmten Zeitpunkt vorgenommen werden kann. Die Frage, ob dieses Kapital in einem bestimmten Zeitpunkt überhaupt investiert werden sollte, wurde nicht behandelt. Tatsächlich stellt sich jedoch die Frage der optimalen Investition für eine Versicherungsgesellschaft in wesentlich allgemeinerer Art. Im allgemeinen kann die Versicherungsgesellschaft über einen verhältnismäßig langen Zeitraum hinweg ihre voraussichtlichen laufenden Einnahmen und Ausgaben abschätzen. Werden Versicherungen über mehrere Jahre abgeschlossen, dann ergibt bereits der Versicherungsvertrag ein klares Bild über die in den nächsten Jahren zu erwartenden Prämieneinnahmen, während die zu zahlenden Versicherungsleistungen an Hand der entsprechenden Wahrscheinlichkeiten abgeschätzt werden können. Auch bei kurzfristig abgeschlossenen Versicherungen sind Voraussagen über die Häufigkeit der zukünftigen Abschlüsse und damit über die voraussichtlichen Einnahmen und Ausgaben in dieser Sparte mit entsprechender Wahrscheinlichkeit möglich.

Allgemein können die Verhältnisse in der Weise dargestellt werden, daß in den Zeitpunkten $t_1, t_2, \ldots, t_n, \ldots$, die etwa in Abständen von je einem Jahr angenommen werden können, bestimmte Einnahmen $E_1, E_2, \ldots, E_n, \ldots$ erwartet werden, während mit Ausgaben in der Höhe von $A_1, A_2, \ldots, A_n, \ldots$ gerechnet wird. Ein Finanzplan besteht nun darin, die Einnahmen und Ausgaben so aufeinander abzustimmen, daß in jedem Zeitpunkt t_ν die Ausgaben durch die vorhandenen Kapitalien sowie durch die Einnahmen im Zeitpunkt t_ν gedeckt werden können. Will eine Gesellschaft z. B. eine bestimmte Mindestdividende garantieren, dann muß sie einen Finanzplan verfolgen, der die Deckung der Versicherungsleistungen, der sonstigen Kosten und der Dividendenzahlungen in jedem Zeitpunkt t_ν ermöglicht.

Der Gesellschaft stehen in jedem Zeitpunkt nicht nur die Einnahmen E_ν zur Verfügung, sondern auch die aus früheren Einnahmen angesammelten Reserven. Darüber hinaus kann die Gesellschaft durch Kreditoperationen zukünftige Einnahmen vorweg nehmen, indem sie diese zur Deckung des kreditierten Betrages einschließlich der Kreditkosten verwendet. Spart die Gesellschaft Reserven für einen späteren Zeitpunkt auf, dann werden diese Reserven Zinsen tragen. Belastet die Gesellschaft durch eine Kreditaufnahme die zukünftigen Einnahmen, dann erwachsen ihr aus dieser Transaktion Kosten. Die Höhe des Zinsenertrages und die Höhe der Kreditkosten hängen von der jeweiligen Marktsituation ab. Wie in Punkt 1.1 gezeigt wird, kann nicht jedes „Verhalten" des Marktes mit einer durchschnittlichen Zinsrate beschrieben werden. Es ist vielmehr notwendig, eine in der Zeit variable Zinsrate zu betrachten.

Stellt der Versicherungsmathematiker der Gesellschaft einen Finanzplan auf, der zur Deckung der Aufwendungen in bestimmten Zeitpunkten Kreditoperationen vorsieht, in anderen Zeitpunkten hingegen eine Reservenbildung ermöglicht, die zu einem Zinsenertrag führt, dann ist das Ausmaß der jeweils entstehenden Kreditkosten bzw. Zinsenerträgnisse von der jeweiligen Marktsituation abhängig. Wie in Kapitel 1 können wir auch hier annehmen, daß diese Marktsituation mehr oder weniger zufallsbestimmt ist, jedenfalls aber nicht mit Sicherheit vorausgesehen werden kann. Der Versicherungsmathematiker, der den Finanzplan aufstellt, und die Natur, die die Marktsituation festlegt, können daher wieder als Spielpartner in einem Spiel angesehen werden, bei dem der Versicherungsmathematiker an einem möglichst günstigen Ausgang interessiert ist. Was aber unter einem „günstigen" Finanzplan zu verstehen ist, müssen wir erst näher definieren, bevor wir die Auszahlungsfunktionen des Spieles festlegen können.

Zunächst nehmen wir an, das einzige Interesse der Gesellschaft bestehe darin, möglichst hohe Dividenden zu zahlen. Der Finanzplan soll also so geartet sein, daß die jedes Jahr garantierte Dividendenzahlung ein Maximum wird. Bei dieser Definition eines optimalen Finanzplanes spielt es also keine Rolle, ob in einem einzelnen Jahr ein größerer Überschuß entsteht, wenn nicht für alle Jahre eine entsprechende gleich hohe Dividende garantiert werden kann. Diese Annahme vereinfacht zwar die Verhältnisse über ein praktisch zulässiges Maß hinaus, doch werden wir später eine wirklichkeitsnähere und praktisch verwendbarere Definition eines optimalen Finanzplanes geben. Hier wollen wir uns der Einfachheit halber mit dieser lediglich auf der garantierten gleichbleibenden Dividendenzahlung beruhenden Definition begnügen, um die Untersuchungsmethode zu studieren.

2.2 Wir wollen annehmen, daß die Ausgaben A_k der Gesellschaft im Zeitpunkt t_k sich aus den Kosten K_k und der Dividendenzahlung d_k zusammensetzen. In Diagramm VIII sind die Verhältnisse graphisch dargestellt. Auf der oberen Geraden sind im Diagramm die Einnahmen, auf

Diagramm VIII

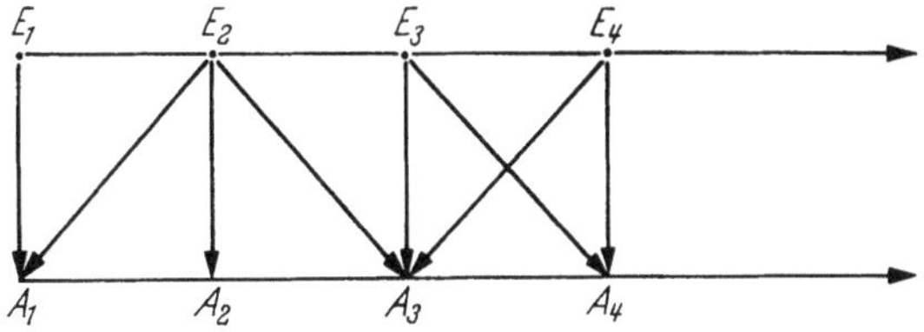

der unteren die Ausgaben angegeben. Die Pfeile zwischen Einnahmen und Ausgaben repräsentieren die Verwendung der Einnahmen in einem bestimmten Zeitpunkt zur Deckung von Ausgaben im selben oder in einem anderen Zeitpunkt. Nach der Darstellung des Diagrammes werden die Einnahmen E_1 ausschließlich zur Deckung der Ausgaben A_1 verwendet. Die Einnahmen E_2 dienen zur Deckung der Ausgaben A_1, A_2 und A_3 und so fort. Die Pfeile von E_1 nach A_1, von E_2 nach A_2 usw. bedeuten, daß die betreffenden Einnahmen zumindest zum Teil im Zeitpunkt ihres Entstehens zur Deckung von Ausgaben herangezogen werden. Der Pfeil von E_2 nach A_1 bedeutet hingegen, daß Einnahmen im Zeitpunkt t_2 zur Deckung von Ausgaben im Zeitpunkt t_1 verwendet werden. Dies kann offenbar nur durch eine Kreditoperation geschehen, so daß mit einer entsprechenden Wertminderung der in Rede stehenden Einnahmen durch den Diskont für den Zeitraum (t_1, t_2) gerechnet werden muß. Umgekehrt wird sich jener Teil der Einnahmen E_2, der zur Deckung der Ausgaben A_3 herangezogen wird, durch die Aufzinsung während des Zeitraumes (t_2, t_3) vergrößern.

Wir wollen nun einen Finanzplan für n Zeitpunkte $t_1, \ldots, t_n$ untersuchen. Es sei allgemein e_{ik} jener Teil der Einnahmen E_i, der im Rahmen des Finanzplanes zur Deckung der Ausgaben A_k herangezogen werden soll. Offenbar muß

$$\sum_{k=1}^{n} e_{ik} \leqq E_i\,, \qquad i = 1, \ldots, n \tag{3.2.1}$$

gelten, da im Zeitpunkt t_i nicht mehr als E_i an Einnahmen zur Verfügung steht. Im Zeitpunkt t_k wird der im Zeitpunkt t_i in der Höhe von e_{ik} zur Verfügung stehende Betrag nicht mehr den selben Wert besitzen. Er wird vielmehr im allgemeinen auf dem Wege vom Zeitpunkt t_i zum Zeitpunkt t_k durch Diskont bzw. Verzinsung seinen Wert verändert haben. Wir wollen annehmen, daß die Wertveränderung durch die Faktoren b_{ik} beschrieben wird, so daß also das im Zeitpunkt t_i vorhandene Kapital e_{ik} den Wert $e_{ik}\, b_{ik}$ im Zeitpunkt t_k annimmt. Offenbar muß $b_{ik} \leqq 1$ für $i > k$ und $b_{ik} \geqq 1$ für $i < k$ gelten, da das Kapital e_{ik} für $t_i > t_k$ vom Zeitpunkt t_i bis zum Zeitpunkt t_k diskontiert werden muß, während es sich für $t_i < t_k$ vom Zeitpunkt t_i bis zum Zeitpunkt t_k verzinst. Für $i = k$ gilt selbstverständlich $b_{ik} = 1$.

Sollen die Ausgaben A_k in jedem Zeitpunkt t_k gedeckt sein, dann muß offenbar

$$\sum_{i=1}^{n} e_{ik}\, b_{ik} \geqq A_k\,, \qquad k = 1, \ldots, n \tag{3.2.2}$$

gelten. Die Ausgaben können wir in der Form $A_k = K_k + d_k$ darstellen. Die Dividenden d_k sollen nun möglichst groß werden. Unter der Annahme, daß die Einnahmen E_i und die Kosten K_k fest vorgegeben sind, ist jener Finanzplan zu wählen, der zu möglichst großen Dividenden d_k führt. In dieser allgemeinen Formulierung hängt die Wahl des Finanzplanes noch davon ab, in welchem Zeitpunkt die Dividendenzahlungen möglichst hoch gewünscht werden.

Wie bereits erwähnt, beschränken wir uns auf den einfachen Fall, daß eine Dividende d in gleicher Höhe für jedes Jahr vorgesehen werden soll. Dabei ist theoretisch der Fall möglich, daß $d < 0$ wird, wenn die Einnahmen zur Deckung der Kosten nicht ausreichen. Unsere Aufgabe ist es, die Größen e_{ik} so zu wählen, daß d ein Maximum wird, wobei die Bedingungen (3.2.1) und (3.2.2) erfüllt sein müssen. Die Größen b_{ik}, welche Diskontfaktoren bzw. Aufzinsungsfaktoren darstellen, sind von der jeweiligen Marktsituation abhängig. Wir nehmen zunächst an, daß die Marktsituation bekannt ist, die Größen b_{ik} also vorliegen. Später werden wir den allgemeinen Fall untersuchen, in dem die Größen b_{ik} durch die Strategie der Natur festgesetzt werden, und das Problem spieltheoretisch behandeln. Die Ungleichungen (3.2.2) können auch in der Form

$$d - \sum_{i=1}^{n} e_{ik}\, b_{ik} \leqq -K_k\,, \qquad k = 1, \ldots, n$$

geschrieben werden. Wählen wir eine Konstante $C > \max\limits_{(k)} K_k$ und setzen

$C + d = a$, dann lautet unsere Aufgabe, das Maximum von $a - C$ unter den einschränkenden Bedingungen

$$\begin{aligned} \sum_{k=1}^{n} e_{ik} &\leqq E_i\,, \qquad i = 1, \ldots, n\,, \\ a - \sum_{i=1}^{n} e_{ik}\, b_{ik} &\leqq C - K_k\,, \qquad k = 1, \ldots, n\,, \qquad e_{ik} \geqq 0 \end{aligned} \tag{3.2.3}$$

zu finden. Nun gibt es sicher Werte $a > 0$, welche (3.2.3) erfüllen, so daß wir uns für die Ermittlung des maximalen Wertes von a auf den Bereich $a > 0$ beschränken können.

Aufgaben dieser Art werden in der Theorie der linearen Programme behandelt. Mit Hilfe der in Abschnitt II, Kapitel 1 angegebenen Ergebnisse der Theorie der linearen Programme kann daher max a und damit die maximale Dividende d errechnet werden.

2.3 Für größere Werte von n ist die allgemeine Behandlung eines Extremalproblems mit den Nebenbedingungen (3.2.3) sehr langwierig. Wir wollen daher nur einige allgemeine Aussagen über die Größen e_{ik} im Extremfall machen. Zunächst zeigen wir, daß es für den Extremwert von d ausreichend ist, sich auf jene e_{ik} zu beschränken, für die nicht zugleich $e_{i_1 k_2} > 0$ und $e_{i_2 k_1} > 0$ mit $i_1 < i_2$ und $k_1 < k_2$ gilt. Betrachten wir das Diagramm VIII, dann bedeutet dies, daß es genügt, sich auf solche Fälle zu beschränken, in denen keine sich kreuzenden Pfeile auftreten. In dem Viereck mit den Eckpunkten E_3, E_4, A_3 und A_4 kreuzen sich die Pfeile von E_3 nach A_4 und von E_4 nach A_3. Es ist also sowohl $e_{34} > 0$ als auch $e_{43} > 0$. Wir werden zeigen, daß es für die Bestimmung der maximalen Dividende zulässig ist, solche Fälle außer Betracht zu lassen.

Aus $e_{i_1 k_2} > 0$ und $e_{i_2 k_1} > 0$ folgt, daß Einnahmen aus dem Zeitpunkt t_{i_1} zur Ausgabendeckung im Zeitpunkt t_{k_2} herangezogen werden und Einnahmen aus dem Zeitpunkt t_{i_2} zur Ausgabendeckung im Zeitpunkt t_{k_1}. Wegen $i_1 < i_2$ und $k_1 < k_2$ hat das Pfeildiagramm dieser Zahlungen etwa die in Diagramm IX angegebene Gestalt. Es gibt also ein Zeitintervall, in dem die Gesellschaft Kapital spart, also zinsentragend anlegt, im Diagramm dargestellt durch eine Bewegung längs des Pfeiles $\overrightarrow{E_{i_1} A_{k_2}}$, während sie gleichzeitig Kapital ausborgt, das zu diskontieren ist, im Diagramm dargestellt durch eine Bewegung längs des Pfeiles $\overrightarrow{E_{i_2} A_{k_1}}$. Man kann nun annehmen, daß jene Fälle, in denen die Gesellschaft zugleich Kapital zinsentragend anlegt und für geborgtes Kapital entsprechend dem Diskont Zinsen zahlt, nicht zu den optimalen Strategien der Gesellschaft gehören. Zinsen, die die Gesellschaft für ein ausgeborgtes Kapital zahlen muß, sind bei jenen Marktsituationen, die wir als Strategien der Natur für die Ermittlung des optimalen Finanzplanes in Rechnung stellen müssen, praktisch immer höher, höchstens aber gleich hoch, wie Zinsen, die die Gesellschaft für ein vorhandenes Kapital erhält (vgl.

Punkt 2.4). Wir wollen in diesem Zusammenhang von den Fixkosten, die beim Erwerb oder bei der Veranlagung von Kapital anfallen können, absehen. Es darf daher angenommen werden, daß es für die Gesellschaft immer günstiger ist, zunächst das vorhandene Kapital zur Ausgabendeckung heranzuziehen, bevor fremdes Kapital ausgeborgt wird. In unserem Beispiel bedeutet dies, daß einer der beiden durch Diagramm X dargestellten Finanzierungsvorgänge günstiger sein muß als der Finanzierungsvorgang in Diagramm IX.

Die Überlegungen gelten aber auch dann, wenn in Abweichung von dem in Diagramm IX beschriebenen Vorgang zwei in gleicher Richtung

Diagramm IX

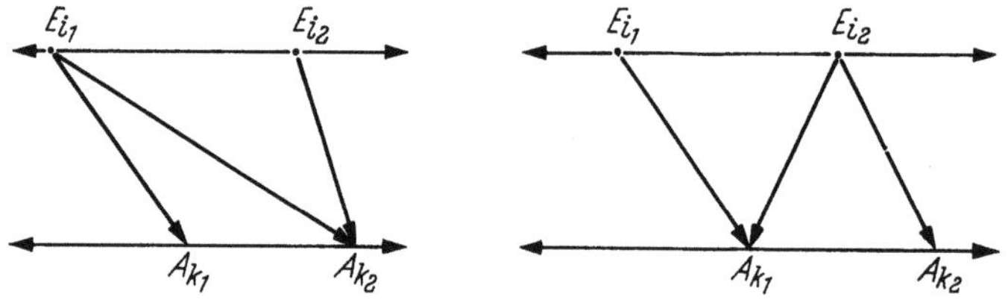

Diagramm X

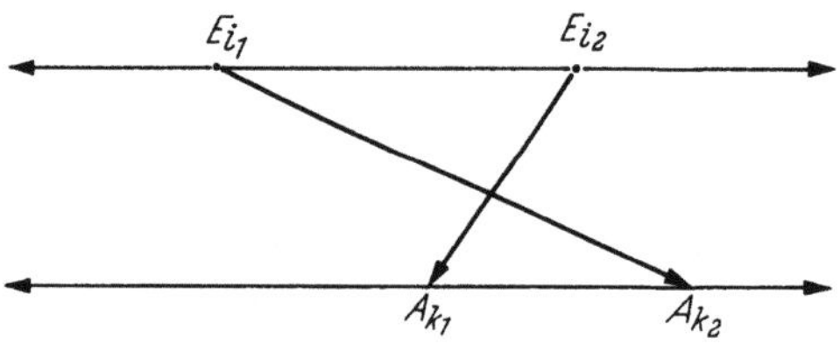

laufende Pfeile sich kreuzen, wenn also zum Beispiel $e_{i_1 k_2} > 0$ und $e_{i_2 k_1} > 0$ mit $i_1 < i_2$, $k_1 < k_2$ und $i_2 < k_1$ ist. In diesem Fall werden während des Zeitraumes (i_2, k_1) Einnahmen aus den Zeitpunkten t_{i_1} und t_{i_2} verzinst, wobei die ersten im Zeitpunkt t_{k_2}, die zweiten im Zeitpunkt t_{k_1} verwendet werden sollen. Es ist dann für eine optimale Strategie ebenso möglich, die Ausgaben im Zeitpunkt t_{k_1} nur insoweit aus den Einnahmen im Zeitpunkt t_{i_2} zu decken, als die Einnahmen im Zeitpunkt t_{i_1} hierzu nicht ausreichen.

Über die Zahl der Werte $e_{ik} > 0$ gibt ebenfalls die Theorie der linearen Programme Auskunft. Die Lösung des Maximumproblems, entsprechend den $2\,n$ Ungleichungen (3.2.3) führt im allgemeinen dazu, daß $2\,n-1$ Werte der e_{ik} von Null verschieden sind, die übrigen aber verschwinden. Daß nicht mehr als $2\,n-1$ Werte der e_{ik} im Falle der optimalen Strategie ungleich Null sind, ist leicht zu sehen. Betrachtet man ein Pfeildiagramm analog dem Diagramm VIII, dann sieht man, daß zwei Pfeile, die einander nicht kreuzen und zwischen denen kein weiterer Pfeil liegt, ein Dreieck umspannen, dessen Höhe der Abstand der beiden Geraden und dessen Basis der Abstand zweier Punkte t_i ist. Bezeichnen wir den Abstand der beiden Geraden mit b und den Abstand der der Einfachheit halber äquidistant angenommenen Zeitpunkte t_i mit c, dann ist die Fläche eines solchen Dreieckes mindestens $\frac{bc}{2}$. Für n Zeitpunkte ist die Fläche des Rechteckes mit den Eckpunkten E_1, A_1, E_n, A_n offenbar gleich $(n-1)\,bc$. Pfeile des Diagrammes müssen im Inneren oder an den beiden Seiten des Rechteckes liegen, die von ihnen umspannten Dreiecke also im Inneren des Rechteckes. Mithin können höchstens $2\,n-2$ Dreiecke im Inneren des Rechteckes liegen, die von höchstens $2\,n-1$ sich nicht kreuzenden Pfeilen umspannt werden. Da jedem $e_{ik} > 0$ ein Pfeil im Diagramm entspricht, kann die Zahl der $e_{ik} > 0$ im Falle der optimalen Strategie, also im Falle sich nicht kreuzender Pfeile, höchstens gleich $2\,n-1$ sein.

2.4 Der Wert der maximalen Dividende d ist auch von den Diskont- und den Aufzinsungsfaktoren b_{ik} abhängig. Diese wiederum hängen von der jeweiligen Marktsituation ab. Die Marktsituation wird hierbei durch die Angabe einer Zinsintensität $\varrho\,(t)$ beschrieben.

Der Versicherungsmathematiker, der den Finanzplan für die Versicherungsgesellschaft aufstellt, kann die der künftigen Entwicklung zugrunde liegende Zinsintensität nicht kennen. Er kann nur Annahmen über sie treffen. Der tatsächliche Wert der Zinsintensität wird von der Natur festgesetzt. Der Versicherungsmathematiker befindet sich also auch hier in der Situation eines Spielers, der gegen die Natur spielt. Er trifft Annahmen über die Entwicklung der Zinsintensität, die Natur setzt den genauen Wert fest. Der Versicherungsmathematiker bestimmt, daß die Einnahmen E_i entsprechend den Größen e_{ik} auf die Ausgaben in den Zeitpunkt t_k aufzuteilen sind. Auf Grund von Annahmen über die Entwicklung der Zinsintensität setzt er eine Dividende d fest, die von der Gesellschaft garantiert werden kann.

Inwieweit aber die Gesellschaft tatsächlich in der Lage ist, diese Dividende jährlich zu bezahlen, hängt davon ab, ob der Zinsenertrag und die Diskontkosten den Voraussetzungen des Versicherungsmathematikers entsprechen. Der Versicherungsmathematiker, der an einer möglichst hohen Dividende interessiert ist, wird also den Finanzplan so wählen, daß die Dividende bei jedem „Gegenspiel" der Natur, also auch beim Eintreffen einer ungünstigen zukünftigen Entwicklung, möglichst hoch ist. Andererseits aber soll die Gesellschaft in der Lage sein, auch bei einer ungünstigen Entwicklung ihre Dividendenzahlungen aufrecht erhalten zu können.

Es liegt also wieder ein Spiel des Versicherungsmathematikers gegen die Natur vor, wobei der Auszahlungsbetrag des Spieles die maximale Dividende d ist, wie sie in Punkt 2.2 errechnet wurde. Welche Strategie soll nun der Versicherungsmathematiker wählen? Zunächst müssen wir die Frage nach dem Bereich der zulässigen Strategien für den Versicherungsmathematiker und für die Natur stellen.

Reine Strategien der Natur bestehen in der Auswahl einer Zinsintensität $\varrho\ (t)$ für $t_0 \leqq t \leqq t_n$. Hierdurch sind die Größen b_{ik} wegen

$$b_{ik} = e^{\int_{t_i}^{t_k} \varrho(\tau)\, d\tau}$$

eindeutig bestimmt. Für $i > k$ ist das Integral im Exponenten der e-Potenz negativ. Es ist nun plausibel, den Bereich der zulässigen Strategien der Natur durch einen Bereich $\varrho_1 \leqq \varrho\ (t) \leqq \varrho_2$ abzugrenzen. Gemischte Strategien bestehen in der Auswahl von Funktionen $\varrho\ (t)$ als zufällige Prozesse.

Die Strategien des Versicherungsmathematikers bestehen in der Festsetzung der Größen e_{ik}. Auszahlungsbetrag ist d, die maximale Dividende, die auf Grund der Strategien der Natur in jedem Zeitpunkt t_k ausgezahlt werden kann. Grundsätzlich kann der Versicherungsmathematiker reine und gemischte Strategien spielen. Eine gemischte Strategie besteht zum Beispiel in der Wahl zweier Kombinationen $e_{ik}^{(1)}$ und $e_{ik}^{(2)}$ mit den Wahrscheinlichkeiten p bzw. $1 - p$. Führt die erste Kombination unter Zugrundelegung einer bestimmten reinen Strategie der Natur zu einer maximalen Dividende $d^{(1)}$ und die zweite Kombination zu einer maximalen Dividende $d^{(2)}$, dann ist der Erwartungswert der maximalen Dividende für die gemischte Strategie $d = pd^{(1)} + (1-p)\, d^{(2)}$. Der selbe Erwartungswert läßt sich aber vom Versicherungsmathematiker für die selbe reine Strategie der Natur durch die Wahl von Größen $e_{ik} = pe_{ik}^{(1)} + (1 - p)\, e_{ik}^{(2)}$ erreichen. Führen nämlich die Größen $e_{ik}^{(1)}$ unter Zugrundelegung von Einnahmen E_i und Kosten K_k zu einer maximalen Dividende $d^{(1)}$, dann führen die Größen $pe_{ik}^{(1)}$ unter Zugrundelegung von Einnahmen pE_i und Kosten pK_k zu einer maximalen Dividende $pd^{(1)}$ und das gleiche gilt entsprechend für $e_{ik}^{(2)}$ und $1 - p$. Der Versicherungsmathematiker kann also statt einer gemischten Strategie eine entsprechende reine Strategie wählen, ohne daß sich der Erwartungswert für die maximale Dividende ändert.

Die optimale reine Strategie des Versicherungsmathematikers ist jene, welche gegenüber dem vom Standpunkt des Versicherungsmathematikers ungünstigsten Verhalten der Natur die größte Dividende ergibt. Bezeichnen wir mit $\{e_{ik}\}$ die Menge der zulässigen Strategien des Versicherungsmathematikers und mit $\{b_{ik}\}$ die Menge der zulässigen Strategien der Natur, dann wird die optimale Strategie des Versicherungsmathematikers durch

$$\max_{\{e_{ik}\}} \min_{\{b_{ik}\}} d$$

bestimmt, wobei d für reine Strategien die maximale Dividende, für gemischte Strategien deren maximalen Erwartungswert darstellt. Wie bereits dargelegt, genügt es, sich für den Versicherungsmathematiker auf reine Strategien zu beschränken.

Welche Strategien müssen nun für die Natur betrachtet werden? Auch für die Natur sind grundsätzlich gemischte Strategien möglich. Es ist aber leicht zu zeigen, daß die Natur eine Strategie besitzt, die gleichmäßig „besser" ist, als jede andere, die also unabhängig vom Gegenspiel des Versicherungsmathematikers zu einer jeweils minimalen Maximaldividende führt. Die Natur muß nämlich immer nur dann, wenn der Versicherungsmathematiker Kapital zinsentragend anlegt, eine niedrige Verzinsung vorsehen und dann, wenn der Versicherungsmathematiker Kapital ausborgt, eine hohe Verzinsung vorsehen. Eine derartige Marktsituation, die vorhandenes Kapital der Gesellschaft so niedrig wie möglich, ausgeborgtes aber so hoch wie möglich verzinst, ist natürlich vom Standpunkt des Versicherungsmathematikers ungünstiger als jede andere. Die für den Versicherungsmathematiker ungünstigste Strategie besteht also in der Wahl einer Zinsintensität $\varrho(t)$ aus dem Bereich (ϱ_1, ϱ_2) mit $\varrho(t) = \varrho_1$, wenn Kapital der Gesellschaft verzinst wird und $\varrho(t) = \varrho_2$, wenn die Gesellschaft Kapital ausborgt. Dies bedeutet, daß

$$b_{ik} = e^{-\varrho_2(t_i - t_k)} \text{ für } i > k \text{ und } b_{ik} = e^{\varrho_1(t_k - t_i)} \text{ für } i < k \qquad (3.2.4)$$

die für den Versicherungsmathematiker ungünstigste Strategie der Natur ist, und zwar unabhängig von seinem Gegenspiel. Damit ist aber auch die optimale Strategie des Versicherungsmathematikers bestimmt. Sie besteht in der Auswahl jener Größen e_{ik}, die unter den Voraussetzungen (3.2.3) und (3.2.4) die Größe $d = a - C$ zu einem Maximum machen.

2.5 In den bisherigen Überlegungen wurde vorausgesetzt, daß es grundsätzlich möglich sei, jeden Einnahmebetrag E_i auf jeden beliebigen Zeitpunkt t_k mit Hilfe von Ab- bzw. Aufzinsung zu transformieren. Nun ist aber in der Praxis nach der Art der zukünftigen Einnahmen zu unterscheiden. Es ist nicht gleichgültig, ob es sich bei diesen Einnahmen etwa um Zinsen eines veranlagten Kapitals handelt oder um Prämieneinnahmen. Die Diskontierung von Zinseneinnahmen in einem zukünftigen Zeitpunkt auf einen früher gelegenen Zeitpunkt ist bei entsprechender Auswahl der Diskontrate bzw. der für den Diskont heranzuziehenden Zinsintensität ohne weiteres möglich. Anders ist es bei zukünftigen Prämieneinnahmen, die zwar für einen Finanzplan der

Gesellschaft herangezogen werden können, die aber im allgemeinen nicht durch einen Barwert, der dem diskontierten Wert der zukünftigen Prämien entspricht, abgelöst werden können. Es ist daher bei den zukünftigen Einnahmen E_i zwischen diskontfähigen Einnahmen $\overline{E}_i$ und Prämieneinnahmen P_i zu unterscheiden.

Bezeichnen wir wieder mit e_{ik} jenen Teil der Einnahmen E_i, der im Rahmen des Finanzplanes zur Deckung der Ausgaben A_k herangezogen werden soll, dann muß offenbar

$$\sum_{k=1}^{i} e_{ik} \leqq \overline{E}_i\,, \quad \sum_{k=1}^{n} e_{ik} \leqq \overline{E}_i + P_i = E_i\,, \qquad i = 1, \ldots, n \qquad (3.2.5)$$

gelten. Bezeichnen wir den aus $\overline{E}_i$ stammenden Teil von e_{ik} mit $\bar{e}_{ik}$ und den aus P_i stammenden Teil von e_{ik} mit p_{ik}, dann müssen offenbar die folgenden Beziehungen für $i = 1, \ldots, n$ bzw. $k = 1, \ldots, n$ erfüllt sein:

$$\begin{aligned} &\sum_{k=1}^{n} \bar{e}_{ik} \leqq \overline{E}_i\,, \quad \sum_{k=i}^{n} p_{ik} \leqq P_i\,, \quad \sum_{i=1}^{n} (\bar{e}_{ik} + p_{ik})\, b_{ik} \geqq A_k\,, \\ &\quad p_{ik} = 0 \text{ für } k < i\,. \end{aligned} \qquad (3.2.6)$$

Wird wieder für jedes Jahr eine Dividende d vorgesehen, dann setzen sich die Ausgaben A_k aus den Kosten K_k und aus d zusammen. Die Aufgabe, das Maximum der Dividende d zu finden, für welche (3.2.6) unter der Voraussetzung $\bar{e}_{ik} \geqq 0$, $p_{ik} \geqq 0$ erfüllt ist, kann mit Hilfe der Methode der linearen Programme gelöst werden. Wie man durch einen Vergleich sieht, ist im vorliegenden Problem die Zahl der in Betracht kommenden Ungleichungen um n höher als in (3.2.3).

2.6 Die in diesem Kapitel behandelte Methode zur Ermittlung einer maximalen Dividende kann nun zur Bewertung eines Investitions- und Finanzplanes der Gesellschaft dienen. Wie in Kapitel 1 dargelegt, gibt es Bewertungsmöglichkeiten für die Investitionen während eines einzelnen Geschäftsjahres. Mit der im vorliegenden Kapitel behandelten Methode können zwei verschiedene Investitionspläne, die zu einer unterschiedlichen Entwicklung der zukünftigen Einnahmen E_i führen, verglichen werden. Wir können bei Vergleichen jeweils jenen Investitionsplan als besser bezeichnen, der zu einer höheren Dividende d führt. Durch die Einbeziehung der Prämieneinnahmen P_i in die Berechnungen in Punkt 2.5 kann überdies die Wertung über die reine Beurteilung von Investitionen hinaus auf einen allgemeinen Investitions- und Finanzplan ausgedehnt werden, der auch die Politik der künftigen Prämieneinnahmengestaltung beinhaltet.

Wir haben damit eine neue Bewertungsmethode für Finanzpläne eingeführt, deren Ergebnis, wie leicht zu sehen ist, stark von der Lagerung der Einnahmen E_i abhängt. Hingegen ist die der Bewertung zugrundegelegte Form der Dividendenzahlung nur in ihrer einfachsten Art eingeführt worden. Maßgebend für die Güte des Investitions- und Finanzplanes war nur das Maximum der jährlich gleichbleibenden Dividende d. In der Praxis wird aber die Beurteilung nicht nur vom Ausmaß einer jährlich in gleicher Höhe zu zahlenden Dividende abhängig gemacht werden können. Vielmehr werden auch andere Gesichtspunkte, etwa die Gewährung eines Bonus nach einem bestimmten System, in die Betrachtungen einbezogen werden müssen. Es sei in diesem Zusammenhang auch auf die Untersuchungen in Abschnitt V verwiesen. Dort wird die Güte eines Versicherungsverlaufes ausschließlich auf Grund des Erwartungswertes der Summe der Dividendenbarwerte gemessen. Sicherlich spielt aber auch die zeitliche Lagerung der Dividendenzahlungen bei der Beurteilung eine Rolle. Selbst bei gleichem Barwert wird vielleicht eine steigende Dividende einer fallenden vorgezogen werden. Tatsächlich fehlt aber gegenwärtig noch ein objektives Merkmal, welches die zeitliche Lagerung der Dividendenzahlungen bei der Beurteilung der Güte eines Finanzplanes mit berücksichtigt.

Trotz dieser Schwierigkeiten ist doch eine Bewertung möglich, die über die im vorigen behandelte einfache Untersuchung einer jährlich gleichbleibenden maximalen Dividende d hinausgeht. Mit einer derartigen Bewertungsmöglichkeit wollen wir uns im nächsten Kapitel befassen.

3. Bonus- und Solvenzbewertung

3.1 Es soll ein Investitions- und Finanzplan über einen Zeitraum von n Jahren bewertet werden. Die Versicherungsgesellschaft beabsichtige, neben den Kosten K_i im Zeitpunkt t_i auch noch Aufwendungen für eine Bonuszahlung in den Plan aufzunehmen. Der Bonus soll, wie wir zunächst annehmen wollen, in Prozenten der Schadenssumme ausgeworfen werden, das heißt, es ist vorgesehen, den Bonus als prozentuellen Zuschlag zu jeder einzelnen Schadenszahlung zu gewähren. Es sei S_i die im Zeitpunkt t_i zu erwartende Schadenssumme. Bezeichnen wir den Prozentsatz des Bonus mit b, dann ist im Zeitpunkt t_i mit Ausgaben in der Höhe von

$$A_i = K_i + bS_i\,, \quad i = 1, \ldots, n \tag{3.3.1}$$

zu rechnen. Gesucht ist das Maximum von b, für welches unter den Voraussetzungen (3.2.4) die Beziehungen (3.2.6) erfüllt sind.

Die optimale Strategie des Versicherungsmathematikers besteht auch hier wieder darin, die optimale Strategie der Natur, die durch (3.2.4) beschrieben ist, vorauszusetzen und unter dieser Voraussetzung das Maximum von b zu suchen. Dies kann mit Hilfe der Methode der linearen Programme geschehen.

Eine Bonusfestsetzung gemäß (3.3.1) bedeutet, daß die Versicherungsgesellschaft zu Beginn des betrachteten Zeitraumes einen Bonus von b für alle zukünftigen Leistungen aus diesem Zeitraum deklariert. Die Strategie der Bonusdeklaration wird so gewählt, daß auch unter den ungünstigsten Bedingungen eine Bonuszahlung im vorgesehenen Ausmaß möglich sein wird. Es wird also zunächst (3.2.4) vorausgesetzt und unter dieser Voraussetzung jener Finanzplan gesucht, der zur Deklaration eines maximalen Bonus führt. Die Strategien der Natur erschöpfen sich selbstverständlich in der Auswahl eines zufälligen Prozesses $\varrho(t)$, dem Verlauf der Zinsintensität, und beziehen sich in unseren gegenwärtigen Untersuchungen nicht auf andere zufallgesteuerte Größen, wie etwa die Schadenshäufigkeit oder die Verteilung der Schäden ihrer Höhe nach.

Die Deklaration des Bonus b hängt nun, wie man sieht, stark von der Strategie der Natur (3.2.4) ab. Je ungünstiger diese Strategie für den Versicherungsmathematiker ist, je weiter die in Frage kommenden Extremwerte der Zinsintensität auseinander liegen, um so kleiner wird der zu deklarierende Bonus sein. Der Versicherungsmathematiker wird einerseits einen möglichst hohen Bonus erzielen wollen, andererseits aber ist er auch daran interessiert, daß die Gesellschaft jeder zukünftigen Marktsituation gewachsen ist, also auch dann ihren Verpflichtungen nachkommen kann, wenn ϱ_1 sehr klein und ϱ_2 sehr groß ist, vorhandenes Kapital also wenig Zinsen trägt, ausgeborgtes hingegen hohe Zinsen verlangt.

Im Finanzplan der Gesellschaft ist die Bonusgewährung für den gesamten Zeitraum berücksichtigt. Die tatsächliche Bonusdeklaration soll die Gesellschaft aber immer erst für das betreffende Jahr vornehmen. Sie kann also bei besonders ungünstigem Geschäftsverlauf die Bonusdeklaration zukünftiger Jahre noch abweichend vom ursprünglichen Finanzplan festsetzen. Der für das erste betrachtete Geschäftsjahr festgesetzte Bonus muß hingegen unbedingt geleistet werden. Der größeren Sicherheit wegen ist es daher angebracht, bei der Deklaration des Bonus für das erste Jahr die Möglichkeit ungünstigerer Strategien der Natur mit ins Kalkül zu ziehen als bei der Betrachtung des gesamten Zeitraumes. Praktisch bedeutet dies, daß die Gesellschaft einen Bonus b gewähren will, also mit Ausgaben A_i der Höhe von

$$A_1 = K_1 + bS_1\,, \quad A_2 = K_2 + bS_2\,, \quad A_3 = K_3 + bS_3, \ldots$$

rechnet, während sie für die Deklaration des Bonus für das erste Jahr bis dahin nur Verpflichtungen in der Höhe von

$$A_1 = K_1 + bS_1\,, \quad A_2 = K_2, \quad A_3 = K_3, \ldots \tag{3.3.2}$$

übernommen hat. Setzt man in beiden Fällen gleiches Verhalten bzw. gleiche Strategiemöglichkeiten der Natur voraus, dann muß selbstverständlich der gemäß den Ausgaben (3.3.1) zu deklarierende Bonus kleiner sein als der gemäß (3.3.2) zu deklarierende, da die Ausgaben (3.3.1) mit Ausnahme von A_1 stets höher sind als die Ausgaben (3.3.2) Der Versicherungsmathematiker kann jedoch bei der Errechnung des maximalen Bonus in (3.3.1) und in (3.3.2) von verschiedenen Voraussetzungen ausgehen. In (3.3.2) handelt es sich um die von der Gesellschaft bereits übernommenen Zahlungsverpflichtungen, die auf alle Fälle eingehalten werden müssen. Eine Fehleinschätzung der Strategie der Natur könnte hier zur Insolvenz der Gesellschaft führen. Der Versicherungsmathematiker wird daher der Sicherheit halber mit besonders ungünstigen Strategiemöglichkeiten der Natur rechnen müssen, auch wenn sie etwa nur mit einer geringen Wahrscheinlichkeit zu erwarten sind. Bei der Errechnung des maximalen Bonus auf Grund der Ausgaben (3.3.1) können hingegen extrem ungünstige Strategien der Natur, die nur mit geringer Wahrscheinlichkeit zu erwarten sind, außer Betracht bleiben, da immer noch die Möglichkeit besteht, bei ungünstiger Marktsituation für die Zukunft einen niedrigeren Bonus zu deklarieren als ursprünglich geplant.

Unter Zugrundelegung der Ausgaben (3.3.2) hat also der Versicherungsmathematiker das Maximum von b unter den Bedingungen (3.2.6) zu finden, wobei die Größen b_{ik} gemäß (3.2.4) bestimmt werden. Der für die Strategien der Natur in Betracht kommende Bereich (ϱ_1, ϱ_2) für die Zinsintensität ist der Sicherheit halber genügend groß anzunehmen.

Unter Zugrundelegung der Ausgaben (3.3.1) hat der Versicherungsmathematiker das Maximum von b unter den Bedingungen (3.2.6) zu finden, wobei die Größen b_{ik} gemäß (3.2.4) bestimmt werden. Der für die Strategien der Natur in Betracht kommende Bereich für die Zinsintensität, den wir mit (ϱ_3, ϱ_4) bezeichnen wollen, kann aber in diesem Fall kleiner gewählt werden. Das besonders ungünstige Verhalten der Natur, welches die Voraussetzung für die Ermittlung der optimalen Strategie des Versicherungsmathematikers ist, beruht ja nicht auf einem bösen Willen der Natur, sondern wurde nur aus Sicherheitsgründen angenommen. Bei einem längeren Zeitraum ist es nicht wahrscheinlich, daß die Zinsintensität sich immer gerade den Interessen des Versicherungsmathematikers bzw. der Versicherungsgesellschaft entgegengesetzt entwickelt. Über einen längeren Zeitraum hinweg ist eher mit einem gewissen Ausgleich zu rechnen.

Die für die Zinsintensität in Frage kommenden Grenzen betragen also für den Fall (3.3.2) (ϱ_1, ϱ_2) und für den Fall (3.3.1) (ϱ_3, ϱ_4), wobei angenommen werden kann, daß die Ungleichungen $\varrho_1 < \varrho_3 < \varrho_4 < \varrho_2$ erfüllt sind. Auf Grund der Bewertung (3.3.1) ergibt sich ein maximaler Bonus $b^{(1)}$, auf Grund der Bewertung (3.3.2) ein maximaler Bonus $b^{(2)}$. Der Versicherungsmathematiker wird nun für seine Gesellschaft $b = \min \{b^{(1)}, b^{(2)}\}$ als Bonus deklarieren.

Die Kombination der Bonusbewertung gemäß (3.3.1) mit der Solvenzbewertung gemäß (3.3.2) hat den Vorteil, daß im Falle (3.3.1) keine extrem ungünstige Entwicklung der Zinsintensität betrachtet werden muß, so daß höhere Bonusdeklarationen möglich werden, die einer realistischeren Einschätzung entsprechen und daher die Bewertung in gewissem Sinn verbessern.

3.2 Die beiden Bewertungsmethoden, die Bonusbewertung und die Solvenzbewertung, können auch auf andere Bonussysteme angewendet werden. Wir wollen im folgenden ein Anwartschafts-Bonussystem betrachten. Jede Bonusdeklaration eines Jahres soll nicht nur, wie in Punkt 3.1 angenommen, für die Leistungsfälle des betrachteten Jahres gelten, sondern für die Leistungsfälle aus allen Versicherungen, für die im betreffenden Jahr Prämien entrichtet werden. Bezeichnet b_j die Bonusdeklaration für das j^{te} Jahr, dann können die Ausgaben im Zeitpunkt t_j durch

$$A_j = K_j + (b_1 + b_2 + \ldots + b_j)\, S_j \tag{3.3.3}$$

beschrieben werden. Soll der Finanzplan eine möglichst gleichmäßige Bonusdeklaration vorsehen, dann wird $b_1 = \ldots = b_n = b$ anzunehmen sein. Die Ausgaben werden damit durch

$$A_j = K_j + jb\, S_j, \qquad j = 1, \ldots, n \tag{3.3.4}$$

dargestellt. Für die Bonusbewertung ist nun das Maximum von b zu suchen, welches unter den Bedingungen (3.2.6) und unter der Voraussetzung einer möglichst ungünstigen Strategie der Natur, also der Festsetzung der b_{ik} gemäß (3.2.4), gerade noch erreicht werden kann. Ein Investitions- und Finanzplan ist dann um so besser, je höher der so gewonnene maximale Wert von b ist.

Wie bereits in Punkt 3.1 dargelegt, genügt es für diese Bewertung, die alle zukünftigen Bonusdeklarationen einschließt, ein kleineres Intervall (ϱ_3, ϱ_4) für die zulässigen Strategien $\varrho(t)$ der Natur vorzusehen. Der so gewonnene Wert $b^{(1)}$ entspricht der Bonusbewertung.

Bei der Solvenzbewertung werden nun nur jene Bonuszahlungen berücksichtigt, die bereits im ersten Jahr deklariert sind. Diese Zahlungen müssen von der Gesellschaft auf alle Fälle geleistet werden, so daß es angezeigt erscheint, hier auch ungünstigere Verhältnisse in die Betrachtungen einzubeziehen als im ersten Fall. Das für die Zinsintensität $\varrho(t)$ in Betracht kommende Intervall (ϱ_1, ϱ_2) ist daher größer anzusetzen. Es wird also wieder $\varrho_1 < \varrho_3 < \varrho_4 < \varrho_2$ gelten. Für die Solvenzbewertung betragen die Ausgaben wie in (3.3.1) $A_j = K_j + b\, S_j$ für $j = 1, \ldots, n$, da nur der erste deklarierte Bonus b berücksichtigt wird. Die Bewertung wird nun durch das Maximum aller b vorgenommen, welches unter den selben Voraussetzungen (3.2.6) und (3.3.1) auch bei der ungünstigsten

Strategie der Natur erreicht werden kann. Wir bezeichnen den so gewonnenen Wert der Solvenzbewertung mit $b^{(2)}$.

Der Versicherungsmathematiker wird für seine Gesellschaft wie im Falle des Punktes 3.1 als Bonus den Wert $b = \min\{b^{(1)}, b^{(2)}\}$ wählen.

3.3 Wie man sieht, beruht die hier dargestellte Solvenzbewertung auf dem Grundsatz, daß den bereits eingegangenen Verpflichtungen infolge des deklarierten Bonus auch bei besonders ungünstigen Verhältnissen nachgekommen werden muß. Dieser Grundsatz macht aber eine Ergänzung der Solvenzbewertung notwendig. Die bisherigen Betrachtungen berücksichtigen nicht den möglichen Austritt von Versicherten, der zu einer Minderung der zukünftigen Prämieneinnahmen, allerdings auch der Erwartungswerte zukünftiger Leistungszahlungen führt. Austritte können aber, wie wir gleich an einem Beispiel von S. BENJAMIN [5] zeigen werden, zu einer Verringerung der möglichen Bonuszahlungen führen.

Der für die Solvenzbewertung in Betracht kommende Bereich für die Zinsintensität sei durch $\varrho_1 = \ln 1'03$, $\varrho_2 = \ln 1'06$ gegeben. Dies entspricht einer jährlichen Zinsrate zwischen 3% und 6%. Weiter sei für $n = 3$ der folgende Finanzplan aufgestellt worden, wobei die Beträge jeweils auf zwei Dezimalstellen gerundet wurden:

j	1	2	3
$\overline{E}_j$	0	0'5	2'06
P_j	1	0	0
A_j	0'6	1'85	1'06

Nach Deckung der in den Zeitpunkten 1 und 3 fällig werdenden Beträge verbleibt von den Einnahmen im Zeitpunkt 1 ein Betrag von 0'4, von den Einnahmen im Zeitpunkt 3 ein Betrag von 1. Durch Auf- bzw. Abzinsung dieser Beträge mit den Extremwerten von 3% bzw. 6% erhält man, wie man sich leicht überzeugt, im Zeitpunkt 2 einen Betrag von 1'35, der zusammen mit den Einnahmen im Zeitpunkt 2 in der Höhe von 0'5 gerade zur Deckung der Ausgaben ausreicht.

Nun wollen wir annehmen, daß die Prämieneinnahmen in der Höhe von 1 im Zeitpunkt 1 gerade für jene Versicherung geleistet werden, die im Zeitpunkt 3 zu Ausgaben in der Höhe von 1'06 führt. Die Äquivalenz zwischen Einnahmen und Ausgaben ist durch diese Versicherung gewahrt, da der Betrag von 1 über zwei Jahre aufgezinst mit 3% jährlich gerade zu einem Betrag von 1'06 führt. Wie ändert sich nun der Finanzplan, wenn durch einen früheren Austritt diese Versicherung ausgeschieden werden muß? Der Finanzplan müßte die folgende Gestalt haben:

j	1	2	3
$\overline{E}_j$	0	0'5	2'06
P_j	0	0	0
A_j	0'6	1'85	0

Hier ist aber die Äquivalenz nicht gegeben, denn, wie man unter Zugrundelegung eines Diskontes von 6% leicht nachrechnet, verbleibt nach Deckung der Ausgaben in der Höhe von 0'6 im Zeitpunkt 1 mit Hilfe der Einnahmen in den Zeitpunkten 2 und 3 zur Deckung der Ausgaben im Zeitpunkt 2 nur mehr ein Betrag von 1'80. Damit wäre aber die Versicherungsgesellschaft insolvent.

Eine Solvenzbewertung muß also auch darauf Bedacht nehmen, daß die Solvenz der Gesellschaft durch freiwillige Austritte nicht gestört wird. Dies kann nun in der folgenden Art geschehen.

Die vorhandenen Versicherungen werden in der Weise zerlegt, daß die auf die später fällig werdenden Prämien zurückgehenden Leistungsteile, die im Zeitpunkt t_j fällig werden, in einer Summe F_j, die auf bereits eingezahlte Prämien beruhenden Leistungsteile in einer zweiten Summe $S_j - F_j$ zusammengefaßt werden. Da Prämien grundsätzlich im vorhinein zu bezahlen sind, können bei einer solchen Zerlegung die zur Deckung der Aufwendungen F_j dienenden Mittel immer nur durch Aufzinsung aus den Prämieneinnahmen hervorgehen.

Im weiteren wollen wir annehmen, daß ein Anwartschafts-Bonussystem, wie es in Punkt 3.2 behandelt wurde, vorliegt. Die Solvenzbewertung unter Zugrundelegung eines Bonus b führt zu Ausgaben der Gestalt (3.3.1). Durch die vorgesehene Zerlegung können wir die Ausgaben (3.3.1) in einen Teil

$$\overline{A}_j = K_j - (1+b)\,F_j + b\,S_j, \qquad j = 1, \ldots, n, \tag{3.3.5}$$

beruhend auf den bereits eingezahlten Prämien, und in einen Teil $(1+\mathrm{b})\,F_j$, beruhend auf den noch zu erwartenden Prämien, aufspalten.

Nunmehr führen wir die Bewertung unter Zugrundelegung der Einnahmen $\overline{E}_j$, also ohne Berücksichtigung der zukünftigen Prämieneinnahmen, und der Ausgaben $\overline{A}_j$ aus (3.3.5) durch. Der so ermittelte maximale Bonus b kann offenbar auch dann gezahlt werden, wenn durch freiwillige Austritte keine zukünftigen Prämieneinnahmen mehr anfallen.

Da die Ausgaben F_j durch die Prämieneinnahmen P_j, die nicht diskontiert werden können, allein zu decken sind, müssen die folgenden Ungleichungen gelten

$$\sum_{j=1}^{k} F_j\, b_{jk} \leqq \sum_{j=1}^{k} P_j\, b_{jk}\,, \qquad k = 1, \ldots, n\,,$$

wobei die Größen b_{jk} gemäß (3.2.4) mit der für die Verzinsung vorgesehenen Zinsintensität ϱ_1 bzw. ϱ_3 zu berechnen sind.

3.4 Die bisherigen Untersuchungen stellen nur einen kleinen Teil der möglichen Anwendung von Bonus- und Solvenzbewertung dar. In der vorliegenden Form werden die Bewertungen dazu verwendet, einen Investitionsplan zu prüfen und die günstigste der möglichen Lagerungen der Einnahmen A_i ausfindig zu machen. Die Bewertungsmethoden können aber auch dazu herangezogen werden, Änderungen der zukünftigen Einnahmen und Ausgaben, wie sie durch den Neuabschluß von Versicherungsverträgen eintreten, zu prüfen. Auf diese Weise kann untersucht werden, welche Versicherungssparte und welche Art der Prämienzahlung vom Standpunkt der Bonus- und Solvenzbewertung am günstigsten sind. Derartige Untersuchungen gestatten es, die Frage, welche Versicherungsarten gefördert werden sollen, von einem neuen Gesichtspunkt aus zu behandeln. Auch Probleme der Rückversicherung können mit den angegebenen Methoden behandelt werden, soweit durch die Rückversicherungsverträge zukünftige Einnahmen und Ausgaben geändert werden.

IV. Unternehmensforschung in der Rückversicherung

1. Spieltheorie und Rückversicherung

1.1 Die Spieltheorie befaßt sich mit den Auswirkungen von Entscheidungen der Spielpartner. Bei der Anwendung der Spieltheorie auf die Rückversicherung ist zunächst festzustellen, welche Spielpartner in Betracht kommen. Allgemein kann unterschieden werden zwischen Versicherten, Versicherer, Rückversicherer und der „Natur". Der zuletzt genannte Spielpartner, die Natur, nimmt eine gewisse Sonderstellung ein. Die Natur entscheidet, welche Versicherungsfälle tatsächlich eintreten und welche Versicherungsleistungen zu zahlen sind. Die Entscheidungen der Natur sind stochastischer Art, sie lassen sich nur stochastisch durch die Schadensverteilung beschreiben. Anders die ersten drei Spieler, der Versicherte, der Versicherer und der Rückversicherer, die ihre Entscheidungen auf Grund vernünftiger Überlegungen fällen und zwischen denen eine gegenseitige Absprache möglich ist. Der Versicherte entscheidet, welchen der Versicherungsverträge, die ihm der Versicherer anbietet, er abschließt. Der Versicherer entscheidet, welche Versicherungsverträge er dem Versicherten anbietet und welche Rückversicherungsverträge er mit dem Rückversicherer abschließt, wobei er sich auf jene Rückversicherungen beschränken muß, die vom Rückversicherer angenommen werden. Der Rückversicherer schließlich entscheidet über die Art der Rückversicherungsverträge, die er bereit ist anzunehmen. Grundsätzlich ist es gleichgültig, für welchen Zeitraum die Versicherungsverträge und die Rückversicherungsverträge abgeschlossen werden. Für die Beurteilung des Verhältnisses zwischen Versicherer und Rückversicherer wollen wir der Einfachheit halber voraussetzen, daß die Verträge zwischen dem Versicherten und dem Versicherer bereits abgeschlossen sind. Die Natur kommt als letzter Partner ins Spiel. Die nächstliegende Annahme über den zeitlichen Verlauf besteht darin, daß zu Beginn eines jeden Jahres zunächst die Versicherungsverträge und anschließend die Rückversicherungsverträge abgeschlossen werden. Die Natur fällt im Verlauf des Jahres ihre Entscheidungen, das heißt, sie setzt die Versicherungsfälle und die Schadenshöhe fest.

1.2 Die bisherigen Überlegungen stellen die Verhältnisse stark vereinfacht dar. Die Entscheidungen im Verhältnis zwischen Versicherten und Versicherer beziehen sich auf den einzelnen Versicherungsvertrag, der im allgemeinen zwischen dem Versicherten und einem Versicherer abgeschlossen wird. Die Rückversicherung eines Teiles des aus einer Vielzahl von einzelnen Versicherungen hervorgegangenen Versicherungsportefeuilles erfolgt meist nicht bei einem, sondern bei mehreren Rückversicherern. Außerdem ist im allgemeinen jeder Versicherer zugleich selbst Rückversicherer, das heißt, er gibt aus seinem Portefeuille einen Teil an den (oder die) Rückversicherer ab und übernimmt gleichzeitig fremde Versicherungsportefeuilles des Rückversicherers. Zwei Versicherungsgesellschaften sind daher als Partner in der Rückversicherung grundsätzlich gleichwertig. Dies gilt auch dann, wenn es sich um eine Vielzahl von Versicherungsgesellschaften handelt, die untereinander Rückversicherungen abschließen und von denen jede Versicherungsgesellschaft sowohl als Rückversicherer als auch als Rückversicherungsnehmer fungiert.

1.3 Bei der Untersuchung der Probleme im Zusammenhang mit der Rückversicherung gehen wir davon aus, daß die Versicherten als Spielpartner ausscheiden. Sie haben ihre Versicherungen bereits abgeschlossen und es sind nur noch die Rückversicherungsverträge festzulegen. Was geschieht nun mit dem vierten Partner, der Natur, die das Eintreten der Schäden stochastisch steuert? Die Entscheidungen der Versicherungsgesellschaft erfolgen zu einem Zeitpunkt, in dem die Entscheidungen der Natur noch nicht bekannt sind. Das Spiel zwischen den Gesellschaften besteht im Abschluß von Rückversicherungsverträgen. Im Zeitpunkt des Abschlusses dieser Verträge sind nur die Schadensverteilungen bekannt, mit denen die Entscheidungen des vierten Spielpartners beschrieben werden. Diese Schadensverteilungen beschreiben die Versicherungsportefeuilles der einzelnen beteiligten Gesellschaften. Die Natur scheidet daher als Spielpartner aus, dafür werden die Schadensverteilungen bei der Beurteilung der Entscheidungen der Versicherungsgesellschaften in die Untersuchungen einbezogen.

1.4 Wir haben den Versicherten und die Natur als Spielpartner ausgeschieden, um die Probleme der Rückversicherung isoliert zu betrachten. Damit wurde der Problemkreis stark eingeschränkt, doch verbleibt noch immer eine Reihe verschiedenartiger Fälle zu untersuchen, wie z. B.:

1. Es existiert ein „Rückversicherungsmarkt“, auf dem Rückversicherungsverträge zu bestimmten, bekannten Bedingungen untergebracht werden können. Die Kosten für die Unterbringung sind etwa in der Höhe der Nettoprämien zuzüglich eines von der Streuung des Rückversicherungsportefeuilles abhängigen Risikozuschlages festgesetzt. Der Rückversicherungsmarkt arbeitet zu unveränderlichen Bedingungen. In diesem Fall sind nur mehr die Entscheidungen des Versicherers zu untersuchen.

2. Zwei Versicherungsgesellschaften schließen wechselseitig Rückversicherungsverträge ab. Es sind die Entscheidungen beider Gesellschaften zu untersuchen. Der Unterschied zu Fall 1 liegt insbesondere darin, daß beim wechselseitigen Abschluß von Rückversicherungsverträgen Absprachen über die Bedingungen, zu denen die Rückversicherungen erfolgen, möglich sind, während auf dem Rückversicherungsmarkt diese Bedingungen ein für alle Mal festgelegt sind.

Die beiden Beispiele lassen sich insbesondere so verallgemeinern, daß jeweils eine größere Anzahl von Versicherungsgesellschaften betrachtet wird, die untereinander bzw. gegenüber dem Rückversicherungsmarkt Rückversicherungen abschließen können. Die „Züge" des Spiels sind die Entscheidungen der beteiligten Versicherungsgesellschaften über den Abschluß von Rückversicherungen. Um den Spielausgang zu beurteilen, müssen aber Auszahlungsfunktionen im Sinne der Spieltheorie eingeführt werden. Wie können diese Auszahlungsfunktionen für unser Rückversicherungsproblem definiert werden? Die nach Abwicklung der Versicherungen erfolgten Zahlungen des Versicherers an den Versicherten und des Rückversicherers an den Versicherer können für die Ermittlung einer Auszahlungsfunktion für das betrachtete Spiel nicht herangezogen werden, weil ihre Höhe durch den vierten Spielpartner, die Natur, bestimmt wird. Im Zeitpunkt des Abschlusses der Rückversicherungsverträge, zu Beginn des Jahres, sind die tatsächlich notwendig werdenden Schadenszahlungen noch nicht bekannt. Die Auszahlungsfunktionen müssen daher in anderer Weise definiert werden. Das Ergebnis des Spieles, des Abschlusses eines Rückversicherungsvertrages, ist ja nur zu einem Teil eine Zahlung, nämlich die Zahlung der Rückversicherungsprämie. Auf Grund dieser Prämienzahlung übernimmt der Rückversicherer auch die Deckung des Rückversicherungsportefeuilles. Und diese beiden Komponenten müssen betrachtet werden. Die Versicherungsgesellschaft vermindert zwar ihr Kapital durch die Zahlung der Rückversicherungsprämie, doch steht dieser Kapitalverminderung der Vorteil der Übernahme eines Teiles des Versicherungsrisikos durch den Rückversicherer gegenüber. Gelingt es, daraus einen (positiven oder negativen) „Gewinn" zu definieren, der der Gesellschaft durch den Abschluß des Rückversicherungsvertrages erwachsen ist, dann kann dieser Gewinn die Rolle der Auszahlungsfunktionen übernehmen. Wir wenden uns daher im folgenden der Frage der Definition des durch den Abschluß eines Rückversicherungsvertrages entstehenden Gewinnes zu.

1.5 Ziel jeder Versicherungsgesellschaft ist es, durch den Abschluß von Rückversicherungsverträgen ihre wirtschaftliche Lage zu verbessern. Zur Beschreibung der wirtschaftlichen Lage wollen wir die Schadensverteilung für alle die Versicherungsgesellschaft risikomäßig belastenden

Versicherungen heranziehen sowie die freie Reserve der Gesellschaft, wobei wir als freie Reserve das der Gesellschaft zur Verfügung stehende Kapital abzüglich des Erwartungswertes der Schäden verstehen wollen. Ist $F(x)$ die Schadensverteilung und K das Kapital der Gesellschaft, dann ist die freie Reserve R wie folgt definiert:

$$R = K - E(x) = K - \int_{-\infty}^{+\infty} x\,dF(x).$$

Die „Risikosituation" der Versicherungsgesellschaft kann daher durch R und $F(x)$ beschrieben werden. Durch den Abschluß eines Rückversicherungsvertrages verändert sich die Risikosituation der Versicherungsgesellschaft. Sie gibt einen Teil ihres Versicherungsportefeuilles ab, das heißt, sie verändert die Schadensverteilung $F(x)$ und sie hat dafür die entsprechenden Rückversicherungsprämien zu bezahlen. Die Zahlung der Rückversicherungsprämien vermindert die freie Reserve der Versicherungsgesellschaft insoweit, als diese über die dem Erwartungswert der rückversicherten Schäden entsprechende Nettoprämie hinaus einen Sicherheitszuschlag an den Rückversicherer bezahlt[1].

Es sei nun R_0 die freie Reserve und $F_0(x)$ die Schadensverteilung vor Abschluß des Rückversicherungsvertrages. Rückversichert wird ein Versicherungsportefeuille mit der Schadensverteilung $F_1(x)$. Für diese Rückversicherung wird außer der Nettoprämie noch ein Sicherheitszuschlag R_1 bezahlt. Weiter wollen wir voraussetzen, daß der Versicherer selbst auch als Rückversicherer ein Versicherungsportefeuille mit der Schadensverteilung $F_2(x)$ und dem Sicherheitszuschlag R_2 übernimmt. Nach Abschluß der Rückversicherungsverträge ist die neue Risikosituation durch die freie Reserve $R = R_0 - R_1 + R_2$ und durch eine Schadensverteilung $F(x)$ gegeben.

1.6 Das Spiel der Versicherungsgesellschaft besteht also im Übergang von der Ausgangssituation $\{R_0, F_0(x)\}$ zur Endsituation $\{R, F(x)\}$. Für die Entscheidung, ob die Gesellschaft eine Änderung ihrer Ausgangssituation ins Auge fassen soll und gegebenenfalls, welcher Endsituation sie zustreben soll, ist es notwendig, eine Wertung der verschiedenen Risikosituationen vorzunehmen. Die Gesellschaft wird offenbar nur dann die Risikosituation $\{R_0, F_0(x)\}$ mit der Risikosituation $\{R, F(x)\}$ vertauschen, wenn ihr dies einen Vorteil bringt, wenn also die Risikosituation $\{R, F(x)\}$ besser ist als die Risikosituation $\{R_0, F_0(x)\}$. Sie wird außerdem bestrebt sein, unter allen möglichen Endsituationen die beste herauszufinden.

Wann ist nun eine Risikosituation „besser" als die andere? Wir werden ohne Bedenken für $R_1 > R_2$ sagen, die Risikosituation $\{R_1, F(x)\}$

[1] Die Verwaltungskosten sollen hier außer Betracht bleiben.

ist besser als die Risikosituation $\{R_2, F(x)\}$, da es uns einleuchtet, daß eine Vergrößerung der freien Reserve eine Verbesserung der Risikosituation bedeutet. Im allgemeinen wird jedoch eine Entscheidung nicht so evident sein. Sind zwei Risikosituationen $\{R_1\ F_1(x)\}$ und $\{R_2, F_2(x)\}$ mit $R_1 > R_2$ gegeben und ist die Streuung von $F_1(x)$ größer als die Streuung von $F_2(x)$, dann wird unsere Entscheidung, welche Risikosituation besser ist, davon abhängen, ob wir den Vorteil der größeren freien Reserve oder den Nachteil der größeren Streuung der Schadensverteilung höher einschätzen.

Haben wir ein numerisches Maß für den Nutzen einer Risikosituation zur Verfügung, dann wäre die Beantwortung der oben gestellten Frage trivial. Eine Risikosituation ist dann besser als die andere, wenn sie einem größeren Nutzen entspricht. Wir werden uns daher im nächsten Abschnitt mit dem Problem befassen, ein numerisches Maß für den Nutzen einer Risikosituation zu finden. Jeder Risikosituation $\{R, F(x)\}$ soll als Maß für ihren Nutzen eine Zahl $N\{R, F(x)\}$ zugeordnet werden. Die Frage nach der besten Endsituation führt dann zur Frage nach dem Maximum von $N\{R, F(x)\}$ über die Menge aller jener Risikosituationen $\{R, F(x)\}$, die für die Gesellschaft als Endsituation in Frage kommen. Vor Abschluß der Rückversicherungsverträge beträgt das Maß des Nutzens der Anfangssituation $N\{R_0, F_0(x)\}$. Nach Abschluß der Rückversicherungsverträge ist der Nutzen der Endsituation mit $N\{R, F(x)\}$ zu bewerten. Die Einführung eines solchen Maßes gestattet es, den Gewinn G, den die Gesellschaft durch den Abschluß der Rückversicherungsverträge erreicht, als die Differenz zwischen dem Maß des Nutzens der Endsituation und dem Maß des Nutzens der Ausgangssituation zu definieren:

$$G = N\{R, F(x)\} - N\{R_0, F_0(x)\}.$$

2. Das Maß des Nutzens

2.1 Das Maß für den Nutzen einer Risikosituation $\{R, F(x)\}$ ordnet dieser eine Zahl zu. Wenn nun eine Risikosituation $\{R_1, F_1(x)\}$ besser ist als eine zweite $\{R_2, F_2(x)\}$, dann werden wir vom Maß des Nutzens verlangen müssen, daß $N\{R_1, F_1(x)\} > N\{R_2, F_2(x)\}$ ist. Die Einführung eines solchen Maßes hat offenbar zur Voraussetzung, daß die Menge der möglichen Risikosituationen in bestimmter Weise geordnet ist. Haben wir drei Risikosituationen, $\{R_1, F_1(x)\}$, $\{R_2, F_2(x)\}$ und $\{R_3, F_3(x)\}$ vor uns und gilt $N\{R_1, F_1(x)\} > N\{R_2, F_2(x)\}$ und $N\{R_2, F_2(x)\} > N\{R_3, F_3(x)\}$, dann folgt daraus, $N\{R_1, F_1(x)\} > > N\{R_3, F_3(x)\}$. Ein numerisches Maß für den Nutzen kann also nur dann sinnvoll eingeführt werden, wenn für die Risikosituationen aus „$\{R_1, F_1(x)\}$ besser als $\{R_2, F_2(x)\}$“ und „$\{R_2, F_2(x)\}$ besser als $\{R_3, F_3(x)\}$“ folgt, daß $\{R_1, F_1(x)\}$ besser als $\{R_3, F_3(x)\}$ ist.

2.2 Diese Forderung der Transitivität des Begriffes „besser als“ erscheint zunächst trivial. Sie wird auch überall dort praktisch erfüllt sein, wo eine Person allein die Wertung „besser als“ trifft. Stellen wir uns aber vor, daß die Meinungsbildung über den Begriff „besser als“ von einer Gruppe von drei Personen durch Stimmenmehrheit erfolgt, dann ist die Transitivität des Begriffes nicht mehr gewährleistet. Wir wollen dies an einem einfachen Beispiel zeigen. Es seien drei Risikosituationen gegeben, die wir der Einfachheit halber mit S_1, S_2 und S_3 bezeichnen wollen. Die drei Personen P_1, P_2 und P_3 der Gruppe bewerten diese Situationen etwa folgendermaßen:

P_1: S_1 besser als S_2 P_2: S_2 besser als S_3 P_3: S_3 besser als S_1
S_2 besser als S_3 S_3 besser als S_1 S_1 besser als S_2.

P_1 und P_3 entscheiden „S_1 besser als S_2“, P_1 und P_2 entscheiden „S_2 besser als S_3“ und P_2 und P_3 entscheiden „S_3 besser als S_1“. Aus den von der Gruppe der drei Personen mit Stimmenmehrheit erfolgten Entscheidungen ergibt sich: S_1 besser als S_2, S_2 besser als S_3 und S_3 besser als S_1. Dies steht aber im Widerspruch zur geforderten Transitivität des Begriffes „besser als“.

2.3 Wir haben eine Risikosituation bisher durch die freie Reserve R und durch die Schadensverteilung $F(x)$ charakterisiert. Nun wollen wir eine weitere Vereinfachung vornehmen und annehmen, daß die beiden Risikosituationen $\{R, F(x)\}$ und $\{R, F(x + d)\}$ für beliebiges endliches d gleichen Nutzen liefern. Diesen beiden Risikosituationen muß daher das gleiche Maß des Nutzens zugeordnet werden. Die beiden Risikosituationen unterscheiden sich durch das vor Abwicklung der Versicherungen vorhandene Kapital, das ist im ersten Fall

$$K_1 = R + \int_{-\infty}^{+\infty} x\, dF(x)$$

und im zweiten Fall

$$K_2 = R + \int_{-\infty}^{+\infty} x\, dF(x + d) = R - d + \int_{-\infty}^{+\infty} x\, dF(x)\,.$$

Es ist aber leicht zu zeigen, daß die Verteilung des Endkapitals z nach Abwicklung der Versicherungen in beiden Fällen die gleiche ist. Seien s_1 der nach $F(x)$ verteilte Schaden auf Grund der ersten Risikosituation, s_2 der nach $F(x + d)$ verteilte Schaden auf Grund der zweiten Risikosituation, $G_1(z_1)$ die Verteilung des Endkapitals z_1 und $G_2(z_2)$ die Verteilung des Endkapitals z_2, dann gilt:

$$G_1(z_1) = W\{K_1 - s_1 < z_1\} = 1 - F(K_1 - z_1 + 0)$$
$$= 1 - F\left[R + \int_{-\infty}^{+\infty} x\, dF(x) - z_1 + 0\right],$$

$$G_2(z_2) = W\{K_2 - s_2 < z_2\} = 1 - F(K_2 - z_2 + d + 0)$$

$$= 1 - F\left[R - d + \int_{-\infty}^{+\infty} x\,dF(x) - z_2 + d + 0\right] = 1 - F\left[R + \int_{-\infty}^{+\infty} x\,dF(x) - z_2 + 0\right].$$

Daraus folgt

$$G_1(z) = G_2(z)\,.$$

Wir können nun die Risikosituation jeweils durch eine einzige Verteilungsfunktion $G(z)$ beschreiben. Dabei verzichten wir darauf, die freie Reserve und die Schadenverteilung getrennt zu betrachten und begnügen uns damit, die Risikosituation lediglich auf Grund der Verteilung des Endkapitals zu beurteilen.

Da $G(z)$ die Verteilungsfunktion des Endkapitals darstellt, gilt

$$G(z) = 1 - F(R + P - z + 0)\,,$$

wobei

$$P = \int_{-\infty}^{+\infty} x\,dF(x)$$

den Erwartungswert der Schadenssumme bezeichnet.

2.4 Wir betrachten zunächst Risikosituationen spezieller Art. Es sei $G(z) = \varepsilon(z - R)$ mit $\varepsilon(z - R) = 0$ für $z \leqq R$ und $\varepsilon(z - R) = 1$ für $z > R$. Eine solche Verteilungsfunktion beschreibt den sicheren Eintritt des Ereignisses $z = R$. Auf eine Risikosituation angewendet bedeutet sie, daß die Gesellschaft ein Endkapital in der Höhe von R mit Sicherheit[1] erwarten kann.

Wir wollen nun ein Maß für den Nutzen von Risikosituationen der Gestalt $\varepsilon(z - R)$ einführen. Der Nutzen dieser Risikosituation kann offenbar dem Nutzen eines Geldbetrages in der Höhe von R gleichgesetzt werden, da ja die Gesellschaft gerade diesen Betrag mit Sicherheit als Endkapital erwarten kann. Wir können also den Nutzen der Risikosituation $N\{\varepsilon(z - R)\}$ als Funktion $n(R)$ einführen und diese Funktion als den Nutzen des Geldwertes bezeichnen.

Um zu einer vernünftigen Bewertung des Nutzens zu gelangen, ist es offenbar notwendig, $n(R)$ als stetig und monoton steigend in R vorauszusetzen. Die Stetigkeit muß deshalb gefordert werden, weil ein genügend kleiner Geldzuwachs vernünftigerweise auch nur zu einem entsprechend kleinen Nutzenzuwachs führen soll. Da einer Zunahme des Geldbetrages keine Abnahme des Nutzens entsprechen soll, muß die Funktion $n(R)$ monoton sein. Ansonsten ist es zunächst nicht notwendig, weitere Eigenschaften der Funktion $n(R)$, wie etwa die Differenzierbarkeit, vorauszusetzen.

[1] Das heißt, mit der Wahrscheinlichkeit 1.

Als nächstes betrachten wir Risikosituationen, die durch Verteilungsfunktionen der Gestalt $G(z) = a\,\varepsilon(z - R_1) + (1 - a)\,F(z)$ mit $0 < a < 1$ charakterisiert sind. Sie entsprechen der Situation einer Gesellschaft, die mit der Wahrscheinlichkeit a ein Endkapital in der Höhe von R_1 und mit der Wahrscheinlichkeit $1 - a$ ein nach $F(z)$ verteiltes Endkapital erwartet. Wir definieren nun den Nutzen einer solchen Risikosituation wie folgt:

Definition:

$$\begin{aligned} &N\{a\,\varepsilon(z - R_1) + (1 - a)\,F(z)\} \\ &= aN\{\varepsilon(z - R_1)\} + (1 - a)\,N\{F(z)\} \\ &= an(R_1) + (1 - a)\,N\{F(z)\}\,. \end{aligned} \tag{4.2.1}$$

Daraus folgt für $\sum_{i=1}^{n} a_i = 1$ und $a_i > 0$

$$N\left\{\sum_{i=1}^{n} a_i\,\varepsilon(z - R_i)\right\} = \sum_{i=1}^{n} a_i\,n(R_i)\,. \tag{4.2.2}$$

Betrachtet man (4.2.2) als RIEMANNsche Summe eines Integrals, dann folgt weiter

$$N\left\{\int_{-\infty}^{+\infty} \varepsilon(z - y)\,dG(y)\right\} = \int_{-\infty}^{+\infty} n(y)\,dG(y)\,. \tag{4.2.3}$$

Offensichtlich läßt sich jede Verteilungsfunktion $G(z)$ in der Form

$$G(z) = \int_{-\infty}^{+\infty} \varepsilon(z - y)\,dG(y) \tag{4.2.4}$$

darstellen, so daß wir allgemein den Nutzen einer durch die Verteilungsfunktion $G(z)$ charakterisierten Situation wie folgt darstellen können:

$$N\{G(z)\} = \int_{-\infty}^{+\infty} n(y)\,dG(y)\,. \tag{4.2.5}$$

Gehen wir nun von der Verteilungsfunktion $G(z)$ des Endkapitals auf die Schadensverteilung $F(x)$ zurück, dann folgt aus (4.2.5)

$$N\{R, F(x)\} = \int_{0}^{\infty} n(R + P - x)\,dF(x)\,. \tag{4.2.6}$$

Man sieht leicht, daß die hier auf Grund einer vorgegebenen Funktion $n(R)$ eingeführte Bewertung des Nutzens eindeutig ist, da die in (4.2.2) angegebene Beziehung unabhängig davon ist, ob die Zusammenfassung der n-Verteilungsfunktionen $\varepsilon(z - R_i)$ in einem Schritt oder sukzessive in mehreren Schritten erfolgt.

2.5 Wir wollen den Vorgang der Einführung eines Maßes für den Nutzen kurz kritisch beleuchten. Das Ziel der Einführung eines Maßes für den Nutzen war, jeder Risikosituation, also jeder Verteilungsfunktion $G(z)$, einen numerischen Wert zuzuordnen. Die für die Bewertung der Risikosituationen vorgegebene Ordnung sollte auch in den zugeordneten Zahlen erhalten bleiben. Tatsächlich sind wir jedoch in 2.4 etwas anders vorgegangen. Wir haben zwar für den Nutzen des Geldwertes eine monotone Funktion $n(R)$ eingeführt, so daß die vernünftige Ordnung der Risikosituationen $\varepsilon(z-R)$ gewahrt bleibt. Im weiteren haben wir jedoch den Weg, die Ordnung der Risikosituationen auf die Ordnung des numerischen Maßes des Nutzens zu übertragen, verlassen. Wir haben vielmehr durch (4.2.1) bzw. (4.2.5) ein Maß für den Nutzen beliebiger Risikosituationen, deren Verteilungsfunktionen nicht von der Gestalt $\varepsilon(z-R)$ sind, definiert. Damit haben wir den umgekehrten Weg beschritten und für diese Risikosituationen eine Ordnung auf Grund der vorgegebenen Ordnung des Maßes des Nutzens eingeführt.

Wenn sich auch zeigen läßt, daß diese Vorgangsweise zu keinem Widerspruch führt, so könnte doch die Frage gestellt werden, ob es nicht ein anderes, sinnvolleres Maß für den Nutzen gibt. Eine solche Kritik kann sich offenbar nicht gegen das Maß $n(R)$ richten, da die für dieses Maß vorausgesetzten Eigenschaften der Stetigkeit und der Monotonität wohl begründet sind. Die Einführung eines Maßes für alle übrigen durch Verteilungsfunktionen der Gestalt (4.2.4) charakterisierten Risikosituationen folgt aber aus der Definition (4.2.1). Es muß also nur noch geprüft werden, ob diese Definition sinnvoll ist.

Vielfach werden zur Einführung eines Maßes für den Nutzen Axiome zu Hilfe genommen, die eine vernünftige Ordnung der Verteilungsfunktionen $G(z)$ herbeiführen[1]. Anschließend wird ein Maß für den Nutzen eingeführt, das dieser Ordnung entspricht. Aber auch die Axiome reichen zu einer eindeutigen Ableitung der durch (4.2.5) gegebenen Beziehung nicht aus. Insbesondere kann das Maß des Nutzens statt durch (4.2.5) auch durch

$$\varphi\{N[G(z)]\} = \int_{-\infty}^{+\infty} \varphi\{n(y)\}\, dG(y) \tag{4.2.7}$$

etwa für stetige und monotone Funktionen $\varphi(N)$ definiert werden. Dies entspricht

$$\begin{aligned}&\varphi\{N[\alpha\,\varepsilon(z-R_1)+(1-\alpha)\,F(z)]\}\\ &=\alpha\,\varphi\{n(R_1)\}+(1-\alpha)\,\varphi\{F(z)\}\,.\end{aligned}$$

Aus dieser Formel läßt sich (4.2.7) in der gleichen Weise herleiten wie (4.2.5) aus (4.2.1).

2.6 Für die numerische Darstellung des Nutzens einer Risikosituation ist es nur mehr erforderlich, eine stetige und monotone Funktion

[1] K. Borch [*12*] und die dort angegebene Literatur.

$n(R)$ einzuführen, die den Nutzen des Geldes darstellt. Die Wahl einer solchen Funktion ist keineswegs eindeutig. Von dem Gedanken ausgehend, daß der Zuwachs des Nutzens bei der Erhöhung eines vorhandenen Geldbetrages um einen festen Wert von der Höhe dieses Geldbetrages abhängen soll, hat BERNOULLI den Nutzen als Logarithmus des Geldbetrages definiert. Er setzte $n(x)$ gleich $a \log x$. Damit wird der Zuwachs des Nutzens bei einer Erhöhung des Geldbetrages dem reziproken Wert des vorhandenen Geldbetrages proportional:

$$n(x + dx) - n(x) = a \frac{dx}{x} + o(dx) . \tag{4.2.8}$$

Diese Annahme erscheint sicher plausibel, da man im allgemeinen annehmen kann, daß der Nutzen eines Geldbetrages von etwa 100 Währungseinheiten für jemanden, der nur ein Kapital von 50 Währungseinheiten besitzt, höher sein wird, als für den Besitzer eines Kapitals von einer Million Währungseinheiten. Andererseits weist der von BERNOULLI eingeführte Nutzen gerade für die von uns untersuchten Risikosituationen Nachteile auf. Der Nutzen ist für negative Werte von x nicht definiert. Soll also der Nutzen einer Risikosituation gemäß (4.2.8) dargestellt werden, dann wäre dies nur möglich für $G(0) = 0$, wenn also das Endkapital der Gesellschaft mit der Wahrscheinlichkeit 1 nicht negativ wird. Gilt aber $G(0) > 0$, ist also ein negatives Endkapital bzw. der Ruin der Gesellschaft mit einer von 0 verschiedenen Wahrscheinlichkeit zu erwarten, dann könnte eine solche Risikosituation unter der Voraussetzung von (4.2.8) durch (4.2.5) nicht bewertet werden.

Um diese Schwierigkeiten zu vermeiden, könnte man versuchen, nur den Bereich $x > 0$ heranzuziehen und den Nutzen wie folgt zu definieren:

$$N\{G(z)\} = \int_0^\infty \log z \, dG(z) .$$

In diesem Fall wäre aber für $G_1(z) = G_2(z)$ für $z \geqq 1$ und $G_1(1) = G_1(0) > G_2(0)$ der Nutzen $N\{G_1(z)\}$ größer als der Nutzen $N\{G_2(z)\}$, obwohl $G_1(z)$ eine größere Ruinwahrscheinlichkeit aufweist als $G_2(z)$. Es zeigt sich also, daß die Bewertung des Nutzens nach BERNOULLI – ganz abgesehen von den rechnerischen Schwierigkeiten, die sich bei der Auswertung des den Nutzen darstellenden Integrales ergeben – für die Bewertung von Risikosituationen der hier betrachteten Art nicht zweckmäßig erscheint.

2.7 Die bei der Annahme von BERNOULLIS Nutzenbewertung auftretenden Schwierigkeiten rühren vor allem daher, daß der Nutzen für negative Geldwerte, also für Schulden, nicht definiert ist. Es ist daher naheliegend, für die Nutzenfunktion $n(x)$ nur solche Funktionen heranzuziehen, die für den gesamten Bereich $-\infty < x < +\infty$ definiert sind. Da, wie bereits dargelegt wurde, der Zuwachs des Nutzens bei konstanter Kapitalserhöhung mit steigendem Kapital nicht höher werden soll, ist eine solche Funktion $n(x)$ jedenfalls nicht progressiv steigend anzunehmen. Handelt es sich um eine zweimal differenzierbare Funktion, dann soll also $\frac{d^2}{dx^2} n(x) \leq 0$ gelten. Eine Funktion, die diese Voraussetzungen erfüllt, ist z. B.

$$n(x) = A - e^{-ax}. \tag{4.2.9}$$

Diese Funktion ist in x monoton steigend, sie ordnet dem Geldbetrag 0 den Nutzen $A - 1$ zu und strebt für unbegrenzt wachsende Werte von x gegen A.

Auch diese Wahl der Funktion $n(x)$ garantiert nicht, daß das Integral (4.2.5) existiert. Dies ist offenbar nur dann der Fall, wenn $G(z)$ für gegen $-\infty$ strebendes z stärker gegen 0 strebt als e^{-az} gegen $+\infty$. Wir wollen nun am Beispiel der Normalverteilung zeigen, welchen Wert die Funktion $n(x)$ aus (4.2.9) für $A = 1$ und $a = 1$ einer bestimmten Risikosituation zuordnet. Es sei

$$G(z) = \frac{1}{\sqrt{2\pi\sigma^2}} \int_{-\infty}^{z} e^{-\frac{(x-m)^2}{2\sigma^2}} dx.$$

Nach (4.2.5) gilt dann

$$N\{G(z)\} = \frac{1}{\sqrt{2\pi\sigma^2}} \int_{-\infty}^{+\infty} (1 - e^{-x}) e^{-\frac{(x-m)^2}{2\sigma^2}} dx.$$

Daraus folgt

$$N\{G(z)\} = 1 - e^{\frac{\sigma^2}{2} - m}.$$

Der Nutzen ist also um so größer, je größer m und je kleiner σ^2 ist. Nun ist, wie aus Punkt 2.3 hervorgeht, m, der Erwartungswert der Funktion $G(z)$, nichts anderes als die freie Reserve R aus der Risikosituation $\{R, F(x)\}$ und σ^2 die Streuung der Schadensverteilung. Die eingeführte Nutzenfunktion führt also zu recht plausiblen Ergebnissen. Der Nutzen einer Risikosituation wird um so höher bewertet, je größer der Erwartungswert des Endkapitals und je kleiner die Streuung der Schadensverteilung ist.

(4.2.9) hat allerdings den Nachteil, daß sich der numerische Wert des Nutzens für allgemeine Schadensverteilungen nur schwer berechnen läßt. Vielfach erweist es sich als zweckmäßig, Schadensverteilungen durch ihre statistischen Momente zu charakterisieren, also durch den Erwartungswert, durch die Streuung bzw. durch Momente höherer Ordnung. Diese Art der Charakterisierung gewinnt für unsere Überlegungen um so mehr an Bedeutung, als gerade die Momente erster und zweiter

Ordnung, der Erwartungswert und die Streuung, zur Charakterisierung von Versicherungsportefeuilles geeignet sind. Wir werden daher nach einem Maß für den Nutzen $n(x)$ suchen, das eine einfache Behandlung allgemeiner Verteilungsfunktionen durch die Verwendung der Momente der Schadensverteilung gestattet.

2.8 Wir wollen nun verschiedene einfache Formen von $n(x)$ behandeln. Zunächst untersuchen wir eine lineare Funktion $n(x) = ax + b$. Aus (4.2.5) folgt, daß $N\{G(z)\}$ in diesem Fall eine lineare Funktion der freien Reserve R ist. Der Nutzen einer Risikosituation wäre daher unabhängig von den Momenten zweiter und höherer Ordnung der Schadensverteilung. Damit ist aber diese Form von $n(x)$ für die Bewertung des Nutzens von Versicherungsportefeuilles nicht geeignet, da eine solche Bewertung zumindest die Streuung der Schadensverteilung berücksichtigen müßte. Dies geht schon daraus hervor, daß im allgemeinen für die Rückversicherung um so höhere Sicherheitszuschläge zu den Rückversicherungsprämien geleistet werden müssen, je größer die Streuung der das Rückversicherungsportefeuille beschreibenden Schadensverteilung ist.

Ein interessanter Versuch, eine aus zwei verschiedenen linearen Funktionen zusammengesetzte Nutzenfunktion $n(x)$ einzuführen, stammt von K. Borch [*12*]. Aus $n(x) = ax + b$ für $x \geqq 0$ und $n(x) = 0$ für $x < 0$ ergibt sich

$$N\{G(z)\} = N\{R, F(x)\} = a\left\{R + \int\limits_{R+P}^{\infty} [x - (R+P)]\, dF(x)\right\} + bF(R+P)\,.$$

Das Integral auf der rechten Seite ist die Nettoprämie für eine Exzedentenrückversicherung. Diese Rückversicherung verhindert gerade den Ruin der Gesellschaft, da sie alle Schäden abdeckt, soweit sie über die der Gesellschaft zur Verfügung stehenden finanziellen Mittel $R + P$ hinausgehen. Der letzte Ausdruck auf der rechten Seite ist bis auf eine multiplikative Konstante gleich der Wahrscheinlichkeit, daß die Schäden durch die finanziellen Mittel der Gesellschaft gedeckt werden können. Diese Wahrscheinlichkeit ist um so größer, je kleiner die Ruinwahrscheinlichkeit $1 - F(R + P)$ ist. Es erscheint plausibel, daß der Nutzen einer Risikosituation um so höher bewertet wird, je größer die freie Reserve und je kleiner die Ruinwahrscheinlichkeit ist. Es muß allerdings bezweifelt werden, ob es zweckmäßig ist, den Nutzen einer Risikosituation um so höher zu bewerten, je höher die Prämie für eine zur Vermeidung des Ruins abgeschlossene Exzedentenrückversicherung sein muß.

2.9 Um die Nachteile einer linearen Nutzenfunktion $n(x)$ zu vermeiden, hat K. Borch eine Nutzenfunktion der folgenden Gestalt vorgeschlagen:

$$n(x) = Ax^2 + Bx + C\,. \tag{4.2.10}$$

Da es sich hier um eine Funktion zweiten Grades in x handelt, ist zu erwarten, daß bei der Bewertung einer Risikosituation auch Momente zweiter Ordnung auftreten werden. Aus (4.2.5) erhalten wir wegen $G(z) = 1 - F(R + P - z + 0)$ und $P = \int_{-\infty}^{+\infty} x\, dF(x)$ die Beziehung

$$\begin{aligned} N\{G(z)\} &= N\{R, F(x)\} \\ &= \int_{-\infty}^{+\infty} [A(R + P - x)^2 + B(R + P - x) + C]\, dF(x) \\ &= AR^2 + BR + C + A\sigma^2 \end{aligned}$$

mit

$$\sigma^2 = \int_{-\infty}^{+\infty} (P - x)^2\, dF(x).$$

Wie man sieht, ist C der Nutzen von $\varepsilon(0)$, also der Nutzen des Geldbetrages 0. Wir können offenbar ohne Beschränkung der Allgemeinheit $C = 0$ setzen, da C lediglich eine additive Konstante darstellt. Setzen wir weiter $A = -a$ und $B = ab$, dann gilt

$$N\{R, F(x)\} = a(b - R)R - a\sigma^2. \tag{4.2.11}$$

Der Nutzen einer Risikosituation wird für $a > 0$ und $b > 0$ nach dieser Formel im Bereiche $R < \frac{b}{2}$ um so höher bewertet, je größer die freie Reserve R ist. Außerdem nimmt der Nutzen mit steigernder Streuung ab. Dies ist ein recht plausibles Ergebnis, da eine Risikosituation sicher um so besser bewertet werden sollte, je größer die freie Reserve R und je kleiner die Streuung σ^2 ist.

Einen Überblick über die Bewertung eines Geldbetrages in der Höhe R liefert das Diagramm XI. Als Funktion des Geldwertes gesehen, stellt der Nutzen eine Parabel dar. Er nimmt mit steigendem Geldwert immer schwächer zu, um schließlich für $R = \frac{b}{2}$ ein Maximum zu erreichen. Daraus geht hervor, daß die hier eingeführte Bewertung des Nutzens für $R > \frac{b}{2}$ nicht mehr sinnvoll ist, da dann einem steigenden Geldwert ein sinkender Nutzen gegenüber steht. Trotzdem kann (4.2.10) für die hier behandelten Probleme mit Erfolg angewendet werden. Der Versicherer, dessen Risikosituation betrachtet wird, verfügt zunächst über das Kapital $R + P$, von dem er die Schäden zu bezahlen hat. Sein Kapital kann daher nie größer als $R + P$ werden. Arbeitet die Gesellschaft auch als Rückversicherer, dann erhöht sich das Kapital noch um eine Rückversicherungsprämie Q, so daß ihr Gesamtkapital $R + P + Q$ beträgt. Man wird also bei der Wahl der Größe b nur darauf zu achten haben, daß das Gesamtkapital der Gesellschaft $\frac{b}{2}$ nicht übersteigt. In diesem Fall ist die eingeführte Bewertung des Nutzens jedenfalls sinnvoll.

Das Gesamtkapital verringert sich nach Abwicklung der Versicherungen um die Schadenszahlung. Hierbei können beliebig große Schäden mit entsprechender Wahrscheinlichkeit eintreten, so daß bei der Errechnung des Nutzens nach (4.2.10) auf der rechten Seite beliebig große negative Geldwerte, also beliebig große Schulden auftreten können. Die Funktion $n(x)$ ist aber für alle $x < 0$ sinnvoll definiert.

Durch die Einführung eines numerischen Wertes für den Nutzen einer Risikosituation wird eine Brücke zwischen einer mehr oder weniger gefühlsmäßigen Beurteilung und einem mathematischen Kalkül geschlagen. Es liegt in der Natur eines solchen Brückenschlages, daß diese numerische Bewertung nicht eindeutig ist. Wenn wir für die weiteren Untersuchungen in der Hauptsache (4.2.10) als Maß für den Nutzen einführen, dann vor

Diagramm XI

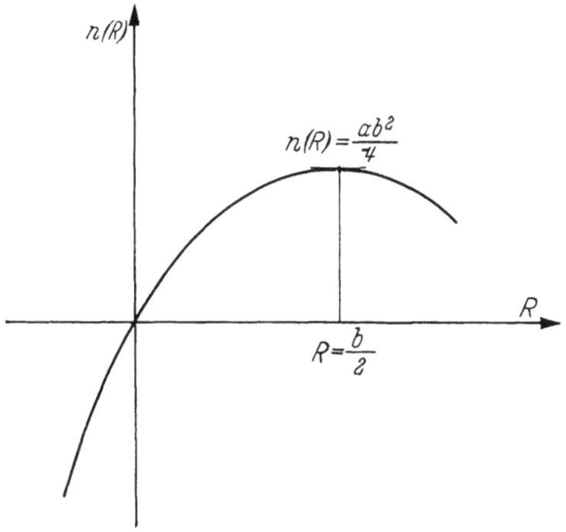

allem deshalb, weil für diesen Fall der Nutzen als eine einfache Funktion des Erwartungswertes R und der Streuung σ^2 des Endkapitals dargestellt werden kann und weil dieser Nutzen, wie bereits dargelegt, in plausibler Weise von R und σ^2 abhängt.

3. Der Rückversicherungsmarkt

3.1 Für die folgenden Untersuchungen wollen wir annehmen, daß ein Rückversicherungsmarkt existiert, an den und von dem Rückversicherungsverträge zu bestimmten festen Bedingungen verkauft bzw. gekauft werden können. Im allgemeinen wird man voraussetzen können, daß sich der Preis für einen Rückversicherungsvertrag aus den Nettoprämien für das rückversicherte Portefeuille und aus einem Sicherheitszuschlag zusammensetzt. Diesen Zuschlag wollen wir vorerst noch nicht näher bestimmen. Wir wollen die Frage nach der besten Rückversicherung stellen.

Auf Grund der in Kapitel 2 durchgeführten Untersuchungen werden wir als beste Rückversicherung jene bezeichnen, die den größten Nutzen für die Versicherungsgesellschaft bietet. Wir müssen also unter allen möglichen Rückversicherungen jene herausfinden, die den Nutzen der Versicherungsgesellschaft zu einem Maximum macht.

Es ist plausibel anzunehmen, daß eine Verringerung der Streuung zu einer Erhöhung des Nutzens führt. Dieser Grundsatz findet seinen Ausdruck zum Beispiel auch darin, daß der Wert des Nutzens nach (4.2.11) mit fallender Streuung zunimmt. Wir wollen zunächst unabhängig von den Rückversicherungsbedingungen feststellen, welche Art der Rückversicherung die Streuung des Versicherungsportefeuilles am stärksten vermindert. Dabei soll vorausgesetzt werden, daß die für die Rückversicherung zu leistenden Nettoprämien einen vorgegebenen konstanten Wert c besitzen.

3.2 Die Rückversicherung sei durch eine Transformation T, anwendbar auf die Schadensvariable x, dargestellt. Es sei Tx jener Betrag, den die Gesellschaft beim Eintritt des Schadens x zu zahlen hat. $x - Tx$ wird vom Rückversicherer bezahlt. Die im weiteren betrachteten Transformationen dieser Art sollen nur insoweit eingeschränkt werden, als Tx Lebesgue-meßbar vorausgesetzt wird.

Wir definieren nun die Klasse der zulässigen Transformationen $\overline{T}$:

Definition:

T ist eine zulässige Transformation, wenn gilt:

(a) $0 \leqq Tx \leqq x$,

(b) $\int\limits_0^\infty (x - Tx)\, dF(x) = c$ mit $0 < c < m = E(x)$,

wobei $F(x)$ die Schadensverteilung ist.

Die Bedingung (a) bedeutet, daß die zu leistende Zahlung nach Abschluß einer Rückversicherung nicht größer als der eingetretene Schaden und nicht kleiner als 0 sein darf. Die Konstante c aus der Bedingung (b) ist offenbar die für die Rückversicherung zu zahlende Nettoprämie. Sie muß größer als 0 und kleiner als die Nettoprämie für das gesamte Versicherungsportefeuille, das ist $E(x) = m$, sein. $c = 0$ würde bedeuten, daß überhaupt keine Rückversicherung abgeschlossen wird, während für $c = m$ das gesamte Versicherungsportefeuille rückversichert wäre. Diese beiden Extremfälle wollen wir hier ausschließen.

Wir führen noch die folgende Bezeichnung ein:

$$\int\limits_0^\infty T\,x\,dF(x) = \overline{m} = m - c\,.$$

Wir suchen nun aus der Klasse $\overline{T}$ der zulässigen Transformationen eine Transformation T^*, welche die Streuung von Tx zu einem Minimum macht.

3.3.

Behauptung:

Es gibt ein und nur ein n_0 mit

$$\int_{n_0}^{\infty} (x - n_0)\, dF(x) = c\,. \tag{4.3.1}$$

Beweis:

Die Funktion

$$H(n) = c - \int_{n}^{\infty} (x - n)\, dF(x)$$

ist stetig, differenzierbar und es gilt $H'(n) \geqq 0$. Insbesondere ist leicht zu zeigen, daß $H'(n) > 0$ für $F(n) < 1$ ist. Die Funktion $H(n)$ ist daher für $F(n) < 1$ monoton steigend im engeren Sinn. Für jedes $\overline{n}$ mit $F(\overline{n}) = 1$ gilt offenbar $H(\overline{n}) = c > 0$. Aus $H(0) = c - m < 0$ folgt daher, daß $H(n)$ für $0 < n < \inf \overline{n}$ monoton steigend im engeren Sinn ist und daß es ein und nur ein n_0 mit $0 < n_0 < \inf \overline{n}$ gibt, für welches $H(n_0) = 0$ ist. Dieses n_0 erfüllt (4.3.1) und damit ist die Behauptung bewiesen.

Wir definieren nun die Transformation T^* durch

$$T^* x = x \text{ für } x < n_0\,,$$
$$T^* x = n_0 \text{ für } x \geqq n_0\,.$$

T^* ist offenbar eine zulässige Transformation, da die Bedingung (a) aus Punkt 3.2 trivialerweise und die Bedingung (b) aus Punkt 3.2 wegen (4.3.1) erfüllt ist. Wie man sieht, handelt es sich bei der durch die Transformation T^* dargestellten Rückversicherung um eine Exzedentenrückversicherung mit dem Maximum n_0. Für die Streuung $\sigma^2(T^*)$ von $T^* x$ erhalten wir die folgende Beziehung:

$$\begin{aligned}\sigma^2(T^*) &= \int_0^{\infty} [T^* x - E(T^* x)]^2\, dF(x)\\ &= \int_0^{\infty} (T^* x - n_0)^2\, dF(x) - (n_0 - \overline{m})^2\\ &= \int_0^{n_0} (x - n_0)^2\, dF(x) - (n_0 - \overline{m})^2\,.\end{aligned}$$

Behauptung:

T^* liefert die minimale Streuung unter allen zulässigen Transformationen $T \in \overline{T}$.

Beweis:

Aus $Tx \leqq x$ folgt $(Tx - n_0)^2 \geqq (x - n_0)^2$ für $x \leqq n_0$. Es gilt daher:

$$\sigma^2(T) = \int_0^\infty [Tx - E(Tx)]^2 \, dF(x) = \int_0^\infty (Tx - n_0)^2 \, dF(x) - (n_0 - \overline{m})^2 \geqq$$

$$\geqq \int_0^{n_0} (Tx - n_0)^2 \, dF(x) - (n_0 - \overline{m})^2 \geqq$$

$$\geqq \int_0^{n_0} (x - n_0)^2 \, dF(x) - (n_0 - \overline{m})^2 = \sigma^2(T^*) \,. \qquad \text{w. z. b. w.}$$

Damit ist gezeigt, daß für eine feste Rückversicherungsprämie c die Transformation T^*, entsprechend einer Exzedentenrückversicherung mit einem Maximum n_0, für alle in der Klasse der zulässigen Transformationen $\overline{T}$ enthaltenen Rückversicherungen die Streuung $\sigma^2(T)$ des verbleibenden Versicherungsportefeuilles zu einem Minimum macht.

Bei der Beurteilung dieses Ergebnisses ist zu beachten, daß lediglich die Nettoprämie c für das rückversicherte Portefeuille fest vorgegeben war und kein Sicherheitszuschlag bezahlt werden mußte. Wir werden später sehen, daß sich in jenen Fällen, in denen neben der Nettoprämie auch ein etwa von der Streuung abhängiger Sicherheitszuschlag zu zahlen ist, die Exzedentenrückversicherung nicht als optimal erweist.

Die Transformation T^* liefert für die Klasse $\overline{T}$ der zulässigen Transformationen eine minimale Streuung. Dies gilt jedoch nicht mehr, wenn wir zu allgemeineren Klassen von Transformationen übergehen. Für diese Klassen von Transformationen muß nämlich die Bedingung $0 \leqq Tx \leqq x$, die wir für die zulässigen Transformationen vorausgesetzt haben, nicht mehr erfüllt sein. Vielmehr kann etwa $Tx > x$ bzw. $x - Tx < 0$ gelten. Der vom Rückversicherer zu bezahlende Betrag ist dann kleiner als 0, das heißt mit anderen Worten, daß der Versicherer im Schadensfall an den Rückversicherer noch einen Betrag in der Höhe von $Tx - x > 0$ zu leisten hat. Ein Rückversicherungsvertrag, der eine solche Zahlung des Versicherers an den Rückversicherer vorsieht, widerspricht der Praxis der Versicherungsverträge und kann als unrealistisch aus unseren Betrachtungen ausscheiden. Es muß allerdings festgehalten werden, daß eine derartige Form der Rückversicherung jedenfalls nicht denkunmöglich ist, sondern lediglich der Praxis widerspricht. Das gleiche gilt für Rückversicherungen, die durch eine Transformation gekennzeichnet sind, für die $Tx < 0$ sein kann. Dies bedeutet nämlich, daß bei Eintritt des Schadens in der Höhe x der Rückversicherer den gesamten Schaden x und darüber hinaus $|Tx| > 0$ an den Versicherer bezahlt. Auch diese Form der Rückversicherung widerspricht zwar der Praxis, ohne jedoch denkunmöglich zu sein.

Beim Übergang von der Klasse $\overline{T}$ der zulässigen Transformationen zu allgemeineren Transformationen wird die Eigenschaft der Transformation T^*, eine minimale Streuung zu liefern, im allgemeinen verloren gehen, das heißt, es wird möglich sein, eine Transformation mit einer geringeren Streuung zu erhalten, als sie T^* liefert.

3.4 Bisher wurde lediglich die Streuung des Versicherungsportefeuilles betrachtet. Ist der Versicherer beim Abschluß der Rückversicherung ausschließlich von dem Wunsch geleitet, die Streuung des ihm verbleibenden Versicherungsportefeuilles bei vorgegebener Nettoprämie für die Rückversicherung möglichst klein zu machen, dann muß er die Rückversicherung auf Grund jener Transformation abschließen, die ihm die minimale Streuung liefert. Wir haben allerdings bisher nicht berücksichtigt, daß für eine Rückversicherung Bruttoprämien zu zahlen sind, die unter anderem einen Sicherheitszuschlag enthalten, dessen Höhe von der Art des rückversicherten Portefeuilles abhängt. Der Versicherer hat daher nicht nur die Streuung des ihm verbleibenden Versicherungsportefeuilles zu beachten; er muß vielmehr allgemeiner die Rückversicherung so abschließen, daß er einen möglichst großen Nutzen daraus zieht. In (4.2.11) haben wir ein Maß für den Nutzen der Risikosituation eines Versicherungsträgers eingeführt. Wir wollen nunmehr untersuchen, für welche Rückversicherungen der Versicherer den größten Nutzenzuwachs erreichen kann.

Zunächst wollen wir annehmen, daß die Rückversicherungsprämie aus der Nettoprämie für das rückversicherte Portefeuille sowie aus einem Sicherheitszuschlag Q zusammengesetzt ist. Dieser Sicherheitszuschlag kann z. B. als Funktion der Nettoprämie für das rückversicherte Portefeuille oder als Funktion der Streuung des rückversicherten Portefeuilles aufgefaßt werden.

Es sei nun R die freie Reserve, $F(x)$ die Schadensverteilung und Q der für eine Rückversicherung zu bezahlende Sicherheitszuschlag. Wir gehen von den Exzedentenrückversicherungen aus und fragen nach jenem Betrag n, der als Maximum für eine Exzedentenrückversicherung gewählt werden muß, damit der durch den Abschluß einer solchen Rückversicherung erreichte Nutzen der Gesellschaft möglichst groß wird. Es sei

$$P = \int_0^\infty x \, dF(x)$$

die Prämie für das gesamte Versicherungsportefeuille,

$$P_1 = \int_0^n x \, dF(x) + n \int_n^\infty dF(x)$$

die Prämie für das der Gesellschaft nach Abschluß des Rückversicherungsvertrages verbleibende Portefeuille und

$$P_r = \int_n^\infty (x - n)\, dF(x)$$

die Nettoprämie für das rückversicherte Portefeuille. Nun ist

$$\sigma^2 = \int_0^\infty (x - P)^2\, dF(x)$$

die Streuung des gesamten Versicherungsportefeuilles,

$$\sigma_1^2 = \int_0^n (x - P_1)^2\, dF(x) + (n - P_1)^2 \int_n^\infty dF(x)$$

die Streuung des der Gesellschaft nach Abschluß des Rückversicherungsvertrages verbleibenden Portefeuilles und

$$\sigma_r^2 = \int_n^\infty (x - n - P_r)^2\, dF(x)$$

die Streuung für das rückversicherte Portefeuille. Die Verteilungsfunktion für den die Gesellschaft nach Abschluß des Rückversicherungsvertrages belastenden Schaden sei $F_1(x)$. Der Nutzen der nach Abschluß des Rückversicherungsvertrages entstehenden Risikosituation kann nach (4.2.11) wie folgt dargestellt werden:

$$N\{R - Q, F_1(x)\} = a(b - R + Q)(R - Q) - a\sigma_1^2, \qquad a > 0,\ \mathrm{b} > 2R\,. \tag{4.3.2}$$

Hierbei wurde die freie Reserve um den zu zahlenden Sicherheitszuschlag Q vermindert. Wir suchen nun jenen Wert von n, für welchen der eben angegebene Ausdruck sein Maximum erreicht.

Man sieht leicht, daß (4.3.2) beschränkt ist. Außerdem ist (4.3.2) als Funktion von n offenbar überall dort differenzierbar, wo Q und σ_1^2 differenzierbar sind. Wir wollen das Maximum in einem einfachen Spezialfall ermitteln, und zwar sei $Q = Q(P_r) = \lambda P_r$ und $F(x)$ sei stetig in x. Es gilt

$$\frac{dN\{R - Q, F_1(x)\}}{dn} = a(2R - 2\lambda P_r - b)\lambda \frac{dP_r}{dn} - a\frac{d\sigma_1^2}{dn}\,. \tag{4.3.3}$$

Aus

$$\frac{dP_r}{dn} = -[1 - F(n)]$$

und

$$\frac{d\sigma_1^2}{dn} = 2[1 - F(n)] \int_0^n F(x)\, dx$$

folgt daher

$$\frac{dN\{R-Q, F_1(x)\}}{dn} = a\,\lambda\,(b - 2\,R + 2\,\lambda\,P_r)\,[1 - F(n)] - 2\,a\,[1 - F(n)] \int\limits_0^n F(x)\,dx\,.$$

Nun ist

$$\frac{dN\{R-Q, F_1(x)\}}{dn} = 0 \tag{4.3.4}$$

für

$$\lambda\,[b - 2\,R + 2\,\lambda \int\limits_n^\infty (x-n)\,dF(x)] = 2 \int\limits_0^n F(x)\,dx\,.$$

Wie man sieht, hat diese Gleichung genau eine Lösung in n und N nimmt für dieses n seinen maximalen Wert an. Betrachtet man anstelle von (4.3.3) jeweils die rechtsseitige und die linksseitige Ableitung von N und n in den Unstetigkeitsstellen von $F(n)$, dann ist wegen der Stetigkeit von N leicht zu sehen, daß auch für unstetige Schadensverteilungen $F(x)$ die eindeutige Lösung n von (4.3.4) das Maximum von N ergibt.

Für allgemeinere Sicherheitszuschläge Q, insbesondere für einen Sicherheitszuschlag Q, der lediglich als Funktion von σ_r^2 gegeben ist, muß die Gleichung (4.3.4) nicht unbedingt genau eine Lösung besitzen. Es ist in diesem Fall auch möglich, daß der Extremwert von N für $n = 0$ oder für $n = \infty$ angenommen wird.

3.5 Analoge Ergebnisse lassen sich für wesentlich allgemeinere Funktionen N erzielen. Wird N lediglich nach R und nach σ^2 differenzierbar vorausgesetzt, dann muß offenbar

$$\frac{d}{dn} N\{R - Q, F_1(x)\} = \frac{\partial N}{\partial \sigma^2}\frac{d\,\sigma_1^2}{dn} - \frac{\partial N}{\partial R}\frac{dQ}{dn}$$

gelten. Es ist leicht zu sehen, daß für

$$\frac{\partial N}{\partial \sigma^2} < 0\,, \quad \frac{\partial N}{\partial R} > 0$$

die Gleichung

$$\frac{d}{dn} N\{R - Q, F_1(x)\} = 0$$

wiederum genau eine Lösung in n besitzt.

Steigt der vom Rückversicherungsmarkt verlangte Sicherheitszuschlag Q in Abhängigkeit von der Streuung σ_r^2 zu stark an, dann wird die Exzedentenrückversicherung nicht mehr optimal sein. In diesem Falle muß unter allen zulässigen Transformationen T, durch welche die Rückversicherung wie in Punkt **3.2** dargestellt werden kann, jene gesucht werden, welche unter Zugrundelegung der Bedingungen des Rückversicherungsmarktes den Nutzen für das der Gesellschaft nach Abschluß des Rückversicherungsvertrages verbleibende Versicherungsportefeuille zu einem Maximum macht.

3.6 Wir haben bisher die Situation einer Versicherungsgesellschaft gegenüber einem Rückversicherungsmarkt betrachtet und für diesen Fall die Frage nach der Art der besten Rückversicherung gestellt. Je nach den Bedingungen, zu denen auf dem Rückversicherungsmarkt rückversicherte Verträge untergebracht werden können bzw. zu denen vom Rückversicherungsmarkt Rückversicherungsverträge übernommen werden können, stellt sich die Frage nach der besten Rückversicherung grundsätzlich als Extremalproblem dar. Es ist lediglich das Verhalten einer einzigen Gesellschaft zu untersuchen und dieses Verhalten muß in einer bestimmten Weise optimal gewählt werden. Ganz andere Probleme treten in dem Augenblick auf, in dem nicht mehr das Verhalten einer einzigen Versicherungsgesellschaft gegenüber einem Rückversicherungsmarkt untersucht wird, sondern das Verhalten zweier Gesellschaften zueinander, wobei jede dieser Gesellschaften gegenüber der anderen sowohl als Erstversicherer als auch als Rückversicherer auftritt. Während für den Fall einer einzigen Versicherungsgesellschaft das Maximum der Nutzenfunktion für die Risikosituation dieser Gesellschaft gesucht ist, muß bei der Betrachtung zweier Versicherungsgesellschaften, die wechselseitig Rückversicherungsverträge abschließen, damit gerechnet werden, daß beide Gesellschaften die Nutzenfunktionen für ihre Risikosituationen maximieren wollen. Man wird erwarten, daß unter diesen Voraussetzungen nicht in jedem Fall eine für beide Versicherungsgesellschaften optimale Lösung ohne weiteres gefunden werden kann, da anzunehmen ist, daß die Vergrößerung des Nutzens der einen Gesellschaft vielfach nur auf Kosten des Nutzens der anderen Gesellschaft vorgenommen werden kann. Zwischen den beiden Gesellschaften besteht daher ein Interessenkonflikt, der zu neuen Problemen führt, die wir im folgenden behandeln wollen.

4. Rückversicherung zwischen zwei Gesellschaften

4.1 In diesem Abschnitt behandeln wir den Fall zweier Versicherungsgesellschaften, die von einer gegebenen Risikosituation ausgehend wechselseitig Teile ihres Versicherungsportefeuilles gegen die Bezahlung bestimmter Prämien der anderen Gesellschaft überlassen. Der Abschluß eines Rückversicherungsvertrages ist für eine Gesellschaft nur dann sinnvoll, wenn es ihr gelingt, auf diese Weise ihre Risikosituation zu verbessern, also ihren Nutzen zu erhöhen. Beide Versicherungsgesellschaften werden also nur dann Rückversicherungsverträge abschließen, wenn sie hierdurch beide ihren Nutzen erhöhen können. Sie werden außerdem bestrebt sein, ihre Risikosituation möglichst weitgehend zu verbessern, also einen möglichst großen Nutzenzuwachs zu erreichen.

Vor dem Abschluß der Rückversicherungsverträge sei die Risikosituation für die erste Versicherungsgesellschaft durch $\{R_1, F_1(x)\}$ und die Risikosituation für die zweite Versicherungsgesellschaft durch $\{R_2, F_2(y)\}$ gegeben. Die beiden Gesellschaften sollen nicht Teile ein und desselben Risikos versichert haben, das heißt, daß die zu erwartenden Schadenszahlungen, also x für die erste und y für die zweite Versicherungsgesellschaft, stochastisch unabhängig voneinander sein sollen. Für die Bewertung des Nutzens wählen wir die Funktion (4.2.11). Für die beiden Gesellschaften ergibt sich daher vor dem Abschluß der Rückversicherungsverträge der folgende Nutzen:

$$\text{Gesellschaft } 1: N\{R_1, F_1(x)\} = a(b - R_1) R_1 - a\sigma^2(F_1).$$

$$\text{Gesellschaft } 2: N\{R_2, F_2(y)\} = a(b - R_2) R_2 - a\sigma^2(F_2).$$

Wir haben damit für beide Gesellschaften die gleiche Bewertung, also die gleiche Nutzenfunktion angenommen. Dies bedeutet insofern eine Einschränkung, als im allgemeinen damit zu rechnen ist, daß die beiden Gesellschaften den Nutzen einer Risikosituation unterschiedlich bewerten. Selbst für den Fall, daß sowohl die erste als auch die zweite Gesellschaft eine Bewertung entsprechend der Formel (4.2.11) anwenden, ist mit einer unterschiedlichen Wahl der Konstanten a und b zu rechnen. Wir werden später auf den allgemeinen Fall unterschiedlicher Konstanten a und b zurückkommen. Zunächst wollen wir jedoch die gleiche Bewertung durch beide Gesellschaften voraussetzen.

Nunmehr soll zwischen den beiden Gesellschaften ein gegenseitiger Rückversicherungsvertrag der folgenden Art abgeschlossen werden:

1. Die Gesellschaft 1 zediert der Gesellschaft 2 ein Versicherungsportefeuille mit der Schadensverteilung $G_1(x)$ und zahlt dafür die Nettoprämie $P_1 = \int_0^\infty x\,dG_1(x)$ sowie einen Sicherheitszuschlag Q_1.

2. Die Gesellschaft 2 zediert der Gesellschaft 1 ein Versicherungsportefeuille mit der Schadensverteilung $G_2(y)$ und zahlt dafür die Nettoprämie $P_2 = \int_0^\infty y\,dG_2(y)$ sowie einen Sicherheitszuschlag Q_2.

Nach Abschluß dieses Vertrages sei die Schadensverteilung für die erste Gesellschaft durch $H_1(x)$ und für die zweite Gesellschaft durch $H_2(y)$ gegeben.

Die Bezahlung der Nettoprämien für die rückversicherten Portefeuilles ändert an der freien Reserve der beiden Gesellschaften nichts, da sie den Erwartungswert des nach Abwicklung der Versicherung verbleibenden Endkapitals der Gesellschaft unverändert läßt. Die Sicherheitszuschläge können jedoch jeweils nur auf Kosten der freien Reserve bezahlt werden. Die freie Reserve verändert sich daher für die beiden Gesellschaften wie folgt:

$$R_1 \text{ geht über in } R_1 - Q_1 + Q_2,$$
$$R_2 \text{ geht über in } R_2 + Q_1 - Q_2 .$$

Für $Q_1 - Q_2 = Q$ gilt daher:

$$R_1 \text{ geht über in } R_1 - Q,$$
$$R_2 \text{ geht über in } R_2 + Q .$$

Soll die freie Reserve keiner der beiden Gesellschaften negativ werden, dann muß offenbar $-R_2 \leqq Q \leqq R_1$ sein.

Die Risikosituationen der beiden Gesellschaften verändern sich also wie folgt:

$$\{R_1, F_1(x)\} \text{ geht über in } \{R_1 - Q, H_1(x)\},$$
$$\{R_2, F_2(y)\} \text{ geht über in } \{R_2 + Q, H_2(y)\} .$$

4.2 Beide Gesellschaften werden trachten, ihre Rückversicherungen so abzuschließen, daß sie ihre Risikosituationen möglichst weitgehend verbessern. Sie werden daher bestrebt sein, einen möglichst hohen Nutzenzuwachs zu erreichen. Da wir für beide Gesellschaften die gleiche Bewertung des Nutzens nach (4.2.11) vorausgesetzt haben, können wir ohne Beschränkung der Allgemeinheit den in der Nutzenfunktion auftretenden Faktor $a = 1$ setzen. Das Verhältnis der Nutzen zweier verschiedener Risikosituationen wird dadurch offenbar nicht berührt. Der Nutzen der Risikosituationen, die durch den Abschluß des in Punkt 4.1 erläuterten Rückversicherungsvertrages entstehen, stellt sich nun wie folgt dar:

$$\begin{aligned} &\text{Gesellschaft 1: } (b - R_1 + Q)(R_1 - Q) - \sigma^2(H_1), \\ &\text{Gesellschaft 2: } (b - R_2 - Q)(R_2 + Q) - \sigma^2(H_2) . \end{aligned} \tag{4.4.1}$$

Für $Q = 0$, $H_1(x) = F_1(x)$ und $H_2(y) = F_2(y)$ bezeichnen die obigen Ausdrücke die Bewertung des Nutzens der Risikosituationen der beiden Gesellschaften vor dem Abschluß eines Rückversicherungsvertrages. b muß dabei jedenfalls so gewählt werden, daß die obigen Ausdrücke für alle in Betracht kommenden Werte von Q monoton steigend bzw. fallend in Q bleiben. Praktisch bedeutet dies, daß $b > 2(R_1 + R_2)$ gewählt werden muß.

Um den Nutzen der Risikosituationen nach Abschluß des Rückversicherungsvertrages berechnen zu können, ist es notwendig, $\sigma^2(H_1)$ und $\sigma^2(H_2)$ zu berechnen.

Bezeichnen wir die Schadensverteilung, die der ersten Gesellschaft nach Abtretung des durch $G_1(x)$ gegebenen Portefeuilles verbleibt, mit $\overline{F}_1(x)$ und die analoge Schadensverteilung für die zweite Gesellschaft mit $\overline{F}_2(y)$, dann gilt wegen der Unabhängigkeit von x und y

$$\sigma^2(H_1) = \sigma^2(\overline{F}_1) + \sigma^2(G_2),$$
$$\sigma^2(H_2) = \sigma^2(\overline{F}_2) + \sigma^2(G_1).$$

Für die Berechnung ist es zunächst notwendig, die zedierten Portefeuilles näher zu beschreiben. Es sei der von der ersten Gesellschaft rückversicherte Teil eines Schadens der Höhe x durch $T_1 x$ gegeben, wobei T_1 eine Lebesgue-meßbare Transformation mit der Eigenschaft

$$0 \leqq T_1 x \leqq x$$

ist. In analoger Weise sei das von der zweiten Gesellschaft zedierte Portefeuille durch die Lebesgue-meßbare Transformation T_2 mit der Eigenschaft

$$0 \leqq T_2 y \leqq y$$

gegeben. Bei Eintritt eines Schadens x wird daher die erste Gesellschaft mit $x - T_1 x$ und die zweite Gesellschaft mit $T_1 x$ belastet. In analoger Weise führt ein Schaden y für die zweite Gesellschaft zu einer Belastung von $y - T_2 y$ und für die erste Gesellschaft zu einer Belastung $T_2 y$.

Nun gilt

$$\begin{aligned}
&\sigma^2(F_1)\\
&= E\{[x - E(x)]^2\} = E\{[x - T_1 x - E(x - T_1 x) + T_1 x - E(T_1 x)]^2\}\\
&= \sigma^2(\overline{F}_1) + \sigma^2(G_1) + 2E\{[x - T_1 x - E(x - T_1 x)][T_1 x - E(T_1 x)]\}.
\end{aligned}$$

In gleicher Weise erhalten wir

$$\begin{aligned}
&\sigma^2(F_2)\\
&= \sigma^2(\overline{F}_2) + \sigma^2(G_2) + 2E\{[y - T_2 y - E(y - T_2 y)][T_2 y - E(T_2 y)]\}.
\end{aligned}$$

Setzen wir

$$E\{[x - T_1 x - E(x - T_1 x)][T_1 x - E(T_1 x)]\} = \sigma(\overline{F}_1, G_1),$$
$$E\{[y - T_2 y - E(y - T_2 y)][T_2 y - E(T_2 y)]\} = \sigma(\overline{F}_2, G_2),$$

dann können die Streuungen von $H_1(x)$ und $H_2(y)$ wie folgt dargestellt werden:

$$\begin{aligned}
\sigma^2(H_1) &= \sigma^2(F_1) - \sigma^2(G_1) + \sigma^2(G_2) - 2\sigma(\overline{F}_1, G_1),\\
\sigma^2(H_2) &= \sigma^2(F_2) - \sigma^2(G_2) + \sigma^2(G_1) - 2\sigma(\overline{F}_2, G_2).
\end{aligned} \tag{4.4.2}$$

Wie aus der Darstellung des Nutzens in (4.4.1) hervorgeht, kann dieser für die beiden Gesellschaften in zwei Summanden zerlegt werden, von denen der eine lediglich von der freien Reserve, der andere von der Streuung abhängt. Jede Gesellschaft wird bestrebt sein, die Streuung der Verteilung der sie belastenden Schäden möglichst klein zu halten, um zu einem möglichst großen Nutzen zu gelangen. Da die Wahl der Streuung unabhängig von dem von der ersten Gesellschaft an die zweite Gesellschaft zu bezahlenden Betrag Q ist, können wir die Frage nach der minimalen Streuung zunächst unabhängig von der Frage der Festsetzung von Q behandeln.

4.3 Will die erste Gesellschaft die Streuung der ihr nach Abschluß der gegenseitigen Rückversicherungsverträge verbleibenden Schadensverteilung möglichst niedrig halten, dann muß sie, wie aus (4.4.2) hervorgeht, $\sigma^2(G_2)$ möglichst klein und $\sigma^2(G_1)$ sowie $\sigma(\overline{F}_1, G_1)$ möglichst groß wählen. Offenbar gilt $\sigma^2(H_1) = 0$ für $F_1(x) \equiv G_1(x)$ und $\sigma^2(G_2) = 0$. Dies bedeutet, daß die erste Gesellschaft ihr ganzes Versicherungsportefeuille gegen die Bezahlung der entsprechenden Nettoprämie der zweiten Gesellschaft zediert, ohne von dieser einen Teil ihres Portefeuilles in Rückversicherung zu übernehmen. Diese Regelung führt aber, wie man leicht sieht, zu einem besonders hohen Wert von $\sigma^2(H_2)$. Die zweite Gesellschaft würde daher eine Verminderung ihres Nutzens erleiden und sie könnte nur dann eine solche Vereinbarung eingehen, wenn ihr dafür eine entsprechend hohe Zahlung Q geleistet wird.

Wir werden zunächst zeigen, daß es eine Klasse von Rückversicherungen gibt, für welche sich der Nutzen beider Versicherungsgesellschaften erhöht. Dabei gehen wir von der Überlegung aus, daß eine Vergrößerung von $\sigma^2(G_1)$ zu einer Verminderung von $\sigma^2(H_1)$ und zu einer Erhöhung von $\sigma^2(H_2)$ in gleichem Ausmaß führt und umgekehrt. Das gleiche gilt für eine Veränderung von $\sigma^2(G_2)$. Durch eine Veränderung von $\sigma^2(G_1)$ und $\sigma^2(G_2)$ kann also die Streuung $\sigma^2(H_1)$ nur dann vermindert werden, wenn gleichzeitig eine Erhöhung der Streuung $\sigma^2(H_2)$ in gleichem Ausmaß in Kauf genommen wird. Anders ausgedrückt, kann durch eine Veränderung von $\sigma^2(G_1)$ und $\sigma^2(G_2)$ der Nutzen der einen Gesellschaft nur auf Kosten des Nutzens der anderen Gesellschaft vergrößert werden. Bei der Wahl von $\sigma^2(G_1)$ und $\sigma^2(G_2)$ haben wir es also mit einem echten Interessenkonflikt der beiden Gesellschaften zu tun. Ein analoger Konflikt tritt naturgemäß bei der Wahl von Q auf, da jede Vergrößerung des Nutzens der einen Gesellschaft durch eine entsprechende Wahl von Q nur auf Kosten des Nutzens der anderen Gesellschaft erfolgen kann.

Da die Wahl der Größen Q, $\sigma^2(G_1)$ und $\sigma^2(G_2)$ zu einem Interessenkonflikt der beiden Gesellschaften führt, wollen wir zunächst jene Form der Rückversicherung suchen, die für beide Gesellschaften bei vorgegebenen festen Werten von Q, $\sigma^2(G_1)$ und $\sigma^2(G_2)$ den größten Nutzen ergibt. Wie man sieht, hängt der Nutzen in diesem Fall für die erste Gesellschaft nur noch von $\sigma(\overline{F}_1, G_1)$ und für die zweite Gesellschaft nur noch von $\sigma(\overline{F}_2, G_2)$ ab. Diese beiden Ausdrücke müssen ein Maximum erreichen, wenn die beiden Streuungen $\sigma^2(H_1)$ und $\sigma^2(H_2)$ ihr Minimum annehmen sollen. Unter der Voraussetzung vorgegebener Werte von Q, $\sigma^2(G_1)$ und $\sigma^2(G_2)$ ergibt sich daher der größte Nutzen für die beiden

Gesellschaften, wenn $\sigma(\overline{F}_1, G_1)$ und $\sigma(\overline{F}_2, G_2)$ ihren Maximalwert annehmen.

Wir werden zeigen, daß $\sigma(\overline{F}_1, G_1)$ bei vorgegebenem $\sigma^2(G_1)$ für die Transformation $T_1 x \equiv t_1 x$ ein Maximum wird. Es ist

$$\sigma^2(G_1) = \int_0^\infty [T_1 x - E(T_1 x)]^2 \, dF_1(x)$$

die Streuung des von der ersten Gesellschaft zedierten Portefeuilles. Wir definieren nun eine Zahl t_1 wie folgt:

$$t_1^2 = \frac{\sigma^2(G_1)}{\sigma^2(F_1)}. \tag{4.4.3}$$

Offenbar gilt

$$E\{[t_1 x - E(t_1 x)]^2\} = t_1^2 E\{[x - E(x)]^2\} = t_1^2 \sigma^2(F_1), \tag{4.4.4}$$

so daß für $T_1 x = t_1 x$ (4.4.3) erfüllt ist. Wir wollen jede Transformation $T_1 x$ in der Form

$$T_1 x = t_1 x + S_1 x \tag{4.4.5}$$

darstellen, wobei t_1 aus (4.4.3) errechnet wird und S_1 eine neue Transformation darstellt. Nun gilt

$$\begin{aligned}
&\sigma(\overline{F}_1, G_1)\\
&= \int_0^\infty [x - T_1 x - E(x - T_1 x)]\,[T_1 x - E(T_1 x)]\, dF_1(x)\\
&= \int_0^\infty [x - t_1 x - E(x - t_1 x) - S_1 x + E(S_1 x)]\,[t_1 x - E(t_1 x) +\\
&+ S_1 x - E(S_1 x)]\, dF_1(x)\\
&= \int_0^\infty \{[x - E(x)](1 - t_1) - [S_1 x - E(S_1 x)]\}\,\{[x - E(x)]\, t_1 +\\
&+ [S_1 x - E(S_1 x)]\}\, dF_1(x)\\
&= (1 - t_1)\, t_1 \int_0^\infty [x - E(x)]^2\, dF_1(x) +\\
&+ (1 - 2 t_1) \int_0^\infty [S_1 x - E(S_1 x)]\,[x - E(x)]\, dF_1(x) - \int_0^\infty [S_1 x -\\
&- E(S_1 x)]^2\, dF_1(x).
\end{aligned}$$

Aus

$$\sigma^2(G_1) = \int_0^\infty [T_1 x - E(T_1 x)]^2\, dF_1(x) = t_1^2 \sigma^2(F_1)$$

folgt wegen (4.4.5)

$$\begin{aligned}
\sigma^2(G_1) \\
&= \int_0^\infty [T_1 x - E(T_1 x)]^2 \, dF_1(x) = \int_0^\infty [t_1 x + S_1 x - E(t_1 x + S_1 x)]^2 \, dF_1(x) \\
&= \int_0^\infty \{t_1 [x - E(x)] + S_1 x - E(S_1 x)\}^2 \, dF_1(x) \\
&= \sigma^2(G_1) + 2 t_1 \int_0^\infty [x - E(x)] [S_1 x - E(S_1 x)] \, dF_1(x) + \\
&+ \int_0^\infty [S_1 x - E(S_1 x)]^2 \, dF_1(x)
\end{aligned}$$

und daraus

$$2 t_1 \int_0^\infty [x - E(x)] [S_1 x - E(S_1 x)] \, dF_1(x) = - \int_0^\infty [S_1 x - E(S_1 x)]^2 \, dF_1(x) .$$

Wir erhalten daher für $t_1 > 0$

$$\sigma(\overline{F}_1, G_1) = (1 - t_1) t_1 \sigma^2(F_1) - \frac{1}{2t_1} \int_0^\infty [S_1 x - E(S_1 x)]^2 \, dF_1(x) . \qquad (4.4.6)$$

Für $t_1 = 0$ gilt $\sigma^2(G_1) = 0$ und es ist leicht zu sehen, daß entweder $T_1 x \equiv 0$ oder $T_1 x \equiv x$ und $\sigma^2(F_1) = 0$ sein muß. $T_1 x \equiv 0$ bedeutet aber, daß die erste Gesellschaft überhaupt nicht rückversichert. $T_1 x \equiv x$ und $\sigma^2(F_1) = 0$ bedeutet, daß das gesamte Versicherungsportefeuille der ersten Gesellschaft aus einem einzigen mit der Wahrscheinlichkeit 1 eintretenden Schaden besteht und daß dieses Versicherungsportefeuille zur Gänze rückversichert wird. Wir können diese beiden Extremfälle aus unseren Betrachtungen ausscheiden, da für sie, wie man leicht sieht, $\sigma(\overline{F}_1, G_1)$ nicht weiter verändert werden kann. Anders liegt der Fall für $0 < t_1 \leqq 1$. Hier folgt aus (4.4.6), daß $\sigma(\overline{F}_1, G_1)$ für

$$\int_0^\infty [S_1 x - E(S_1 x)]^2 \, dF_1(x) = 0$$

seinen maximalen Wert annimmt. Dies ist aber offenbar gerade dann der Fall, wenn $S_1 x = T_1 x - t_1 x = 0$ für alle x bis auf eine Menge vom Maße Null gilt. Es muß daher fast überall $T_1 x = t_1 x$ gelten.

Damit haben wir gezeigt, daß bei vorgegebener Streuung $\sigma^2(G_1)$ die Transformation $T_1 x = t_1 x$ unter allen Transformationen zum maximalen Wert für den Ausdruck $\sigma(\bar{F}_1, G_1)$ führt. Analog kann man zeigen, daß bei vorgegebener Streuung $\sigma^2(G_2)$ die Transformation $T_2 y = t_2 y$ zum maximalen Wert von $\sigma(\bar{F}_2, G_2)$ führt. Die maximalen Werte von $\sigma(\bar{F}_1, G_1)$ und $\sigma(\bar{F}_2, G_2)$ werden also für vorgegebene $\sigma^2(G_1)$ bzw. $\sigma^2(G_2)$ durch eine Quotenrückversicherung erreicht, wobei t_1 bzw. t_2 den jeweiligen rückversicherten Quotenanteil darstellt.

4.4 Auf Grund der im vorangegangenen Punkt hergeleiteten Quotenrückversicherungen können die in unseren Formeln auftretenden Streuungen wie folgt errechnet werden:

$$\sigma^2(G_1) = \int_0^\infty [t_1 x - E(t_1 x)]^2 \, dF_1(x) = t_1^2 \sigma^2(F_1),$$

$$\sigma^2(G_2) = \int_0^\infty [t_2 y - E(t_2 y)]^2 \, dF_2(y) = t_2^2 \sigma^2(F_2)$$

und

$$\sigma^2(\bar{F}_1) = \int_0^\infty \{(1-t_1)x - E[(1-t_1)x]\}^2 \, dF_1(x) = (1-t_1)^2 \sigma^2(F_1),$$

$$\sigma^2(\bar{F}_2) = \int_0^\infty \{(1-t_2)y - E[(1-t_2)y]\}^2 \, dF_2(y) = (1-t_2)^2 \sigma^2(F_2)$$

sowie

$$\sigma(\bar{F}_1, G_1) = \int_0^\infty \{(1-t_1)x - E[(1-t_1)x]\}\{t_1 x - E(t_1 x)\} \, dF_1(x)$$
$$= (1-t_1)\, t_1 \sigma^2(F_1),$$

$$\sigma(\bar{F}_2, G_2) = \int_0^\infty \{(1-t_2)y - E[(1-t_2)y]\}\{t_2 y - E(t_2 y)\} \, dF_2(y)$$
$$= (1-t_2)\, t_2 \sigma^2(F_2).$$

Daraus folgt wegen (4.4.2)

$$\sigma^2(H_1) = \sigma^2(F_1) - t_1^2 \sigma^2(F_1) + t_2^2 \sigma^2(F_2) - 2(1-t_1)\, t_1 \sigma^2(F_1)$$

und das analoge Resultat für $\sigma^2(H_2)$. Wir erhalten schließlich:

$$\begin{aligned} \sigma^2(H_1) &= (1-t_1)^2 \sigma^2(F_1) + t_2^2 \sigma^2(F_2), \\ \sigma^2(H_2) &= t_1^2 \sigma^2(F_1) + (1-t_2)^2 \sigma^2(F_2). \end{aligned} \qquad (4.4.7)$$

Die Quotenrückversicherung als beste Form des Rückversicherungsvertrages zwischen den beiden Gesellschaften haben wir unter der Voraussetzung hergeleitet, daß Q, $\sigma^2(G_1)$ und $\sigma^2(G_2)$ bereits fest gewählt wurden. Da $\sigma^2(G_1)$ und $\sigma^2(G_2)$ bei einer derartigen Quotenrückversicherung nur von dem Anteil der Quote, also von t_1 bzw. t_2 abhängen, bedeutet dies, daß zur endgültigen Beschreibung des Rückversicherungsvertrages die drei Größen (Q, t_1, t_2) gewählt werden müssen, wobei $-R_2 \leqq Q \leqq R_1$, $0 \leqq t_1 \leqq 1$, $0 \leqq t_2 \leqq 1$ gelten muß. Man kann nun zeigen, daß für $t_1 + t_2 \neq 1$ der Nutzen für beide Gesellschaften vergrößert werden kann, so daß die beste Form der Rückversicherung für beide Gesellschaften nur für $t_1 + t_2 = 1$ gefunden werden kann.

Um dies zu zeigen, gehen wir von zwei beliebigen Werten t_1 und t_2 aus der Menge der zulässigen Werte aus. Offenbar können dann immer zwei Werte t und τ gefunden werden, für welche die folgenden Beziehungen erfüllt sind:

$$t_1 = t + \frac{\tau}{\sigma^2(F_1)}, \qquad t_2 = 1 - t + \frac{\tau}{\sigma^2(F_2)}. \tag{4.4.8}$$

Setzen wir zunächst $\tau \geqq 0$ voraus, dann folgt aus (4.4.8) $t \leqq t_1 \leqq 1$ und $t \geqq 1 - t_2 \geqq 0$. Ebenso erhält man für $\tau \leqq 0$ aus (4.4.8) die Beziehungen $t \geqq t_1 \geqq 0$ und $t \leqq 1 - t_2 \leqq 1$. Es muß daher allgemein $0 \leqq t \leqq 1$ gelten.

Aus

$$\begin{aligned}\sigma^2(H_1) &= (1-t_1)^2\sigma^2(F_1) + t_2^2\sigma^2(F_2)\\ &= \left(1 - t - \frac{\tau}{\sigma^2(F_1)}\right)^2\sigma^2(F_1) + \left(1 - t + \frac{\tau}{\sigma^2(F_2)}\right)^2\sigma^2(F_2)\\ &= (1-t)^2\sigma^2(F_1) + (1-t)^2\sigma^2(F_2) + \frac{\tau^2}{\sigma^2(F_1)} + \frac{\tau^2}{\sigma^2(F_2)}\end{aligned}$$

folgt, daß $\sigma^2(H_1)$ seinen kleinsten Wert für $\tau = 0$ annimmt. Ein analoges Ergebnis läßt sich leicht für $\sigma^2(H_2)$ zeigen. Um die beiden Streuungen $\sigma^2(H_1)$ und $\sigma^2(H_2)$ so klein wie möglich zu halten, müssen daher die Werte t_1 und t_2 so gewählt werden, daß in (4.4.8) $\tau = 0$ gilt. Dies ist aber gerade für $t_1 + t_2 = 1$ der Fall.

Wir haben damit gezeigt, daß für die beste Rückversicherung beider Gesellschaften $t_1 + t_2 = 1$ gelten muß, und wir wollen im folgenden nur mehr Quotenrückversicherungen der Gestalt $t_1 = t$ und $t_2 = 1 - t$ mit $0 \leqq t \leqq 1$ betrachten. Der Rückversicherungsvertrag ist demnach durch die Wahl von Q und t vollständig bestimmt und es folgt aus (4.4.7):

$$\begin{aligned}\sigma^2(H_1) &= (1-t)^2[\sigma^2(F_1) + \sigma^2(F_2)],\\ \sigma^2(H_2) &= t^2[\sigma^2(F_1) + \sigma^2(F_2)].\end{aligned}$$

4.5 Wir haben bisher zeigen können, daß für die durch Q und t beschriebene Rückversicherung zwischen den beiden Gesellschaften die Streuung der die beiden Gesellschaften nach Abschluß der Verträge belastenden Schadensverteilungen ein Minimum wird. Insbesondere geben die Ausdrücke in (4.4.1) den sich ergebenden Nutzen wieder, der mit Hilfe der Nutzenfunktion (4.2.11) ermittelt wird. Wir können jedoch eine etwas allgemeinere Aussage machen und feststellen, daß für jede Nutzenfunktion $N\{R, F(x)\}$ mit $\frac{d}{d\sigma^2(F)} N\{R, F(x)\} \leqq 0$ die beste Rückversicherung für beide Gesellschaften eine Quotenrückversicherung mit den Quoten t bzw. $(1-t)$ ist, da die bisherigen Ergebnisse lediglich in bezug auf die minimale Streuung von $H_1(x)$ bzw. $H_2(y)$ abgeleitet wurden. Jede Nutzenfunktion, die mit steigender Streuung abnimmt, erreicht daher für die niedrigste Streuung ihren höchsten Wert.

Solange über die Nutzenfunktion keine genaueren Angaben vorliegen, läßt sich die beste Form der Rückversicherung ohne weitere Voraussetzungen nicht genauer beschreiben. Gehen wir jedoch wieder auf die Nutzenfunktion (4.2.11) zurück, dann lassen sich die Nutzen für die nach Abschluß des gegenseitigen Rückversicherungsvertrages vorliegenden Risikosituationen wie folgt darstellen:

$$\begin{aligned} \text{Gesellschaft 1: } & N\{R_1 - Q, H_1(x)\} \\ & = (R_1 - Q)(b - R_1 + Q) - (1-t)^2 [\sigma^2(F_1) + \sigma^2(F_2)], \end{aligned} \tag{4.4.9}$$

$$\begin{aligned} \text{Gesellschaft 2: } & N\{R_2 + Q, H_2(y)\} \\ & = (R_2 + Q)(b - R_2 - Q) - t^2 [\sigma^2(F_1) + \sigma^2(F_2)]. \end{aligned} \tag{4.4.10}$$

In diesem Fall sind genauere Aussagen über die beste Form der Rückversicherung möglich.

4.6 Durch (4.4.9) und (4.4.10) wird der Nutzen für beide Gesellschaften als Funktion von Q und t dargestellt. Jedem Punkt in einer (Q, t)-Ebene entspricht eine bestimmte Rückversicherung mit den zedierten Quoten t bzw. $1-t$ und dem gezahlten Kapital Q. Praktisch kommen jedoch offenbar nur Werte aus dem Bereich $-R_2 \leqq Q \leqq R_1$, $0 \leqq t \leqq 1$ in Betracht.

In der (Q, t)-Ebene betrachten wir nun die Gerade

$$Q = -(b - R_1 - R_2)\,t + \frac{b}{2} - R_2\,. \tag{4.4.11}$$

Von einem festen Punkt (Q_0, t_0) der Geraden (4.4.11) ausgehend, betrachten wir nun die Punkte

$$\begin{aligned} Q &= Q_0 + \tau\,, \\ t &= t_0 + \tau \frac{b - R_1 - R_2}{\sigma^2(F_1) + \sigma^2(F_2)}\,, \end{aligned} \tag{4.4.12}$$

wobei τ alle Werte zwischen $-\infty$ und $+\infty$ durchläuft. Die Menge der Punkte (4.4.12) stellt für feste Werte Q_0 und t_0 eine Gerade dar, welche die Gerade (4.4.11) im Punkt (Q_0, t_0) schneidet. Wir betrachten den Nutzen der beiden Gesellschaften für die Werte (Q, t) der Geraden (4.4.12):

$$N\{R_1 - Q, H_1(x)\} = (R_1 - Q_0 - \tau)(b - R_1 + Q + \tau) -$$
$$- \left(1 - t_0 - \tau \frac{b - R_1 - R_2}{\sigma^2(F_1) + \sigma^2(F_2)}\right)^2 [\sigma^2(F_1) + \sigma^2(F_2)]$$
$$= (R_1 - Q_0)(b - R_1 + Q) - (1 - t_0)^2 [\sigma^2(F_1) + \sigma^2(F_2)] -$$
$$- \tau [2 Q_0 + 2 t_0 (b - R_1 - R_2) - b + 2 R_2] - \tau^2 \left(1 + \frac{b - R_1 - R_2}{\sigma^2(F_1) + \sigma^2(F_2)}\right).$$

Da (Q_0, t_0) (4.4.11) erfüllt, verschwindet der Faktor von τ im obigen Ausdruck. $N\{R_1 - Q, H_1(x)\}$ hat daher in (Q_0, t_0) ein Maximum und nimmt auf (4.4.12) in beiden Richtungen monoton ab. Analog erhalten wir:

$$N\{R_2 + Q, H_2(y)\} = (R_2 + Q_0 + \tau)(b - R_2 - Q_0 - \tau) -$$
$$- \left(t_0 + \tau \frac{b - R_1 - R_2}{\sigma^2(F_1) + \sigma^2(F_2)}\right)^2 [\sigma^2(F_1) + \sigma^2(F_2)]$$
$$= (R_2 + Q_2)(b - R_2 - Q_0) - t_0^2 [\sigma^2(F_1) + \sigma^2(F_2)] -$$
$$- \tau [2 Q_0 + 2 t_0 (b - R_1 - R_2) - b + 2 R_2] -$$
$$- \tau^2 \left(1 + \frac{b - R_1 - R_2}{\sigma^2(F_1) + \sigma^2(F_2)}\right).$$

Auch hier verschwindet wieder der Faktor von τ. Es zeigt sich daher, daß die Nutzenfunktionen für beide Gesellschaften entlang der Geraden (4.4.12) ihr Maximum im Punkte (Q_0, t_0), also auf der Geraden (4.4.11) haben. Beide Nutzenfunktionen verlaufen ansonsten monoton in τ. Es ist nun naheliegend zu fordern, daß beide Gesellschaften für ihren Rückversicherungsvertrag Werte von Q und t aus (4.4.11) auswählen. Wählen beide Gesellschaften nämlich nicht auf (4.4.11) liegende Werte (Q, t), dann betrachtet man die durch (Q, t) gehende Gerade (4.4.12) und sieht sofort, daß der Schnittpunkt dieser Geraden mit der Geraden (4.4.11), also der Punkte (Q_0, t_0), einen höheren Nutzen für beide Gesellschaften sichert. Durch den Übergang vom Punkt (Q, t) zum entsprechenden Punkt (Q_0, t_0) kann also der Nutzen für beide Gesellschaften erhöht werden.

Dieser Übergang von (Q, t) zu (Q_0, t_0) ist jedoch für die Gesellschaft nur dann möglich, wenn (Q_0, t_0) im zulässigen Bereich $-R_2 \leqq Q_0 \leqq R_1$, $0 \leqq t_0 \leqq 1$ liegt. Einen Überblick vermittelt Diagramm XII. Der zulässige Bereich $0 \leqq t \leqq 1$, $-R_2 \leqq Q \leqq R_1$ wird durch das im Diagramm angegebene Rechteck dargestellt. Die Gerade (4.4.11) ist die durch die Punkte A und F gehende Gerade g. Vom Punkt (Q, t) ausgehend gelangt man auf der Geraden g_0 zum Punkt (Q_0, t_0), wobei sich der Nutzen für beide Gesellschaften vergrößert. Offenbar ist es möglich, von allen Punkten innerhalb des zulässigen Bereiches, die oberhalb der Geraden g_2 und unterhalb der Geraden g_1 liegen, in gleicher Weise zu einem Punkt auf der Strecke $\overline{AF}$ zu gelangen, und es wurde bereits gezeigt, daß damit nur eine Verbesserung des Nutzens für beide Gesellschaften verbunden sein kann.

Anders liegt der Fall, wenn es sich um Punkte aus den schraffierten Bereichen $|ABC|$ bzw. $|DEF|$ handelt. Wohl ist es auch hier möglich, entlang einer zu g_0 parallelen Geraden zu einem Punkt der Geraden g zu gelangen, doch liegt dieser Punkt dann außerhalb des zulässigen Bereiches. Da die Nutzenfunktionen für beide Gesellschaften jedoch oberhalb und unterhalb der Geraden g entlang von zu g_0 parallelen Geraden monoton sind, kann leicht gezeigt werden, daß von jedem Punkt aus den schraffierten Bereichen ausgehend eine Verbesserung des Nutzens für beide Gesellschaften dadurch erreicht werden kann, daß zu einem Punkt auf der Strecke $\overline{AC}$ bzw. $\overline{EF}$ übergegangen wird.

Die Steigung der Geraden g hängt von der Wahl von b ab. g verläuft

Diagramm XII

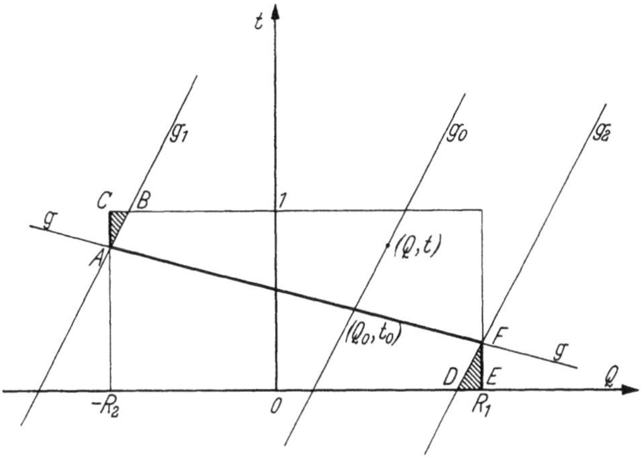

um so flacher, je größer b gewählt wird. Für den kleinsten möglichen Wert von b, das ist $b = 2\,R_1 + 2\,R_2$, lautet die Gleichung von g wie folgt:

$$Q = -\,t\,(R_1 + R_2) + R_1\,.$$

In diesem Fall geht g durch C und E, so daß die schraffierten Bereiche verschwinden.

Risikosituationen, die durch einen auf $\overline{CA}$, $\overline{AF}$ oder $\overline{FE}$ gelegenen Punkt charakterisiert sind, können nicht mehr in der Weise verändert werden, daß sich der Nutzen für beide Gesellschaften erhöht. Auf dem angeführten Streckenzug ergibt sich vielmehr ein echter Interessenkonflikt zwischen den beiden Gesellschaften. Im einzelnen ergeben sich die folgenden Nutzen:

Auf $\overline{AC}$:

$$N\,\{R_1 - Q,\,H_1\,(x)\} = (R_1 + R_2)\,(b - R_1 - R_2) - (1 - t)^2\,[\sigma^2\,(F_1) + \sigma^2\,(F_2)]\,,$$
$$N\,\{R_2 + Q,\,H_2\,(y)\} = -\,t^2\,[\sigma^2\,(F_1) + \sigma^2\,(F_2)]\,. \qquad (4.4.13)$$

Auf $\overline{AF}$:

$$N\{R_1 - Q, H_1(x)\} = \frac{b^2}{4} - (1-t)^2\,[(b - R_1 - R_2)^2 + \sigma^2(F_1) + \sigma^2(F_2)]\,,$$
$$N\{R_2 + Q, H_2(y)\} = \frac{b^2}{4} - t^2\,[(b - R_1 - R_2)^2 + \sigma^2(F_1) + \sigma^2(F_2)]\,. \tag{4.4.14}$$

Auf $\overline{EF}$:

$$N\{R_1 - Q, H_1(x)\} = -(1-t)^2\,[\sigma^2(F_1) + \sigma^2(F_2)], \tag{4.4.15}$$
$$N\{R_2 + Q, H_2(y)\} = (R_1 + R_2)(b - R_1 - R_2) - t^2\,[\sigma^2(F_1) + \sigma^2(F_2)]\,.$$

Wie man sieht, läßt sich in den drei Bereichen der Nutzen der ersten Gesellschaft nur vergrößern, wenn gleichzeitig der Nutzen der zweiten Gesellschaft verringert wird und umgekehrt. In dieser Form der Darstellung sind die Nutzenfunktionen als Funktionen in t angegeben.

4.7 Die Nutzenfunktionen wurden im Vorigen als Funktionen von t angegeben. Wie man sieht, ist $N\{R_1 - Q, H_1(x)\}$, das ist der Nutzen der ersten Gesellschaft nach Abschluß der Rückversicherungen, auf dem Streckenzug $\overline{CAFE}$ mit steigendem t steigend, während $N\{R_2 + Q, H_2(y)\}$, das ist der Nutzen der zweiten Gesellschaft, auf dem genannten Streckenzug mit steigendem t fällt. Da $b < \infty$ ist, besitzt die Gerade g, auf welcher die Strecke $\overline{AF}$ liegt, eine nicht verschwindende Steigung. t kann daher als Parameter auf $\overline{CAFE}$ dienen. Jedem Wert t mit $0 \leqq t \leqq 1$ entspricht genau ein Punkt des Streckenzuges und genau eine Rückversicherung.

Wir betrachten zunächst die beiden Endpunkte des Streckenzuges. C ist der Punkt $(-R_2, 1)$. Er entspricht also einer Rückversicherung mit $Q = -R_2$, $t = 1$. Dies bedeutet, daß die zweite Gesellschaft ihre gesamte Reserve R_2 an die erste Gesellschaft abgibt, während sie gleichzeitig das gesamte Versicherungsportefeuille der ersten Gesellschaft übernimmt. Es ist offensichtlich, daß diese Rückversicherung der ersten Gesellschaft den größten Nutzen bringt, hat sie doch kein Risiko mehr zu tragen und kann dafür über sämtliche freien Reserven verfügen. Der Nutzen der ersten Gesellschaft steigt auf $(R_1 + R_2)(b - R_1 - R_2)$ und ist damit größer als der Nutzen vor Abschluß der Rückversicherungen, das ist $R_1(b - R_1) - \sigma^2(F_1)$.

E ist der Punkt $(R_1, 0)$, der einer Rückversicherung mit $Q = R_1$, $t = 0$ entspricht. Bei einer solchen Rückversicherung zahlt die erste Gesellschaft ihre gesamte Reserve R_1 an die zweite Gesellschaft und übernimmt deren gesamtes Versicherungsportefeuille. Damit sind die Rollen gegenüber dem vorhin behandelten Fall vertauscht. Der Nutzen der zweiten Gesellschaft erreicht ein Maximum, da sie nunmehr im Besitze aller Reserven ist, ohne ein Risiko zu tragen. Auch für sie erreicht damit der

Nutzen $(R_1 + R_2)(b - R_1 - R_2)$ und ist größer als ihr Nutzen vor Abschluß der Rückversicherungen, der $R_2(b - R_2) - \sigma^2(F_2)$ betragen hat.

In analoger Weise erhalten wir den Nutzen für die zweite Gesellschaft in C mit $-[\sigma^2(F_1) + \sigma^2(F_2)]$ und dies ist gleichzeitig auch der Nutzen für die erste Gesellschaft in E. Es ist leicht zu sehen, daß dieser Nutzen jedenfalls kleiner ist als der Nutzen einer der beiden Gesellschaften vor Abschluß des Rückversicherungsvertrages. Wir sehen daraus folgendes:

In C ist der Nutzen für die zweite Gesellschaft kleiner als vor dem Abschluß des Rückversicherungsvertrages, das gleiche gilt für den Nutzen der ersten Gesellschaft in E. Wird der Streckenzug von C über A und F nach E durchlaufen, dann vermindert sich der Nutzen für die erste Gesellschaft vom größtmöglichen Wert $(R_1 + R_2)(b - R_1 - R_2)$ in C auf den kleinstmöglichen Wert $-[\sigma^2(F_1) + \sigma^2(F_2)]$ in E. Gleichzeitig erhöht sich der Nutzen für die zweite Gesellschaft vom minimalen bis zum maximalen Wert. Da keine der beiden Gesellschaften einem Rückversicherungsvertrag zustimmen wird, der ihren Nutzen gegenüber der Ausgangssituation verringert, braucht nur jener Bereich des Streckenzuges ins Auge gefaßt zu werden, auf dem sich der Nutzen für keine der beiden Gesellschaften gegenüber der Ausgangssituation verkleinert.

Auf dem Streckenzug kann jeder Punkt durch den Parameter t charakterisiert werden. Es sei $N_2(t)$ der Nutzen der zweiten Gesellschaft und $N_1(t)$ der Nutzen der ersten Gesellschaft für den durch t charakterisierten Punkt. Offenbar gilt

$$N_1(0) = N_2(1) = -[\sigma^2(F_1) + \sigma^2(F_2)],$$
$$N_1(1) = N_2(0) = (R_1 + R_2)(b - R_1 - R_2).$$

Wegen der Stetigkeit und der Monotonität von $N_1(t)$ und $N_2(t)$ gibt es genau zwei Werte t_1 und t_2, für welche die Beziehungen

$$N_1(t_1) = R_1(b - R_1) - \sigma^2(F_1),$$
$$N_2(t_2) = R_2(b - R_2) - \sigma^2(F_2)$$

erfüllt sind. In t_1 ist der Nutzen der ersten Gesellschaft gleich dem Nutzen der Ausgangssituation $\{R_1, F_1(x)\}$, während in t_2 das selbe für die zweite Gesellschaft gilt. Offenbar ist $t_1 \leqq t_2$. Jedes t mit $t_1 < t < t_2$ führt zu einer Rückversicherung, die den Nutzen für beide Gesellschaften vergrößert, so daß für vernünftig handelnde Gesellschaften nur dieser Bereich für den Abschluß einer Rückversicherung in Betracht kommt.

4.8 In den Punkten 4.6 und 4.7 haben wir gezeigt, daß für eine Rückversicherung nur Punkte (Q, t) des Streckenzuges $\overline{CAFE}$ in Betracht kommen, für die $t_1 \leqq t \leqq t_2$ gilt. In diesem Bereich ist $N_1(t)$ monoton steigend, $N_2(t)$ monoton fallend in t. Nun wird sich aber keine Gesellschaft nur mit einem Gleichbleiben ihres Nutzens zufrieden geben, wenn sie durch den Abschluß eines Rückversicherungsvertrages zu einer Vergrößerung des Nutzens der anderen Gesellschaft beiträgt. Sie wird vielmehr verlangen, daß sich auch ihre eigene Situation verbessert. Beide Gesellschaften werden also nur dann bereit sein, eine Rückversicherung abzuschließen, wenn beider Interessen entsprechend berücksichtigt werden.

Im Bereich $t_1 \leqq t \leqq t_2$ konkurrieren die Interessen der beiden Gesellschaften. NASH [*37*] schlägt als Lösung einer solchen Konfliktsituation jene Vertragsform vor, die beiden Gesellschaften den gleichen Nutzenzuwachs sichert. Danach wäre als Lösung jener Wert t_0 zu wählen, der die folgende Gleichung erfüllt:

$$N_1(t_0) - N_1(t_1) = N_2(t_0) - N_2(t_2)\,. \qquad (4.4.16)$$

Wegen der Monotonität und der Stetigkeit der Nutzenfunktionen kann sicher ein solcher Wert t_0 gefunden werden.

Diese Ergebnisse sollen anhand eines numerischen Beispiels, das von BORCH [*12*] stammt, erläutert werden. Es sei

$$R_1 = 1, \quad \sigma^2(F_1) = 1, \quad R_2 = 2, \quad \sigma^2(F_2) = 4\,.$$

b nehme den kleinstmöglichen Wert an, also 6. Es gilt

$$R_1(b - R_1) - \sigma^2(F_1) = 4,$$
$$R_2(b - R_2) - \sigma^2(F_2) = 4\,.$$

Die Nutzen sind daher zu Beginn für beide Gesellschaften gleich. Die Formel für die Gerade g ist nach (4.4.11)

$$Q = 1 - 3t\,.$$

Da $b = 2R_1 + 2R_2$ gesetzt wurde, geht g durch die Punkte C und E und die schraffierten Bereiche im Diagramm verschwinden. Es gelten nun die folgenden Beziehungen:

$$N_1(t) = 9 - 14(1 - t)^2,$$
$$N_2(t) = 9 - 14t^2\,.$$

Daraus erhält man $t_1 = 0'402$ und $t_2 = 0'598$. Es gilt also

$$N_1(0'402) = 4,$$
$$N_2(0'598) = 4\,.$$

Für einen Rückversicherungsvertrag kommen alle Werte t mit $0'402 \leqq t \leqq 0'598$ in Betracht. Über die sich für ausgewählte Werte von t ergebenden Nutzen der beiden Gesellschaften informiert die folgende Tabelle:

t	$N_1(t)$	$N_2(t)$
0'402	4'000	6'733
0'450	4'765	6'165
0'500	5'500	5'500
0'550	6'165	4'765
0'598	6'733	4'000

Wie man sieht, verhalten sich die beiden Funktionen $N_1(t)$ und $N_2(t)$ im Bereiche $t_1 \leqq t \leqq t_2$ symmetrisch. Die Lösung nach NASH ist offenbar $t = 0'5$. Für diesen Wert gilt nämlich

$$N_1(t) - N_1(t_1) = 5'500 - 4'000 = 1'5;$$

$$N_2(t) - N_2(t_2) = 5'500 - 4'000 = 1'5\,.$$

Beide Gesellschaften können einen Nutzenzuwachs von 1'5 erreichen und damit ihren Nutzen auf 5'5 erhöhen. Wird $t \neq 0'5$ gewählt, dann erreicht zwar eine Gesellschaft einen Nutzenzuwachs von mehr als 1'5, die andere Gesellschaft jedoch einen Nutzenzuwachs von weniger als 1'5. Für $t = 0'5$ ist die Summe der beiden Nutzen 11; für $t \neq 0'5$ kann nur ein geringerer Wert erreicht werden.

5. Allgemeinere Nutzenfunktionen

5.1 Die Ergebnisse, die wir im vorigen Kapitel abgeleitet haben, wurden unter Zugrundelegung der Nutzenfunktion (4.2.11) erarbeitet. Wir wollen nun allgemeinere Nutzenfunktionen betrachten.

Wir gehen zunächst von der Nutzenfunktion (4.2.11) aus und bezeichnen mit $N_1(Q, t)$ bzw. $N_2(Q, t)$ den Nutzen der Risikosituation für die erste bzw. zweite Gesellschaft nach Abschluß der durch Q und t beschriebenen Quotenrückversicherung. Auf den zu t_0 parallelen Geraden aus dem Diagramm XII besitzt sowohl $N_1(Q, t)$ als auch $N_2(Q, t)$ ein Maximum, welches auf der Geraden g liegt. Wir betrachten nun allgemeinere Nutzenfunktionen $N_1(Q, t)$ und $N_2(Q, t)$, von denen wir nur voraussetzen, daß sie nach Q und nach t partiell differenzierbar sind. Unsere Aufgabe lautet, Kurven zu finden, die den zu g_0 parallelen Geraden (4.4.12) entsprechen, auf denen sowohl $N_1(Q, t)$ als auch $N_2(Q, t)$ an der selben Stelle ihr Maximum annehmen. Es sei $Q = Q(\tau)$ und $t = t(\tau)$ eine Parameterdarstellung einer solchen Kurve und es sollen die Ableitungen $Q'(\tau)$ und $t'(\tau)$ existieren. Auf dieser Kurve lassen sich die Nutzenfunktionen folgendermaßen darstellen:

$$N_1(\tau) = N_1[Q(\tau), \quad t(\tau)],$$

$$N_2(\tau) = N_2[Q(\tau), \quad t(\tau)]\,.$$

Sollen sowohl $N_1(\tau)$ als auch $N_2(\tau)$ im selben Punkt ihr Maximum annehmen, dann müssen in diesem Punkt die folgenden Gleichungen erfüllt sein:

$$\frac{dN_1(\tau)}{d\tau} = \frac{\partial N_1[Q(\tau), t(\tau)]}{\partial Q(\tau)} \frac{dQ(\tau)}{d\tau} + \frac{\partial N_1[Q(\tau), t(\tau)]}{\partial t(\tau)} \frac{dt(\tau)}{d\tau} = 0\,,$$

$$\frac{dN_2(\tau)}{d\tau} = \frac{\partial N_2[Q(\tau), t(\tau)]}{\partial Q(\tau)} \frac{dQ(\tau)}{d\tau} + \frac{\partial N_2[Q(\tau), t(\tau)]}{\partial t(\tau)} \frac{dt(\tau)}{d\tau} = 0\,.$$

Da τ der Parameter einer Kurve in der (Q, t)-Ebene sein soll, können $Q'(\tau)$ und $t'(\tau)$ nicht beide zugleich verschwinden. Das obige Gleichungssystem ist daher nur dann lösbar, wenn seine Funktionaldeterminate verschwindet. Es muß also

$$\begin{vmatrix} \frac{\partial N_1}{\partial Q}, & \frac{\partial N_1}{\partial t} \\ \frac{\partial N_2}{\partial Q}, & \frac{\partial N_2}{\partial t} \end{vmatrix} = \frac{\partial N_1}{\partial Q}\frac{\partial N_2}{\partial t} - \frac{\partial N_1}{\partial t}\frac{\partial N_2}{\partial Q} = 0 \qquad (4.5.1)$$

sein. Die durch diese Gleichung bestimmten (Q, t) Werte kommen für die gesuchte Optimaleigenschaft in Betracht.

5.2 Als Beispiel untersuchen wir zunächst die bereits verwendete Nutzenfunktion (4.2.11). Für sie erhalten wir die folgenden Beziehungen:

$$\frac{\partial N_1}{\partial Q} = -b - 2Q + 2R_1,$$
$$\frac{\partial N_1}{\partial t} = 2(1-t)[\sigma^2(F_1) + \sigma^2(F_2)],$$
$$\frac{\partial N_2}{\partial Q} = b - 2Q - 2R_2,$$
$$\frac{\partial N_2}{\partial t} = -2t[\sigma^2(F_1) + \sigma^2(F_2)].$$

Werden diese Werte in (4.5.1) eingesetzt, dann folgt daraus

$$(b + 2Q - 2R_1)\,2t\,[\sigma^2(F_1) + \sigma^2(F_2)] -$$
$$- (b - 2Q - 2R_2)\,2(1-t)\,[\sigma^2(F_1) + \sigma^2(F_2)] = 0.$$

Daher gilt

$$(b + 2Q - 2R_1)\,t + (b - 2Q - 2R_2)\,t - (b - 2Q - 2R_2) = 0$$

und daraus folgt

$$2Q + 2t(b - R_1 - R_2) - b + 2R_2 = 0.$$

Dies ist gerade die Gleichung (4.4.11) für die Gerade g.

Nun betrachten wir den Fall, daß die beiden Gesellschaften die Bewertung des Nutzens durch die Funktion (4.2.11) vornehmen, jedoch verschiedene Konstanten a und b zugrunde legen:

$$N_1\{R_1, F_1(x)\} = a_1 R_1 (b_1 - R_1) - a_1 \sigma^2(F_1),$$
$$N_2\{R_2, F_2(y)\} = a_2 R_2 (b_2 - R_2) - a_2 \sigma^2(F_2).$$

Daraus folgt

$$N_1\{R_1 - Q, H_1(x)\}$$
$$= a_1(b_1 - R_1 + Q)(R_1 - Q) - a_1(1-t)^2[\sigma^2(F_1) + \sigma^2(F_2)],$$
$$N_2\{R_2 + Q, H_2(y)\}$$
$$= a_2(b_2 - R_2 - Q)(R_2 + Q) - a_2 t^2 [\sigma^2(F_1) + \sigma^2(F_2)].$$

Für die partiellen Ableitungen ergeben sich die folgenden Gleichungen:

$$\frac{\partial N_1}{\partial Q} = 2\, a_1 R_1 - 2\, a_1 Q - a_1 b_1,$$

$$\frac{\partial N_1}{\partial t} = 2\, a_1 (1 - t)\, [\sigma^2 (F_1) + \sigma^2 (F_2)],$$

$$\frac{\partial N_2}{\partial Q} = a_2 b_2 - 2\, a_2 R_2 - 2\, a_2 Q,$$

$$\frac{\partial N_2}{\partial t} = -\, 2\, a_2 t\, [\sigma^2 (F_1) + \sigma^2 (F_2)]\,.$$

Werden diese Ausdrücke in (4.5.1) eingesetzt, dann ergibt sich die folgende Formel:

$$2\, Q + t\, (b_1 + b_2 - 2\, R_1 - 2\, R_2) - b_2 + 2\, R_2 = 0\,. \qquad (4.5.2)$$

Somit erhalten wir für die optimalen Wertepaare (Q, t) wieder eine Gerade. Analog den früher angestellten Überlegungen setzt sich der gesamte optimale Bereich aus drei Strecken zusammen, wie dies Diagramm XII zeigt. Die Größen a_1 und a_2 treten in (4.5.2) nicht mehr auf. Sie sind für den optimalen Bereich an sich bedeutungslos, gewinnen ihre Bedeutung aber dann, wenn etwa die optimale Lösung im Sinne von Nash gesucht wird. Der Nutzenzuwachs ist für jede der beiden Gesellschaften von a_1 bzw. a_2 abhängig und demzufolge ist auch der Punkt des optimalen Bereiches, der für beide Gesellschaften den gleichen Nutzenzuwachs bringt, von a_1 und a_2 abhängig.

5.3 Mit Hilfe der eben angewendeten Methode können nun beliebige Nutzenfunktionen untersucht und der jeweils optimale Bereich ermittelt werden. Nun wurde aber zu Beginn der Untersuchung über die optimalen Werte von Q und t vorausgesetzt, daß beide Gesellschaften die Bewertung der Risikosituation von der Streuung abhängig machen. Unter dieser Voraussetzung wurde die optimale Rückversicherung als eine Quotenrückversicherung hergeleitet, wobei beide Versicherungsportefeuilles zusammengelegt und auf die beiden Gesellschaften aufgeteilt werden. Wenn die Nutzenfunktionen jedoch allgemeiner vorausgesetzt werden und etwa auch von höheren Momenten der Schadensverteilung abhängen, kann sich der Nutzen für eine Gesellschaft auch bei steigender Streuung vergrößern. Für allgemeinere Nutzenfunktionen kann sich daher eine andere Form der Rückversicherung als optimal erweisen.

Wir wollen nun die Frage der optimalen Form der Rückversicherung für allgemeinere Nutzenfunktionen behandeln. Der Nutzen des Geldwertes sei $n_1(x)$ für die erste und $n_2(y)$ für die zweite Gesellschaft. Die beiden Funktionen seien stetig differenzierbar und es gelte

$$n_1'(x) \geqq 0,$$

$$n_2'(y) \geqq 0\,.$$

Im folgenden sei wieder $F_1(x)$ die Verteilungsfunktion des Schadens x für die erste Gesellschaft, $F_2(y)$ die Verteilungsfunktion des Schadens y für die zweite Gesellschaft, R_1 die freie Reserve der ersten Gesellschaft und R_2 die freie Reserve der zweiten Gesellschaft. Schließlich sei $P_1 = E(x)$ und $P_2 = E(y)$. Vor dem Abschluß einer Rückversicherung ist dann der Nutzen

$$\text{für die erste Gesellschaft:} \quad N_1 = \int_0^\infty n_1(R_1 + P_1 - x)\, dF_1(x),$$

$$\text{für die zweite Gesellschaft:} \quad N_2 = \int_0^\infty n_2(R_2 + P_2 - y)\, dF_2(y)\,.$$

Im Rückversicherungsvertrag zwischen den beiden Gesellschaften soll nun vereinbart werden, daß bei Eintritt eines Schadens x im ersten Versicherungsportefeuille und eines Schadens y im zweiten Versicherungsportefeuille die erste Gesellschaft einen Betrag von $z(x, y)$ zahlt. Die zweite Gesellschaft muß dann für die Differenz auf den Gesamtschaden, also für $x + y - z(x, y)$, aufkommen. Durch den Abschluß eines solchen Rückversicherungsvertrages verändern sich die Nutzen der beiden Gesellschaften und es wird

für die erste Gesellschaft

$$\overline{N}_1(z) = \int_0^\infty\int_0^\infty n_1[R_1 + P_1 - z(x, y)]\, dF_1(x)\, dF_2(y)\,, \tag{4.5.3}$$

für die zweite Gesellschaft

$$\overline{N}_2(z) = \int_0^\infty\int_0^\infty n_2[R_2 + P_2 + z(x,y) - x - y]\, dF_1(x)\, dF_2(y), \tag{4.5.4}$$

wobei $\overline{N}_1(z)$ und $\overline{N}_2(z)$ als Funktionale bezüglich der Funktion $z(x, y)$ anzusehen sind.

Gäbe es nun eine Funktion $\bar{z}(x, y)$ mit

$$\begin{aligned} \overline{N}_1(\bar{z}) &\geqq \overline{N}_1(z)\,, \\ \overline{N}_2(\bar{z}) &\geqq \overline{N}_2(z)\,, \end{aligned} \tag{4.5.5}$$

wobei in mindestens einer der beiden Ungleichungen das Gleichheitszeichen nicht gilt, dann ist eine Rückversicherung auf Grund der Funktion $\bar{z}(x, y)$ für mindestens eine der beiden Gesellschaften günstiger als eine Rückversicherung auf Grund der Funktion $z(x, y)$, ohne daß die andere Gesellschaft einen Nachteil, also eine Verringerung ihres Nutzens, erfährt. Rational handelnde Gesellschaften werden in einem solchen Fall die Rückversicherung nach $\bar{z}(x, y)$ einer Rückversicherung nach $z(x, y)$ vorziehen. Man nennt die Menge der Funktionen $z(x, y)$, zu welcher keine solche Funktion $\bar{z}(x, y)$ gefunden werden kann, die zu einer für beide Gesellschaften besseren Rückversicherung führt, Pareto-Optimum. Gilt $\overline{N}_1(z_1) > \overline{N}_1(z_2)$ und $\overline{N}_2(z_1) > \overline{N}_2(z_2)$, dann nennen wir z_1 besser als z_2. Das Pareto-Optimum besteht offenbar aus allen jenen Funktionen $z(x, y)$, zu welchen keine besseren Funktionen gefunden werden können und wir nennen diese Funktionen optimal.

5.4 Zur Prüfung der Frage, ob eine Funktion $z(x, y)$ optimal ist oder nicht, müssen alle nach (4.5.3) und (4.5.4) meßbaren Funktionen $z(x, y)$ betrachtet werden. Die Beschränkung auf meßbare Funktionen folgt unmittelbar aus der Notwendigkeit, ein Maß für den Nutzen nach (4.5.3) und (4.5.4) berechnen zu können. Wir beschränken uns nun auf solche Funktionen $\bar{z}(x, y)$, für welche die Beziehung

$$\sup_{(x,y)} |\bar{z}(x, y) - z(x, y)| \leqq \varepsilon, \ \varepsilon > 0 \tag{4.5.6}$$

erfüllt ist. Die Funktionen $\bar{z}(x, y)$ bilden gewissermaßen eine Umgebung von $z(x, y)$. Kann gezeigt werden, daß $z(x, y)$ besser ist als alle Funktionen $\bar{z}(x, y)$ aus einer solchen Umgebung, sofern nur ε genügend klein gewählt wird, dann nennen wir $z(x, y)$ lokal optimal. Jede optimale Funktion ist auch lokal optimal. Wir beweisen nun den folgenden

Satz: $z(x, y)$ ist für stetig differenzierbare Nutzenfunktionen $n_1(x)$ und $n_2(y)$ dann und nur dann lokal optimal, wenn es der Gleichung

$$n_2'[R_2 + P_2 - x - y + z(x, y)] = k n_1'[R_1 + P_1 - z(x, y)] \tag{4.5.7}$$

mit $k > 0$ genügt.

Beweis: Wir beweisen zunächst, daß die Bedingung (4.5.7) hinreichend ist. Es sei $\bar{z}(x, y) = z(x, y) + \varepsilon(x, y)$ mit $|\varepsilon(x, y)| \leqq \varepsilon_0$ eine Funktion aus der Umgebung von $z(x, y)$.

Es gilt

$$\begin{aligned}\overline{N}_1(\bar{z}) - \overline{N}_1(z) &= \int_0^\infty\int_0^\infty n_1[R_1 + P_1 - \bar{z}(x, y)]\, dF_1(x)\, dF_2(y) - \\ &- \int_0^\infty\int_0^\infty n_1[R_1 + P_1 - z(x, y)]\, dF_1(x)\, dF_2(y) \\ &= -\int_0^\infty\int_0^\infty n_1'[R_1 + P_1 - z(x, y)]\, \varepsilon(x, y)\, dF_1(x)\, dF_2(y) + \\ &+ o_1(\varepsilon_0),\end{aligned} \tag{4.5.8}$$

$$\overline{N}_2(\bar{z}) - \overline{N}_2(z) = \int_0^\infty\int_0^\infty n_2[R_2 + P_2 - x - y + \bar{z}(x, y)]\, dF_1(x)\, dF_2(y) -$$

$$- \int_0^\infty \int_0^\infty n_2 \left[R_2 + P_2 - x - y + z(x, y)\right] dF_1(x)\, dF_2(y)$$

$$= \int_0^\infty \int_0^\infty n_2' \left[R_2 + P_2 - x - y + z(x, y)\right] \varepsilon(x, y)\, dF_1(x)$$

$$dF_2(y) + o_2(\varepsilon_0) \qquad (4.5.9)$$

wobei $o_1(\varepsilon_0)$ und $o_2(\varepsilon_0)$ rascher gegen Null gehen als ε_0. Aus (4.5.7) und (4.5.9) erhalten wir die Beziehung

$$\overline{N}_2(\bar{z}) - \overline{N}_2(z) = k \int_0^\infty \int_0^\infty n_1' \left[R_1 + P_1 - z(x, y)\right] \varepsilon(x, y)\, dF_1(x)\, dF_2(y) + $$
$$+ o_2(\varepsilon_0)\,.$$

Daraus und aus (4.5.8) folgt schließlich

$$[\overline{N}_1(\bar{z}) - \overline{N}_1(z)]\,[\overline{N}_2(\bar{z}) - \overline{N}_2(z)]$$
$$= -k \left\{ \int_0^\infty \int_0^\infty n_1' \left[R_1 + P_1 - z(x, y)\right] \varepsilon(x, y)\, dF_1(x)\, dF_2(y) \right\}^2 +$$
$$+ o_3(\varepsilon_0)\,.$$

Wegen $k > 0$ wird dieser Ausdruck nicht größer als Null. $\overline{N}_1(\bar{z}) - \overline{N}_1(z)$ und $\overline{N}_2(\bar{z}) - \overline{N}_2(z)$ haben also in einer genügend kleinen Umgebung von z verschiedene Vorzeichen, es sei denn, beide Differenzen verschwinden überhaupt. Daraus folgt aber, daß $z(x, y)$ wie behauptet eine lokal optimale Funktion ist, da in der Umgebung (4.5.6) keine Funktion $\bar{z}(x, y)$ liegt, die (4.5.5) erfüllt.

Nun müssen wir noch zeigen, daß die Bedingung (4.5.7) notwendig ist. Wenn (4.5.7) nicht erfüllt ist, dann können sicher ein $k > 0$ und eine Funktion $d(x, y)$ gefunden werden, für welche die Gleichung

$$n_2' \left[R_2 + P_2 - x - y + z(x, y)\right] = k \left\{n_1' \left[R_1 + P_1 - z(x, y)\right] + d(x, y)\right\} \qquad (4.5.10)$$

erfüllt ist, wobei $d(x, y) > 0$ in einem Bereich B_1 mit

$$\iint_{B_1} n_1' \left[R_1 + P_1 - z(x, y)\right] dF_1(x)\, dF_2(y) = b_1 > 0$$

und $d(x, y) < 0$ in einem Bereich B_2 mit

$$\iint_{B_2} n_1' \left[R_1 + P_1 - z(x, y)\right] dF_1(x)\, dF_2(y) = b_2 > 0$$

gilt. Aus (4.5.4) und (4.5.10) folgt

$$\overline{N}_2(\bar{z}) - \overline{N}_2(z) = k \int_0^\infty \int_0^\infty n_1' \left[R_1 + P_1 - z(x, y)\right] \varepsilon(x, y)\, dF_1(x)\, dF_2(y) +$$
$$+ k \int_0^\infty \int_0^\infty d(x, y)\, \varepsilon(x, y)\, dF_1(x)\, dF_2(y) + o_2(\varepsilon_0)\,. \qquad (4.5.11)$$

Nun setzen wir

$$\varepsilon(x, y) = \begin{cases} \bar{\varepsilon} \text{ auf } B_1, \\ -\bar{\varepsilon}\dfrac{b_1}{b_2} \text{ auf } B_2 \end{cases}$$

und erhalten aus (4.5.8), (4.5.10) und (4.5.11) bis auf Glieder in der Größenordnung von $o(\bar{\varepsilon})$ die Beziehungen

$$\bar{N}_1(\bar{z}) - \bar{N}_1(z) = 0,$$

$$\begin{aligned} \bar{N}_2(\bar{z}) - \bar{N}_2(z) &= k\,\bar{\varepsilon} \iint_{B_1} d(x, y)\, dF_1(x)\, dF_2(y) - \\ &\quad - k\,\bar{\varepsilon}\frac{b_1}{b_2} \iint_{B_2} d(x, y)\, dF_1(x)\, dF_2(y) + o_2(\varepsilon_0)\,. \end{aligned}$$

Daraus folgt $\bar{N}_2(\bar{z}) > \bar{N}_2(z)$ und damit ist wegen $\bar{N}_1(\bar{z}) - \bar{N}_1(z) = 0$ gezeigt, daß $z(x, y)$ keine lokal optimale Funktion ist. Damit ist der Satz vollständig bewiesen.

Alle lokal optimalen Funktionen können also durch die Gleichung (4.5.7) ermittelt werden. Wie man sieht, treten die Größen x und y in (4.5.7) nur in ihrer Summe auf. Durch (4.5.7) werden daher die lokal optimalen Funktionen als Funktion von $x + y$ dargestellt.

5.5 Für praktische Zwecke wird man wohl nur Nutzenfunktionen $n(x)$ annehmen müssen, für welche $n'(x)$ in dem in Betracht kommenden Bereich monoton fallend ist (vgl. Punkt 2.6). Für diesen Fall ist aus (4.5.7) zu ersehen, daß es zu jedem festen k höchstens eine Funktion $z(x, y)$ geben kann.

Wir zeigen, daß in diesem Fall jede lokal optimale Funktion $z(x, y)$ optimal ist, so daß das Pareto-Optimum gerade aus allen Funktionen $z(x, y)$, die (4.5.7) erfüllen, besteht. Dazu betrachten wir zwei lokal optimale Funktionen $z_1(x, y)$ und $z_2(x, y)$, die durch die folgenden Gleichungen bestimmt sein sollen:

$$n_2'[R_2 + P_2 - x - y + z_1(x, y)] = k_1 n_1'[R_1 + P_1 - z_1(x, y)]\,,$$

$$n_2'[R_2 + P_2 - x - y + z_2(x, y)] = k_2 n_1'[R_1 + P_1 - z_2(x, y)]\,.$$

Es sei ohne Beschränkung der Allgemeinheit $k_1 > k_2$. Nun gilt

$$\begin{aligned} n_2'[R_2 + P_2 - x - y + z_1(x, y)] &- n_2'[R_2 + P_2 - x - y + z_2(x, y)] \\ &= k_1 \{n_1'[R_1 + P_1 - z_1(x, y)] - n_1'[R_1 + P_1 - z_2(x, y)]\} + \\ &\quad + (k_1 - k_2)\, n_1'[R_1 + P_1 - z_2(x, y)]\,. \end{aligned}$$

Wegen $n_1' > 0$, $k_1 > k_2$ und wegen der Monotonität von $n_1'(x)$ und $n_2'(y)$ kann diese Gleichung nur für $z_1(x, y) < z_2(x, y)$ erfüllt sein. Bei Eintritt der Schäden x und y hat daher die erste Gesellschaft für den Fall k_1 einen geringeren Betrag zu bezahlen als für den Fall k_2. Der unter Zugrundelegung von k_1 abgeschlossene Vertrag ist für die erste Gesellschaft günstiger. Je größer also k in (4.5.7) gewählt wird, um so günstiger ist dies für die erste Gesellschaft und um so ungünstiger für die zweite Gesellschaft. Daraus folgt aber, daß (4.5.7) für zwei verschiedene Werte von k nicht erfüllt sein kann. Es ist daher jede lokal optimale Funktion gleichzeitig optimal.

Wir nennen die durch eine optimale Funktion beschriebene Rückversicherung eine optimale Rückversicherung. Führt eine Funktion $z(x, y)$ zu einem höheren Nutzen für mindestens eine der beiden Gesellschaften als eine Funktion $\bar{z}(x, y)$, ohne daß der Nutzen der anderen Gesellschaft hierdurch vermindert wird, so nennen wir die Funktion $z(x, y)$ besser als die Funktion $\bar{z}(x, y)$ und das gleiche gilt für die durch die beiden Funktionen beschriebenen Rückversicherungen.

Innerhalb des Pareto-Optimums führt eine Vergrößerung des Nutzens der ersten Gesellschaft zu einer Verkleinerung von k und damit zu einer Verkleinerung des Nutzens der zweiten Gesellschaft. Es liegt daher im Pareto-Optimum ein echter Interessenkonflikt zwischen den beiden Gesellschaften vor.

5.6 Optimale Rückversicherungsverträge werden durch jene Funktionen $z(x, y)$ beschrieben, die sich durch die Gleichung (4.5.7) bestimmen lassen. Wie man sieht, hängt $z(x, y)$ nicht von den Schadensverteilungen $F_1(x)$ und $F_2(y)$, sondern nur von den Nutzenfunktionen $n_1(x)$ und $n_2(y)$ ab. Die Form der Rückversicherung ist also von den Schadensverteilungen unabhängig und nur von den Nutzenfunktionen abhängig, die die beiden Gesellschaften verwenden.

Wie wir gesehen haben, spielt in einer Reihe von Fällen die Quotenrückversicherung mit den Quoten t bzw. $1 - t$ eine Rolle als optimale Rückversicherung. Wir stellen nun allgemein die Frage, für welche Nutzenfunktionen eine solche Quotenrückversicherung als optimale Rückversicherung resultiert und behaupten den folgenden

Satz: Die Quotenrückversicherung mit den Quoten t bzw. $1 - t$ ist dann und nur dann optimal, wenn die Nutzenfunktionen die folgende Beziehung erfüllen:

$$n_2(\zeta) = a + b n_1\left(\frac{1-t}{t}\zeta + c\right), \quad b > 0, \quad 0 < t < 1. \tag{4.5.12}$$

Beweis: Wir differenzieren (4.5.12) nach ζ und erhalten

$$n_2'(\zeta) = b\frac{1-t}{t} n_1'\left(\frac{1-t}{t}\zeta + c\right). \tag{4.5.13}$$

Setzen wir nun

$$\zeta = t(P_1 + P_2) + R_2 + Q - t(x + y),$$

$$b = k\frac{t}{1-t},$$

$$c = R_1 - R_2\frac{1-t}{t} - \frac{Q}{t},$$

so folgt daraus die Beziehung

$$\begin{aligned} & n_2' \left[R_2 + Q + t\,(P_1 + P_2 - x - y)\right] \\ & = k n_1' \left[R_1 - Q + (1 - t)\,(P_1 + P_2 - x - y)\right]. \end{aligned} \tag{4.5.14}$$

Dies ist für

$$z\,(x, y) = Q + t\,(P_1 + P_2) - P_2 + (1 - t)\,(x + y) \tag{4.5.15}$$

identisch mit (4.5.7). In dieser Form repräsentiert (4.5.15) gerade eine Quotenrückversicherung mit den Quoten t bzw. $1 - t$. Die Beziehung (4.5.12) ist also hinreichend.

Um zu zeigen, daß (4.5.12) notwendig ist, setzen wir voraus, daß $z\,(x, y)$ in der Gestalt (4.5.15) dem Pareto-Optimum angehört. Es gibt daher sicher ein k, welches (4.5.14) erfüllt. Diese Beziehung läßt sich aber durch Transformationen auf (4.5.13) zurückführen, woraus durch Integration nach ζ (4.5.12) folgt. Damit ist der Satz vollständig bewiesen.

Als Beispiel betrachten wir wieder die Nutzenfunktionen aus Punkt 5.2 in der Form

$$\begin{aligned} n_1\,(x) &= -\,a_1\,(x^2 - b_1\,x), \\ n_2\,(y) &= -\,a_2\,(y^2 - b_2\,y). \end{aligned}$$

Diese Nutzenfunktionen erfüllen offenbar (4.5.12) und die optimalen Funktionen sind durch (4.5.7) bestimmt, das sich in diesem Fall in der folgenden Form darstellt:

$$\begin{aligned} & a_2\,b_2 - 2\,a_2\,[R_2 + P_2 - x - y + z\,(x, y)] \\ & = k\,\{a_1\,b_1 - 2\,a_1\,[R_1 + P_1 - z\,(x, y)]\}. \end{aligned}$$

Daraus folgt

$$z\,(x, y) = \frac{a_2}{k a_1 + a_2}(x + y) + \frac{a_2\,b_2 - k a_1\,b_1 - 2\,a_2\,(R_2 + P_2) + 2\,k a_1\,(R_1 + P_1)}{2\,k a_1 + 2\,a_2}. \tag{4.5.16}$$

Wir erhalten die bereits bekannte Quotenrückversicherung aus Punkt 5.2 mit

$$t = \frac{k a_1}{k a_1 + a_2} \tag{4.5.17}$$

und

$$Q = \frac{a_2\,b_2 - k a_1\,b_1 - 2\,a_2\,R_2 + 2\,k a_1\,R_1}{2\,k a_1 + 2\,a_2}.$$

t und Q erfüllen (4.5.2).

Als weiteres Beispiel wählen wir Nutzenfunktionen der Gestalt

$$n_1\,(x) = n_2\,(x) = 1 - e^{-x}. \tag{4.5.18}$$

Aus (4.5.7) erhalten wir

$$e^{-\,[R_2 + P_2 - x - y + z\,(x, y)]} = k e^{-\,[R_1 + P_1 - z\,(x, y)]}$$

und daraus folgt

$$z(x, y) = \frac{x + y}{2} + \tfrac{1}{2}(R_1 + P_1 - R_2 - P_2 - ln\, k) .$$

Die optimalen Rückversicherungen sind Quotenrückversicherungen mit den Quoten $\frac{1}{2}$. Der von der ersten Gesellschaft an die zweite Gesellschaft zu zahlende Betrag ist um so größer, je kleiner k ist.

Als letztes Beispiel betrachten wir den Fall einer Nutzenfunktion, die mit dem Logarithmus des Geldwertes ansteigt. Es sei

$$n_1(x) = n_2(x) = ln\,(1 + x) .$$

Um jeweils endliche Werte von $n_1(x)$ und $n_2(x)$ zu erhalten, sollen die Einheiten so gewählt werden, daß x immer größer als -1 bleibt. Dies ist offenbar nur dann möglich, wenn der maximale Schaden von vornherein als endlich angenommen werden kann. Für diese Nutzenfunktionen lautet (4.5.7)

$$\frac{1}{1 + R_2 + P_2 - x - y + z(x, y)} = \frac{k}{1 + R_1 + P_1 - z(x, y)}$$

und daraus folgt

$$z(x, y) = \frac{k}{1 + k}(x + y) + \frac{1 + R_1 + P_1 - k(1 + R_2 + P_2)}{1 + k} .$$

Hier ist die Quote der Rückversicherung von k abhängig und es gilt

$$t = \frac{1}{1 + k}, \quad Q = \frac{1 + R_1 + P_1 - k(1 + R_2 + P_2)}{1 + k} .$$

Zwischen t und Q besteht daher wieder ein linearer Zusammenhang. Im Gegensatz zum ersten Beispiel ist t diesmal mit fallendem k zunehmend, während $z(x, y)$ wegen der Beschränkung der Höhe der Schäden mit 1 auch in diesem Beispiel mit fallendem k zunehmend ist.

Wir bemerken, daß in den drei Beispielen t jeweils als eine in k steigende, gleichbleibende oder fallende Funktion aufgetreten ist, während $z(x, y)$, also der von der ersten Gesellschaft zu zahlende Betrag, in allen drei Fällen mit steigendem k fällt.

5.7 Wir können nun die Frage allgemeiner beantworten, wie die optimalen Rückversicherungen in jenen Fällen beschaffen sind, in denen die beiden Gesellschaften unterschiedliche Nutzenfunktionen verwenden. Einen derartigen Fall haben wir ja als erstes der im vorigen Punkt angeführten Beispiele bereits untersucht. In diesem Fall war die optimale Rückversicherung eine Quotenrückversicherung. Allgemein wird dies jedoch nicht gelten.

Aus (4.5.17) ist zu ersehen, daß die von der zweiten Gesellschaft übernommene Quote t größer werden muß, wenn $\frac{a_1}{a_2}$ zunimmt. Nun sind aber a_1 und a_2 Maße für die Bewertung des „Risikos", das sich durch eine Versicherung mit bestimmter Streuung ergibt. Bewertet die zweite Gesellschaft das Risiko einer Versicherung höher als die erste Gesellschaft, ist sie also mehr daran interessiert, kein Risiko einzugehen, dann wird sie lieber nur einen kleineren Teil des Versicherungsportefeuilles übernehmen. Wächst die Abneigung der zweiten Gesellschaft gegen das Risiko, nimmt also a_2 zu, dann muß die von der zweiten Gesellschaft übernommene Quote, das ist t, abnehmen.

Wir wollen die eben angestellten Überlegungen durch ein Beispiel ergänzen. Die beiden Gesellschaften sollen den Nutzen mit zwei verschiedenen Nutzenfunktionen bewerten, und zwar sei

$$\begin{aligned} n_1(x) &= -a(x^2 - bx), \\ n_2(y) &= cy + d. \end{aligned} \tag{4.5.19}$$

Offenbar gilt

$$\begin{aligned} N_1\{R_1, F_1(x)\} &= aR_1(b - R_1) - a\,\sigma^2(F_1), \\ N_2\{R_2, F_2(y)\} &= cR_2. \end{aligned}$$

Der Nutzen wird von der ersten Gesellschaft unter Berücksichtigung des Erwartungswertes des Überschusses R_1 und der Streuung der Schadensverteilung $\sigma^2(F_1)$ bewertet. Der Nutzen ist um so geringer, je größer $\sigma^2(F_1)$ ist. Demgegenüber bewertet die zweite Gesellschaft den Nutzen ausschließlich unter Zugrundelegung des Erwartungswertes des Überschusses R_2. Der zweiten Gesellschaft ist es gleichgültig, ob der Erwartungswert des Überschusses nur durch den Abschluß von „riskanten" Versicherungen, also von Versicherungen mit großer Streuung der Schadensverteilung, erreicht wird. Das Risiko der Versicherung hat keinen Einfluß auf die Beurteilung der Situation durch die zweite Gesellschaft. Der Nutzen der zweiten Gesellschaft ändert sich daher nicht, wenn die erste Gesellschaft ihr gesamtes Versicherungsportefeuille bei der zweiten Gesellschaft gegen die Zahlung lediglich der Nettoprämie rückversichert. Eine solche Rückversicherung erhöht aber den Nutzen der ersten Gesellschaft, da sie R_1 unverändert läßt, $\sigma^2(F_1)$ aber zum Verschwinden bringt. Es ist daher zu erwarten, daß für jede optimale Rückversicherung die zweite Gesellschaft das gesamte Versicherungsportefeuille der ersten Gesellschaft übernimmt.

Die Berechnungen bestätigen diese Überlegungen. Aus (4.5.7) und (4.5.19) folgt

$$z(x, y) = \frac{c + 2ak(R_1 + P_1) - kb}{2ak}.$$

$z(x, y)$ ist daher ein von x und y unabhängiger, fester Betrag. Die zweite Gesellschaft erhält diesen festen Betrag von der ersten Gesellschaft und zahlt dafür den gesamten Schaden $x + y$.

5.8 Bei der Ermittlung des optimalen Bereiches haben wir die für die Praxis wesentliche Tatsache noch nicht berücksichtigt, daß keine der beiden Gesellschaften vernünftigerweise eine Rückversicherung eingehen wird, die ihren Nutzen gegenüber dem bisherigen Wert vermindert. Außerdem haben wir $-R_2 \leqq Q \leqq R_1$ gefordert. Allgemein muß daher aus der Menge der optimalen Funktionen jene Teilmenge ausgewählt werden, für welche diese beiden Forderungen erfüllt sind. Wie aus (4.5.7) hervorgeht, kann die Auswahl des Rückversicherungsvertrages durch die Wahl des Parameters k erfolgen. Der hierbei auftretende Interessenkonflikt zwischen den beiden Gesellschaften entspricht dem Interessenkonflikt der Spieler in der Spieltheorie. Unter der Voraussetzung, daß beiden Gesellschaften die Verhältnisse der anderen Gesellschaft bekannt sind, darf angenommen werden, daß ein Rückversicherungsvertrag nur dann zustande kommt, wenn der Nutzenzuwachs für beide Gesellschaften annähernd gleichwertig ist. Es ist zu erwarten, daß die Absprachen zwischen den beiden Gesellschaften zu einer Rückversicherung führen, die für beide Gesellschaften den gleichen Nutzenzuwachs mit sich bringt. Nach NASH ist daher die „Lösung des Spiels“ darin zu finden, daß jene Rückversicherung auszuwählen ist, die beiden Gesellschaften den gleichen Nutzenzuwachs gewährleistet. Bezeichnen wir den Nutzen der Risikosituationen vor Abschluß der Rückversicherung mit N_1 bzw. N_2 und den Nutzen nach Abschluß einer Rückversicherung gemäß (4.5.3) bzw. (4.5.4) mit $\overline{N}_1(z)$ bzw. $\overline{N}_2(z)$, dann ist dies für

$$\overline{N}_1(z) - N_1 = \overline{N}_2(z) - N_2 \tag{4.5.20}$$

der Fall. Diese Lösung ist sicher dann zulässig, wenn die zu bezahlende Quote zwischen $-R_2$ und R_1 liegt.

Die bisherigen Überlegungen gingen von der Annahme aus, daß jede Gesellschaft höchstens ihre freie Reserve abgeben kann, während ihr selbst mindestens der Erwartungswert der sie belastenden Schäden verbleiben muß. Die Gesellschaften können etwa durch Weisungen ihrer Aufsichtsbehörde verpflichtet sein, mindestens die Nettoprämien, gegebenenfalls aber auch die Nettoprämien zuzüglich eines Sicherheitszuschlages, für das sie belastende Versicherungsportefeuille als Reserve zu behalten. Sieht man von solchen Weisungen der Aufsichtsbehörde, die eine weitergehende Einschränkung der freien Reserve bedeuten, ab, dann können grundsätzlich keine Bedenken dagegen bestehen, auch einen Teil der zur Deckung der verbleibenden Schäden notwendigen Nettoprämien an die andere Gesellschaft zu zahlen, wenn dafür die Risikosituation als ganzes verbessert wird. Es lassen sich einfache Beispiele dafür anführen, daß die Risikosituation einer Gesellschaft verbessert werden kann, wenn als Preis für die Übergabe eines Teiles des Versicherungsportefeuilles an die andere Gesellschaft die gesamte freie Reserve und dazu ein Teil der Nettoprämie für das verbleibende Versicherungsportefeuille gezahlt werden. Von diesem allgemeinen Standpunkt aus gesehen, kann die von der ersten Gesellschaft an die zweite Gesellschaft zu zahlende Quote Q nicht mehr mit $-R_2$ und R_1 begrenzt werden, sondern mit $-R_2 - P_2$ und $R_1 + P_1$, also mit der Gesamtheit der jeweils vorhandenen Mittel.

In Punkt 4.6 haben wir gezeigt, daß durch die Einschränkung $-R_2 \leqq Q \leqq R_1$ der Bereich der optimalen Rückversicherungen mit der Strecke $\overline{AF}$ auf der Geraden g eingeschränkt wurde (vgl. Diagramm XII). Wie wir gesehen haben, läßt sich der zusätzliche Bereich für die zu zahlende Quote Q von $[-R_2, R_1]$ auf $[-R_2 - P_2, R_1 + P_1]$ erweitern. Der für die Rückversicherung zulässige optimale Bereich wird dadurch über die Strecke $\overline{AF}$ hinaus ausgedehnt, ohne jedoch die gesamte Gerade g zu umfassen. Es wird im allgemeinen immer noch notwendig sein, einen Streckenzug analog dem Bereich $\overline{CAFE}$ anstelle der Geraden g allein zu betrachten.

So plausibel auch die von Nash angegebene Lösung erscheint, so kann sie doch nicht immer angewendet werden. Wir werden zeigen, daß diese optimale Lösung nicht notwendig in den Bereich der zulässigen Lösungen fällt. Dazu betrachten wir zwei Gesellschaften mit den Risikosituationen $\{0, F_1(x)\}$, $\{0, F_2(x)\}$ mit $\sigma^2(F_1) = \sigma_1^2 \neq \sigma^2(F_2) = \sigma_2^2$. Die freie Reserve ist für beide Gesellschaften gleich Null. Der Nutzen werde für beide Gesellschaften durch $n(x) = -x^2 + bx$ gemessen. Aus (4.4.11) folgt, daß

$$Q = -bt + \frac{b}{2} \tag{4.5.21}$$

das Pareto-Optimum darstellt. Für die optimale Lösung nach Nash muß die Gleichung (4.5.20) erfüllt sein, die in diesem Fall folgendermaßen lautet:

$$\begin{aligned} -Q(b+Q) - (1-t)^2(\sigma_1^2 + \sigma_2^2) + \sigma_1^2 \\ = Q(b-Q) - t^2(\sigma_1^2 + \sigma_2^2) + \sigma_2^2 . \end{aligned} \tag{4.5.22}$$

Die Beziehung $-R_2 \leqq Q \leqq R_1$ ist nur für $Q = 0$ erfüllt. Daraus folgt aber wegen (4.5.21) $t = \frac{1}{2}$ und daraus wegen (4.5.22) $\sigma_1^2 = \sigma_2^2$. Dies steht aber im Widerspruch zur Voraussetzung. Man zeigt leicht, daß sich auch für den erweiterten Bereich $-P_2 \leqq Q \leqq P_1$ ein Widerspruch zur Voraussetzung $\sigma_1^2 \neq \sigma_2^2$ ergibt, wenn nur $P_1 < < \sigma_1^2$ und $P_2 < < \sigma_2^2$ angenommen wird. Es kann daher der Fall eintreten, daß die von Nash angegebene Lösung in einem nicht zulässigen Teil des Pareto-Optimums liegt. Dies spricht nicht gegen den Gedanken, der Rückversicherung jeweils den gleichen Nutzenzuwachs für beide Gesellschaften zugrunde zu legen. Es zeigt sich aber, daß die in diesem Sinne optimale Rückversicherung nicht im Pareto-Optimum liegen muß, sondern daß es notwendig sein kann, auch Randgebiete, wie etwa die Strecken $\overline{AC}$ bzw. $\overline{EF}$ in Diagramm XII in die Betrachtungen einzubeziehen.

5.9 Es soll nun untersucht werden, inwieweit einige der praktisch oft angewendeten Rückversicherungsbedingungen den hier abgeleiteten optimalen Bedingungen genügen. Häufig wird zu den Nettoprämien für die Rückversicherung ein Sicherheitszuschlag proportional der Streuung des rückversicherten Portefeuilles verlangt. In diesem Fall sind Q_1 bzw. Q_2, also die von den beiden Gesellschaften zuzüglich zu den Nettoprämien zu zahlenden Beträge, proportional zu $t\sqrt{\sigma_1^2}$ bzw. $(1-t)\sqrt{\sigma_2^2}$. Bezeichnen wir den Proportionalitätsfaktor mit $\alpha \geqq 0$, dann entspricht der Fall $\alpha = 0$ dem Abschluß von Rückversicherungsverträgen gegen die Zahlung von Nettoprämien.

Wir haben also zu untersuchen, inwieweit die Beziehung

$$Q = \alpha\, t\,(\sqrt{\sigma_1^2} + \sqrt{\sigma_2^2}) - \alpha\sqrt{\sigma_2^2}, \quad \alpha \geqq 0 \tag{4.5.23}$$

mit den geforderten Optimaleigenschaften übereinstimmt.

Der durch (4.5.23) bestimmte Bereich ist durch

$$\frac{dQ(t)}{dt} = \alpha\,(\sqrt{\sigma_1^2} + \sqrt{\sigma_2^2}) \geqq 0$$

charakterisiert. Wir werden zeigen, daß dieser Bereich bis auf einzelne Punkte nicht mit dem Pareto-Optimum für eine Quotenrückversicherung übereinstimmen kann.

Zum Beweis dieser Behauptung gehen wir von einem durch (4.5.14) bestimmten Pareto-Optimum aus. Wir nehmen an, es existiert $Q'(t)$ für alle $t \geqq 0$ und es sei $Q'(t) \geqq 0$. Nun setzen wir $x + y = 0$ und lassen t monoton wachsen. Dann nimmt $n_2'\,[R_2 + Q + t\,(P_1 + P_2 - x - y)]$ ab, $n_1'\,[R_1 - Q + (1-t)\,(P_1 + P_2 - x - y)]$ zu. k muß daher für monoton steigende t monoton fallen. Setzen wir nun $x + y = P_1 + P_2 + \frac{Q}{t} + 1$ und lassen wieder t monoton wachsen, dann nimmt $n_2'\,[R_2 + Q + t\,(P_1 + P_2 - x - y)]$ zu, $n_1'\,[R_1 - Q + (1-t)\,(P_1 + P_2 - x - y)]$ ab und k müßte mit t steigen. Dies ist aber ein Widerspruch, da k unabhängig von $x + y$ ist. Die Annahme $Q'(t) \geqq 0$ führt also zu einem Widerspruch und wir sehen außerdem, daß $Q'(t) \leqq -(P_1 + P_2)$ gelten muß, damit ein solcher Widerspruch für jede beliebige Wahl von $x + y$ vermieden wird.

Damit ist gezeigt, daß Rückversicherungen der Gestalt (4.5.23) im allgemeinen mit dem Pareto-Optimum nicht übereinstimmen, sondern mit ihm nur einen einzigen Punkt, nämlich den Schnittpunkt zwischen den Geraden (4.4.11) und (4.5.23) gemeinsam haben.

Dieses Ergebnis darf weiter nicht überraschen. Wir haben gesehen, daß im optimalen Bereich ein Interessenkonflikt zwischen den beiden Gesellschaften besteht und der Nutzen für die eine Gesellschaft nur auf Kosten des Nutzens für die andere Gesellschaft verbessert werden kann. Die sich am Rückversicherungsmarkt ergebenden Bedingungen sind jedoch so geartet, daß sie möglichst dem Nutzen beider Gesellschaften dienen. Für den Fall einer Quotenrückversicherung etwa müssen sowohl sehr kleine als auch sehr große Quoten für beide Gesellschaften grundsätzlich tragbar sein, da ansonsten diese Rückversicherungen zu solchen Bedingungen gar nicht abgeschlossen werden könnten. Die Bedingungen eines Rückversicherungsmarktes müssen daher so geartet sein, daß alle möglichen Rückversicherungen grundsätzlich zu tragbaren Bedingungen abgeschlossen werden können. Diese Eigenschaften der Bedingungen des Rückversicherungsmarktes widersprechen aber gerade den Bedingungen für die optimalen Rückversicherungen, da im Pareto-Optimum, wie wir gesehen haben, ein Interessenkonflikt herrscht.

Die Bedingungen des Rückversicherungsmarktes, wie etwa (4.5.23), schränken die Rückversicherungen zwischen den beiden Gesellschaften so ein, daß im allgemeinen nur eine einzige Rückversicherung des Pareto-Optimums mit diesen Bedingungen verträglich ist. Offenbar stimmt diese Rückversicherung im allgemeinen auch nicht mit der optimalen Lösung von Nash überein. Ebensowenig kann allgemein angenommen werden, daß diese Rückversicherung aus dem zulässigen Bereich stammt. Wir sehen also, daß das von uns postulierte Optimalprinzip mit den Bedingungen eines Rückversicherungsmarktes nicht übereinstimmen muß.

6. Rückversicherungsverträge zwischen n Gesellschaften

6.1 Es ist naheliegend, die bisherigen Untersuchungen über die optimalen Rückversicherungsverträge zwischen zwei Gesellschaften auf eine beliebige Anzahl von n Versicherungsgesellschaften auszudehnen. Wir werden sehen, daß sich eine Reihe von Ergebnissen, die für den Fall zweier Gesellschaften hergeleitet wurden, ohne Schwierigkeiten auf den Fall von n Gesellschaften übertragen läßt. Wir setzen wieder voraus, daß die Bewertung des Nutzens des Geldes für alle n Gesellschaften durch stetige Funktionen $n_i(x_i)$, $i = 1, \ldots, n$ beschrieben werde. Der Einfachheit halber setzen wir $n_i(x_i)$ zweimal differenzierbar voraus und aus den bereits in Punkt 2.6 dargelegten Gründen soll $n_i''(x_i) < 0$ gelten. Für viele Überlegungen wäre es hinreichend, $n_i''(x_i) \leqq 0$ vorauszusetzen. Der Fall $n_i''(x_i) = 0$ ist aber, wie bereits gezeigt, nicht sehr realistisch, da er das Versicherungsrisiko als solches unbewertet läßt, und soll hier nicht behandelt werden. Es seien

$F_i(x_i)$ die Verteilungsfunktion für den Schaden x_i aus dem Versicherungsportefeuille der i^{ten} Gesellschaft,

R_i die freie Reserve der i^{ten} Gesellschaft und

$P_i = \int_0^\infty x_i \, dF_i(x_i)$ die Nettoprämie des Versicherungsportefeuilles der i^{ten} Gesellschaft.

Die auftretenden Schäden werden durch den Vektor $x = (x_1, \ldots, x_n)$ vollständig beschrieben. Die zwischen den Gesellschaften abgeschlossenen Rückversicherungsverträge sollen nun dazu führen, daß die i^{te} Gesellschaft bei Eintritt der Schäden x den Betrag $z_i(x) = z_i(x_1, \ldots, x_n)$ bezahle. $z_i(x)$ beinhaltet auch die Rückversicherungsprämien und kann größer, gleich oder kleiner als Null sein. Da die Summe aller Schäden $X = \sum_{i=1}^{n} x_i$ gedeckt sein muß, gilt

$$\sum_{i=1}^{n} z_i(x) = \sum_{i=1}^{n} x_i \,. \tag{4.6.1}$$

Die Rückversicherungen werden also durch den Vektor

$$z(x) = \{z_1(x), \ldots, z_n(x)\}$$

beschrieben. Der Abschluß derartiger Rückversicherungen ändert den Nutzen für die beteiligten Gesellschaften. Für die i^{te} Gesellschaft war der Nutzen vor Abschluß des Rückversicherungsvertrages

$$N_i = \int_0^\infty n_i(R_i + P_i - x_i)\, dF_i(x_i), \quad i = 1, \ldots, n \,.$$

Nach Abschluß der Rückversicherungen beträgt der Nutzen

$$\overline{N}_i(z) = \int_0^\infty \ldots \int_0^\infty n_i[R_i + P_i - z_i(x_1, \ldots, x_n)]\, dF_1(x_1) \ldots dF_n(x_n) \,,$$

wobei $\overline{N}_i(z)$ als Funktional bezüglich $z(x)$ anzusehen ist. Wir wollen dieses Integral in der einfachen Form

$$\overline{N}_i(z) = \int_{R_n} n_i[R_i + P_i - z_i(x)]\, dF(x) \tag{4.6.2}$$

schreiben. Hierbei bezeichnet $F(x)$ die Verteilungsfunktion der n dimensionalen zufälligen Variablen x und die Integration erstrecke sich über den Bereich $x_i \geqq 0$, $i = 1, \ldots, n$, des R_n.

Wir bezeichnen einen Vektor $z(x)$ als optimal, wenn für keinen anderen Vektor $\bar{z}(x) = \{\bar{z}_1(x), \ldots, \bar{z}_n(x)\}$ mit $\sum_{i=1}^{n} \bar{z}_i(x) = \sum_{i=1}^{n} x_i$ die Ungleichungen

$$\overline{N}_i(z) \leqq \overline{N}_i(\bar{z}), \quad i = 1, \ldots, n \tag{4.6.3}$$

alle zugleich erfüllt sind, es sei denn, das Gleichheitszeichen gelte in allen n Fällen. Die durch einen optimalen Vektor beschriebene Rückversicherung bezeichnen wir als optimale Rückversicherung. Wir nennen einen Vektor $\bar{z}(x)$ besser als einen Vektor $z(x)$, wenn die beiden Vektoren (4.6.3) erfüllen, ohne daß für alle i das Gleichheitszeichen gilt. Wir sagen, daß die durch $\bar{z}$ beschriebene Rückversicherung besser als die durch z beschriebene Rückversicherung ist.

Ein Vektor $z(x)$ heißt lokal optimal, wenn er die für einen optimalen Vektor geforderten Eigenschaften gegenüber allen Vektoren $\bar{z}(x)$ aus einer Umgebung von $z(x)$ erfüllt. Unter einer Umgebung verstehen wir alle Vektoren $\bar{z}(x) = z(x) + \varepsilon(x)$ mit

$$\varepsilon(x) = \{\varepsilon_1(x), \ldots, \varepsilon_n(x)\},$$
$$\sup_x |\varepsilon_i(x)| \leqq \varepsilon_0, \quad i = 1, \ldots, n,$$

wobei wegen $\sum_{i=1}^{n} \bar{z}_i(x) = \sum_{i=1}^{n} z_i(x)$ die Bedingung

$$\sum_{i=1}^{n} \varepsilon_i(x) = 0 \tag{4.6.4}$$

erfüllt sein muß. Es gilt nun der

Satz: Ein Vektor $z(x)$ ist dann und nur dann lokal optimal, wenn $n-1$ Zahlen $k_i > 0$ gefunden werden können, für die

$$n_i'[R_i + P_i - z_i(x)] = k_i n_1'[R_1 + P_1 - z_1(x)] \tag{4.6.5}$$

für $i = 2, \ldots, n$ erfüllt ist.

Beweis: Wir zeigen zunächst, daß diese Bedingung hinreichend ist. Ist sie erfüllt, dann gilt

$$\begin{aligned}\overline{N}_i(\bar{z}) - \overline{N}_i(z) &= \int_{R_n} \{n_i[R_i + P_i - z_i(x) - \varepsilon_i(x)] - \\ &\quad - n_i[R_i + P_i - z_i(x)]\}\, dF(x) \\ &= -\int_{R_n} n_i'[R_i + P_i - z_i(x)]\,\varepsilon_i(x)\, dF(x) + o_i(\varepsilon_0) \\ &= -k_i \int_{R_n} n_1'[R_1 + P_1 - z_1(x)]\,\varepsilon_i(x)\, dF(x) + o_i(\varepsilon_0),\end{aligned} \tag{4.6.6}$$

wobei $o_i(\varepsilon_0)$ stärker gegen Null strebt als ε_0.

Setzen wir $k_1 = 1$, dann gilt (4.6.6) für alle $i = 1, \ldots, n$. Aus (4.6.4) und (4.6.6) folgt bis auf Glieder in der Größenordnung von $o(\varepsilon_0)$

$$\sum_{i=1}^{n} \frac{\overline{N}_i(\bar{z}) - \overline{N}_i(z)}{k_i} = -\int_{R_n} n_1'[R_1 + P_1 - z_1(x)] \sum_{i=1}^{n} \varepsilon_i(x)\, dF(x) = 0\,.$$

Wegen

$$\begin{aligned}\left[\sum_{i=1}^{n} \frac{\overline{N}_i(\bar{z}) - \overline{N}_i(z)}{k_i}\right]^2 &= \sum_{i=1}^{n} \left[\frac{\overline{N}_i(\bar{z}) - \overline{N}_i(z)}{k_i}\right]^2 \\ &\quad + 2 \sum_{i=1}^{n} \sum_{j=i+1}^{n} \frac{\overline{N}_i(\bar{z}) - \overline{N}_i(z)}{k_i} \, \frac{\overline{N}_j(\bar{z}) - \overline{N}_j(z)}{k_j}\end{aligned}$$

gilt

$$\sum_{i=1}^{n} \sum_{j=i+1}^{n} \frac{\overline{N}_i(\bar{z}) - \overline{N}_i(z)}{k_i} \, \frac{\overline{N}_j(\bar{z}) - \overline{N}_j(z)}{k_j} < 0\,,$$

wenn man den Fall $\overline{N}_i(\bar{z}) - \overline{N}_i(z) = 0$, $(i = 1, \ldots, n)$, ausschließt. Daraus folgt, daß die Bedingung (4.6.3) nur erfüllt sein kann, wenn für alle $i = 1, \ldots, n$ das Gleichheitszeichen gilt. Damit ist gezeigt, daß $z(x)$ ein lokal optimaler Vektor ist. Die Bedingung (4.6.5) ist also hinreichend.

Um die Notwendigkeit der Bedingung zu zeigen, nehmen wir ohne Beschränkung der Allgemeinheit an, daß (4.6.5) für $i = 2$ nicht erfüllt werden kann. In diesem Fall gibt es sicher ein $k_2 > 0$, eine Funktion $d(x)$ und zwei Bereiche B_1 und B_2 aus R_n mit

$$n_2' [R_2 + P_2 - z_2(x)] = k_2 \{n_1' [R_1 + P_1 - z_1(x) + d(x)]\},$$
$$d(x) > 0 \text{ in } B_1, \int_{B_1} n_1' [R_1 + P_1 - z_1(x)]\, dF(x) = b_1 > 0\,,$$
$$d(x) < 0 \text{ in } B_2, \int_{B_2} n_1' [R_1 + P_1 - z_1(x)]\, dF(x) = b_2 > 0\,.$$

Wir wählen nun einen Vektor $\bar{z}(x)$ mit

$$\bar{z}_1(x) = z_1(x) + \varepsilon(x), \quad |\varepsilon(x)| \leqq \varepsilon$$
$$\bar{z}_2(x) = z_2(x) - \varepsilon(x),$$
$$\bar{z}_i(x) = z_i(x), \quad i = 3, \ldots, n$$

und erhalten die folgenden Gleichungen:

$$\bar{N}_1(\bar{z}) - \bar{N}_1(z) = -\int_{R_n} n_1' [R_1 + P_1 - z_1(x)]\, \varepsilon(x)\, dF(x) + o(\varepsilon)\,,$$
$$\bar{N}_2(\bar{z}) - \bar{N}_2(z) = k_2 \int_{R_n} n_1' [R_1 + P_1 - z_1(x)]\, \varepsilon(x)\, dF(x) +$$
$$+ k_2 \int_{R_n} d(x)\, \varepsilon(x)\, dF(x) + o(\varepsilon)\,,$$
$$\bar{N}_i(\bar{z}) - \bar{N}_i(z) = 0, \; i = 3, \ldots, n\,.$$

Für

$$\varepsilon(x) = \begin{cases} \varepsilon, & x \in B_1\,, \\ -\varepsilon \dfrac{b_1}{b_2}, & x \in B_2 \end{cases}$$

gilt daher bis auf Glieder von der Größenordnung $o(\varepsilon)$

$$\bar{N}_1(\bar{z}) - \bar{N}_1(z) = -\varepsilon \int_{B_1} n_1' [R_1 + P_1 - z_1(x)]\, dF(x) +$$
$$+ \varepsilon \frac{b_1}{b_2} \int_{B_2} n_1' [R_1 + P_1 - z_1(x)]\, dF(x) = 0\,,$$
$$\bar{N}_2(\bar{z}) - \bar{N}_2(z) = k_2 \varepsilon \int_{B_1} n_1' [R_1 + P_1 - z(x)]\, dF(x) -$$
$$- k_2 \varepsilon \frac{b_1}{b_2} \int_{B_2} n_1' [R_1 + P_1 - z_1(x)]\, dF(x) +$$
$$+ k_2 \varepsilon \int_{B_1} d(x)\, dF(x) - k_2 \varepsilon \frac{b_1}{b_2} \int_{B_2} d(x)\, dF(x) > 0\,.$$

Wegen $\bar{N}_i(\bar{z}) = \bar{N}_i(z)$ für $i \neq 2$ und $\bar{N}_2(\bar{z}) > \bar{N}_2(z)$ ist $z(x)$ kein lokal optimaler Vektor. Die Bedingung (4.6.5) ist also auch notwendig und damit ist der Satz vollständig bewiesen.

6.2 Wir untersuchen weitere Eigenschaften der lokal optimalen Vektoren $z(x)$. Aus (4.6.5) folgt

$$\frac{1}{\varepsilon}\{n_i'[R_i + P_i - z_i(x_1, \ldots, x_{j-1}, x_j + \varepsilon, x_{j+1}, \ldots, x_n)] - $$
$$- n_i'[R_i + P_i - z_i(x_1, \ldots, x_n)]\}$$
$$= \frac{k_i}{\varepsilon}\{n_1'[R_1 + P_1 - z_1(x_1, \ldots, x_{j-1}, x_j + \varepsilon, x_{j+1}, \ldots, x_n)] -$$
$$- n_1'[R_1 + P_1 - z_1(x_1, \ldots, x_n)]\}.$$

Wir haben die Funktionen $n_i(x_i)$ als zweimal differenzierbar mit $n_i''(x_i) < 0$ vorausgesetzt. Es gelten daher bis auf Glieder, die mit ε gegen Null gehen, die folgenden Gleichungen:

$$n_i''[R_i + P_i - z_i(x_1, \ldots, x_n)]\frac{1}{\varepsilon}[z_i(x_1, \ldots, x_{j-1}, x_j + \varepsilon, x_{j+1}, \ldots, x_n) -$$
$$- z_i(x_1, \ldots, x_n)] = k_i n_1''[R_1 + P_1 - z_1(x_1, \ldots, x_n)] \cdot \tag{4.6.7}$$
$$\cdot \frac{1}{\varepsilon}[z_1(x_1, \ldots, x_{j-1}, x_j + \varepsilon, x_{j+1}, \ldots, x_n) - z_1(x_1, \ldots, x_n)],$$

$$\frac{1}{\varepsilon}\sum_{i=1}^{n}[z_i(x_1, \ldots, x_{j-1}, x_j + \varepsilon, x_{j+1}, x_n) - z_i(x_1, \ldots, x_n)]$$
$$= \frac{1}{\varepsilon}[z_1(x_1, \ldots, x_{j-1}, x_j + \varepsilon, x_{j+1}, \ldots, x_n) - z_1(x_1, \ldots, x_n)] \cdot \tag{4.6.8}$$
$$\cdot \sum_{i=1}^{n} k_i \frac{n_1''[R_1 + P_1 - z_1(x_1, \ldots, x_n)]}{n_i''[R_i + P_i - z_i(x_1, \ldots, x_n)]}.$$

Die linke Seite von Gleichung (4.6.8) ist, wie aus (4.6.1) folgt, gleich 1. Wir können den Grenzübergang für gegen Null strebendes ε durchführen und erhalten

$$1 = \frac{\partial z_1(x_1, \ldots, x_n)}{\partial x_j}\sum_{i=1}^{n} k_i \frac{n_1''[R_1 + P_1 - z_1(x_1, \ldots, x_n)]}{n_i''[R_i + P_i - z_i(x_1, \ldots, x_n)]}. \tag{4.6.9}$$

Es existiert also die partielle Ableitung von $z_1(x_1, \ldots, x_n)$ nach x_j und sie ist unabhängig von j. Daraus folgt, daß $z_1(x_1, \ldots, x_n)$ als Funktion $z_1(X)$ mit $X = \sum_{i=1}^{n} x_i$ dargestellt werden kann. Aus (4.6.7) folgt, daß auch $z_i(x_1, \ldots, x_n)$ für $i = 2, \ldots, n$ nach x_j partiell differenzierbar ist, wobei die Ableitung von j unabhängig ist. $z_i(x_1, \ldots, x_n)$ ist daher ebenfalls als Funktion $z_i(X)$ darstellbar. Aus (4.6.7) und (4.6.9) folgt weiters

$$\frac{dz_i(X)}{dX} = \frac{\partial z_i(X)}{\partial x_j} = k_i \frac{n_1''[R_1 + P_1 - z_1(X)]}{n_i''[R_i + P_i - z_i(X)]}\frac{\partial z_1(X)}{\partial x_j}, \tag{4.6.10}$$

$$\frac{dz_i(X)}{dX} = \frac{\dfrac{k_i}{n_i''[R_i + P_i - z_i(X)]}}{\sum_{j=1}^{n}\dfrac{k_j}{n_j''[R_j + P_j - z_j(X)]}}.$$

Der von einer Gesellschaft zu zahlende Betrag hängt also so wie im Fall zweier Gesellschaften nur von der Summe der Schäden $X = \sum_{i=1}^{n} x_i$ ab. $z_i(X)$ ist monoton steigend in X. Wegen

$$0 < \frac{dz_j(X)}{dX} < \infty$$

kann zu z_j die eindeutige Umkehrfunktion $X_j(z_j)$ gefunden werden. Jedes $z_i(X)$ läßt sich in der Form $z_i[X_j(z_j)]$ als Funktion von jedem z_j darstellen. Aus (4.6.5) folgt

$$n_i'(R_i + P_i - z_i) = \frac{k_i}{k_j} n_j'(R_j + P_j - z_j). \qquad (4.6.11)$$

Wegen $n_i''(x_i) < 0$ kann daraus z_i als eindeutige Funktion $z_i\left(\frac{k_i}{k_j}, z_j\right)$ gewonnen werden. $z_i\left(\frac{k_i}{k_j}, z_j\right)$ nimmt mit steigendem $\frac{k_i}{k_j}$ zu. Das Verhältnis der Zahlungen zweier Gesellschaften, $\frac{z_i}{z_j}$, ist daher für wachsendes $\frac{k_i}{k_j}$ zunehmend, für fallendes $\frac{k_i}{k_j}$ abnehmend, und zwar unabhängig von der Höhe des Gesamtschadens X.

Wir betrachten nun zwei verschiedene lokal optimale Vektoren, $z(x)$ und $\bar{z}(x)$, welche (4.6.5) für k_i bzw. $\bar{k}_i$, $(i = 1, \ldots, n)$, mit $k_1 = \bar{k}_1 = 1$ erfüllen. Da es sich um zwei verschiedene Vektoren handelt, muß $k_i \neq \bar{k}_i$ für mindestens ein $i > 1$ gelten. Es sei

$$\frac{k_\nu}{\bar{k}_\nu} = \max_{(i)} \frac{k_i}{\bar{k}_i}, \quad \frac{k_\mu}{\bar{k}_\mu} = \min_{(i)} \frac{k_i}{\bar{k}_i}, \; i = 1, \ldots, n.$$

Daraus folgt

$$\frac{k_\nu}{k_i} \geqq \frac{\bar{k}_\nu}{\bar{k}_i}, \quad \frac{k_\mu}{k_i} \leqq \frac{\bar{k}_\mu}{\bar{k}_i}$$

und daraus

$$z_\nu\left(\frac{k_\nu}{k_i}, z_i\right) \geqq \bar{z}_\nu\left(\frac{\bar{k}_\nu}{\bar{k}_i}, \bar{z}_i\right), \qquad z_\mu\left(\frac{k_\mu}{k_i}, z_i\right) \leqq \bar{z}_\mu\left(\frac{\bar{k}_\mu}{\bar{k}_i}, \bar{z}_i\right),$$

wobei jeweils für mindestens ein i das Gleichheitszeichen nicht gilt. Diese Ungleichungen führen aber, wie leicht zu sehen ist, zu

$$\bar{N}_\nu(z) < \bar{N}_\nu(\bar{z}),$$
$$\bar{N}_\mu(z) > \bar{N}_\mu(\bar{z}),$$

da im Verhältnis zu jeder anderen Gesellschaft für z der Anteil der ν^{ten} Gesellschaft am Gesamtschaden größer, der Anteil der μ^{ten} Gesellschaft kleiner ist als für $\bar{z}$. Da $\bar{z}$ nicht aus einer Umgebung von z stammen muß, ist damit gezeigt, daß zu einem lokal optimalen Vektor z kein lokal optimaler Vektor $\bar{z}$ gefunden werden kann, der für alle Gesellschaften gleichbleibende oder höhere Nutzen bringt. Die lokal optimalen Vektoren sind also auch optimal.

So wie im Fall der zwei Gesellschaften liegt auch im Fall der n Gesellschaften im optimalen Bereich ein Interessenkonflikt vor. Eine Verbesserung der Situation einzelner Gesellschaften kann nur durch eine Verschlechterung der Situation anderer Gesellschaften erreicht werden.

6.3 Bei der Untersuchung der Rückversicherungsverträge zwischen zwei Gesellschaften wurde gezeigt, daß die Quotenrückversicherungen mit den Quoten t bzw. $1 - t$ eine gewisse Sonderstellung einnehmen. Sie sind dann und nur dann optimal, wenn (4.5.12) erfüllt ist. Dies bedeutet, daß für eine lineare Beziehung zwischen x und y eine lineare Beziehung zwischen $n_1(x)$ und $n_2(y)$ bestehen muß. Wird in (4.5.12) statt der Variablen ζ eine lineare Transformation $\xi(\zeta)$ dieser Variablen eingeführt, dann kann die Gleichung etwa in der allgemeineren Form

$$n_2(\alpha + \beta\,\xi) = a + b n_1(\xi) \tag{4.6.12}$$

geschrieben werden.

Wir untersuchen im folgenden optimale Quotenrückversicherungen für den Fall von n Gesellschaften. Die zu (4.5.12) analogen Bedingungen werden wir in einer etwas abweichenden Form darstellen, die sich für den Fall von n Gesellschaften besser eignet.

Unter einer Quotenrückversicherung zwischen n Gesellschaften verstehen wir eine Rückversicherung mit den Zahlungen

$$z_i(X) = S_i + t_i X$$

mit

$$\sum_{i=1}^{n} S_i = 0\,, \qquad \sum_{i=1}^{n} t_i = 1\,, \qquad t_i \geqq 0\,, \qquad i = 1, \ldots, n\,.$$

S_i entspricht der beim Abschluß des Vertrages von der i^{ten} Gesellschaft zu leistenden Zahlung, während t_i den Anteil der i^{ten} Gesellschaft an der Gesamtschadenssumme X bedeutet. Wir zeigen den

Satz: Eine Quotenrückversicherung ist dann und nur dann optimal, wenn die Nutzenfunktionen den folgenden Gleichungen genügen:

$$\begin{aligned} &n_i(R_i + P_i - S_i - t_i\,\zeta) \\ &= a_i + b_i\, n_1(R_1 + P_1 - S_1 - t_1\,\zeta),\; b_i > 0,\; i = 2, \ldots, n\,. \end{aligned} \tag{4.6.13}$$

Beweis: Ohne Beschränkung der Allgemeinheit sei $t_1 \neq 0$ vorausgesetzt. Wir differenzieren (4.6.13) nach ζ und erhalten

$$t_i\, n_i'(R_i + P_i - S_i - t_i\,\zeta) = b_i\, t_1\, n_1'(R_1 + P_1 - S_1 - t_1\,\zeta) \tag{4.6.14}$$

und dies entspricht für

$$b_i = k_i \frac{t_i}{t_1}\,, \quad z_i(X) = S_i + t_i X = S_i + t_i\,\zeta \tag{4.6.15}$$

gerade der Bedingung (4.6.5). Die Quotenrückversicherung ist also lokal optimal und daher, wie wir in Punkt 6.2 gezeigt haben, auch optimal. Umgekehrt ist offenbar für jede optimale Quotenrückversicherung (4.6.5) durch die Transformation (4.6.15) in die Form (4.6.14) und durch Integration nach ζ auf die Form (4.6.13) zu bringen. Damit ist der Satz bewiesen.

Aus den Beziehungen (4.6.13) sind für vorgegebene Werte $t_1, \ldots, t_n$ die Werte $S_1, \ldots, S_n$ mit der einschränkenden Bedingung $\sum_{i=1}^{n} S_i = 0$ zu errechnen. Für die n Werte S_i existieren außer dieser Gleichung $n - 1$ Bestimmungsgleichungen der Gestalt (4.6.13).

Haben wir einen Rückversicherungsmarkt vor uns, auf dem jede Rückversicherung ihren festen Preis hat, dann ist der für die Rückversicherung von der i^{ten} Gesellschaft zu bezahlende Betrag S_i durch das Rückversicherungsportefeuille, also durch die Quote t_i und durch die Verteilung des gesamten Schadens X, eindeutig bestimmt. Durch die Wahl der Quoten $t_1, \ldots, t_n$ sind die Größen S_i ebenfalls bestimmt. Die auf Grund der Preise des Rückversicherungsmarktes errechneten Zahlungen S_i werden jedoch im allgemeinen nicht zu optimalen Rückversicherungen führen, das heißt, die auf Grund des Marktpreises ermittelten S_i erfüllen die Bedingungen (4.6.13) für die vorgegebenen Quoten t_i im allgemeinen nicht.

Wir zeigen dies am Beispiel des Preises, der aus der Nettoprämie zuzüglich eines der Streuung des rückversicherten Portefeuilles proportionalen Sicherheitszuschlages besteht. Bezeichnet P_i den Erwartungswert und $\sqrt{\sigma_i^2}$ die Streuung des Versicherungsportefeuilles der i^{ten} Gesellschaft und α den Proportionalitätsfaktor für den Sicherheitszuschlag, dann hat die i^{te} Gesellschaft für das von ihr abgegebene Versicherungsportefeuille eine Nettoprämie von $(1 - t_i)\, P_i$ und einen Sicherheitszuschlag von $\alpha\,(1 - t_i)\,\sqrt{\sigma_i^2}$ zu zahlen. Die Gesellschaft ist nach Abschluß der Rückversicherungen mit der Quote t_i am gesamten Versicherungsrisiko aller Gesellschaften beteiligt. Sie gibt daher nicht nur eine Quote von $1 - t_i$ ihres eigenen Portefeuilles ab, sondern sie übernimmt gleichzeitig eine Quote von t_i von jeder der übrigen Gesellschaften. Für diese übernommenen Versicherungsportefeuilles erhält sie Nettoprämien in der Höhe von

$$t_i \left(\sum_{j=1}^{n} P_j - P_i \right)$$

und Sicherheitszuschläge in der Höhe von

$$\alpha\, t_i \left(\sum_{j=1}^{n} \sqrt{\sigma_j^2} - \sqrt{\sigma_i^2} \right).$$

Der von der i^{ten} Gesellschaft zu bezahlende Betrag S_i errechnet sich daraus, für $\sum_{i=1}^{n} P_i = P$ mit

$$S_i = P_i + \alpha \sqrt{\sigma_i^2} - t_i \left(P + \alpha \sum_{j=1}^{n} \sqrt{\sigma_j^2} \right). \tag{4.6.16}$$

Die so erhaltenen Beträge S_i stimmen jedoch, wie wir gleich zeigen werden, mit (4.6.13) nicht überein. Aus (4.6.13) folgt nämlich

$$n_i' \,(R_i + P_i - S_i - t_i X)$$
$$= c_i n_1' \left[R_1 + P_1 + \sum_{j=2}^{n} S_j - \left(1 - \sum_{j=2}^{n} t_j \right) X \right].$$

Wir differenzieren nach t_i, wobei wir alle t_j und S_j mit $j > 1$ und $j \neq i$ festhalten und erhalten

$$-\left\{ n_i'' \,(R_i + P_i - S_i - t_i X) + c_i n_1'' \left[R_1 + P_1 + \sum_{j=2}^{n} S_j - \left(1 - \sum_{j=2}^{n} t_j \right) X \right] \right\}$$
$$\left(\frac{dS_i}{dt_i} + X \right) = n_1' \left[R_1 + P_1 + \sum_{j=2}^{n} S_j - \left(1 - \sum_{j=2}^{n} t_j \right) X \right] \frac{dc_i}{dt_i}.$$

Wegen $n_i' \,(x_i) > 0$, $n_i'' \,(x_i) < 0$ und weil S_i und c_i von X unabhängig sind, muß $\frac{dS_i}{dt_i} + X$ als Funktion von X konstantes Vorzeichen haben und dies ist wegen $X \geqq 0$ nur für $\frac{dS_i}{dt_i} \geqq 0$ möglich.

Wenden wir dieses Ergebnis auf den für S_i gefundenen Ausdruck (4.6.16) an, dann folgt $\frac{dS_i}{dt_i} = -\left(P + \alpha \sum_{j=1}^{n} \sqrt{\sigma_j^2} \right) \geqq 0$. Diese Ungleichung steht im Widerspruch zu $P > 0$ und $\alpha \geqq 0$. Die auf Grund des Preises am Rückversicherungsmarkt geleisteten Zahlungen S_i führen daher im allgemeinen nicht zu optimalen Rückversicherungen. Es tritt dann der bereits behandelte Fall ein, daß die einzelnen Versicherungsgesellschaften ihre Entscheidungen bezüglich der Rückversicherungen nicht ausschließlich unter Zugrundelegung des Optimalprinzips anhand der Nutzenfunktionen, sondern unter Berücksichtigung eines festen Marktpreises treffen müssen.

6.4 Als Beispiel für die Ermittlung optimaler Rückversicherungen untersuchen wir Nutzenfunktionen der Gestalt

$$n_i \,(x_i) = -\, a_i \,(x_i^2 - b_i \, x_i) \,.$$

Die Werte b_i müssen wieder groß genug gewählt werden, damit $n_i \,(x_i)$ für alle in Betracht kommenden Werte x_i monoton steigend ist. Die Nutzenfunktionen erfüllen offenbar (4.6.13), so daß als optimale Rückversicherungen Quotenrückversicherungen zu erwarten sind. Die Zahlungen $z_i \,(X)$

werden aus den Gleichungen (4.6.5) ermittelt, die in diesem Fall folgendermaßen lauten:

$$2\,a_i\,(R_i + P_i) - 2\,a_i\,z_i\,(X) - a_i\,b_i$$
$$= 2\,k_i\,a_1\,(R_1 + P_1) - 2\,k_i\,a_1\,z_1\,(X) - k_i\,a_1\,b_1\,.$$

Unter Verwendung von $\sum_{i=1}^{n} z_i\,(X) = X$ errechnet man daraus

$$z_i\,(X) = t_i\,X - t_i \sum_{j=1}^{n} \left(R_j + P_j - \frac{b_j}{2}\right) + R_i + P_i - \frac{b_i}{2}\,, \qquad i = 1, \ldots, n$$

mit

$$t_i = \frac{k_i}{a_i \sum\limits_{j=1}^{n} \frac{k_j}{a_j}}\,.$$

Die auf die i^{te} Gesellschaft entfallende Quote t_i ist also mit k_i monoton steigend und jede Gesellschaft wird bestrebt sein, den für sie maßgebenden Wert k_i möglichst klein zu wählen, da auch $z_i\,(X)$ mit steigendem k_i zunimmt.

Als nächstes Beispiel betrachten wir den Fall

$$n_i\,(x_i) = 1 - e^{-a_i\,x_i}\,.$$

(4.6.5) lautet

$$a_i\,e^{-a_i\,[R_i + P_i - z_i\,(X)]} = k_i\,a_1\,e^{-a_1\,[R_1 + P_1 - z_1\,(X)]}$$

und daraus folgt nach kurzer Rechnung

$$z_i\,(X) = t_i\,X - t_i \sum_{j=1}^{n} \left(\frac{1}{a_j}\,ln\,a_1\,\frac{k_j}{a_j} + R_j + P_j\right) + R_i + P_i + \frac{1}{a_i}\ln a_1 \frac{k_i}{a_i}$$

mit

$$t_i = \frac{1}{a_i \sum\limits_{j=1}^{n} \frac{1}{a_j}}\,.$$

Hier ist die Quote t_i von k_i unabhängig. Es ist nur eine einzige Quotenrückversicherung optimal. Durch Variation von k_i erhalten wir alle verschiedenen Werte von S_i und es ist leicht zu sehen, daß $z_i\,(X)$ mit k_i monoton wächst.

Als letztes Beispiel wählen wir die Nutzenfunktionen

$$n_i\,(x_i) = ln\,(1 + a_i\,x_i)\,.$$

Bei dieser Wahl der Nutzenfunktionen müssen die Währungseinheiten so gewählt werden, daß $1 + a_i\,x_i$ immer größer als Null bleibt. Ansonsten wäre die Monotonität der Nutzenfunktionen nicht mehr gewährleistet. Insbesondere können wir daher

$$\frac{1}{a_i} + R_i + P_i - X > 0$$

voraussetzen. In diesem Fall lautet (4.6.5)

$$\frac{a_i}{1 + a_i [R_i + P_i - z_i(X)]} = \frac{k_i a_1}{1 + a_1 [R_1 + P_1 - z_1(X)]}$$

und daraus errechnet man

$$z_i(X) = t_i X - t_i \sum_{j=1}^{n} \left(\frac{1}{a_j} + R_j + P_j\right) + \frac{1}{a_i} + R_i + P_i$$

mit

$$t_i = \frac{1}{k_i \sum_{j=1}^{n} \frac{1}{k_j}}.$$

Hier hängen die Quoten t_i wieder von k_i ab. Im Gegensatz zum ersten Beispiel ist t_i für steigende k_i fallend. Hingegen nimmt $z_i(X)$, wie man sich leicht überzeugt, auch in diesem Beispiel mit steigendem k_i zu.

6.5 Jede Gesellschaft wird bestrebt sein, eine für sie möglichst günstige Rückversicherung abzuschließen, also k_i möglichst klein zu halten. Dies läuft den Interessen der anderen Gesellschaften zuwider und es erhebt sich wieder die Frage, welche der optimalen Rückversicherungen nun tatsächlich abgeschlossen werden soll. Einschränkend bei der Wahl der Rückversicherung wird ins Gewicht fallen, daß keine Gesellschaft einer Verringerung ihres Nutzens zustimmen wird. Da der Nutzen der i^{ten} Gesellschaft mit steigendem k_i fällt, bedeutet dies, daß es für jede Gesellschaft einen maximalen Wert der zulässigen k_i gibt. Für diesen Wert k_i erreicht die Gesellschaft gerade den Nutzen der Ausgangssituation. Höhere Werte würden den Nutzen gegenüber der Ausgangssituation verringern und werden daher von der Gesellschaft abgelehnt. Der maximale Wert k_i ist allerdings von der Wahl der übrigen Werte k_j nicht unabhängig.

Je kleiner k_i gewählt wird, um so günstiger ist die Rückversicherung für die i^{te} Gesellschaft. Der günstigste Fall, der eintreten kann, ist der, daß die i^{te} Gesellschaft sämtliche Reserven aller übrigen Gesellschaften erhält und ihr gesamtes Versicherungsportefeuille an die anderen Gesellschaften abgibt, ohne selbst Rückversicherungen zu übernehmen. Sie ist dann im Besitze sämtlicher Mittel $\sum_{j=1}^{n} (R_j + P_j)$ und hat kein Risiko mehr zn tragen. Der Nutzen dieser Situation ist

$$n_i \left[\sum_{j=1}^{n} (R_j + P_j)\right]$$

und dies ist offenbar der maximale für sie erreichbare Nutzen. Da somit der Nutzen für jede Gesellschaft nach oben begrenzt ist, müssen die Werte k_i auch nach unten begrenzt sein.

Die Auswahl der Rückversicherung aus dem optimalen Bereich kann nun etwa wieder nach dem Grundsatz erfolgen, daß der Nutzenzuwachs für alle beteiligten Versicherungsgesellschaften gleich groß sein soll. Bezeichnen wir den Nutzenzuwachs der i^{ten} Gesellschaft mit $\Delta_i N$, dann erhalten wir $n - 1$ Gleichungen

$$\Delta_i N = \Delta_1 N \quad i = 2, \ldots, n. \tag{4.6.17}$$

Diese $n - 1$ Gleichungen dienen der Berechnung der $n - 1$ Werte $k_2, \ldots, k_n$. Auch hier läßt sich jedoch, wie im Falle zweier Gesellschaften, allgemein zeigen, daß die durch (4.6.17) bestimmten Rückversicherungen nicht unbedingt im zulässigen Bereich liegen müssen. Es kann vielmehr der Fall eintreten, daß für die durch (4.6.17) bestimmten Rückversicherungen Zahlungen notwendig werden, die die Mittel einzelner Gesellschaften übersteigen.

6.6 Wir haben in Punkt 6.4 gezeigt, daß die auf Grund von festen „Marktpreisen" sich ergebenden Rückversicherungen im allgemeinen nicht optimal sind. Die Gesellschaften können ihren Nutzen erhöhen, wenn sie, statt die Bedingungen des Rückversicherungsmarktes anzuwenden, zu einer im optimalen Bereich gelegenen Rückversicherung übergehen. Für die Praxis muß aber die Existenz eines Rückversicherungsmarktes mit mehr oder weniger festen Marktpreisen als gegeben angenommen werden. Wenn zwei oder mehr Gesellschaften dazu übergehen, ihre gegenseitigen Rückversicherungen nicht unter Zugrundelegung des Marktpreises, sondern auf Grund von Nutzenfunktionen abzuschließen, dann sind sie dadurch noch nicht vom Rückversicherungsmarkt ausgeschlossen. Man wird vielmehr annehmen müssen, daß neben den n Gesellschaften, welche Nutzenfunktionen zur Ermittlung der optimalen Rückversicherung verwenden, ein Rückversicherungsmarkt besteht, in dem jene Versicherungsgesellschaften vertreten sind, die ihre Entscheidung über den Abschluß von Rückversicherungsverträgen nicht auf Grund spieltheoretischer Überlegungen, sondern auf Grund eines festen Marktpreises vornehmen.

Um diese Verhältnisse zu beschreiben, genügt es, zu dem eben betrachteten Fall der n Gesellschaften eine $n + 1^{\text{te}}$ Gesellschaft hinzuzufügen, die den Rückversicherungsmarkt repräsentiert. Während für die n konkurrierenden Gesellschaften Nutzenfunktionen vorgegeben sind und diese Gesellschaften die Auswahl der Rückversicherung nach dem Prinzip des größten Nutzenzuwachses vornehmen, ist für die neu hinzutretende Gesellschaft eine einzige Maxime maßgebend, nämlich für die bei ihr rückversicherten Portefeuilles den Marktpreis zu erhalten. Außerdem können wir annehmen, daß die $n + 1^{\text{te}}$ Gesellschaft Rückversicherungen zum Marktpreis offeriert.

Denken wir uns die Rückversicherungen mit der $n + 1^{\text{ten}}$ Gesellschaft bereits abgeschlossen, dann müssen die verbleibenden Versicherungsportefeuilles der n Gesellschaften wieder optimal aufgeteilt werden. Bezeichnet X den Gesamtschaden, der die n Gesellschaften nach dem Abschluß der Verträge mit der $n + 1^{\text{ten}}$ Gesellschaft belastet, dann sind die optimalen Rückversicherungen wieder durch (4.6.5) bestimmt.

Nehmen wir nun an, daß die Nutzenfunktionen der n Gesellschaften (4.6.13) erfüllen, so daß die optimalen Rückversicherungen Quotenrückversicherungen sind. In diesem Fall gilt

$$\begin{aligned} N_i(z) &= \int_0^\infty n_i\,[R_i + P_i - z_i(X)]\,dF(X) \\ &= \int_0^\infty n_i\,(R_i + P_i - S_i - t_i X)\,dF(X) \qquad (4.6.18) \\ &= a_i + b_i \int_0^\infty n_1\,(R_1 + P_1 - S_1 - t_1 X)\,dF(X)\,. \end{aligned}$$

Der Nutzen ist für alle Gesellschaften dem Integral über die Nutzenfunktion der ersten Gesellschaft bis auf eine additive Konstante proportional. In dieser Darstellung ist die Summe der Zahlungen $\sum_{i=1}^{n} S_i$ nicht mehr gleich Null, sondern gleich der der $n + 1^{\text{ten}}$ Gesellschaft, also dem Rückversicherungsmarkt, zu zahlenden Prämie. Das Verhalten der einzelnen Gesellschaften gegenüber dem Rückversicherungsmarkt ist wieder davon abhängig, welche Rückversicherung allen Gesellschaften zusammen den größten Vorteil bietet. Offenbar ist dies jene Rückversicherung, die (4.6.18) zu einem Maximum werden läßt. Die n Gesellschaften treten also dem Rückversicherungsmarkt gegenüber gewissermaßen als Einheit auf.

Die Frage nach der besten Rückversicherung gegenüber dem Rückversicherungsmarkt haben wir bereits in Kapitel 3 untersucht. Es zeigt sich, daß von allen als zulässig definierten Rückversicherungen die Exzedentenrückversicherung die Streuung des verbleibenden Versicherungsportefeuilles am meisten verringert. Da nun eine niedrige Streuung meist einem hohen Nutzen entspricht, wäre die Exzedentenrückversicherung gegenüber dem Rückversicherungsmarkt optimal. Dies gilt sicher dann, wenn auf dem Rückversicherungsmarkt kein Risikozuschlag zu zahlen ist. Ist jedoch ein etwa von der Streuung abhängiger Risikozuschlag zu bezahlen, dann wird der Vorteil der geringeren Streuung unter Umständen durch den Nachteil der höheren Prämienzuschläge wettgemacht. Die optimale Rückversicherung gegenüber dem Rückversicherungsmarkt muß daher nicht immer eine Exzedentenrückversicherung sein, sie wird vielmehr von den Nutzenfunktionen der einzelnen Gesellschaften und vom Marktpreis der Rückversicherungen abhängen.

V. Kollektive Risikotheorie und optimaler Nutzen

1. Verallgemeinerung der Nutzenfunktion

1.1 Bisher haben wir stets den Nutzen einer Risikosituation betrachtet. Wir haben angenommen, daß der nach Abwicklung der Versicherungen verbleibende Überschuß z der Gesellschaft mit der Verteilungsfunktion $G(z)$ verteilt ist. Die Frage, wann dieser Überschuß verfügbar ist, in welchem Zeitpunkt er fällig wird, spielt hierbei keine Rolle. Wir haben insbesondere die Bewertung einer Risikosituation auf Grund der Bewertung eines Geldbetrages durch die Nutzenfunktion $n(x)$ vorgenommen. In der Praxis wird jedoch auch der Zeitpunkt, in dem dieser Geldbetrag zur Verfügung steht, eine gewisse Rolle spielen. Wir werden daher zunächst versuchen, die Bewertung des Nutzens so zu erweitern, daß auch der Zeitpunkt der Realisierung des Überschusses eine Rolle spielt. Die Bewertung soll hierbei stets im Zeitpunkt 0 vorgenommen werden.

Der Nutzen einer Risikosituation wurde im vorigen Abschnitt mit Hilfe der Funktion $n(x)$ errechnet. Wir verallgemeinern nun diese Funktion und betrachten eine Funktion $n(x, t)$. Diese Funktion soll im Zeitpunkt 0 den Nutzen des im Zeitpunkt t fällig werdenden Geldbetrages x angeben. Für einen festen Wert t soll aus dieser Nutzenfunktion der Nutzen im Zeitpunkt 0 einer Risikosituation $\{G(z), t\}$, die im Zeitpunkt t vorliegt, in gleicher Weise hergeleitet werden, wie früher der Nutzen einer Risikosituation $G(z)$ aus $n(x)$. In Analogie zu (4.2.1) definieren wir

$$\begin{aligned} &N\{a\,\varepsilon(z-R_1)+(1-a)\,F(z), t\} \\ &= a n(R_1, t)+(1-a)\,N\{F(z), t\}\,. \end{aligned} \tag{5.1.1}$$

Daraus erhalten wir in Analogie zu (4.2.5)

$$N\{G(z), t\}=\int_{-\infty}^{+\infty} n(y, t)\,dG(y)\,. \tag{5.1.2}$$

Wir haben damit eine von t abhängige Nutzenfunktion eingeführt. Die Abhängigkeit des Nutzens $N\{G(z), t\}$ von t richtet sich nach der Abhängigkeit der Funktion $n(z, t)$ von t.

1.2 $n(z, t)$ kann noch weitgehend beliebig gewählt werden. Für einen festen Wert t werden wir allerdings die selben Einschränkungen fordern, wie wir sie für $n(x)$ in Abschnitt IV, Kapitel 2, gefordert haben. Die Abhängigkeit von t kann noch in beliebiger Art und Weise angenommen werden, ohne daß ein Widerspruch entsteht. Um jedoch den praktischen Erfordernissen Rechnung tragen zu können, wird man auf gewisse Gegebenheiten des Kapitalmarktes Bedacht nehmen müssen. $n(z, t)$ stellt den Nutzen eines Geldbetrages z, der im Zeitpunkt t fällig ist, dar und wir wissen, daß bestimmte Regeln für die Bewertung von Geldbeträgen in verschiedenen Zeitpunkten gelten. Eine Auswirkung der unterschiedlichen Bewertung nominell gleicher Geldbeträge, die in verschiedenen Zeitpunkten fällig werden, ist die Verzinsung. Wir nehmen nun an, daß die Verzinsung den Nutzen des Geldes auch für unsere Zwecke richtig bewertet. Demnach sind zwei Kapitalien $K(t_1)$ im Zeitpunkt t_1 und $K(t_2)$ im Zeitpunkt t_2 dann äquivalent, also „gleichwertig", wenn sie die Beziehung

$$K(t_2) = K(t_1)\, e^{\int_{t_1}^{t_2} \varrho(\tau)\, d\tau}$$

für $t_2 \geqq t_1$ erfüllen, wobei $\varrho(\tau) > 0$ die Zinsintensität darstellt. Da die beiden Kapitalien als gleichwertig anzusehen sind, muß ihr Nutzen gleich bewertet werden. Es gilt also in diesem Fall

$$n[K(t_1), t_1] = n\left[K(t_1)\, e^{\int_{t_1}^{t_2} \varrho(\tau)\, d\tau}, t_2\right].$$

Für $t_1 = 0$, $t_2 = t$ und $K(t_1)\, e^{\int_{t_1}^{t_2} \varrho(\tau)\, d\tau} = K$ gilt dann

$$n(K, t) = n\left[K e^{-\int_0^t \varrho(\tau)\, d\tau}, 0\right]. \tag{5.1.3}$$

$n(K, t)$ ist daher eine in t monoton fallende Funktion. Erwartungsgemäß führt also eine mit der Verzinsung im Einklang stehende Bewertung dazu, daß nominell gleiche Beträge in immer späteren Zeitpunkten einem immer geringeren Nutzen entsprechen.

Die Definition der Funktion $n(K, t)$ durch die Gleichung (5.1.3) stellt nur eine von vielen Möglichkeiten dar. Zwar wird die Beziehung (5.1.3) durch die Tatsache der Verzinsung nahegelegt, doch handelt es sich bei der Verzinsung um eine Gegebenheit des Geldmarktes, während die Bewertung des Nutzens eines in einem Zeitpunkt t fällig werdenden Geldbetrages von der Versicherungsgesellschaft getroffen wird. Die Bewertungsmethode der Versicherungsgesellschaft kann aber aus den verschiedensten Gründen von der Bewertungsmethode des Geldmarktes abweichen. K. Borch [*17*] weist z. B. darauf hin, daß eine Versicherungsgesellschaft, die jeweils am Jahresende eine der freien Reserve proportionale Dividende zahlt, grundsätzlich eine gleichbleibende oder steigende Dividendenzahlung einer auch nur in einem einzigen Jahr fallenden Dividendenzahlung vorziehen wird, selbst wenn die diskontierten

Barwerte der Dividendenzahlungen im zuerst genannten Fall etwas höher sein sollten.

So wie bei der Wahl der Funktion $n(x)$ aus Abschnitt IV gibt es auch bei der Wahl des Zusammenhanges zwischen $n(x, t)$ und $n(x, 0)$ eine Reihe von Möglichkeiten. Wir wollen unsere weiteren Untersuchungen auf die durch die Verzinsung nahegebrachte Beziehung (5.1.3) aufbauen, doch können die im weiteren hergeleiteten Methoden auch in anderen Fällen angewendet werden.

1.3 Wir können anhand der Beziehung (5.1.2) den „gegenwärtigen" Nutzen zweier Risikosituationen in zwei verschiedenen Zeitpunkten vergleichen. Es sind aber auch weitergehende Aussagen möglich. Denken wir uns das Kapital K als zufällige Variable, wie dies einer Risikosituation entspricht, und gleichzeitig die Verteilungsfunktion des Kapitals als eine zeitabhängige Größe, dann können wir sie durch eine Funktion $G(y, t)$ beschreiben, welche die Wahrscheinlichkeit angibt, daß das Kapital der Gesellschaft im Zeitpunkt t niedriger ist als y. Damit wird der Nutzen einer Risikosituation eine zeitabhängige Größe $N\{G(y, t)\}$.

Diese Überlegungen reichen zu einer Bewertung der Situation einer Versicherungsgesellschaft noch immer nicht aus. Die Verteilung des Kapitals im Zeitpunkt t ist vom vorangegangenen Versicherungsverlauf abhängig und die Bewertung der Situation kann nicht allein auf Grund der Beobachtung der Verteilung des Kapitals in einem einzigen Zeitpunkt t erfolgen. Betrachten wir die Versicherungsgesellschaft als ein auf Gewinn eingestelltes Unternehmen, dann müssen wir eine Dividendenzahlung bei der Bewertung berücksichtigen. Wir werden also die Bewertung der Situation nicht auf Grund des Kapitals der Gesellschaft allein vornehmen, sondern vielmehr jene Zahlungen berücksichtigen, welche die Gesellschaft als Dividende leistet. Diese Überlegungen gelten analog auch für Versicherungsvereine auf Gegenseitigkeit, welche anstatt der Dividende eine Prämienrückvergütung leisten.

Der Unterschied gegenüber den früheren Betrachtungen liegt also darin, daß im Abschnitt IV nur die Situation eines einzigen Versicherungsjahres untersucht wurde, während wir nunmehr den gesamten zukünftigen Versicherungsverlauf in die Untersuchung einbeziehen wollen. Bei der Beurteilung der Situation nach einem Versicherungsjahr genügt es, den am Ende dieses Jahres zur Verfügung stehenden „Reingewinn" zu betrachten. Bei der Beurteilung eines Versicherungsverlaufes ist aber zu berücksichtigen, daß ein solcher Reingewinn zumindest zu einem Teil als Sicherheitsreserve der Gesellschaft verbleiben muß und nicht zur Gänze als Dividende ausgeschüttet werden kann. Für die Beurteilung des Versicherungsverlaufes während eines bestimmten Zeitraumes sind also sowohl die in diesem Zeitraum ausbezahlten Dividenden als auch die Verteilung des Kapitals am Ende des Zeitraumes heranzuziehen. Erstreckt man den Zeitraum auf den gesamten zukünftigen Versicherungsverlauf, dann fällt die Bewertung des Kapitals am Ende des Zeitraumes weg und die Beurteilung wird ausschließlich auf Grund der zur Verteilung gelangenden Dividenden vorgenommen.

Aussagen über die Höhe der Dividenden sind nur dann möglich, wenn Angaben darüber vorliegen, in welcher Weise die Dividendenzahlung vom Versicherungsverlauf abhängt. Eine den tatsächlichen Verhältnissen sicherlich nahekommende Annahme besteht darin, die Höhe der Dividendenzahlung als Funktion der freien Reserve und damit auch des Kapitals der Gesellschaft anzusehen. Das Kapital der Gesellschaft ist eine zufällige Größe, die vom Versicherungsverlauf in der Vergangenheit abhängt. Wir müssen daher zunächst eine Bewertung des Nutzens der zukünftigen Dividendenzahlung unter Berücksichtigung dieser Abhängigkeiten einführen. Dazu ist es notwendig, den zukünftigen Versicherungsverlauf genauer zu beschreiben.

2. Der Versicherungsverlauf als zufälliger Prozeß

2.1 Es sei $z(t)$ das gesamte Kapital der Gesellschaft im Zeitpunkt t. Dieses Kapital erhöht sich durch die Prämieneinnahmen, die Kapitalserträge usw., es vermindert sich durch die Schadenszahlungen, die Dividendenzahlungen, die Verwaltungskosten usw. Wir werden allgemein annehmen können, daß die Veränderung $dz(t)$ des Kapitals im Zeitintervall dt eine zufällige Variable darstellt. Die im Zeitintervall dt einfließenden Prämieneinnahmen sind, ebenso wie die Schadenszahlungen, zufällige Größen. Wird $z(t)$ stetig vorausgesetzt, nimmt man also an, daß sich das Kapital der Gesellschaft stets nur kontinuierlich ändert, dann kann die Veränderung $dz(t)$ wie folgt dargestellt werden:

$$dz(t) = m[z(t), t]\, dt + \sigma[z(t), t]\, dy(t), \tag{5.2.1}$$

wobei $y(t)$ einen Prozeß der Brown'schen Bewegung darstellt. Ein solcher Prozeß der Brownschen Bewegung ist durch die Bedingungen

$$\begin{aligned} E[y(t_1) - y(t_0)] &= 0, \\ E\{[y(t_1) - y(t_0)]^2\} &= |t_1 - t_0| \end{aligned} \tag{5.2.2}$$

charakterisiert. $y(t_1)$ ist also eine zufällige Variable, die für $y(t_0) = y_0$ den Mittelwert y_0 und die Streuung $|t_1 - t_0|$ aufweist. Durch $y(t)$ wird das stochastische Moment in den zufälligen Prozeß $z(t)$ eingeführt. Ohne diesen Prozeß der Brown'schen Bewegung, also für $\sigma[z(t), t] \equiv 0$, wäre $z(t)$ unter der Voraussetzung $z(t_0) = z_0$, also für einen festen Anfangswert, keine zufällige Variable, sondern Lösung der Differentialgleichung $\frac{dz(t)}{dt} = m[z(t), t]$.

Sind auch Sprungstellen im zufälligen Prozeß zugelassen, dann können diese Sprungstellen etwa nach POISSON verteilt angenommen werden. Wir nehmen an, es sei $z(t)$ rechtsseitig stetig, es gelte also $z(t_0 + 0) = z(t_0)$ und für eine solche Sprungstelle im Zeitpunkt t_0 sei

$$\Delta [z(t_0)] = \lim_{\varepsilon \downarrow 0} [z(t_0 - \varepsilon) - z(t_0)]$$

nach $F(\zeta)$ verteilt, wobei die Verteilungsfunktion $F(\zeta)$ wieder von $z(t_0)$ und t_0 abhängen soll.

2.2 Wir wollen die Verhältnisse an einem einfachen Beispiel erläutern. Die Einnahmen der Gesellschaft sollen ausschließlich aus Prämieneinnahmen bestehen, die kontinuierlich einfließen, wobei die im Zeitintervall Δt einfließenden Prämien der Länge des Intervalls proportional sind. Es sind daher $\Delta P = P \Delta t$ die im Zeitintervall Δt einfließenden Prämien. Die Ausgaben der Gesellschaft sollen ausschließlich auf Schadenszahlungen zurückzuführen sein. Die Zeitpunkte, in denen ein Schaden eintritt, seien nach POISSON verteilt. Die Einheit der Zeit sei so gewählt, daß der Erwartungswert der Zahl $n(\Delta t)$ der im Zeitintervall Δt eingetretenen Schäden

$$E[n(\Delta t)] = \Delta t \tag{5.2.3}$$

wird. Die Höhe der Schäden sei eine zeitunabhängig verteilte zufällige Variable mit der Verteilungsfunktion $F(\zeta)$. Es sei $z(0) = z_0$. Von diesem Wert ausgehend steigt das Kapital durch die Prämieneinnahmen an. Bis zum Zeitpunkt t_1, in dem der erste Schaden eintritt, erhöht es sich auf $z_0 + Pt_1$. In t_1 soll ein Schaden der Höhe $\Delta_1 z$ eintreten und das Kapital vermindert sich auf $z_0 + Pt_1 - \Delta_1 z$, um bis zum Eintritt des zweiten Schadens, etwa im Zeitpunkt t_2, auf $z_0 + Pt_1 - \Delta_1 z + P(t_2 - t_1)$ anzusteigen. In t_2 vermindert sich das Kapital wieder um die Höhe des zweiten Schadens und so fort. Ist der Erwartungswert des eingetretenen Schadens $E(\Delta z) = Z$, dann ist wegen (5.2.3) der Erwartungswert der Summe der im Zeitraum $(0, T)$ eintretenden Schäden TZ. Die in diesem Zeitraum eingeflossenen Prämien betragen TP. Man wird offenbar $P \geqq Z$ voraussetzen müssen.

Das Diagramm XIII gibt einen Überblick über den Verlauf des zufälligen Prozesses. $t_1, t_2, \ldots$ bezeichnet die Zeitpunkte, zu denen Schäden eintreten. $\Delta_1 z, \Delta_2 z, \ldots$ bezeichnet die Höhe der Schäden. In $t \neq t_i$ $(i = 1, 2, \ldots)$ steigt das Kapital der Gesellschaft $z(t)$ mit $z'(t) = P$ an.

Ein solcher zufälliger Prozeß $z(t)$ ist ein stark vereinfachtes Modell für den Versicherungsverlauf einer Gesellschaft. Dieses Modell nimmt allerdings keine Rücksicht auf allfällige Änderungen in der Schadensverteilung, in den Prämieneinnahmen usw. Auch werden keine Kapitalerträge, aber auch keine Verwaltungskosten und keine Dividendenzahlungen berücksichtigt. Wir werden später zeigen, wie das Modell durch eine einfache Verallgemeinerung wesentlich besser an die tatsächlichen Verhältnisse angepaßt werden kann.

Der in dem Diagramm dargestellte Streckenzug unterschreitet an keiner Stelle die Abszisse $z(t) = 0$. Ein Wert $z(t) < 0$ würde bedeuten, daß die Gesellschaft ein negatives Kapital besitzt. Sie wäre also nicht in der Lage, ihren Zahlungsverpflichtungen in diesem Zeitpunkt nachzukommen. In der kollektiven Risikotheorie, die sich mit Untersuchungen der vorliegenden Art befaßt, wird in einem solchen Fall angenommen, daß der Ruin der Gesellschaft eingetreten ist.

Zweifellos ist die Zahlungsunfähigkeit einer Versicherungsgesellschaft ein Ereignis, das den normalen Versicherungsverlauf entscheidend stört.

Diagramm XIII

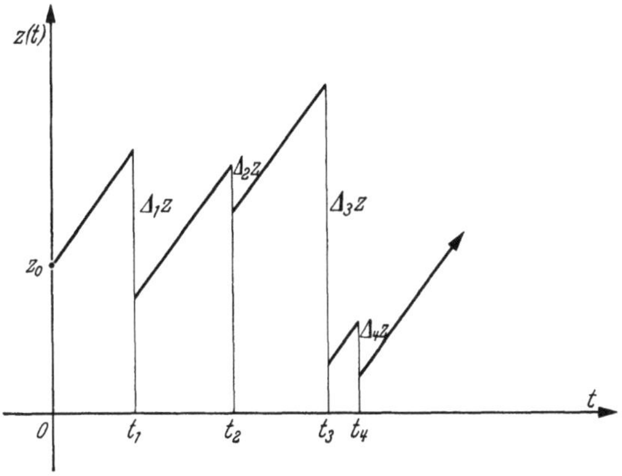

Es muß allerdings nicht zwingend angenommen werden, daß die Gesellschaft in einem solchen Fall des Ruins ihre Tätigkeit einstellt. Wir wollen jedoch für unsere Untersuchungen voraussetzen, daß durch ein solches Ereignis die Kontinuität des Versicherungsverlaufes zu weit gestört ist, um weitere Überlegungen über den zukünftigen Nutzen anstellen zu können. Es wird also für unsere Untersuchungen nur wesentlich sein, festzustellen, ob und in welchem Zeitpunkt der Ruin eintritt und wie groß der den Ruin verursachende Fehlbetrag ist. Da wir auch bisher Bewertungen negativer Geldbeträge, also Bewertungen von Schulden, vorgenommen haben — die Nutzenfunktion $n(x)$ war auch für $x < 0$ definiert — müssen wir einen Ruin je nach dem Ausmaß des Fehlbetrages unterschiedlich beurteilen.

2.3 Das eben behandelte Modell eines Versicherungsverlaufes ist stark vereinfacht. Wir wollen nun ein etwas allgemeineres Modell untersuchen und gehen von der Voraussetzung aus, daß die Prämieneinnahmen nicht mehr proportional der Zeit sein müssen, sondern von t abhängig angenommen werden können. Außerdem seien noch sonstige Einnahmen, wie

z. B. Kapitalserträge, zu berücksichtigen. Die Einnahmen sollen als Funktion der Zeit der Formel

$$z'(t) = m[z(t), t] \tag{5.2.4}$$

genügen. Durch diese Formel wird die Veränderung des Kapitals durch die Einnahmen ausgedrückt. Wie man sieht, erhalten wir diese Formel auch aus dem zufälligen Prozeß (5.2.1), wenn wir das stochastische Element durch $\sigma[z(t), t] = 0$ ausschalten. Wir bemerken, daß durch die Formel (5.2.4) eine Verallgemeinerung des Modells nicht nur in bezug auf die Einnahmen, sondern auch in bezug auf die Ausgaben möglich wird. Wir werden für spätere Untersuchungen Annahmen über die von der Gesellschaft zu zahlenden Dividenden machen müssen und es soll angenommen werden, daß diese Dividenden vom jeweiligen Kapital $z(t)$ und von der Zeit t abhängen. Die Darstellung (5.2.4) ermöglicht es, jeweils bereits die um die Dividenden verminderten Einnahmen zu betrachten, wenn auch die Dividendenzahlung als kontinuierlich angesehen wird. Ist nämlich $z_1'(t) = m_1[z_1(t), t]$ die Entwicklung ohne Berücksichtigung einer Dividende und wird bei Vorhandensein eines Kapitals $z(t)$ im Zeitintervall $(t, t + dt)$ eine Dividende von $D[z(t), t]\,dt$ gezahlt, dann genügt das Kapital der Gesellschaft offenbar der Differentialgleichung

$$\frac{dz(t)}{dt} = m_1[z(t), t] - D[z(t), t] = m[z(t), t]\,. \tag{5.2.5}$$

Diese Differentialgleichung besitzt wieder die Form (5.2.4). In analoger Weise kann angenommen werden, daß auch sonstige Ausgaben, wie etwa die Verwaltungskosten, bereits bei der Darstellung gemäß (5.2.4) berücksichtigt werden.

Das Kapital der Gesellschaft verändert sich demnach in Zeiträumen, in denen kein Schaden eintritt, kontinuierlich nach der Formel (5.2.4). Es bedeutet offenbar keine für die Praxis wesentliche Einschränkung, wenn wir die Funktion $m[z(t), t]$ so annehmen, daß $z(t)$ eine stetig differenzierbare Funktion ist. Die Schadenszahlungen in den Zeitpunkten t_i $(i = 1, 2, \ldots)$ führen zu Unstetigkeitsstellen im Verlauf des zufälligen Prozesses $z(t)$. Wir wollen $z(t)$ wieder als rechtsseitig stetig in den Unstetigkeitsstellen t_i voraussetzen. Die Höhe der Sprünge $\Delta[z(t_i)] = \lim\limits_{\varepsilon \downarrow 0} [z(t_i - \varepsilon) - z(t_i)]$ sei nach $F(\zeta)$ verteilt und die Unstetigkeitsstellen selbst, also die Zeitpunkte t_i des Eintrittes eines Schadens, nach Poisson verteilt.

Die späteren Untersuchungen werden sich nur mit den beiden hier angeführten Modellen befassen. Die Berechnungen gestalten sich für den allgemeinen zufälligen Prozeß der Form (5.2.1) etwas schwieriger. Um zu einem zufälligen Prozeß der Gestalt (5.2.1) zu kommen, gehen wir von zwei zufälligen Prozessen $z_1(t)$ und ${}_Nz_2(t)$ mit folgenden Eigenschaften aus:

$z_1(t)$ sei ein rechtsseitig stetiger zufälliger Prozeß der eben behandelten Art. Mit Ausnahme der Unstetigkeitsstellen genüge $z_1(t)$ der Differentialgleichung (5.2.5), die Unstetigkeitsstellen seien nach POISSON verteilt und die Höhe der Sprünge mit der Verteilungsfunktion $F(\zeta)$.

${}_N z_2(t)$ sei ein rechtsseitig stetiger zufälliger Prozeß mit nach POISSON verteilten Sprungstellen t_i. Für $t \neq t_i$ gelte ${}_N z_2'(t) = 0$. Der Erwartungswert der Zahl ${}_N n_2(\Delta t)$ der in einem Intervall der Länge Δt auftretenden Sprungstellen t_i, $E[{}_N n_2(\Delta t)]$, sei $N \Delta t$. Die Höhe der Sprünge $\Delta[{}_N z_2(t)] = \lim_{\varepsilon \downarrow 0} [{}_N z_2(t_i - \varepsilon) - {}_N z_2(t_i)]$ sei eine zufällige Variable, die mit der Verteilungsfunktion $G_N[\zeta \mid z_1(t_i - 0) + {}_N z_2(t_i - 0), t_i]$ verteilt ist. Die Verteilungsfunktion hängt also von $z_1(t_i - 0) + {}_N z_2(t_i - 0)$ und von t_i ab und wir setzen voraus, daß diese Abhängigkeit stetig ist. Außerdem sei

$$\int_{-\infty}^{+\infty} \zeta \, dG_N[\zeta \mid z_1(t-0) + {}_N z_2(t-0), t] = 0,$$

$$\int_{-\infty}^{+\infty} \zeta^2 \, dG_N[\zeta \mid z_1(t-0) + {}_N z_2(t-0), t]$$
$$= \frac{1}{N} \sigma^2 [z_1(t-0) + {}_N z_2(t-0), t] + o(1),$$

wobei $o(1)$ für $N \to \infty$ gegen Null geht.

Offenbar gilt

$$E[{}_N z_2(t + \Delta t) - {}_N z_2(t)] = 0,$$
$$E\{[{}_N z_2(t + \Delta t) - {}_N z_2(t)]^2\}$$
$$= N \Delta t \int_{-\infty}^{+\infty} \zeta^2 \, dG_N[\zeta \mid z_1(t) + {}_N z_2(t), t] + o(\Delta t)$$
$$= \Delta t \, \sigma^2 [z_1(t) + {}_N z_2(t), t] + o(\Delta t).$$

Es ist leicht zu sehen, daß sich für $N \to \infty$ der zufällige Prozeß ${}_N z_2(t)$ einem Prozeß der Brown'schen Bewegung nähert. Durch eine passende Wahl der Streuung kann dann erreicht werden, daß der Prozeß

$$z(t) = z_1(t) + {}_N z_2(t)$$

gegen einen Prozeß der Gestalt (5.2.1) strebt. Die für Prozesse der Gestalt (5.2.5) im folgenden hergeleiteten Ergebnisse lassen sich durch einen Grenzübergang der eben beschriebenen Art im allgemeinen unschwer auf Prozesse der Gestalt (5.2.1) übertragen. Wir werden uns daher bei unseren weiteren Untersuchungen auf Prozesse der Gestalt (5.2.5) beschränken.

3. Die Ruinwahrscheinlichkeit

3.1 Solange das Kapital $z(t)$ nicht negativ wird, kann die Gesellschaft ihre Geschäfte ungestört abwickeln. Für $z(t) < 0$ ist der Ruin der Gesellschaft eingetreten. Die Gesellschaft kann ihren Zahlungsverpflichtungen nicht mehr nachkommen und der weitere Verlauf des zufälligen Prozesses $z(t)$ bleibt ohne Einfluß auf unsere Beurteilung der Situation des Versicherungsträgers. Wir wollen zunächst die Frage stellen, wie groß die Wahrscheinlichkeit dafür ist, daß der Ruin eintritt, daß also $z(t) < 0$ für ein t aus einem vorgegebenen Zeitintervall gilt. Dabei gehen wir davon aus, daß der zufällige Prozeß im Zeitpunkt 0 mit einem Anfangskapital von $z_0 \geqq 0$ startet. Es sei

$$w(z_0, t) = W\{\min_{0 \leq \tau \leq t} z(\tau) < 0\} \tag{5.3.1}$$

die Wahrscheinlichkeit dafür, daß das Minimum des mit z_0 im Zeitpunkt 0 startenden zufälligen Prozesses im Intervall $0 \leqq \tau \leqq t$ kleiner als Null wird. Dies ist offenbar gerade die Ruinwahrscheinlichkeit für den Zeitraum 0 bis t.

Wir wollen im folgenden diese Ruinwahrscheinlichkeit berechnen.

Zunächst gehen wir von unserem ersten Modell aus, dessen Verlauf das Diagramm XIII zeigt. Der Ruin kann offenbar nur durch den Eintritt eines Schadens verursacht werden, da der zufällige Prozeß $z(t)$, von den Unstetigkeitsstellen abgesehen, monoton steigend ist. Es sei $w_n(z_0, t)$ die Wahrscheinlichkeit dafür, daß der Ruin genau durch den n^{ten} Schaden verursacht wird. $w_1(z_0, t)$ ist die Wahrscheinlichkeit, daß bereits der erste Schaden zum Ruin führt. Es muß also der erste Schaden in einem Zeitpunkt τ mit $0 \leqq \tau \leqq t$ eintreten und höher sein als das Kapital der Gesellschaft im Zeitpunkt τ. Die Wahrscheinlichkeit für den Eintritt des ersten Schadens im Zeitintervall $(\tau, \tau + d\tau)$ ist $e^{-\tau} d\tau + o(d\tau)$. Bis zum Zeitpunkt τ hat die Gesellschaft das Kapital $z(\tau - 0) = z_0 + P\tau$ angesammelt. Aus den in Punkt 2.2 gemachten Voraussetzungen über den zufälligen Prozeß folgt somit

$$w_1(z_0, t) = \int_0^t e^{-\tau} [1 - F(z_0 + P\tau)]\, d\tau\,. \tag{5.3.2}$$

Die Wahrscheinlichkeit, daß der Ruin bis zum Zeitpunkt t durch den n^{ten} Schaden $(n > 1)$ herbeigeführt wird, ist offenbar gleich der Wahrscheinlichkeit, daß der Gesellschaft nach dem Eintritt des ersten Schadens $\Delta_1 z$ im Zeitpunkt τ ein Kapital in der Höhe von $z_0 + P\tau - \Delta_1 z \geqq 0$ verbleibt und daß für dieses Anfangskapital der Ruin im darauffolgenden Zeitintervall genau durch den $n - 1^{\text{ten}}$ Schaden verursacht wird. Für $n > 1$ gilt also die Beziehung

$$w_n(z_0, t) = \int_0^t e^{-\tau} \int_0^{z_0 + P\tau} w_{n-1}(z_0 + P\tau - \zeta, t - \tau)\, dF(\zeta)\, d\tau\,. \tag{5.3.3}$$

Aus (5.3.2) und (5.3.3) folgt

$$\sum_{\nu=1}^{n} w_\nu (z_0, t) = \int_0^t e^{-\tau} [1 - F(z_0 + P\tau)] \, d\tau + \\ + \int_0^t e^{-\tau} \int_0^{z_0+P\tau} \sum_{\nu=1}^{n-1} w_\nu (z_0 + P\tau - \zeta, t - \tau) \, dF(\zeta) \, d\tau . \tag{5.3.4}$$

3.2 Wir zeigen nun, daß die in (5.3.4) auftretenden Summen beschränkt sind. Aus (5.3.2) folgt

$$w_1 (z_0, t) \leqq 1 - e^{-t} .$$

Nehmen wir an, es sei bereits gezeigt, daß

$$\sum_{\nu=1}^{n-1} w_\nu (z_0, t) \leqq 1 - e^{-t}$$

gilt, dann folgt aus (5.3.4)

$$\sum_{\nu=1}^{n} w_\nu (z_0, t) \leqq \int_0^t e^{-\tau} [1 - F(z_0 + P\tau)] \, d\tau + \\ + \int_0^t e^{-\tau} [1 - e^{-(t-\tau)}] \, F(z_0 + P\tau) \, d\tau \\ = \int_0^t e^{-\tau} [1 - e^{-(t-\tau)} F(z_0 + P\tau)] \, d\tau \leqq 1 - e^{-t} .$$

Die in n steigende Funktion $\sum_{\nu=1}^{n} w_\nu (z_0, t)$ ist daher gleichmäßig beschränkt.

Aus der Definition der Wahrscheinlichkeiten $w_\nu (z_0, t)$ folgt, daß $\sum_{\nu=1}^{n} w_\nu (z_0, t)$ die Wahrscheinlichkeit darstellt, für den Eintritt des Ruins durch einen der n ersten Schäden im Zeitintervall $(0, t)$ bei einem Anfangskapital von z_0. Strebt nun n gegen Unendlich, dann strebt $\sum_{\nu=1}^{n} w_\nu (z_0, t)$ gegen die Wahrscheinlichkeit $w (z_0, t)$, daß der Ruin im Zeitintervall $(0, t)$ bei einem Anfangskapital von z_0 eintritt, also gegen die Ruinwahrscheinlichkeit, wobei es gleichgültig ist, durch welchen Schaden der Ruin verursacht worden ist. Wegen

$$w (z_0, t) = \lim_{n \to \infty} \sum_{\nu=1}^{n} w_\nu (z_0, t) \leqq 1 - e^{-t}$$

können wir in (5.3.4) n gegen Unendlich streben lassen und erhalten die folgende Gleichung:

$$w (z_0, t) = \int_0^t e^{-\tau} [1 - F(z_0 + P\tau)] \, d\tau + \\ + \int_0^t e^{-\tau} \int_0^{z_0+P\tau} w (z_0 + P\tau - \zeta, t - \tau) \, dF(\zeta) \, d\tau . \tag{5.3.5}$$

Die Ruinwahrscheinlichkeit $w(z_0, t)$ muß sich als beschränkte Lösung von (5.3.5) darstellen lassen.

Wir zeigen nun, daß $w(z_0, t)$ die Beziehung

$$\lim_{z_0 \to \infty} w(z_0, t) = 0 \tag{5.3.6}$$

erfüllt. Aus (5.3.2) und (5.3.4) folgt

$$\lim_{z_0 \to \infty} \sum_{\nu=1}^{n} w_\nu(z_0, t) = 0 . \tag{5.3.7}$$

Die Wahrscheinlichkeit, daß der Ruin nach dem n^{ten} Schaden eintritt, ist sicher nicht größer als die Wahrscheinlichkeit, daß überhaupt mehr als n Schäden eintreten. Es gilt also

$$\sum_{\nu=n+1}^{\infty} w_\nu(z_0, t) \leqq \sum_{\nu=n+1}^{\infty} \frac{t^\nu}{\nu!} e^{-t} .$$

Daraus folgt

$$w(z_0, t) - \sum_{\nu=1}^{n} w_\nu(z_0, t) = \sum_{\nu=n+1}^{\infty} w_\nu(z_0, t) \leqq \sum_{\nu=n+1}^{\infty} \frac{t^\nu}{\nu!} e^{-t} \tag{5.3.8}$$

und wegen (5.3.7) gilt

$$\lim_{z_0 \to \infty} w(z_0, t) \leqq \sum_{\nu=n+1}^{\infty} \frac{t^\nu}{\nu!} e^{-t} .$$

Strebt n gegen Unendlich, dann folgt daraus (5.3.6).

Die gesuchte Ruinwahrscheinlichkeit $w(z_0, t)$ ist also eine beschränkte Lösung der Gleichung (5.3.5) und erfüllt (5.3.6). Wir zeigen, daß die beschränkte Lösung von (5.3.5), die (5.3.6) erfüllt, eindeutig ist. Zum Beweis nehmen wir an, es gäbe zwei verschiedene Lösungen $w^{(1)}(z_0, t)$ und $w^{(2)}(z_0, t)$. Ihre Differenz $\Delta(z_0, t)$ ist beschränkt und genügt wegen (5.3.5) und (5.3.6) den Gleichungen

$$\Delta(z_0, t) = \int_0^t e^{-\tau} \int_0^{z_0 + P\tau} \Delta(z_0 + P\tau - \zeta, t - \tau)\, dF(\zeta)\, d\tau , \tag{5.3.9}$$

$$\lim_{z_0 \to \infty} \Delta(z_0, t) = 0 . \tag{5.3.10}$$

Da es sich um zwei verschiedene Lösungen handelt, muß es ein $\bar{z}_0$ und ein $\bar{t}$ geben mit

$$\Delta(\bar{z}_0, \bar{t}) > \Delta(z_0, t)\,(1 - e^{-\bar{t}})$$

für alle z_0 und alle t mit $0 \leqq t \leqq t_0$. Wegen (5.3.10) muß $\bar{z}_0 < \infty$ sein. Für $z_0 = \bar{z}_0$ und $t = \bar{t}$ kann daher (5.3.9) nicht erfüllt sein. Die Annahme zweier verschiedener Lösungen führt also zu einem Widerspruch und damit ist die Eindeutigkeit gezeigt.

3.3 Mit $w(z_0, t)$ haben wir die Ruinwahrscheinlichkeit für den Zeitraum $(0, t)$ untersucht. Da die Zeitpunkte des Eintritts eines Schadens nach Poisson verteilt angenommen wurden, ist es gleichgültig, ob wir offene oder geschlossene Zeitintervalle betrachten. Lassen wir t gegen Unendlich streben, dann haben wir die Wahrscheinlichkeit vor uns, daß die Gesellschaft in irgend einem zukünftigen Zeitpunkt zahlungsunfähig wird. Für diesen Fall ist die Eindeutigkeit der Lösung von (5.3.5) nicht gewährleistet, da die für den Nachweis wesentliche Bedingung (5.3.6) nicht gelten muß. Wir werden daher den Fall $t = \infty$ gesondert behandeln und setzen

$$w_\nu(z, \infty) = w_\nu(z) .$$

Aus (5.3.2) und (5.3.3) folgt nun

$$w_1(z) = \int_0^\infty e^{-t}\,[1 - F(z + Pt)]\,dt ,$$

$$w_\nu(z) = \int_0^\infty e^{-t} \int_0^{z+Pt} w_{\nu-1}(z + Pt - \zeta)\,dF(\zeta)\,dt, \qquad \nu \geqq 2 .$$

Für $t = \frac{\tau - z}{P}$ folgt daraus

$$w_1(z) = \frac{1}{P}\, e^{+\frac{z}{P}} \int_z^\infty e^{-\frac{\tau}{P}}\,[1 - F(\tau)]\,d\tau , \tag{5.3.11}$$

$$w_\nu(z) = \frac{1}{P}\, e^{+\frac{z}{P}} \int_z^\infty e^{-\frac{\tau}{P}} \int_0^\tau w_{\nu-1}(\tau - \zeta)\,dF(\zeta)\,d\tau, \qquad \nu \geqq 2 . \tag{5.3.12}$$

Wir setzen wieder $w(z) = \sum_{\nu=1}^{\infty} w_\nu(z)$ und erhalten aus (5.3.11) und (5.3.12)

$$w(z) = \frac{1}{P}\, e^{\frac{z}{P}} \int_z^\infty e^{-\frac{\tau}{P}}\,[1 - F(\tau)]\,d\tau + \frac{1}{P}\, e^{\frac{z}{P}} \int_z^\infty e^{-\frac{\tau}{P}} \int_0^\tau w(\tau - \zeta)\,dF(\zeta)\,d\tau . \tag{5.3.13}$$

$w(z)$ ist offenbar nach z rechtsseitig und linksseitig differenzierbar und aus (5.3.13) folgt unmittelbar

$$w'(z) = \frac{1}{P}\, w(z) - \frac{1}{P}\,[1 - F(z)] - \frac{1}{P} \int_0^z w(z - \zeta)\,dF(\zeta) . \tag{5.3.14}$$

In den Unstetigkeitsstellen von $F(z)$ ist in (5.3.14) für die rechtsseitige Ableitung auf der rechten Seite jeweils $F(z + 0)$ zu setzen. Wir integrieren von 0 bis z_0 und erhalten

$$\begin{aligned} \int_0^{z_0} w'(z)\,dz = \frac{1}{P} \int_0^{z_0} w(z)\,dz - \frac{1}{P} \int_0^{z_0} [1 - F(z)]\,dz - \\ - \frac{1}{P} \int_{z=0}^{z_0} \int_{\zeta=0}^{z} w(z - \zeta)\,dF(\zeta)\,dz . \end{aligned} \tag{5.3.15}$$

Das Doppelintegral auf der rechten Seite formen wir folgendermaßen um:

$$\int_{z=0}^{z_0}\int_{\zeta=0}^{z} w(z-\zeta)\,dF(\zeta)\,dz = \int_{\zeta=0}^{z_0}\int_{z=\zeta}^{z_0} w(z-\zeta)\,dz\,dF(\zeta)$$

$$= \left| \int_{z=\zeta}^{z_0} w(z-\zeta)\,dz\,F(\zeta) \right|_{\zeta=0}^{z_0} + w(0)\int_{\zeta=0}^{z_0} F(\zeta)\,d\zeta +$$

$$+ \int_{\zeta=0}^{z_0}\int_{z=\zeta}^{z_0} w'(z-\zeta)\,dz\,F(\zeta)\,d\zeta = \int_{\zeta=0}^{z_0} w(z_0-\zeta)\,F(\zeta)\,d\zeta\,.$$

Daraus und aus (5.3.15) folgt nun

$$w(z_0) = w(0) + \frac{1}{P}\int_0^{z_0} w(z_0-\zeta)\,[1-F(\zeta)]\,d\zeta - \frac{1}{P}\int_0^{z_0}[1-F(\zeta)]\,d\zeta\,.$$

Dies kann auch in der Form

$$w(z_0) = w(0) - \frac{1}{P}\int_0^{z_0}[1-w(z_0-\zeta)][1-F(\zeta)]\,d\zeta \qquad (5.3.16)$$

geschrieben werden.

3.4 Für die weiteren Untersuchungen soll die Einheit der Schadenshöhe so normiert werden, daß der Erwartungswert des eingetretenen Schadens gleich eins wird. Dies ist für

$$\int_0^\infty \zeta\,dF(\zeta) = 1 \qquad (5.3.17)$$

der Fall. Nun folgt wegen

$$0 = \lim_{z\to\infty}\int_z^\infty \zeta\,dF(\zeta) \geqq \lim_{z\to\infty} z\,[1-F(z)] \geqq 0$$

die Beziehung

$$\int_0^\infty \zeta\,dF(\zeta) = -\int_0^\infty \zeta\,d\,[1-F(\zeta)]$$

$$= \left| -\zeta\,[1-F(\zeta)] \right|_{\zeta=0}^{\infty} + \int_0^\infty [1-F(\zeta)]\,d\zeta \qquad (5.3.18)$$

$$= \int_0^\infty [1-F(\zeta)]\,d\zeta = 1\,.$$

Wir beweisen nun den folgenden

Hilfssatz: Für $P > 1$ gilt

$$w(z) \leqq \frac{1}{P}\,. \qquad (5.3.19)$$

Beweis: Aus (5.3.11) und (5.3.12) folgt

$$\sum_{\nu=1}^{n} w_\nu(z) = \frac{1}{P} e^{\frac{z}{P}} \int_z^\infty e^{-\frac{\tau}{P}} [1 - F(\tau)]\, d\tau +$$
$$+ \frac{1}{P} e^{\frac{z}{P}} \int_z^\infty e^{-\frac{\tau}{P}} \int_0^\tau \sum_{\nu=1}^{n-1} w_\nu(\tau - \zeta)\, dF(\zeta)\, d\tau$$

und daraus durch Differenzieren nach z

$$\sum_{\nu=1}^{n} w_\nu'(z) = \frac{1}{P} \sum_{\nu=1}^{n} w_\nu(z) - \frac{1}{P}[1 - F(z)] - \frac{1}{P} \int_0^z \sum_{\nu=1}^{n-1} w_\nu(z - \zeta)\, dF(\zeta)\,.$$

Wir formen diese Gleichung ebenso um wie (5.3.14), wobei wir $w(z)$ durch $\sum_{\nu=1}^{n-1} w_\nu(z)$ ersetzen und erhalten

$$\sum_{\nu=1}^{n} w_\nu(z_0) = \sum_{\nu=1}^{n} w_\nu(0) - \frac{1}{P} \int_0^{z_0} \left[1 - \sum_{\nu=1}^{n-1} w_\nu(z_0 - \zeta)\right] [1 - F(\zeta)]\, d\zeta +$$
$$+ \frac{1}{P} \int_0^{z_0} w_n(\zeta)\, d\zeta\,. \tag{5.3.20}$$

Aus (5.3.11) und (5.3.12) folgt

$$\lim_{z\to\infty} \sum_{\nu=1}^{n} w_\nu(z) = 0\,.$$

Lassen wir nun z_0 in (5.3.20) gegen Unendlich streben, dann bleiben alle Ausdrücke wegen (5.3.18) beschränkt und wir erhalten

$$\sum_{\nu=1}^{n} w_\nu(0) = \frac{1}{P} - \frac{1}{P} \int_0^\infty w_n(\zeta)\, d\zeta \leqq \frac{1}{P}\,. \qquad \text{w. z. b. w.}$$

Wir beweisen den folgenden

Satz: Für $P \leqq 1$ ist die Ruinwahrscheinlichkeit $w(z) \equiv 1$; für $P > 1$ gilt $w(0) = \frac{1}{P}$ und $\lim_{z\to\infty} w(z) = 0$.

Beweis: Wir unterscheiden drei Fälle:

a) $P < 1$. Aus (5.3.16) folgt wegen $w(0) \leqq 1$

$$w(\infty) \leqq 1 - \frac{1}{P}[1 - w(\infty)]$$

und daraus

$$[1 - w(\infty)]\left(1 - \frac{1}{P}\right) \geqq 0\,.$$

Dies kann aber wegen $P < 1$ nur für $w(\infty) = 1$ erfüllt sein. Da $w(z)$, wie man leicht sieht, eine in z monoton fallende Funktion ist, folgt daraus $w(z) \equiv 1$.

b) $P = 1$. Aus (5.3.16) folgt

$$w(\infty) = w(0) - 1 + w(\infty)$$

und daraus

$$w(0) = 1\,.$$

Setzen wir dies in (5.3.16) ein, dann erhalten wir für $z_0 = z$

$$1 - w(z) = \int_0^z [1 - w(z-\zeta)]\,[1 - F(\zeta)]\,d\zeta$$

und wegen $w(z-\zeta) \geqq w(z)$ für $\zeta \geqq 0$ folgt daraus

$$w(z) \equiv 1\,.$$

c) $P > 1$. Aus (5.3.16) folgt

$$w(\infty) = w(0) - \frac{1}{P} + \frac{1}{P}\,w(\infty) \tag{5.3.21}$$

und daraus wegen (5.3.19)

$$w(\infty)\left(1 - \frac{1}{P}\right) \leqq 0\,.$$

Es gilt daher $w(\infty) = 0$. Setzen wir dies in (5.3.21) ein, dann erhalten wir $w(0) = \frac{1}{P}$.

Damit ist der Satz vollständig bewiesen.

Die Einnahmen der Gesellschaft wurden proportional der Zeit mit dem Proportionalitätsfaktor P angenommen. Wegen (5.2.3) und (5.3.17) bedeutet $P = 1$, daß die Gesellschaft gerade die Nettoprämien einhebt. Wir können also sagen, daß der Ruin der Gesellschaft mit Sicherheit irgend einmal eintreten muß, wenn kein Sicherheitszuschlag eingehoben wird. Für $P > 1$, also bei Einhebung eines Sicherheitszuschlages von $P - 1$, ist die Ruinwahrscheinlichkeit immer kleiner als 1 und wird für genügend große Werte des Anfangskapitals z beliebig klein.

3.5 Wir betrachten jetzt das allgemeinere Modell, für welches die Einnahmen der Gesellschaft nach Abzug der kontinuierlich zu zahlenden Verwaltungskosten, Dividenden usw. durch (5.2.4), also durch die Funktion

$$z(t) = z_0 + \int_0^t m[z(\tau), \tau]\,d\tau\,, \tag{5.3.22}$$

beschrieben werden. Wir können ohne Beschränkung der Allgemeinheit $m[z(\tau), \tau] > 0$ voraussetzen. Der Eintritt eines Schadens sei wieder nach Poisson verteilt, jedoch sei die Schadensverteilung nicht mehr konstant, sondern die Verteilungsfunktion des Schadens $F(\zeta \mid z, t)$ hänge stetig von z und von t ab. Wir wollen wieder eine Gleichung für die gesuchte Ruinwahrscheinlichkeit angeben.

Die Berechnungsmethode weicht etwas von der in Punkt 3.2 verwendeten ab. Wir bezeichnen die Wahrscheinlichkeit dafür, daß ein im Zeitpunkt s mit dem Anfangskapital $z(s)$ startender Prozeß bis zum Zeitpunkt $t \geqq s$ zum Ruin führt, mit $w[z(s), s, t]$. Die Wahrscheinlichkeit, daß dieser Ruin genau durch den n^{ten} Schaden hervorgerufen wird, sei $w_n[z(s), s, t]$. Offenbar gilt

$$\begin{aligned} w_1[z(s), s, t] &= \int_s^t e^{-(\tau - s)} \{1 - F[z(\tau) \mid z(\tau), \tau]\} \, d\tau \,, \\ w_n[z(s), s, t] &= \int_s^t e^{-(\tau - s)} \int_0^{z(\tau)} w_{n-1}[z(\tau) - \zeta, \tau, t] \, dF[\zeta \mid z(\tau), \tau] \, d\tau, \; n \geqq 2 \end{aligned} \tag{5.3.23}$$

entsprechend den Gleichungen (5.3.2) und (5.3.3) in Punkt 3.1. Wegen $z'(t) = m[z(t), t] > 0$ und wegen der stetigen Abhängigkeit der Schadensverteilung von $z(t)$ und von t ist aus (5.3.23) leicht zu sehen, daß $w_1(z, s, t)$ in z stetig sein muß. Durch Induktion kann im weiteren die Stetigkeit von $w_n(z, s, t)$ in z gefolgert werden.

Aus (5.3.23) folgt durch Induktion

$$\sum_{\nu=1}^{n} w_\nu[z(s), s, t] \leqq 1 - e^{-(t-s)}$$

und wir erhalten für

$$\lim_{n\to\infty} \sum_{\nu=1}^{n} w_\nu(z, s, t) = w(z, s, t)$$

die Beziehung

$$\begin{aligned} w[z(s), s, t] = &\int_s^t e^{-(\tau - s)} \{1 - F[z(\tau) \mid z(\tau), \tau]\} \, d\tau + \\ &+ \int_s^t e^{-(\tau - s)} \int_0^{z(\tau)} w[z(\tau) - \zeta, \tau, t] \, dF[\zeta \mid z(\tau), \tau] \, d\tau \,. \end{aligned} \tag{5.3.24}$$

Offenbar ist auch $w(z, s, t)$ in z stetig. Wie in Punkt 3.2 kann man nun leicht zeigen, daß für endliches t

$$\lim_{z\to\infty} w(z, s, t) = 0 \tag{5.3.25}$$

gilt. Wir können (5.3.24) rechtsseitig und linksseitig nach s differenzieren und erhalten

$$\begin{aligned} \frac{d}{ds} w[z(s), s, t] = &-\{1 - F[z(s) \mid z(s), s]\} - \\ &- \int_0^{z(s)} w[z(s) - \zeta, s, t] \, dF[\zeta \mid z(s), s] + w[z(s), s, t] \,. \end{aligned} \tag{5.3.26}$$

Wir werden zeigen, daß die stetige beschränkte Lösung von (5.3.26), die (5.3.25) erfüllt und für die $w[z(s), s, s] = 0$ für $z(s) \geqq 0$ gilt, eindeutig ist.

Den Beweis führen wir indirekt und nehmen an, es gäbe zwei verschiedene Lösungen $w^{(1)}[z(s), s, t]$ und $w^{(2)}[z(s), s, t]$. Wir setzen

$$w^{(1)}[z(s), s, t] - w^{(2)}[z(s), s, t] = \Delta[z(s), s, t] .$$

Nun müssen die Gleichungen

$$\frac{d}{ds}\Delta[z(s), s, t] = \Delta[z(s), s, t] - \int_0^{z(s)} \Delta[z(s) - \zeta, s, t]\, dF[\zeta \mid z(s), s] ,$$

$$\lim_{z\to\infty} \Delta(z, s, t) = 0, \qquad (5.3.27)$$

$$\Delta(z, s, s) = 0$$

erfüllt sein. Da die beiden Lösungen $w^{(1)}[z(s), s, t]$ und $w^{(2)}[z(s), s, t]$ als verschieden vorausgesetzt wurden, ist $\Delta[z(s), s, t]$ nicht überall gleich Null und besitzt in einem Bereich $s_0 \leqq s \leqq t$, $0 \leqq z(s) \leqq \infty$ mit $s_0 < t$ sicher ein Maximum und ein Minimum. Wir nehmen ohne Beschränkung der Allgemeinheit an, es sei

$$\max_{\substack{s_0 \leq s \leq t \\ 0 \leq z(s) \leq \infty}} \Delta[z(s), s, t] = \Delta_M > 0 . \qquad (5.3.28)$$

Es gibt dann sicher ein $\bar{s}$ und eine Funktion $\bar{z}(s)$ mit

$$\Delta[\bar{z}(\bar{s}), \bar{s}, t] = \Delta_M ,$$

$$\Delta[\bar{z}(\bar{s}) - \zeta, \bar{s}, t] < \Delta_M \text{ für alle } \zeta > 0$$

und wegen (5.3.27) ist $\bar{s} < t$. Aus (5.3.27) folgt nun

$$\frac{d}{ds}\Delta[\bar{z}(s), s, t]\,\Big|_{s=\bar{s}} = \Delta_M - \int_0^{\bar{z}(\bar{s})} \Delta[\bar{z}(\bar{s}) - \zeta, \bar{s}, t]\, dF[\zeta \mid \bar{z}(\bar{s}), \bar{s}] > 0 ,$$

und dies steht im Widerspruch zu (5.3.28). Die Annahme zweier verschiedener stetiger und beschränkter Lösungen von (5.3.26), welche die Randbedingungen erfüllen, führt daher zu einem Widerspruch. Damit ist die behauptete Eindeutigkeit gezeigt.

3.6 Wir wollen eine Verallgemeinerung der Ruinwahrscheinlichkeit $w(z, s, t)$ einführen. Es wird für unsere weiteren Untersuchungen notwendig sein, zu entscheiden, welcher Fehlbetrag zum Ruin der Gesellschaft geführt hat. Auch der Ruin muß in irgend einer Form bei der Bewertung der Situation Berücksichtigung finden und die Bewertung wird davon abhängen, um welchen Betrag im Zeitpunkt des Ruins die Forderungen an die Gesellschaft die vorhandenen Mittel übersteigen.

Es sei $w(z, s, y, t)$ die Wahrscheinlichkeit dafür, daß ein von z im Zeitpunkt s startender Prozeß im Intervall (s, t) zum Ruin der Gesellschaft führt, wobei der entstehende Fehlbetrag kleiner als $y > 0$ sein soll. Im Augenblick des Ruins soll also der zufällige Prozeß $z(\tau)$ einen Wert unterhalb von $-y$ annehmen. Der Einfachheit halber werden wir in den folgenden Ableitungen $F(\zeta)$ statt $F(\zeta \mid z, t)$ schreiben, doch sei die stetige Abhängigkeit der Verteilungsfunktion $F(\zeta)$ von z und von t wie in Punkt 3.5 stets vorausgesetzt. In Analogie zu Punkt 3.1 bezeichnen wir die Wahrscheinlichkeit, daß der Ruin in der vorhin beschriebenen Art genau durch den n^{ten} Schaden hervorgerufen wird, mit $w_n(z, s, y, t)$ und es gilt offenbar

$$\begin{aligned} w_1(z, s, y, t) &= \int_s^t e^{-(\tau - s)} \{1 - F[z(\tau) + y]\} \, d\tau , \\ w_n(z, s, y, t) &= \int_s^t e^{-(\tau - s)} \int_0^{z(\tau)} w_{n-1}[z(\tau) - \zeta, \tau, y, t] \, dF(\zeta) \, d\tau , \quad n \geqq 2 . \end{aligned} \tag{5.3.29}$$

Diese Gleichungen können ebenso behandelt werden, wie die Gleichungen (5.3.23) und wir erhalten daraus die folgende, zu (5.3.26) analoge Gleichung:

$$\begin{aligned} \frac{d}{ds} w[z(s), s, y, t] &= -\{1 - F[z(s) + y]\} - \\ &- \int_0^{z(s)} w[z(s) - \zeta, s, y, t] \, dF(\zeta) + w[z(s), s, y, t] . \end{aligned} \tag{5.3.30}$$

Wie in Punkt 3.5 zeigt man, daß $w(z, s, y, t)$ den Randbedingungen

$$\lim_{z \to \infty} w(z, s, y, t) = 0,$$

$$w(z, s, y, s) = 0 \text{ für } z \geqq 0$$

genügen muß. Unter diesen Voraussetzungen ist die Eindeutigkeit der stetigen und beschränkten Lösung von (5.3.30) analog der Eindeutigkeit der Lösung von (5.3.26) zu zeigen. Die Lösung kann als unendliche Summe aus den Wahrscheinlichkeiten (5.3.29) dargestellt werden.

4. Die Dividendenzahlung als zufälliger Prozeß

4.1 Die Bewertung eines Versicherungsverlaufes wird von den gezahlten Dividenden abhängen. Es ist daher notwendig, Aussagen über die zu erwartenden Dividendenzahlungen zu machen. Mit Rücksicht auf die kontinuierlichen Zahlungsvorgänge, wie wir sie in unseren Modellen eines Versicherungsverlaufes angenommen haben, wollen wir auch die Dividendenzahlung als kontinuierlich annehmen. Die im Zeitintervall $(t, t + dt)$ bei Vorhandensein eines Kapitals von $z(t)$ ausgeworfene Dividende soll bis auf Glieder in der Größenordnung von $o(dt)$ durch $D[z(t), t] \, dt$ dargestellt werden können. Wir bezeichnen $D(z, t)$ als die Dichte der Dividendenzahlung im Zeitpunkt t bei Vorhandensein eines Kapitals z.

Wenn wir annehmen, es handle sich bei dieser Dividendenzahlung um eine sichere Zahlung, also um eine Zahlung, die mit der Wahrscheinlichkeit 1 zu erwarten ist, dann können wir ihren Barwert angeben. Wir haben bereits in Punkt 1.2 einen für unsere Untersuchungen äquivalenten Barwert einer Zahlung im Zeitpunkt t eingeführt. Unter der Annahme, daß die Verzinsung mit der Zinsintensität $\varrho(t)$ ein Kapital K im Zeitpunkt 0 in ein „gleichwertiges" Kapital $K\, e^{\int_0^t \varrho(\tau)\, d\tau}$ im Zeitpunkt t überführt, kann der einer Dividendenzahlung $D(z, t)\, dt$ im Zeitpunkt t „gleichwertige" Barwert als $D_0(z, t)\, dt$ mit

$$D_0(z, t) = D(z, t)\, e^{-\int_0^t \varrho(\tau)\, d\tau} \qquad (5.4.1)$$

dargestellt werden. Wir wollen für die folgenden Berechnungen stets die auf den Zeitpunkt 0 diskontierte Dichte der Dividendenzahlung, $D_0(z, t)$, heranziehen.

4.2 Das Kapital der Gesellschaft als Funktion der Zeit stellt einen zufälligen Prozeß $z(t)$ dar. Damit ist auch $D_0[z(t), t]$ ein zufälliger Prozeß. Für die Bewertung der Situation einer Versicherungsgesellschaft werden wir die Summe aller zu erwartenden Dividendenzahlungen betrachten.

Diese Bewertung berücksichtigt nicht die zeitliche Lagerung der Dividendenzahlungen und beruht daher auf der Annahme, daß dem Zeitpunkt der Zahlung durch die Beziehung (5.4.1) ausreichend Rechnung getragen wird. Es handelt sich dabei jedenfalls nur um eine der möglichen Annahmen.

Die Summe der Dividendenzahlungen stellt sich in der Form

$$\int_0^\infty D_0[z(t), t]\, dt \qquad (5.4.2)$$

als Integral über einen zufälligen Prozeß dar. Wir können für praktische Erwägungen sicher $\varrho(t) \geqq \delta > 0$ annehmen und es ist leicht zu sehen, daß (5.4.2) wegen (5.4.1) bei einer angemessenen Wahl von $D(z, t)$ nicht divergiert. Das Integral über den zufälligen Prozeß ist selbst eine zufällige Größe. Für ihre Ermittlung gehen wir von einem Integral der Gestalt

$$\int_s^t D_0[z(\tau), \tau]\, d\tau \qquad (5.4.3)$$

mit $0 \leqq s \leqq t \leqq \infty$ aus. Wir bezeichnen die Wahrscheinlichkeit, daß dieses Integral einen Wert kleiner als y annimmt, mit

$$v(z, s, y, t) = W\left\{\int_s^t D_0[z(\tau), \tau]\, d\tau < y \mid z(s) = z\right\}. \qquad (5.4.4)$$

Jene zufälligen Prozesse, die in irgend einem Zeitpunkt durch den Ruin der Gesellschaft beendet werden, führen bis zu diesem Zeitpunkt zu einer dem jeweiligen Kapital entsprechenden Dividendenzahlung. Wir postulieren, daß für solche Prozesse die Dividendenzahlung für die Zeit nach Eintritt des Ruins verschwindet. Damit sind die Integrale (5.4.3) für beliebige Werte $s \geqq 0$ und $t \geqq s$ definiert.

In Analogie zu Punkt 3.1 bezeichnen wir die Wahrscheinlichkeit, daß der Barwert der Summe der Dividendenzahlung y nicht übersteigt und daß genau n Schäden eintreten, mit $v_n(z, s, y, t)$. Wir setzen dabei voraus, daß jeder zufällige Prozeß bei Eintritt des Ruins abgeschlossen ist und keine weiteren Schäden auftreten. Die Forderung, daß die Summe der Dividendenbarwerte y nicht übersteigen soll und genau n Schäden eintreten, beinhaltet daher auch die Forderung, daß der Ruin nicht vor dem n^{ten} Schaden eintritt. Es gilt nun offenbar

$$v_0(z, s, y, t) = \begin{cases} e^{-(t-s)} & \text{für } \int_s^t D_0[z(\tau), \tau]\, d\tau < y\,, \\ 0 & \text{für } \int_s^t D_0[z(\tau), \tau]\, d\tau \geqq y\,. \end{cases} \tag{5.4.5}$$

Die Integrale aus (5.4.5) sind keine zufälligen Größen, da kein Schaden in (s, t) eintreten soll und $z(\tau)$ daher in (s, t) eine durch $z(s) = z$ und durch (5.2.4) bestimmte Funktion ist, also keinen zufälligen Prozeß darstellt.

Ist der Barwert der Summe der Dividendenzahlungen für den Fall, daß kein Schaden eintritt, kleiner als y, dann genügt es, die Wahrscheinlichkeit dafür zu betrachten, daß kein Schaden eintritt. Diese Wahrscheinlichkeit ist aber gleich $e^{-(t-s)}$. Andernfalls aber kann die Summe der Dividendenzahlungen für den Fall, daß kein Schaden eintritt, nicht kleiner als y werden; die Wahrscheinlichkeit ist also gleich Null. Wir bemerken, daß (5.4.5) auch für $y \leqq 0$ sinnvoll ist.

Tritt ein Schaden im betrachteten Zeitintervall ein, dann sind zwei Fälle zu unterscheiden. Führt der Schaden ζ, den wir uns etwa als im Zeitpunkt τ eingetreten denken, nicht zum Ruin, dann muß der von dem nach Eintritt des Schadens erreichten Kapital $z(\tau) = z(\tau - 0) - \zeta$ ausgehende zufällige Prozeß im verbleibenden Zeitraum $t - \tau$ zu einer Summe der Dividendenbarwerte führen, die zusammen mit der bis zum Zeitpunkt angesammelten Summe der Dividendenbarwerte kleiner als y bleiben muß, wobei kein weiterer Schaden mehr eintreten darf. Führt aber der erste Schaden zum Ruin, dann muß der Barwert der bis dahin angesammelten Dividenden kleiner als y sein. Definieren wir nun ein τ^* durch

$$\int_s^{\tau^*} D_0[z(\tau), \tau]\, d\tau = y \tag{5.4.6}$$

und ein $\bar{t}$ durch

$$\bar{t} = \max(\tau^*, t), \tag{5.4.7}$$

dann gilt

$$\begin{aligned} v_1[z(s), s, y, t] = \int_s^t e^{-(\tau-s)} \int_0^{z(\tau)} v_0 \Big\{ z(\tau) - \zeta, \tau, y - \\ - \int_s^\tau D_0[z(\bar{\tau}), \bar{\tau}]\, d\bar{\tau}, t \Big\}\, dF(\zeta)\, d\tau + \\ + \int_s^{\bar{t}} e^{-(\tau-s)} \{1 - F[z(\tau)]\}\, d\tau\,. \end{aligned} \tag{5.4.8}$$

Das zweite Integral auf der rechten Seite von (5.4.8) ist die Wahrscheinlichkeit, daß der erste Schaden zum Ruin führt und vor jenem Zeitpunkt eintritt, in dem der Barwert der Summe der von der Gesellschaft gezahlten Dividenden y erreicht.

Für $n \geqq 2$ erhalten wir schließlich in Analogie zu (5.3.29)

$$\begin{aligned} v_n[z(s), s, y, t] = \int_s^t e^{-(\tau-s)} \int_0^{z(\tau)} v_{n-1} \Big\{ z(\tau) - \zeta, \tau, y - \\ - \int_s^\tau D_0[z(\bar{\tau}), \bar{\tau}]\, d\bar{\tau}, t \Big\}\, dF(\zeta)\, d\tau\,. \end{aligned} \tag{5.4.9}$$

Es ist leicht zu sehen, daß $\sum_{\nu=0}^{n} v_\nu(z, s, y, t)$ monoton steigend und nach oben beschränkt ist. Wir können daher wieder $v(z, s, y, t)$ in der Form

$$v(z, s, y, t) = \lim_{n\to\infty} \sum_{\nu=0}^{n} v_\nu(z, s, y, t) \tag{5.4.10}$$

darstellen und erhalten aus (5.4.8), (5.4.9) und (5.4.10) schließlich die folgende Gleichung:

$$\begin{aligned} v[z(s), s, y, t] = v_0[z(s), s, y, t] + \int_s^{\bar{t}} e^{-(\tau-s)} \{1 - F[z(\tau)]\}\, d\tau + \\ + \int_s^t e^{-(\tau-s)} \int_0^{z(\tau)} v \Big\{ z(\tau) - \zeta, \tau, y - \\ - \int_s^\tau D_0[z(\bar{\tau}), \bar{\tau}]\, d\bar{\tau}, t \Big\}\, dF(\zeta)\, d\tau\,. \end{aligned} \tag{5.4.11}$$

4.3 Um (5.4.11) auf eine zu (5.3.24) analoge Form zu bringen, setzen wir

$$y(s) = y_0 - \int_0^s D_0[z(\bar{\tau}), \bar{\tau}]\, d\bar{\tau}\,.$$

Für die weiteren Untersuchungen halten wir y_0 fest. Es gilt dann

$$y(s) - \int_s^\tau D_0[z(\bar{\tau}), \bar{\tau}]\, d\bar{\tau} = y_0 - \int_0^\tau D_0[z(\bar{\tau}), \bar{\tau}]\, d\bar{\tau}$$

und dieser Ausdruck ist unabhängig von s. Aus (5.4.5) folgt daher

$$\frac{d}{ds} v_0[z(s), s, y(s), t] = v_0[z(s), s, y(s), t] \qquad (5.4.12)$$

und offenbar ist

$$\frac{d}{ds} v \left\{ z(\tau) - \zeta, \tau, y(s) - \int_s^\tau D_0[z(\bar{\tau}), \bar{\tau}]\, d\bar{\tau}, \right\} = 0\,.$$

Schließlich bemerken wir, daß wegen (5.4.6) der Wert $\bar{t}$ aus (5.4.7) für $y = y(s)$ von s unabhängig ist. Wir differenzieren $v[z(s), s, y(s), t]$ nach s und erhalten wegen (5.4.11) und (5.4.12)

$$\begin{aligned} \frac{d}{ds} v[z(s), s, y(s), t] = v[z(s), s, y(s), t] - \{1 - F[z(s)]\} - \\ - \int_0^{z(s)} v[z(s) - \zeta, s, y(s), t]\, dF(\zeta)\,. \end{aligned} \qquad (5.4.13)$$

Wegen der möglichen Unstetigkeit von $F(\zeta)$ können wir jedoch wie früher nur jeweils die Existenz einer rechtsseitigen und einer linksseitigen Ableitung voraussetzen. Damit haben wir für $v(z, s, y, t)$ eine zu (5.3.30) analoge Integrodifferentialgleichung erhalten. Eine Lösung von (5.4.13) läßt sich in der Form (5.4.10) aus (5.4.5), (5.4.8) und (5.4.9) gewinnen. Weiter folgt aus diesen Gleichungen für $s = t$ und $y > 0$

$$v(z, s, y, s) = 1\,. \qquad (5.4.14)$$

4.4 Wir zeigen, daß die beschränkte Lösung von (5.4.13), welche (5.4.14) erfüllt, eindeutig ist. Den Beweis für die Eindeutigkeit der Lösung führen wir indirekt und nehmen an, es gäbe zwei verschiedene Lösungen $v^{(1)}(z, s, y, t)$ und $v^{(2)}(z, s, y, t)$. Ihre Differenz

$$v^{(1)}(z, s, y, t) - v^{(2)}(z, s, y, t) = \Delta(z, s, y, t)$$

muß der Gleichung

$$\begin{aligned} \frac{d}{ds} \Delta[z(s), s, y(s), t] = \Delta[z(s), s, y(s), t] - \\ - \int_0^{z(s)} \Delta[z(s) - \zeta, s, y(s), t]\, dF(\zeta) \end{aligned} \qquad (5.4.15)$$

genügen. Da $v^{(1)}(z, s, y, t)$ und $v^{(2)}(z, s, y, t)$ (5.4.14) erfüllen, gilt für $y > 0$

$$\Delta(z, s, y, s) = 0\,. \qquad (5.4.16)$$

Im allgemeinen werden wir $\Delta (z, s, y, t)$ nicht als stetig in z voraussetzen dürfen. Da es sich um zwei verschiedene Lösungen $v^{(1)} (z, s, y, t)$ und $v^{(2)} (z, s, y, t)$ handelt, ist ihre Differenz in mindestens einem Punkt eines Bereiches (z, s) mit $0 \leqq s \leqq t$, $z (s) \geqq 0$, $z (t) \leqq Z$ von Null verschieden und wir nehmen ohne Beschränkung der Allgemeinheit an, daß es Werte $\Delta (z, s, y, t) > 0$ in diesem Bereich gibt. Wir bemerken, daß der gewählte Bereich zu jedem Punkt $[z_0 (s_0), s_0]$ alle Punkte $[z_0 (s), s]$ mit $0 \leqq s \leqq t$ und $z (s) \geqq 0$ enthält.

Wir halten nun eine Kurve $z = z (s)$ fest und betrachten $\Delta [z (s), s, y (s), t]$ längs dieser Kurve. Da $\Delta [z (s), s, y (s), t]$ stetig ist in s, existiert das Maximum im abgeschlossenen Bereich $0 \leqq s \leqq t$ mit $z (s) \geqq 0$:

$$\max_{\substack{0 \leqq s \leqq t \\ z(s) \geqq 0}} \frac{\Delta [z (s), s, y (s), t]}{t - s} = M [z (s)] . \tag{5.4.17}$$

$M [z (s)]$ ist ein von $z (s)$ abhängiges Funktional. Wegen (5.4.15) und (5.4.16) gilt

$$\lim_{s \to t} \frac{\Delta [z (s), s, y (s), t]}{t - s} = - \frac{d}{ds} \Delta [z (s), s, y (s), t] \,|_{s=t} = 0 .$$

$M [z (s)]$ ist daher endlich und wird an einer Stelle $s < t$ angenommen. Da die Funktion $\Delta (z, s, y, t)$ in z nicht als stetig vorausgesetzt werden kann, muß $M [z (s)]$ im Bereich $z (t) \leqq Z$ kein Maximum besitzen. Es existiert aber sicher das Supremum

$$\sup_{z (t) \leqq Z} M [z (s)] = S .$$

Da es Werte $\Delta (z, s, y, t) > 0$ gibt, ist sicher $S > 0$ und wie $M [z (s)]$ ist auch S endlich. Aus der Eigenschaft des Supremums folgt, daß zu jedem $\varepsilon > 0$ eine Funktion $z_\varepsilon (s)$ mit

$$M [z_\varepsilon (s)] \geqq S - \varepsilon \tag{5.4.18}$$

gefunden werden kann. Das Maximum (5.4.17) werde für $z_\varepsilon (s)$ an einer Stelle $\bar{s} < t$ angenommen, so daß die folgende Ungleichung erfüllt ist:

$$\begin{aligned} &\frac{1}{t - \bar{s}} \Delta [z_\varepsilon (\bar{s}), \bar{s}, y (\bar{s}), t] \\ &= M [z_\varepsilon (s)] \geqq \frac{1}{t - s} \Delta [z_\varepsilon (s), s, y (s), t] . \end{aligned} \tag{5.4.19}$$

Aus (5.4.15), (5.4.18) und (5.4.19) folgt

$$\begin{aligned} \frac{d}{ds} \Delta [z_\varepsilon (s), s, y (s), t] \,|_{s=\bar{s}} &\geqq (S - \varepsilon) (t - \bar{s}) - \\ &- S (t - \bar{s}) F [z_\varepsilon (\bar{s})] \geqq - \varepsilon (t - \bar{s}) . \end{aligned} \tag{5.4.20}$$

Die Ableitung auf der linken Seite kann wegen (5.4.18) und (5.4.19) folgendermaßen abgeschätzt werden:

$$\frac{d}{ds}\Delta\,[z_\varepsilon(s), s, y(s), t]\,\Big|_{s=\bar{s}} = \lim_{\delta=0}\frac{1}{\delta}\{\Delta\,[z_\varepsilon(\bar{s}+\delta), \bar{s}+\delta, y(\bar{s}+\delta), t] - \\ - \Delta\,[z_\varepsilon(\bar{s}), \bar{s}, y(\bar{s}), t]\} \leqq \\ \leqq \lim_{\delta\to 0}\frac{M\,[z_\varepsilon(s)]}{\delta}\,[(t-\bar{s}-\delta)-(t-\bar{s})] \leqq -S+\varepsilon\,. \tag{5.4.21}$$

Für genügend kleine Werte von ε steht (5.4.21) im Widerspruch zu (5.4.20). Wir haben also gezeigt, daß die Annahme zweier verschiedener beschränkter Lösungen von (5.4.13), welche die Randbedingungen erfüllen, zu einem Widerspruch führt und damit ist die Eindeutigkeit der Lösung bewiesen. Hätten wir die Funktionen als stetig in z voraussetzen können, dann wäre der Beweis der Eindeutigkeit wesentlich leichter, etwa in Analogie zu Punkt 3.5, zu erbringen.

5. Der Nutzen eines Versicherungsverlaufes

5.1 Wir haben im vorigen Kapitel die Verteilungsfunktion für den Barwert der Summe der Dividendenzahlungen ermittelt. Es war $n(z)$ die Nutzenfunktion für die Bewertung eines Geldbetrages z. Der Nutzen aller Dividendenzahlungen $D(t) = D[z(t), t]$ im Zeitraum $0 \leqq t \leqq \infty$ beträgt demnach im Zeitpunkt 0

$$N_D[z(t)] = n\left\{\int_0^\infty D_0[z(t), t]\,dt\right\}.$$

Hier bezeichnet $z(t)$ wieder einen zufälligen Prozeß. Das Argument der Funktion auf der rechten Seite ist daher eine zufällige Größe mit der Verteilungsfunktion $v(y) = v(z, 0, y, \infty)$. Es handelt sich ja um die Verteilung der Summe des Barwertes der zu erwartenden Dividendenzahlung für einen unbegrenzten Zeitraum. In (4.2.5) haben wir den Nutzen eines Geldbetrages, der eine zufällige Variable darstellt, als das mit der Verteilungsfunktion des Betrages gewogene Mittel der einzelnen Nutzen angegeben. In Analogie dazu führen wir den Nutzen für den eine zufällige Variable darstellenden Barwert der Dividendenzahlung ein, indem wir ihn als das mit der Verteilungsfunktion $v(y)$ gewogene Mittel der einzelnen Nutzen darstellen:

$$N_D(z) = \int_{y=0}^{\infty} n(y)\,dv(z, 0, y, \infty)\,. \tag{5.5.1}$$

Hierbei hängt $N_D(z)$ vom Anfangswert $z = z(0)$ des zufälligen Prozesses $z(t)$ ab. Die Dividendenzahlung allein reicht allerdings noch nicht aus, ein genügend genaues Bild über die Situation einer Versicherungsgesellschaft zu geben. Um eine solche Situation vollständiger beurteilen zu können, ist es — wie bereits erwähnt — notwendig, daß auch die Frage der Ruinwahrscheinlichkeit, die Frage, wann der Ruin eintritt und wie hoch der entstehende Fehlbetrag ist, geprüft wird. Wir wollen im folgenden diese Fragen untersuchen.

5.2 Bereits bei der Einführung der Nutzenfunktion haben wir negative Geldbeträge, also Schulden, mit berücksichtigt. Nicht alle Nutzenfunktionen lassen die Bewertung von Schulden uneingeschränkt zu. So kann etwa die Funktion $n(z) = ln(1 + z)$ nur für $z > -1$ sinnvoll angewendet werden. Wir wollen für die folgenden Untersuchungen ausdrücklich voraussetzen, daß die Nutzenfunktion für alle in Betracht kommenden negativen Geldbeträge definiert ist. Da bei unserem Modell der Ruin nur durch einen Schaden verursacht werden kann, genügt es somit, vorauszusetzen, daß $n(-z)$ für alle z mit $F(z) < 1$ definiert ist. Ist $F(z_0) = 1$, dann bedeutet dies, daß jeder Schaden mit der Wahrscheinlichkeit 1 kleiner als z_0 ist, so daß auch der bei einem allfälligen Ruin entstehende Fehlbetrag kleiner als z_0 sein muß.

Um den Ruin bewerten zu können, kann der jeweils entstehende Fehlbetrag auf den Zeitpunkt 0 diskontiert werden. Dies geschieht wieder unter Verwendung der Zinsintensität $\varrho(t)$. Ein Fehlbetrag $y(t)$, der bei Eintritt des Ruins im Zeitpunkt t entsteht, entspricht einem Barwert

$$y_0(t) = y(t)\, e^{-\int_0^t \varrho(\tau)\, d\tau}.$$

Der Ruin im Zeitpunkt t mit einem Fehlbetrag $y(t)$ wird demnach durch

$$n[-y_0(t)] = n\left[-y(t)\, e^{-\int_0^t \varrho(\tau)\, d\tau}\right] \tag{5.5.2}$$

bewertet. Es ist allerdings für die Bewertung des Nutzens des Ruins nicht unbedingt notwendig, den Fehlbetrag mit Hilfe der Zinsintensität zu diskontieren. Auch andere Bewertungsmethoden sind möglich, die sich aber stets analog den folgenden Ableitungen behandeln lassen.

Es war $w(z, s, y, t)$ die Wahrscheinlichkeit, daß für den mit dem Kapital z im Zeitpunkt s startenden zufälligen Prozeß der Ruin bis zum Zeitpunkt t mit einem Fehlbetrag kleiner als y eintritt. Wir haben für diese Funktion im Kapitel 3 die eindeutige Integrodifferentialgleichung (5.3.30) hergeleitet. Bezeichnet $dw(z, s, y, t)$ das Differential zweiter Ordnung bezüglich der Variablen y und t, dann kann die Wahrscheinlichkeit für den Eintritt des Ruins in einem Zeitpunkt t mit $t_1 \leqq t \leqq t_2$ und mit einem Fehlbetrag y mit $y_1 \leqq y \leqq y_2$ durch

$$\int_{y=y_1}^{y_2} \int_{t=t_1}^{t_2} dw(z, s, y, t) \tag{5.5.3}$$

dargestellt werden. Für die Bewertung aller möglichen durch einen Ruin hervorgerufenen Fehlbeträge ist das mit den Wahrscheinlichkeiten (5.5.3) gewogene Mittel der Nutzen (5.5.2) heranzuziehen. Bezeichnen wir den gesamten Nutzen aller möglichen Ruinsituationen bei einem Anfangskapital von $z = z(0)$ mit $N_R(z)$, dann gilt

$$N_R(z) = \int_{y=0}^{\infty} \int_{t=0}^{\infty} n \left[-y e^{-\int_0^t \varrho(\tau)\, d\tau} \right] dw(z, 0, y, t)\,. \tag{5.5.4}$$

Auch diese Darstellung entspricht dem aus (4.2.5) ersichtlichen Grundsatz, den Nutzen einer zufälligen Größe als gewogenes Mittel der einzelnen Nutzen darzustellen.

5.3 Es ist nunmehr möglich, die Situation eines Versicherungsträgers bei einem Anfangskapital z zu bewerten und hierbei den gesamten zukünftigen Versicherungsverlauf zu berücksichtigen. Der Gesamtnutzen $N(z)$ kann in der Form

$$N(z) = N_D(z) + N_R(z) \tag{5.5.5}$$

dargestellt werden. $N_D(z)$ ist nach (5.5.1), $N_R(z)$ nach (5.5.4) zu berechnen. Die hierfür notwendigen Funktionen $v(z, s, y, t)$ und $w(z, s, y, t)$ wurden im Kapitel 4 bzw. im Kapitel 3 hergeleitet.

Die hier angegebene Methode der Bewertung des Nutzens der Situation eines Versicherungsträgers unter Bedachtnahme auf den gesamten zukünftigen Versicherungsverlauf der Geschäftsabwicklung unterscheidet sich wesentlich von der in Abschnitt IV behandelten Darstellung. Damals wurde lediglich die Abwicklung eines einzigen Geschäftsjahres betrachtet und die Bewertung der Situation war nur von der Verteilung des am Ende des Geschäftsjahres vorhandenen Kapitals abhängig. Zweifellos kommen die in diesem Abschnitt behandelten Modelle, die den Versicherungsverlauf als zufälligen Prozeß einführen, den praktischen Gegebenheiten wesentlich näher. Wir heben hervor, daß diese Erweiterung des betrachteten Modells möglich ist, ohne die Grundsätze in der Bewertung des Nutzens zu ändern. Auch in diesem Abschnitt wird eine Risikosituation in der selben Weise bewertet wie in Abschnitt IV. Die einzige zusätzliche Voraussetzung, die für die Behandlung des erweiterten Modells notwendig war, besteht darin, die Äquivalenz zweier Geldbeträge in zwei verschiedenen Zeitpunkten festzusetzen. Es war naheliegend, die Äquivalenz, der Finanzmathematik entsprechend, in der Weise einzuführen, daß zwei Kapitalbeträge in zwei verschiedenen Zeitpunkten dann und nur dann als äquivalent angesehen werden, wenn sie auf ein und den selben Zeitpunkt ab- bzw. aufgezinst den selben Betrag ergeben. Zwei äquivalente Geldbeträge liefern nun — so wird weiter postuliert — gleichen Nutzen. Dieses zusätzliche Postulat gestattet es, einen wesentlich weiteren Fragenkomplex in Bezug auf die Bewertung der Situation eines Versicherungsträgers formelmäßig zu erfassen, als dies in Abschnitt IV möglich war.

Es darf allerdings nicht übersehen werden, und wir haben dies auch jeweils entsprechend hervorgehoben, daß die hier verwendeten Bewertungsmethoden für den Nutzen zukünftiger Zahlungen bzw. zukünftiger Schulden nicht die einzig möglichen sind. Das wesentlichste Ergebnis der Untersuchung ist aber wohl, daß, unabhängig von der im einzelnen gewählten Bewertungsmethode, der Nutzen der Situation jeweils mit Hilfe der Wahrscheinlichkeiten $v(z, 0, y, \infty)$ und $w(z, 0, y, t)$ errechnet werden kann.

Dem Vorteil, daß es sich bei den Untersuchungen dieses Abschnittes um mathematische Modelle handelt, die der Wirklichkeit besser angepaßt sind, steht allerdings der Nachteil gegenüber, daß die Ermittlung des Nutzens (5.5.5) auf praktische Schwierigkeiten stoßen wird, da die Berechnungen sehr kompliziert werden können. Dieser Mangel haftet allerdings bis zu einem gewissen Grad auch der kollektiven Risikotheorie an, deren praktische Anwendung manchmal einen erheblichen Rechenaufwand erfordert.

Für die Versicherungsgesellschaft ist es nicht so sehr von Bedeutung, das Maß des Nutzens ihrer speziellen Situation kennenzulernen, als vielmehr zu erfahren, auf welche Weise dieser Nutzen erhöht werden kann. Die Gesellschaft kann den zufälligen Prozeß, der den Versicherungsverlauf darstellt, durch den Abschluß von Rückversicherungen wesentlich beeinflussen. Mit Hilfe der Rückversicherungen kann die Schadensverteilung $F(\zeta)$ geändert werden. Eine weitere Möglichkeit der Einflußnahme auf den zufälligen Prozeß ist in der Tarifpolitik der Gesellschaft zu sehen. Die Frage der Prämiengestaltung kann die Zahl der abgeschlossenen Versicherungen und damit den Versicherungsverlauf beeinflussen. Schließlich kann die Gesellschaft durch eine entsprechende Dividendenpolitik die Entwicklung der Dividendenzahlung $D(t)$ beeinflussen.

Die für die Berechnung des Gesamtnutzens $N(z)$ maßgebenden Wahrscheinlichkeiten $v(z, 0, y, \infty)$ und $w(z, 0, y, t)$ hängen eng von der Rückversicherungspolitik, von der Tarifpolitik und von der Dividendenpolitik der Gesellschaft ab. Durch eine entsprechende Wahl der Rückversicherung, durch eine entsprechende Tarifgestaltung und durch die Auszahlung angemessener Dividenden kann die Gesellschaft die genannten Wahrscheinlichkeiten so verändern, daß der Gesamtnutzen $N(z)$ einen maximalen Wert erreicht. Wenngleich die Bewertung der Situation durch die Funktion $N(z)$ den gesamten zukünftigen Versicherungsverlauf berücksichtigt, kann die Gesellschaft dennoch ihre Rückversicherungs- Tarif- und Dividendenpolitik dynamisch gestalten, das heißt, sie laufend ändern und den jeweiligen Gegebenheiten anpassen.

VI. Anhang

1. Die Abschätzung unberichtigter Versicherungsleistungen

1.1 Für den Zeitpunkt der Bilanzierung ist es notwendig, die Aktiva und die Passiva der Versicherungsgesellschaft zu einem bestimmten Stichtag einander gegenüberzustellen. Eine wesentliche Position unter den Passiva bildet die Rückstellung für unberichtigte Versicherungsleistungen. Im Zeitpunkt der Bilanzierung ist eine Reihe von Versicherungsfällen, die vor dem Bilanzstichtag eingetreten sind, noch nicht vollständig abgewickelt und es sind auf Grund dieser Versicherungsfälle Zahlungen zu erwarten, deren Höhe noch nicht genau bekannt ist. Wir befassen uns in diesem Kapitel mit einer Methode, die es gestattet, Aussagen über die Höhe der notwendigen Rücklage für unberichtigte Versicherungsleistungen zu machen.

Da das Ausmaß der Zahlungen am Bilanzstichtag noch nicht feststeht, ist es naheliegend, die Höhe dieser Zahlungen als zufällige Variable anzusehen. Wir sagen, die Höhe eines Schadens s, also die Höhe der noch zu leistenden Zahlungen für einen einzelnen der nicht vollständig abgewickelten Versicherungsfälle, ist eine zufällige Variable und wir bezeichnen eine Menge $\{s_i\}$ von N Werten s_i als Stichprobe vom Umfang N. Selbstverständlich kann der tatsächliche Wert s_i für die i^{te} unberichtigte Versicherungsleistung erst in einem nach der Bilanzierung gelegenen Zeitpunkt beobachtet werden.

Wird s_i als zufällige Variable aufgefaßt, dann hat dies zur Voraussetzung, daß es sinnvoll ist, nach der Wahrscheinlichkeit

$$W\{s_i < s\} = F(s), \tag{6.1.1}$$

also nach der Wahrscheinlichkeit, daß s_i kleiner ist als ein vorgegebener Wert s, zu fragen. Unsere Überlegungen beruhen daher auf der Annahme der Existenz einer Verteilungsfunktion der Gestalt (6.1.1). Offenbar können auf Grund der Kenntnis der Verteilungsfunktion (6.1.1) Aussagen über die Größen s_i und insbesondere über $S_N = \sum_{i=1}^{N} s_i$, also über die Summe der Zahlungen für N Versicherungsfälle gemacht werden. Unsere Aufgabe besteht darin, einen Schätzwert für S_N zu finden, wenn angenommen wird, daß im Zeitpunkt der Bilanzierung N Versicherungsfälle noch nicht vollständig abgewickelt sind. Außerdem wollen wir Aussagen über die Genauigkeit der vorgenommenen Schätzung machen. Dies führt zu einer Reihe von Problemen.

Zunächst wird eine genügend genaue Aussage über S_N zur Voraussetzung haben, daß der Versicherungsbestand nicht zu inhomogen ist. Wir wollen daher voraussetzen, daß der gesamte Versicherungsbestand in hinreichend homogene Gruppen gleichartiger Versicherungen geteilt ist. Weiters werden Aussagen über die Verteilungsfunktion $F(s)$ offenbar vor allem auf Grund der Beobachtung der Vergangenheit möglich sein. Es kann aber der Fall eintreten — und dies wird vorwiegend in der Sachversicherung vorkommen — daß sich $F(s)$ von Jahr zu Jahr ändert. In diesem Fall muß entschieden werden, wann eine Änderung von $F(s)$ signifikant ist und zu einer Änderung der Ermittlung des Schätzwertes für S_N führen soll.

Im folgenden werden wir zunächst die Verteilungsfunktion $F(s)$ mit Hilfe einer sogenannten Strukturkurve beschreiben, die sich für das behandelte Problem besonders eignet. Sodann zeigen wir, wie man mit Hilfe der Monte Carlo-Methode sowie mit Hilfe eines Anordnungstestes zu einer Entscheidung darüber kommen kann, wann eine Änderung von $F(s)$ als signifikant anzusehen ist. Schließlich errechnen wir einen Schätzwert für S_N und geben Grenzen an, innerhalb derer der tatsächliche Wert S_N mit vorgegebener Wahrscheinlichkeit liegt.

1.2 Wir bilden nun eine Funktion $f(x)$ durch die Beziehung

$$W\{s_i < f(x)\} = 1 - e^{-x}\,. \tag{6.1.2}$$

Mit Hilfe der Verteilungsfunktion (6.1.1) kann $f(x)$ für alle $x \geqq 0$ definiert werden. Man überlegt sich leicht, daß $f(x)$ eine monoton steigende Funktion ist. Diagramm XIV zeigt, wie $f(x)$ konstruiert werden kann. Für jeden Punkt P auf der durch $f(x)$ dargestellten Kurve muß der Abstand der Punkte P_1 und P_2 gleich dem Abstand der Punkte P_3 und P_4 sein. Die durch $f(x)$ dargestellte Kurve bezeichnet man als Strukturkurve. Sie dient einer einfachen Beschreibung der Schadensverteilung. Wie man sieht, ist für eine Schadensverteilung mit der Verteilungsdichte e^{-s} die Strukturkurve von der Gestalt $f(x) = x$. In vielen Fällen erweist es sich als ausreichend, die Strukturkurve als Gerade anzunehmen bzw. sie durch eine Gerade zu approximieren.

Wir wollen nun den Erwartungswert und die Streuung der zufälligen Variablen s_i mit Hilfe der Funktion $f(x)$ beschreiben. Es gilt

$$E(s_i) = \int_0^\infty s\,dF(s) = \int_0^\infty f(x)\,e^{-x}\,dx\,,$$

$$\sigma^2(s_i) = E(s_i^2) - E^2(s_i) = \int_0^\infty s^2\,dF(s) - E^2(s_i) \tag{6.1.3}$$

$$= \int_0^\infty f^2(x)\,e^{-x}\,dx - \left[\int_0^\infty f(x)\,e^{-x}\,dx\right]^2.$$

Ausgehend von der Funktion $f(x)$ können somit Mittelwert und Streuung der zufälligen Variablen s angegeben werden. Damit können aber auch Erwartungswert und Streuung von S_N, der Summe der unberichtigten Versicherungsleistungen, mit Hilfe der Formeln

$$E(S_N) = NE(s_i), \qquad \sigma^2(S_N) = N\,\sigma^2(s_i) \tag{6.1.4}$$

errechnet werden. Bevor wir auf die Abschätzung der Summe der unberichtigten Versicherungsleistungen näher eingehen, behandeln wir die

Diagramm XIV

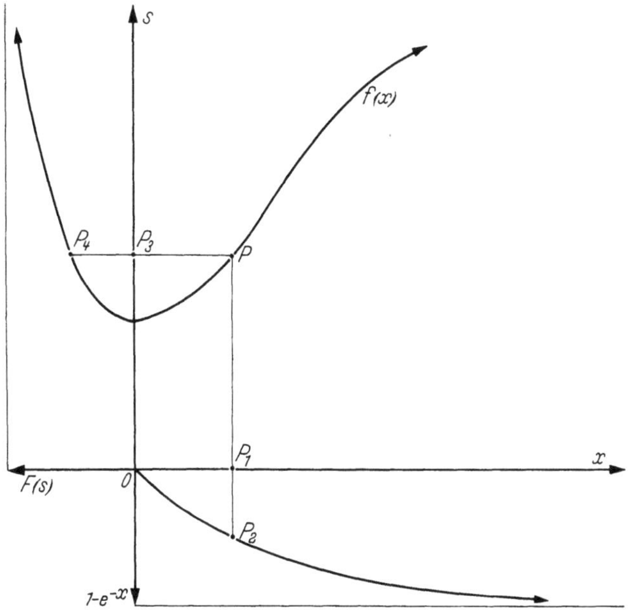

Frage, wie entschieden werden kann, ob eine bisher verwendete Strukturkurve, dargestellt durch $f(x)$, auch weiterhin brauchbar ist bzw. wann zur Beschreibung der Verteilung der zufälligen Variablen s_i eine neue Strukturkurve und damit eine neue Funktion $f(x)$ heranzuziehen ist.

1.3 Unsere Aufgabe kann folgendermaßen formuliert werden: Es ist zu entscheiden, ob eine Stichprobe von beobachteten Werten der Schadenshöhe von im Zeitpunkt der Bilanzierung noch nicht vollständig abgewickelten Versicherungsfällen mit einer vorgegebenen Strukturkurve, dargestellt durch eine Funktion $f(x)$, übereinstimmt oder ob sie von ihr signifikant abweicht. Wir werden zu dieser Entscheidung einen Anordnungstest heranziehen und hierbei die Monte Carlo-Methode verwenden.

Versicherungsfälle, die vor dem letzten Bilanzstichtag eingetreten sind, die jedoch im Zeitpunkt der Bilanzierung noch nicht vollständig abgewickelt waren, führen zu Versicherungsleistungen der Höhe s_1, s_2, $\ldots, s_n$. Wir fassen die Menge $\{s_i\}$ als Stichprobe vom Umfang n der zufälligen Variablen s auf. Es soll nun geprüft werden, ob diese Stichprobe mit der Annahme einer vorgegebenen Strukturkurve, dargestellt durch eine Funktion $f(x)$, übereinstimmt oder mit ihr in Widerspruch steht. Dazu vergleichen wir mit Hilfe eines Anordnungstestes die Stichprobe $\{s_i\}$ mit einer durch die Monte Carlo-Methode ermittelten Stichprobe von Realisierungen einer zufälligen Variablen, deren Verteilungsfunktion mit der vorgegebenen Funktion $f(x)$ übereinstimmt. Für die Verteilung dieser zufälligen Variablen muß wegen (6.1.2)

$$F[f(x)] = 1 - e^{-x}$$

gelten. Die Monte Carlo-Methode besteht nun in der Auswahl von m Zufallszahlen p_j aus dem Intervall (0,1), wie dies in Abschnitt I, Kapitel 3, dargelegt wurde. Wegen der zufälligen Auswahl gilt $W\{p_j < p\} = p$ mit $0 \leqq p \leqq 1$ und zu jedem gewählten Wert p_j kann ein Wert x_j durch die Beziehung

$$F[f(x_j)] = 1 - e^{-x_j} = p_j \tag{6.1.5}$$

gefunden werden. Da p_j Realisierung einer zufälligen Variablen p, gleichverteilt im Intervall (0,1), ist, kann auch $y_j = f(x_j)$ als Realisierung einer zufälligen Variablen y aufgefaßt werden. Durch die Auswahl von m Zufallszahlen p_j erhalten wir somit m Realisierungen y_j einer zufälligen Variablen y, die nach der Verteilungsfunktion (6.1.1) verteilt ist. Die der zufälligen Variablen y zugehörige Strukturkurve, dargestellt durch eine Funktion $f(x)$, ist also gerade die vorgegebene Strukturkurve. Zu prüfen ist, ob auch die zufällige Variable, deren n Realisierungen zu der Stichprobe $\{s_i\}$ geführt haben, diese Verteilung besitzt. Dies ist das bekannte Problem zweier Stichproben. Es ist zu entscheiden, ob die beiden Stichproben $\{s_i\}$ vom Umfang n und $\{y_j\}$ vom Umfang m aus der selben Grundgesamtheit stammen. Um diese Frage zu entscheiden, bedienen wir uns eines Anordnungstestes.

Wir führen den Test von Smirnow an. Es werden die empirischen Verteilungsfunktionen für die beiden Stichproben $s_1, \ldots, s_n$ und $y_1, \ldots, y_m$ gebildet. Es sei $\nu(t)$ die Anzahl der Werte $s_i < t$ und $\mu(t)$ die Anzahl der Werte $y_j < t$. $\overline{F}(t) = \frac{\nu(t)}{n}$ ist dann die empirische Verteilungsfunktion für die Stichprobe $\{s_i\}$ und $\overline{G}(t) = \frac{\mu(t)}{m}$ die empirische Verteilungsfunktion für die Stichprobe $\{y_j\}$. Nach Smirnow ist nun die Hypothese, daß die beiden Stichproben der selben Grundgesamtheit entstammen, die sogenannte Null-Hypothese, zu verwerfen, wenn

$$\max_{(t)} \mid \overline{F}(t) - \overline{G}(t) \mid = D > \lambda \sqrt{\frac{1}{n} + \frac{1}{m}}$$

ist, wobei λ von der Genauigkeit des Testes abhängt. Soll die irrtümliche Annahme der Null-Hypothese mit der Wahrscheinlichkeit 2β ausgeschlossen werden, dann ist

$$\lambda = \sqrt{-\tfrac{1}{2} \ln \beta}$$

ein für genügend kleine β und für genügend große n und m brauchbarer Näherungswert. Die Wahrscheinlichkeit 2β wird gewählt, da es sich hier um ein zweiseitiges Testverfahren handelt.

Die durch die Funktion $f(x)$ dargestellte Strukturkurve wird also so lange beibehalten, wie die Stichprobe $\{s_i\}$, gebildet aus den zuletzt beobachteten Schadenshöhen für Versicherungsfälle, die im Zeitpunkt der letzten Bilanzierung noch nicht vollständig abgewickelt waren, mit der mit Hilfe der Monte Carlo-Methode ermittelten Stichprobe $\{y_j\}$ übereinstimmt. Die Übereinstimmung kann mit Hilfe des Testes von Smirnow mit genügender Genauigkeit geprüft werden. Zur Prüfung können natürlich auch andere Anordnungstests herangezogen werden, wie etwa der Test von Wilcoxon.

Man kann auf die mit Hilfe der Monte Carlo-Methode gewonnene Stichprobe verzichten, wenn man die Stichprobe $\{s_i\}$ direkt mit der vorgegebenen Verteilungsfunktion $F(s)$ aus (6.1.1) vergleicht und zu diesem Zweck den Test von Kolmogoroff heranzieht. Danach ist die Hypothese, daß die Stichprobe $\{s_i\}$ aus einer mit der Verteilungsfunktion $F(s)$ verteilten Grundgesamtheit stammt, zu verwerfen, wenn

$$\max_{(t)} \mid \overline{F}(t) - F(t) \mid = D > \sqrt{-\frac{1}{2n} \ln \beta} \tag{6.1.6}$$

gilt, wobei 2β wiederum die Wahrscheinlichkeit für die irrtümliche Annahme der Hypothese darstellt. Der Ausdruck auf der rechten Seite von (6.1.6) stellt einen für genügend kleine β und für genügend große n brauchbaren Näherungswert dar.

1.4 Die Verteilung der Höhe der Versicherungsleistungen für nicht vollständig abgewickelte Versicherungsfälle wird durch die Strukturkurve beschrieben. Wie bereits erwähnt, zeigt es sich, daß bei einer Reihe von praktisch auftretenden Schadensverteilungen die Strukturkurve durch eine Gerade mit hinreichender Genauigkeit approximiert werden kann.

Wir wollen daher im folgenden den Fall

$$f(x) = ax + b \tag{6.1.7}$$

untersuchen. Aus (6.1.2) folgt

$$F(ax + b) = 1 - e^{-x}, \quad (x \geqq 0)$$

und daraus

$$F(s) = 1 - e^{-\frac{s-b}{a}}, \quad (s \geqq b).$$

In diesem Fall haben der Erwartungswert und die Streuung der zufälligen Variablen s_i die folgende Gestalt:

$$\begin{aligned} E(s_i) &= \int_b^\infty \frac{s}{a} e^{-\frac{s-b}{a}} ds = a + b\,, \\ \sigma^2(s_i) &= \int_b^\infty \frac{(s-a-b)^2}{a} e^{-\frac{s-b}{a}} ds = a^2\,. \end{aligned} \tag{6.1.8}$$

Dieses Ergebnis kann auch unter Verwendung von (6.1.7) aus den Formeln (6.1.3) hergeleitet werden.

1.5 Wir kehren nun zu unserem Ausgangsproblem zurück, nämlich Aussagen über $S_N = \sum_{i=1}^{N} s_i$, also über die Summe von N Versicherungsleistungen aus noch nicht vollständig abgewickelten Versicherungsfällen, zu machen. In dem speziellen Fall, in dem die Strukturkurve eine Gerade ist und durch $f(x) = ax + b$ dargestellt wird, gilt wegen (6.1.4) und (6.1.8)

$$E(S_N) = N(a+b),\ \sigma^2(S_N) = Na^2\,.$$

Nach dem Gesetz der großen Zahl strebt die Verteilung von $\frac{1}{N} S_N$ für steigendes N gegen eine Normalverteilung mit dem Mittelwert $\frac{1}{N} E(S_N) = E(s_i)$ und der Streuung $\frac{1}{N^2}\sigma^2(S_N) = \frac{1}{N}\sigma^2(s_i)$. Für genügend große N gilt demnach

$$\begin{aligned} W\left\{\frac{|S_N - E(S_N)|}{\sqrt{\sigma^2(S_N)}} \geqq \delta\right\} &= W\left\{\frac{\left|\frac{1}{N} S_N - E(s_i)\right|}{\sqrt{\frac{1}{N^2}\sigma^2(S_N)}} \geqq \delta\right\} \sim \\ &\sim \frac{2}{\sqrt{2\pi}} \int_\delta^\infty e^{-\frac{x^2}{2}} dx = 2\Phi(\delta) \end{aligned} \tag{6.1.9}$$

mit hinreichender Genauigkeit. Als Schätzwert für S_N ist der Erwartungswert $E(S_N)$, ermittelt nach (6.1.4), zu wählen. Ein Konfidenzintervall für die gesamte Schadenssumme aus unberichtigten Versicherungsleistungen kann aus der Beziehung (6.1.9) gewonnen werden. S_N liegt mit der Wahrscheinlichkeit $2\Phi(\delta)$ im Intervall

$$E(S_N) - \delta\sqrt{N\sigma^2(s_i)} \leqq S_N \leqq E(S_N) + \delta\sqrt{N\sigma^2(s_i)}\,. \tag{6.1.10}$$

$\sigma^2(s_i)$ kann nach (6.1.3) bzw. (6.1.8) errechnet werden. Für den Fall der linearen Funktion $f(x) = ax + b$ erhält man so das folgende Konfidenzintervall:

$$N(a+b) - \delta a\sqrt{N} \leqq S_N \leqq N(a+b) + \delta a\sqrt{N}\,. \tag{6.1.11}$$

Die Funktion $\Phi(\delta)$ liegt tabelliert vor. Im allgemeinen wird man die Genauigkeit des Schätzverfahrens, also $2\Phi(\delta)$, vorgeben und mit Hilfe des zugehörigen Wertes δ die Länge des Konfidenzintervalles nach (6.1.10) bzw. (6.1.11) bestimmen. Für spezielle Werte von $\Phi(\delta)$ ergeben sich insbesondere die folgenden Werte für δ:

$\Phi(\delta)$	δ
0'5%	2'58
2'5%	1'96
5'0%	1'64

Durch das Konfidenzintervall wird die Wahrscheinlichkeit des Abweichens von S_N gegenüber dem Schätzwert nach oben und nach unten begrenzt. Soll nur die Abweichung nach einer Richtung mit genügend großer Wahrscheinlichkeit ausgeschlossen werden, also praktisch nur die Abweichung nach oben, um eine zu geringe Rückstellung für unberichtigte Versicherungsleistungen zu vermeiden, dann genügt es, die Wahrscheinlichkeit

$$W\left\{\frac{S_N - E(S_N)}{\sqrt{\sigma^2(S_N)}} \geqq \delta\right\} \sim \frac{1}{\sqrt{2\pi}}\int_{\delta}^{\infty} e^{-\frac{x^2}{2}}\,dx = \Phi(\delta)$$

zu betrachten. Diese Wahrscheinlichkeit ist jeweils halb so groß wie die Wahrscheinlichkeit aus (6.1.9), da im Durchschnitt die Hälfte aller Abweichungen nach unten und die Hälfte aller Abweichungen nach oben erfolgt.

Zusammenfassend bemerken wir, daß zunächst $f(x)$ gemäß Punkt 1.2 für einen homogenen Versicherungsbestand zu ermitteln ist. Im weiteren wird Jahr für Jahr geprüft, ob diese Funktion $f(x)$ noch zur Beschreibung der Verteilung geeignet ist, wobei die Methode aus Punkt 1.3 verwendet werden kann. Vielfach erweist sich die in Punkt 1.4 angegebene lineare Funktion als ausreichend. Schließlich wird ein Konfidenzintervall für die Rückstellung S_N für unberichtigte Versicherungsleistungen, nach (6.1.10) bzw. (6.1.11) errechnet.

2. Optimale Erfahrungstarifierung

2.1 Man spricht insbesondere dann von Erfahrungstarifierung, wenn die Prämie für eine Versicherung erst auf Grund der Erfahrung über den Schadensverlauf, also nach vollständiger Abwicklung der Versicherung, endgültig festgesetzt wird. Praktisch bedeutet dies, daß zunächst eine Prämie für die Versicherung gezahlt wird, die so reichlich bemessen ist, daß sie es gestattet, nach Abwicklung der Versicherung eine Dividende zu leisten, deren Höhe aber vom Ausmaß der Versicherungsleistungen für die abgeschlossene Versicherung abhängt. Man kann die Erfahrungstarifierung daher auch allgemeiner als eine Tarifierung nach Prämie und Dividende ansehen, wobei die Höhe der Dividende von der im Einzelfall gezahlten Versicherungsleistung abhängt. In dieser individuellen Abhängigkeit liegt der Unterschied gegenüber einer beliebigen Versicherung mit Dividendenzahlung.

Unter den verschiedenen Formeln für die Dividendenzahlung im Falle der Erfahrungstarifierung führen wir die von AMMETER an. Danach ist die Dividende im Ausmaß von

$$\alpha P' - \beta x \text{ für } \beta x \leqq \alpha P' \tag{6.2.1}$$

zu leisten, wobei P' die Prämie einschließlich des Sicherheitszuschlages ist und x die Höhe des eingetretenen Schadens. Für $\beta x > \alpha P'$ wird keine Dividende gezahlt. In dieser Formel sind ihrer Allgemeinheit wegen eine Reihe anderer Formeln der Erfahrungstarifierung, insbesondere die J-Methode und die K-Methode von JACKSON, als Spezialfall enthalten. Wir wollen nun untersuchen, wie eine Wertung der verschiedenen Methoden der Erfahrungstarifierung möglich ist und wie auf Grund einer solchen Wertung eine optimale Methode der Erfahrungstarifierung ermittelt werden kann.

2.2 Ausgangspunkt unserer Überlegungen sind die in Abschnitt IV, Kapitel 2, vorgenommenen Untersuchungen über die Einführung einer Nutzenfunktion. In Abschnitt IV haben wir das Verhältnis zwischen Versicherten, Versicherer, Rückversicherer und der Natur, welche die Höhe des eintretenden Schadens bestimmt, spieltheoretisch gedeutet. Wir haben hierbei angenommen, daß die Versicherungen zwischen dem Versicherer und den einzelnen Versicherten bereits abgeschlossen sind. Erweitern wir unsere Überlegungen auf das Verhältnis Versicherter—Versicherer, dann können die in Abschnitt IV hergeleiteten Ergebnisse über die Einführung einer Nutzenfunktion zur Beurteilung einer Rückversicherung auch für das vorliegende Problem der Erfahrungstarifierung angewendet werden.

Es sei $D(x, P')$ die vom eingetretenen Schaden x und von der geleisteten Prämie P' abhängige Dividende, die im Falle der Erfahrungstarifierung nach Abwicklung der Versicherung vom Versicherer an den Versicherten gezahlt wird. Nach Abwicklung der Versicherung beträgt daher die Gesamtzahlung des Versicherten $P' - D(x, P')$ und die Zahlung des Versicherers $x + D(x, P') - P'$. Wir wollen hierbei der Einfachheit halber annehmen, daß fixe Kosten, wie etwa Verwaltungskosten, im Betrag des Schadens x bereits inbegriffen sind. Der Schaden x wird also auf Versicherer und Versicherten aufgeteilt, wobei das Verhältnis, in dem Versicherer und Versicherter an der Schadenssumme beteiligt sind, von der Dividende, also von der Funktion $D(x, P')$, abhängt. Je nach der

Wahl von $D(x, P')$ kann jede gewünschte Aufteilung des Schadens x erreicht werden.

Damit haben wir aber die selben Verhältnisse vor uns, wie bei der Aufteilung des Schadens zwischen Versicherer und Rückversicherer. In Abschnitt IV haben wir das Problem behandelt, die optimale Aufteilung des Schadens auf Versicherer und Rückversicherer zu ermitteln. Setzen wir den Versicherten an die Stelle des Versicherers und den Versicherer an die Stelle des Rückversicherers, dann liegt nunmehr im Falle der Erfahrungstarifierung das selbe Problem vor uns, wie im Falle der Rückversicherung. Für die optimale Aufteilung des Schadens auf Versicherer und Rückversicherer haben wir in Abschnitt IV, den Gedanken von K. Borch folgend, Nutzenfunktionen eingeführt, die eine Bewertung der durch den Abschluß der Rückversicherung entstandenen Risikosituationen für Versicherer und Rückversicherer gestattet haben. In Analogie hierzu werden wir trachten, auch im Falle der Erfahrungstarifierung Nutzenfunktionen einzuführen, die eine Bewertung der durch den Abschluß der Versicherung und durch die Vereinbarung einer vom Schaden x und von der Prämie P' abhängigen Dividende $D(x, P')$ entstandenen Risikosituation für den Versicherten und für den Versicherer gestatten.

2.3 Für die weiteren Untersuchungen ist es also notwendig, die Nutzenfunktionen einzuführen. Für die Bewertung der Risikosituation des Versicherers können wir den Überlegungen aus Abschnitt IV, Kapitel 2, folgen. Dort haben wir für die Bewertung einer Risikosituation einer Versicherungsgesellschaft, der eine freie Reserve, das heißt ein Kapital abzüglich des Erwartungswertes der übernommenen Versicherungsleistungen, in der Höhe R zur Verfügung steht und die Schäden mit einer Verteilungsfunktion $F(x)$ zur Deckung übernommen hat, die Funktion (4.2.5) eingeführt, die, wie man leicht sieht, in der Form

$$N\{R, F(x)\} = \int_0^\infty n(R + P - x)\, dF(x) \tag{6.2.2}$$

geschrieben werden kann. $n(x)$ war die Funktion, die den Nutzen eines Geldbetrages der Höhe x für die Versicherungsgesellschaft bewertete. Wie in Abschnitt IV, Kapitel 2, wählen wir für $n(x)$ wieder eine Funktion der Gestalt (4.2.10), und zwar in der Form

$$n(x) = -ax^2 + abx, \tag{6.2.3}$$

wobei b hinreichend groß zu wählen ist, damit $n(x)$ für alle in Betracht kommenden Werte von x monoton steigend ist. Die sich daraus ergebende Nutzenfunktion hat die Gestalt

$$N\{R, F(x)\} = a(b - R)R - a\sigma^2$$

wobei σ^2 die Streuung der Schadensverteilung ist. Der Nutzen ist also umso größer, je größer die freie Reserve R, also der Erwartungswert des Überschusses des Kapitals über die Versicherungsleistungen, und je kleiner die Streuung der Schadensverteilung ist.

Es bestehen nun keine grundsätzlichen Bedenken dagegen, eine Bewertung der Risikosituation durch (6.2.2) und (6.2.3) auch für den Versicherten selbst vorzunehmen. Die zur Einführung der Nutzenfunktion führenden Überlegungen sind so allgemein, daß sie auch für den Versicherten gelten können. Denken wir etwa an einen Arbeitgeber, der für die bei ihm beschäftigten Arbeitnehmer Versicherungen abschließt und hierbei die Erfahrungstarifierung anwenden will, dann gelten die bei der Einführung der Nutzenfunktion für den Versicherer angestellten Überlegungen sicherlich analog für diesen Arbeitgeber, also für den Versicherten. Allerdings muß damit gerechnet werden, daß der Versicherte nicht die selbe Nutzenfunktion (6.2.3) zur Bewertung seiner Risikosituation anwendet wie der Versicherer.

Das Problem der optimalen Erfahrungstarifierung stellt sich somit in einer Form dar, die genau dem Problem der optimalen Rückversicherung zwischen zwei Gesellschaften entspricht, wie wir es in Abschnitt IV, Kapitel 4, behandelt haben. Es erübrigt sich daher, die dort angestellten Überlegungen zu wiederholen und wir wollen lediglich die Ergebnisse anführen.

Als optimal erweist sich die Quotenrückversicherung. Dies bedeutet in unserem Fall, daß der Versicherer einen Teil tx mit $0 \leqq t \leqq 1$ des Schadens x übernimmt, während der Versicherte mit dem verbleibenden Teil $(1 - t)\,x$ belastet wird. Dazu zahlt der Versicherte an den Versicherer die Nettoprämie tP für den vom Versicherer übernommenen Schadensteil sowie einen Betrag Q, dessen Höhe vom übernommenen Risiko abhängt, also dem Sicherheitszuschlag entspricht. Die Gesamtbelastung des Versicherers beträgt daher $tx - tP - Q$, die des Versicherten $(1-t)x + Q + tP$.

Wie bereits gezeigt wurde, gibt es im allgemeinen kein Wertepaar (t, Q), welches für beide Partner, also für Versicherten und für Versicherer, in gleicher Weise optimal ist. Man kann aber eine Menge von Wertepaaren (t, Q) ermitteln, das sogenannte Pareto-Optimum, welche für beide Partner zugleich höhere oder zumindest gleich hohe Nutzen gegenüber den übrigen Wertepaaren sichern. Aus diesem Pareto-Optimum werden die beiden Partner, wenn sie rational handeln, das ihre Versicherung bestimmende Wertepaar wählen. Im Rahmen dieses Pareto-Optimums besteht ein Interessenkonflikt zwischen den beiden Partnern. Eine Möglichkeit der Auswahl wird etwa durch die Lösung von Nash gegeben (vgl. S. 186), welche beiden Partnern den gleichen Nutzenzuwachs sichert.

2.4 Wir haben also gezeigt, daß die Übernahme einer Quote des Schadens tx durch den Versicherer und die Zahlung der Nettoprämie tP zuzüglich eines (gegebenenfalls negativen) Betrages Q vom Versicherten an den Versicherer zumindest für den Fall einer Nutzenfunktion der Gestalt (6.2.3) optimal ist. Damit können wir aber bereits die Gestalt der optimalen Dividende $D(x, P')$ allgemein beschreiben. Setzen wir $P' = (1 + \lambda) P$, wobei P die Nettoprämie und λP der Sicherheitszuschlag ist, dann bedeutet $x + D(x, P') - P'$ die Gesamtbelastung des Versicherers, $P' - D(x, P')$ die Gesamtbelastung des Versicherten. Setzen wir diese Werte mit den in Punkt 2.3 angegebenen, nach Abschnitt IV, Kapitel 4, ermittelten, optimalen Werten gleich, dann folgt

$$x + D(x, P') - P' = tx - tP - Q$$

bzw.

$$P' - D(x, P') = (1 - t)\,x + Q + tP$$

und daraus ergibt sich

$$D(x, P') = P' - (1 - t)\,x - Q - tP \tag{6.2.4}$$

als optimale Dividende.

Wie man sich leicht überzeugt, stimmt diese Form der Dividende für

$$Q = (1 - \alpha')\,P' - (1 - \beta)\,P, \quad t = 1 - \beta$$

mit der Form (6.2.1) weitgehend überein. Ein Unterschied liegt allerdings darin, daß in (6.2.1) negative Dividenden, die einer Prämiennachzahlung entsprechen würden, ausgeschlossen sind, während nach (6.2.4) bei genügend hohen Werten von x bzw. Q negative „Dividenden" grundsätzlich möglich sind. Die Tatsache, daß durch die Dividendenformel (6.2.1) die Zahlung des Versicherten beschränkt, die des Versicherers aber grundsätzlich unbeschränkt bleibt, zeigt, daß der Versicherte bei Anwendung dieser Formel von einer Nutzenfunktion ausgehen müßte, die hohe Ausgaben ungünstiger bewertet als die Nutzenfunktion (6.2.3).

Wir haben also gesehen, daß es möglich ist, das Verhältnis Versicherer—Versicherter in gleicher Weise zu betrachten wie das Verhältnis Rückversicherer—Versicherer und die zur Ermittlung der optimalen Rückversicherung führenden Überlegungen in analoger Weise auch auf die Frage nach der optimalen Erfahrungstarifierung anzuwenden. Wie im Falle der optimalen Rückversicherung ist auch bei der Frage nach der optimalen Erfahrungstarifierung das Ergebnis von der Bewertung der Risikosituation durch Versicherer und Versicherten abhängig.

3. Richtlinien für die Vertretertätigkeit

3.1 Ein nicht unwesentlicher Teil der Aufwendungen einer Versicherungsgesellschaft entfällt auf die den Vertretern gezahlten Pauschalsummen und Provisionen. Dazu kommen noch die Kosten der Einschulung für neu aufgenommene Vertreter. Die finanzielle Bedeutung dieser Ausgaben für die Gesellschaft läßt es angezeigt erscheinen, zu prüfen, ob und in welcher Weise die für Vertreter aufgewendeten Mittel optimal eingesetzt werden können. Im Rahmen unserer Untersuchungen haben wir stets den finanziellen Erfolg als Bewertungsmaßstab verwendet. Der Begriff „optimal" soll daher auch in diesem Kapitel im Sinne eines möglichst großen finanziellen Erfolges für die Gesellschaft verstanden werden. Wie den weiteren Ausführungen entnommen werden kann, werden implizit auch gewisse Voraussetzungen über den Arbeitsmarkt getroffen — wie etwa die freie Vermittelbarkeit von Vertretern — ohne jedoch explizit erwähnt zu werden.

Bevor wir auf die Bewertung des finanziellen Erfolges im einzelnen eingehen, wollen wir allgemein festhalten, daß der finanzielle Erfolg der Tätigkeit eines Vertreters für die Gesellschaft umso höher sein wird, je zahlreicher und je höher die abgeschlossenen Versicherungen sind. Die Gesellschaft wird daran interessiert sein, vor allem geschäftstüchtige Vertreter aufzunehmen und weiter zu beschäftigen, hingegen Vertreter, die nur wenig neue Versicherungen abschließen, durch geeignetere Kräfte zu ersetzen. Sie wird insbesondere Vertreter, die mehr Kosten verursachen als sie an Gewinn durch neu abgeschlossene Versicherungen für die Gesellschaft bringen, entlassen. Dabei muß die Gesellschaft die gesetzlichen und die allgemeinen kollektivvertraglichen Bestimmungen über Kündigung oder Entlassung von Vertretern beachten. Sie muß aber darüber hinaus die zufälligen Schwankungen in den Geschäftsabschlüssen des einzelnen Vertreters berücksichtigen, die dazu führen können, daß selbst tüchtige Vertreter durch einen ungünstigen Geschäftsverlauf einige Zeit hindurch weniger neue Versicherungen abschließen als ihren Fähigkeiten entsprechen würde.

Viele Gesellschaften stellen Richtlinien für die Vertretertätigkeit auf, wonach ein Vertreter, der gewisse Mindestanforderungen bezüglich des Umfanges der von ihm abgeschlossenen Versicherungen nicht erfüllt, nicht weiter beschäftigt werden soll. Eine derartige Entscheidung bedeutet für die Gesellschaft immer ein Risiko. Es gibt vor allem zwei Fehlermöglichkeiten. Ein Fehler erster Art besteht darin, daß ein Vertreter die Mindestanforderungen erfüllt, obwohl der „Erwartungswert" seiner Geschäftsabschlüsse unter dem Limit der Richtlinien liegt, und zwar nur deshalb, weil seine Abschlüsse in dem Beobachtungszeitraum infolge der zufälligen Schwankungen zahlreicher oder höher waren. Ein Fehler zweiter Art besteht darin, daß das Beschäftigungsverhältnis eines Vertreters nicht verlängert wird, obwohl auf Grund seiner Fähigkeiten der „Erwartungswert" seiner Geschäftsabschlüsse ausreichend wäre, und zwar nur deshalb, weil seine Abschlüsse in dem Beobachtungszeitraum infolge der zufälligen Schwankungen zu niedrig waren.

Der Gesellschaft steht im allgemeinen keine unbegrenzte Zeit zur Verfügung, um zu entscheiden, ob sie das Beschäftigungsverhältnis eines Vertreters beenden will oder nicht. Vielfach ist auf Grund gesetzlicher oder kollektivvertraglicher Vorschriften die einseitige Lösung des Beschäftigungsverhältnisses durch die Gesellschaft nur eine bestimmte Zeit hindurch möglich, ohne daß zusätzliche Kosten, etwa durch Abfertigungsansprüche, entstehen. Die Richtlinien müssen darauf Bedacht nehmen und eine Entscheidung über die Weiterbeschäftigung eines Vertreters womöglich vor Ablauf einer derartigen Frist vorsehen.

Unsere Aufgabe besteht also darin, unter Berücksichtigung der eben skizzierten Probleme die Richtlinien für die Vertretertätigkeit und insbesondere für die Bestimmungen über die Mindestanforderungen optimal zu gestalten.

3.2 Wir führen zunächst ein Maß für die vom Vertreter geleistete Arbeit ein. Hierfür eignet sich die Summe der Jahresprämien für die vom Vertreter neu abgeschlossenen Versicherungen. Bezeichnet man die Summe der Jahresprämien für die im Zeitraum $(0, t)$ abgeschlossenen Versicherungen mit $x(t)$, dann kann $x(t)$ als eine Funktion der Zeit wegen der auftretenden zufälligen Schwankungen als zufälliger Prozeß aufgefaßt werden. Dieser zufällige Prozeß hängt sowohl von den individuellen Fähigkeiten des Vertreters ab als auch von einer Reihe von Umweltfaktoren, die sich einer quantitativen Erfassung in den meisten Fällen entziehen.

Nun betrachten wir eine Realisierung des zufälligen Prozesses. Offenbar wird der Prozeß $x(t) \equiv 0$ bereits nach sehr kurzer Zeit zum Ausscheiden des Vertreters führen. Gelingt es dem Vertreter nicht, eine einzige Versicherung abzuschließen, dann wird sowohl die Gesellschaft als auch er selbst das Beschäftigungsverhältnis lösen wollen. Die Mindestanforderungen der Gesellschaft müssen so formuliert werden, daß für jede beliebige Realisierung $x(t)$ des zufälligen Prozesses entschieden werden kann, ob und wenn ja in welchem Zeitpunkt das Beschäftigungsverhältnis gelöst wird. Es muß aber berücksichtigt werden, daß nicht nur die Gesellschaft, sondern auch der Vertreter von sich aus das Beschäftigungsverhältnis lösen kann. Die Richtlinien der Gesellschaft können keine Auskunft darüber geben, ob und wenn ja, in welchem Zeitpunkt der Vertreter selbst das Beschäftigungsverhältnis löst.

Es sei $X = \{x(t)\}$ die Menge aller möglichen Realisierungen des zufälligen Prozesses $x(t)$. Wir können dann zwei Teilmengen $X_1 = \{x_1(t)\}$ und $X_2 = \{x_2(t)\}$ angeben, bestehend aus den zufälligen Prozessen $x_1(t)$, die zu einer Beendigung seitens der Gesellschaft und $x_2(t)$, die zu einer Beendigung seitens des Vertreters führen. X_1 hängt von den Richtlinien der Gesellschaft, X_2 von den individuellen Ansprüchen des Vertreters ab.

Im allgemeinen werden X_1 und X_2 zueinander nicht fremd sein, also gemeinsame Elemente enthalten, wie etwa die Funktion $x(t) \equiv 0$.

Für jede Realisierung $x(t)$ eines zufälligen Prozesses kann die Gesellschaft errechnen, welchen Ertrag $e[x(t)]$ sie durch ihn erhält und welche Kosten $k[x(t)]$ der Vertreter ihr verursacht. $g[x(t)] = e[x(t)] - k[x(t)]$ ist dann ein Maß für den Gewinn der Gesellschaft auf Grund der Tätigkeit des Vertreters. $g[x(t)]$ hängt natürlich auch vom Zeitpunkt der Beendigung des Beschäftigungsverhältnisses ab, also insbesondere von X_1 und X_2.

Nun können jene Richtlinien als optimal angesehen werden, für die das gewogene Mittel von $g[x(t)]$ über alle Funktionen $x(t) \in X$ ein Maximum wird. Die Richtlinien beziehen sich nicht nur auf die Mindestanforderungen der Gesellschaft, durch welche die Untermenge X_1 bestimmt wird, sondern auch auf die Honorierung der Vertreter, durch welche ohne Zweifel die Untermenge X_2 wesentlich beeinflußt wird. Je höher die Pauschalbeträge insbesondere zu Beginn der Laufbahn des Vertreters sind, wenn die Zahl der Vertragsabschlüsse noch niedrig ist, und je höher die Provisionen sind, umso seltener werden Vertreter das Beschäftigungsverhältnis von sich aus lösen, umso kleiner ist daher die Menge X_2, umso größer sind aber die Kosten $k[x(t)]$. Da ein Vertreter nach Beendigung des Beschäftigungsverhältnisses keine Versicherungen mehr abschließen kann, führt die Verkleinerung der Menge X_2 im allgemeinen zu einer Erhöhung des gewogenen Mittels von $g[x(t)]$, die Erhöhung der Kosten $k[x(t)]$ hingegen zu einer Verringerung.

Bei der Bildung des gewogenen Mittels von $g[x(t)]$ wird vorausgesetzt, daß diese Funktion meßbar über den in Betracht kommenden Untermengen von X ist. Für die Berechnung des gewogenen Mittels müssen nicht nur die Richtlinien über die Honorierung und über die Mindestanforderungen bekannt sein, sondern vor allem auch ein Wahrscheinlichkeitsmaß auf der Menge X, das sowohl die individuellen Fähigkeiten der Vertreter als auch die Umweltbedingungen berücksichtigt. Die praktischen Schwierigkeiten bei der Bildung eines solchen Wahrscheinlichkeitsmaßes sind offensichtlich.

Eignen sich die hier angestellten Überlegungen auch nicht unmittelbar für praktische Berechnungen, so zeigen sie doch, in welcher Richtung sich Untersuchungen über die optimale Gestaltung der Richtlinien über die Honorierung und die Mindestanforderungen bewegen müssen. Wir zeigen im folgenden, wie bereits auf Grund eines relativ einfachen Modells Schlußfolgerungen für die Praxis gezogen werden können.

3.3 Der Einfachheit halber setzen wir zunächst voraus, daß nur die Gesellschaft, nicht aber der Vertreter selbst das Beschäftigungsverhältnis löst. Die zufällige Variable $x_n = x(n) - x(n-1)$, also die Summe der Jahresprämien für die vom Vertreter im Zeitintervall $(n-1, n)$ neu abgeschlossenen Versicherungen, habe den Erwartungswert $E(x_n) = m_n$ und sei mit der Verteilungsfunktion $F_n(x \mid m_n)$ verteilt. Als Zeiteinheit wird hierbei zweckmäßigerweise nicht ein Jahr, sondern ein Monat gewählt. Wir wollen annehmen — und diese Annahme hat sich bereits in praktischen Untersuchungen als brauchbar erwiesen —, daß aus der Beobachtung der Ergebnisse der Vergangenheit die Verteilungsfunktionen $F_n(x \mid m_n)$ bei vorgegebenem m_n explizit angegeben werden können.

Für die Fähigkeiten eines Vertreters sind somit die Größen m_n maßgebend, denn es gilt $E\{x(n) \mid x_0 = 0\} = E(x_1) + \ldots + E(x_n) = m_1 + \ldots + m_n$. Man wird im allgemeinen annehmen können, daß die Werte m_n eine steigende Folge bilden, da die von einem Vertreter erzielten Geschäftsabschlüsse umso umfangreicher sein werden, je länger er praktische Erfahrungen sammeln konnte. Wir wollen im weiteren annehmen, daß aus der Beobachtung der Ergebnisse der Vergangenheit Aussagen sowohl über das Verhältnis der Größen m_n zueinander für den einzelnen Vertreter als auch über die Wahrscheinlichkeitsverteilung der Größen m_n über die Gesamtheit der Vertreter möglich sind.

Die Mindestanforderungen einer Gesellschaft an den Vertreter sollen folgendermaßen definiert werden: In jedem Zeitpunkt $n = 1, 2, \ldots$ prüft die Gesellschaft, ob die vom Vertreter bisher insgesamt abgeschlossenen Versicherungen eine Jahresprämiensumme $x(n) \geqq M_n$ ergeben. Erreicht die Summe der jährlichen Prämien diesen Mindestbetrag einmal nicht, gilt also zum ersten Mal $x(n) < M_n$, dann wird das Beschäftigungsverhältnis des Vertreters gelöst. Die Prüfung der Gesellschaft besteht also in dem sukzessiven Vergleich der Größen $x(1), x(2), \ldots$ mit den Mindestwerten $M_1, M_2, \ldots$. Die Wahrscheinlichkeit $q_n^{(1)}$, daß ein Vertreter nach Ablauf von n Monaten die Mindestanforderungen zum ersten Mal nicht erfüllt und daher nicht weiter beschäftigt wird, kann mit Hilfe der Funktionen $F_n(x \mid m_n)$ folgendermaßen dargestellt werden:

$$q_n^{(1)} = \int\limits_{x_1=M_1}^{\infty} \int\limits_{x_2=M_2-x_1}^{\infty} \cdots \int\limits_{x_{n-1}=M_{n-1}-x_1-\ldots-x_{n-2}}^{\infty} \int\limits_{x_n=0}^{M_n-x_1-\ldots-x_{n-1}} dF_n(x_n \mid m_n) \ldots dF_1(x_1 \mid m_1)\,. \tag{6.3.1}$$

Wir bemerken, daß $q_n^{(1)}$ von $m_1, \ldots, m_n$ und von $M_1, \ldots, M_n$ abhängt.

Die Berechnung der Integrale (6.3.1) ist auch für Verteilungsfunktionen relativ einfacher Gestalt schwierig, und zwar insbesondere für größere Werte von n. Die Berechnung kann jedoch durch eine Simulation mit Hilfe der Monte Carlo-Methode (vgl. Abschnitt I, Kapitel 3) ersetzt werden. Wir simulieren hierbei die Tätigkeit eines Vertreters. Zunächst werden der Reihe nach Zufallszahlen $y_1, y_2, \ldots$ aus dem Intervall $(0,1)$

so gewählt, daß $W\{y_j < y\} = y$ gilt. Zu jeder Zufallszahl errechnen wir aus

$$y_j = F_j(x_j \mid m_j)$$

einen zugehörigen Wert x_j. Offenbar gilt $W\{x_j < x\} = F_j(x \mid m_j)$. x_j repräsentiert die Summe der Jahresprämien für die vom Vertreter im j^{ten} Monat abgeschlossenen Versicherungen. Nun bildet man der Reihe nach $x(n) = \sum_{j=1}^{n} x_j$ für $n = 1, 2, \ldots$ und prüft, ob $x(n) \geqq M_n$ ist. Solange dies der Fall ist, gilt der Vertreter als weiter beschäftigt. Erreicht man einen Wert n mit $x(n) < M_n$, dann gilt der Vertreter als entlassen und es wird mit der Auswahl einer neuen Serie von Zufallszahlen zur Simulation der Tätigkeit eines neuen Vertreters begonnen. Auf diese Weise kann die Tätigkeit beliebig vieler Vertreter simuliert werden. Die relative Häufigkeit der simulierten Vertretertätigkeiten, die zu einer Entlassung im n^{ten} Monat führen, ist ein Schätzwert $\hat{q}_n^{(1)}$ für die Wahrscheinlichkeit (6.3.1).

3.4 Nunmehr soll auch der freiwillige Austritt des Vertreters aus den Diensten der Gesellschaft in die Betrachtungen einbezogen werden. Die Vielfältigkeit der Ursachen, die zu solchen freiwilligen Austritten führen können, erschwert eine quantitative Erfassung der Austrittswahrscheinlichkeiten. Ein Risiko kann jedoch bis zu einem gewissen Grad unter Kontrolle gebracht werden. Wie die Erfahrung zeigt, sind die Schwankungen der monatlichen Geschäftsabschlüsse um ihren Mittelwert relativ bedeutend. Jedenfalls bedeutend genug, um das vom Ausmaß der monatlichen Geschäftsabschlüsse abhängende Einkommen des Vertreters stark zu beeinflussen. Häufig werden Vertreter nur deshalb das Beschäftigungsverhältnis lösen, weil sie zu wenig verdienen und nicht selten wird die Ursache des niedrigen Verdienstes in unzureichenden Geschäftsabschlüssen zu suchen sein, die ausschließlich durch zufällige Schwankungen und nicht etwa durch mangelnde Fähigkeiten des Vertreters verursacht wurden.

Mit Hilfe der Monte Carlo-Methode können anhand des eben entwickelten Modells die Auswirkungen dieser Zufallsschwankungen ermittelt werden, wenn man an die Stelle der Mindestanforderungen der Gesellschaft die Mindestanforderungen des Vertreters an sein Einkommen setzt, das offenbar stark von $x(t)$ abhängt. Von L. L. Miller und Ch. H. Mc. Call [*35*] wurde gezeigt, daß die sich ergebenden Einkommensschwankungen vielfach über das für den einzelnen Vertreter tragbare Maß hinausgehen. Die Autoren sprechen sich daher dafür aus, vor allem zu Beginn der Tätigkeit des Vertreters Pauschalzuschüsse zu geben, die einen Ausgleich dieser Schwankungen in seinem Einkommen gewährleisten.

Für die folgenden Untersuchungen soll wieder vorausgesetzt werden, daß aus der Beobachtung der Ergebnisse der Vergangenheit Aussagen über die Wahrscheinlichkeiten $q_n^{(2)}$, daß ein Vertreter nach Ablauf von n Monaten freiwillig ausscheidet, möglich sind. Die Wahrscheinlichkeiten $q_n^{(2)}$ werden unter anderem vom Alter des Vertreters abhängen. Die Wahrscheinlichkeiten $q_n^{(1)}$ und $q_n^{(2)}$ sollen voneinander unabhängig sein. Dann kann die Wahrscheinlichkeit p_n, daß ein Vertreter nach Ablauf von n Monaten weiter bei der Gesellschaft beschäftigt wird, durch

$$p_n = (1 - q_1^{(1)} - q_2^{(1)} - \ldots - q_n^{(1)}) (1 - q_1^{(2)} - q_2^{(2)} - \ldots - q_n^{(2)}) \quad (6.3.2)$$

ausgedrückt werden und wir setzen der Vollständigkeit halber $p_0 = 1$. Die Wahrscheinlichkeiten p_n sind von $m_1, \ldots, m_n$, von $M_1, \ldots, M_n$ und vom Alter des Vertreters abhängig.

Das durch die Simulation erhaltene Modell für die Vertretertätigkeiten ist vor allem im Hinblick auf die möglichen Mindestanforderungen der Gesellschaft verhältnismäßig flexibel und kann verschiedenartigen Gegebenheiten angepaßt werden. Für den Extremfall $M_1 = M_2 = \ldots = 0$ kann $x(n) < M_n$ nicht eintreten und es wird überhaupt kein Vertreter entlassen. In diesem Fall bleiben also auch Vertreter weiter beschäftigt, die mehr Kosten verursachen als sie der Gesellschaft an Einnahmen bringen. Die Weiterbeschäftigung solcher Vertreter ist für die Gesellschaft sicher ein Nachteil. Die Frage nach der Bestimmung der optimalen Größen $M_1, M_2, \ldots$ kann also nur unter Bedachtnahme auf die Kosten und auf den Ertrag untersucht werden.

3.5 Wir folgen nunmehr den Überlegungen aus Punkt 3.2 und bezeichnen mit $e(x_n, n)$ den Barwert des Ertrages der Gesellschaft aus den Geschäftsabschlüssen des Vertreters im n^{ten} Monat seiner Tätigkeit bei einer jährlichen Prämiensumme für in diesem Monat abgeschlossene Versicherungen in der Höhe von x_n. Ebenso bezeichnen wir mit $k(x_n, n)$ den Barwert der in diesem Fall im n^{ten} Monat entstehenden Kosten für die Honorierung und gegebenenfalls die Schulung des Vertreters. Dann ist $g(x_n, n) = e(x_n, n) - k(x_n, n)$ der Barwert des Gewinnes der Gesellschaft aus der Tätigkeit des Vertreters im n^{ten} Monat. Da x_n eine zufällige Variable ist, kann auch $g(x_n, n)$ als zufällige Variable aufgefaßt werden, deren Erwartungswert durch

$$E[g(x_n, n)] = \int_0^\infty g(x, n)\, dF_n(x \mid m_n)$$

gegeben ist.

Der Gewinn im n^{ten} Monat kann nur entstehen, wenn der Vertreter nach dem $n-1^{\text{ten}}$ Monat weiter für die Gesellschaft tätig bleibt. Der Erwartungswert g für die Summe der Barwerte der Gewinne aus allen Monaten der Vertretertätigkeit kann daher folgendermaßen dargestellt werden:

$$g = \sum_{(n)} p_{n-1} E[g(x_n, n)] = \sum_{(n)} p_{n-1} \int_0^\infty g(x, n)\, dF_n(x \mid m_n)\,. \qquad (6.3.3)$$

Auch g hängt außer vom Alter des Vertreters von $m_1, m_2, \ldots$ und von $M_1, M_2, \ldots$ ab. Es ist sicher zulässig, ein Höchstalter für die Vertretertätigkeit anzunehmen, so daß höchstens N Monate zu betrachten sind. Setzen wir $m = (m_1, \ldots, m_N)$ und $M = (M_1, \ldots, M_N)$, dann gilt $g = g(m, M)$.

Wir haben bereits angenommen, daß aus der Beobachtung der Ergebnisse der Vergangenheit Angaben darüber möglich sind, wie die Parameter m über der Menge der zur Verfügung stehenden Vertreter verteilt sind. Es sei für einen zufällig ausgewählten Vertreter

$$G(\mu_1, \ldots, \mu_N) = W\{m_1 < \mu_1, \ldots, m_N < \mu_N\} \qquad (6.3.4)$$

die Wahrscheinlichkeit, daß $m_n < \mu_n$ für $n = 1, \ldots, N$ gilt. Setzen wir der Einfachheit halber $\mu = (\mu_1, \ldots, \mu_N)$ und $G(\mu_1, \ldots, \mu_N) = G(\mu)$, dann können wir für einen zufällig ausgewählten Vertreter den Erwartungswert des Barwertes des Gewinnes durch

$$E[g(m, M)] = \int_{(\mu)} g(\mu, M)\, dG(\mu) \qquad (6.3.5)$$

ausdrücken. Dieser Erwartungswert hängt von den Mindestanforderungen M, aber auch vom Alter des Vertreters und von den Honorierungsbedingungen ab. Wir werden daher jene Richtlinien über die Mindestanforderungen und über die Honorierung als optimal bezeichnen, für welche (6.3.5) zu einem Maximum wird.

Das Maximum von (6.3.5) wird auf Grund der allgemeinen Integraldarstellung nur schwer errechnet werden können. Mit Hilfe der Monte Carlo-Methode kann jedoch von dem in Punkt 3.3 erläuterten Modell ausgehend, für vorgegebene m und M die Vertretertätigkeit simuliert werden, so daß ein Schätzwert für $g(m, M)$ resultiert. Wählt man für die einzelnen Simulationen verschiedene m mit einer der Verteilungsfunktion (6.3.4) entsprechenden Häufigkeit, dann kann auch ein Schätzwert für den Erwartungswert (6.3.5) gefunden werden. Damit ist zunächst der Vergleich der „Güte" zweier Mindestanforderungen $M^{(1)}$ und $M^{(2)}$ möglich. Im weiteren wird man bestrebt sein, schrittweise dem optimalen Wert möglichst nahe zu kommen.

3.6 Zur Berechnung des Erwartungswertes (6.3.5), der für die Ermittlung von optimalen Richtlinien über die Honorierung und über die Mindestanforderungen wesentlich ist, haben wir Angaben über die Verteilungsfunktionen $F_n(x \mid m_n)$ und $G(\mu)$ gefordert. Diese Funktionen hängen von einer Vielzahl von Parametern $m_1, \ldots, m_N$ und $M_1, \ldots, M_N$ ab. Man wird nun annehmen können, daß eine weitere Vereinfachung etwa durch die Darstellung $m_n = \lambda_n \bar{m}$ möglich ist, wobei die Konstanten λ_n infolge der Einarbeitung des Vertreters in seine Tätigkeit zunächst ansteigen und im weiteren annähernd gleich bleiben werden. Die Fähigkeit des Vertreters wird dann nur noch durch einen einzigen Parameter $\bar{m}$ beschrieben. In diesem Fall wird man auch $F_n(x \mid m_n)$ durch $F(x \mid \lambda_n \bar{m})$ ersetzen können und so eine weitere Vereinfachung der Berechnungen erzielen.

Trotzdem wird eine genaue Abschätzung der Verteilungsfunktionen $F_n(x \mid m_n)$ und $G(\mu)$ in der Praxis auf gewisse Schwierigkeiten stoßen. Es können aber bereits näherungsweise Angaben zu Ergebnissen führen, die einen verhältnismäßig weitgehenden Einblick in die Abhängigkeit des Gewinnes von den Richtlinien über die Honorierung und über die Mindestanforderungen gestatten. Wenn auch das Fernziel der dargelegten Untersuchungsmethode, optimale Richtlinien zu finden, nur äußerst schwer erreicht werden kann, so wird sie es doch in vielen Fällen gestatten, die bisher geübte Praxis einer Gesellschaft zu beurteilen und im weiteren zu verbessern.

Literatur

Im folgenden werden zunächst Lehrbücher über die Fachgebiete Versicherungsmathematik, Statistik und Unternehmensforschung angegeben. Es folgt eine Zusammenstellung von Facharbeiten, die sich direkt auf die im einzelnen behandelten Sachgebiete beziehen. Facharbeiten, die unmittelbar für die Darstellungen in den einzelnen Abschnitten herangezogen wurden, sind mit einem Stern (*) versehen; Abschnitt bzw. Kapitel werden kursiv angegeben. Das Zeitschriftenverzeichnis enthält jene Zeitschriften, in denen Arbeiten über Methoden der Unternehmensforschung im Versicherungswesen erfahrungsgemäß vorwiegend erscheinen.

I. Lehrbücher

a) Versicherungsmathematik

BOEHM, F.: Versicherungsmathematik, Sammlung Göschen, 2 Bde., Berlin: Walter de Gruyter 1953.

DUBOURDIEU, J.: Théorie Mathématique des Assurances, Monographies des Probabilités, VIII, Paris: Gauthier-Villars 1952.

SAXER, W.: Versicherungsmathematik, 2 Bde., Berlin: Springer 1958.

ZWINGGI, E.: Versicherungsmathematik, 2. Auflage, Basel: Birkhäuser 1958.

b) Statistik

CRAMER, H.: Mathematical Methods of Statistics, Princeton: Princeton University Press 1957.

DOOB, J. L.: Stochastic Processes, New York: J. Wiley & Sons 1953.

PFANZAGEL, J.: Allgemeine Methodenlehre der Statistik, Sammlung Göschen, 2 Bde., Berlin: Walter de Gruyter 1962/64.

SCHMETTERER, L.: Einführung in die mathematische Statistik, Wien: Springer 1956.

VAN DER WAERDEN, B. L.: Mathematische Statistik, 2. Auflage, Berlin: Springer 1965.

c) Unternehmensforschung

ACKOFF, R. L.: Siehe CHURCHMAN.

ARNOFF, E. L.: Siehe CHURCHMAN.

BURGER, E.: Einführung in die Theorie der Spiele, Berlin: Walter de Gruyter 1959.

CHURCHMAN, C. W., R. L. ACKOFF und E. L. ARNOFF: Operations Research; eine Einführung in die Unternehmensforschung, Wien: R. Oldenbourg 1961.

KRELLE, W., u. H. P. KÜNZI: Lineare Programmierung, Zürich: Industrielle Organisation, ETH 1959.

KÜNZI, H. P.: Siehe KRELLE.

LUCE, R. D., and H. RAIFFA: Games and Decisions, New York: J. Wiley & Sons 1957.

MORGENSTERN, O.: Siehe NEUMANN.

NEUMANN, J. v., u. O. MORGENSTERN: Spieltheorie und wirtschaftliches Verhalten, Würzburg: Physika 1960.

RAIFFA, H.: Siehe LUCE.

VAJDA, S.: The Theory of Games and Linear Programming, New York: J. Wiley & Sons 1956.

II. Facharbeiten

Abkürzungen:

MVSV Mitteilungen der Vereinigung Schweizerischer Versicherungsmathematiker.
BDGV Blätter der Deutschen Gesellschaft für Versicherungsmathematik.
GIIA Giornale dell'Istituto Italiano degli Attuari.
AB The Astin Bulletin.
E Econometrica.
JIA Journal of the Institut of Actuaries.
SA Skandinavisk aktuarietidskrift.
OR Operations Research.
M Metrika.

[*1*] AMMETER, H.: „Risikotheoretische Grundlagen der Erfahrungstarifierung". MVSV, **61**, Heft 2 (1961).

[*2*] BANASINSKI, A.: „Optimum structure of trends of activities to prevent chance damages". AB, **II**, Part I (1962).

*[*3*] BAUMGARTNER, U.: „Abschätzung von Reserven mit spieltheoretischen Methoden". MVSV, **61**, Heft 2 (1961). *Abschnitt II.*

[*4*] BENJAMIN, S., and C. W. BENETT: „The application of elementary linear programming to approximate valuation". JIA, **84**, Part I (1958).

*[*5*] BENJAMIN, S.: „The theory of games and its application to rate of interest". JIA, **85**, Part III (1959). *Abschnitt III.*

*[*6*] – „Simulating mortality fluctuations". Transactions of the 17th International Congress of Actuaries, **III**, London, (1964). *Abschnitt I, Kapitel 3.*

[*7*] BERGER, A.: „Zur Begründung von Lidstones z-Methode". Blätter für Versicherungsmathematik **1**, (1930).

[*8*] BIERLEIN, D.: „Optimalmethoden für die Summenapproximation in Jecklins F-Methode". BDGV, **II**, Heft 3 (1955).

[*9*] – „Spieltheoretische Modelle für Entscheidungssituationen des Versicherers." BDGV, **III**, Heft **4** (1958).

[*10*] BORCH, K.: „An attempt to determine the optimum amount of stop loss reinsurance." Mitteilungen zum XVI. Internationalen Kongreß der Versicherungsmathematiker, Brüssel 1960.

*[*11*] – „Reciprocal reinsurance treaties." AB, **I**, Part IV, (1960). *Abschnitt IV.*

*[*12*] – „Reciprocal reinsurance treaties seen as a two-person co-operative game." SA, (1960). *Abschnitt IV.*

[*13*] – „The utility concept applied to the theory of insurance." AB, **I**, Part V (1961).

[*14*] – „Equilibrium in a reinsurance market." E, **30**, (1962).

[*15*] – „Application of game theory to some problems in automobile insurance." AB, **II**, Part II (1962).

[*16*] – „Recent developments in economic theory and their application to insurance." AB, **II**, Part III (1963).

[*17*] – „Reformulation of some problems in the theory of risk". Proceedings of the casualty actuarial society, XLIX (1964).

[*18*] – „Eine wirtschaftliche Theorie der Versicherung." MVSV, **64**, Heft 1 (1964).

*[*19*] – „Payment of dividend by insurance companies." Transactions of the 17th International Congress of Actuaries, **III**, London (1964). *Abschnitt V.*

*[*20*] BÜHLMANN, H.: „Die beste erwartungstreue lineare Schätzfunktion der Übersterblichkeit." MVSV, **59**, Heft 1, (1959). *Abschnitt I, Kapitel 2.*

[21] – „Die Risikoaversion als Interpretation und Konstruktionsbasis der Utilitätskurve.“ M, **9**, (1965).

*[22] Franckx, E.: „Simulation des expériences et la théorie des sondages statistiques.“ Mitteilung zum XVI. Internationalen Kongreß der Versicherungsmathematiker, Brüssel, (1960). *Abschnitt VI, Kapitel 1.*

[23] Frischknecht, M.: „Approximative Reservenberechnung mit Hilfe der linearen Programmierung.“ MVSV, **60**, Heft 1 (1960).

[24] Gould, A. H.: „Operational research, its methods and application.“ JIA, **86**, Part II (1960).

[25] McGuinness, J. S.: „A managerial game for an insurance company.“ OR, 8 (1960).

*[26] de Jager, J.: „Application of the Monte Carlo method to the valuation of a portfolio.“ Mitteilung zum XVI. Internationalen Kongreß der Versicherungsmathematiker, Brüssel, (1960). *Abschnitt I, Kapitel 3.*

[27] Jecklin, H., u. W. Maurer: „Vollautomatische Reserveberechnung.“ MVSV, **40**, (1940).

[28] Jecklin, H., u. H. Zimmermann: „Reserveberechnung auf Basis hyperbolischer Interpolation.“ MVSV, **50**, Heft 2 (1950).

[29] Jecklin, H.: „Reserveberechnung nach t-Gruppen.“ MVSV, **57**, Heft 1 (1957).

[30] Jones, N. F., P. B. Heit, and D. G. Livingstone: „Monte Carlo simulation of claim distribution in a life Insurance Company.“ Report to the 5th Annual Meeting of TIMS, Philadelphia (1958).

*[31] Kahn, P. M.: „Some remarks on a recent paper by Borch.“ AB, **I**, Part V, (1961). *Abschnitt IV, Kapitel* 3.

*[32] – „The application of utility theory to group experience rating.“ Transactions of 17th International Congress of Actuaries, **III**, London, (1964). *Abschnitt VI, Kapitel 2.*

[33] Lundberg, F.: „Zur Theorie der Rückversicherung.“ Verhandlungskongreß für Versicherungsmathematik, Wien 1909.

[34] Meier, J.: „Kombinierte Einzel- und Gruppenrechnung zur Bestimmung des Bilanzdeckungskapitals in der Lebensversicherung.“ MVSV, **43**, (1943).

*[35] Miller, L. L., and Ch. H. McCall: „A stochastic modell for attrition.“ Im Selbstverlag der Acacia Mutual Life Insurance Company, Washington D.C., (1959). *Abschnitt VI, Kapitel 3.*

[36] Münzer, H.: „Alte und neue Extremalprobleme in der Wirtschaft.“ BDGV, **V**, Heft 3 (1961).

[37] Nash, J. F.: „The bargaining problem.“ E, **18**, (1950).

[38] – „Two person cooperative games.“ E, **21**, (1953).

[39] Nolfi, P.: „Zur mathematischen Darstellung des Nutzens in der Versicherung.“ MVSV, **55**, Heft 3 (1955).

[40] – „Hinweise auf die Ergebnisse und Bedeutung der Spieltheorie.“ MVSV, **57**, Heft 2 (1957).

*[41] – „Die Berücksichtigung der Sterblichkeitsverbesserung in der Rentenversicherung nach der Optimalmethode der Spieltheorie.“ MVSV, **59**, Heft 1, (1959). *Abschnitt I, Kapitel 1.*

[42] – „Zur Auffindung optimaler Sterblichkeitsgrundlagen.“ MVSV, **61**, Heft 1 (1961).

[43] Pöttker, W.: „Methoden zur summarischen Berechnung der Prämienreserve ohne Gruppierung des Versicherungsbestandes.“ BDGV, **1**, Heft 1 (1950).

[44] – „Eine Methode zur summarischen Berechnung der Prämienreserve ohne Hilfszahlen“. BDGV, **1**, Heft 4 (1953).

[*45*] SCHMETTERER, L.: „Die Risikotheorie in der Versicherungsmathematik." Statistische Vierteljahresschrift, **IX**, Heft 1 und 2 (1956).

[*46*] TEDESCHI, B.: „Sull' investimento „ottimo" dal punto di vista della matematica finanziaria." GIIA, **21**, (1958).

[*47*] WOLFF, K. H.: „Die Kapitalverzinsung in der kollektiven Risikotheorie." SA (1959).

[*48*] – „Die Unternehmensforschung im Versicherungswesen." MVSV, **63**, Heft 2 (1963).

*[*49*] – „Der Begriff des Nutzens in der Versicherungsmathematik." Unternehmensforschung, 8, Heft 4, (1964). *Abschnitt V.*

*[*50*] – „Collective Theory of Risk and utility functions." AB, **IV**, Part I, (1966). *Abschnitt V.*

III. Zeitschriften

Belgien: Bulletin de l'Association des Actuaires, Belges. – Bulletin du Section Astin du Comité Permanent des Congrès Internationaux d'Actuaires.

Deutschland: Blätter der Deutschen Gesellschaft für Versicherungsmathematik.

Frankreich: Bulletin de l'Institut des Actuaires francais.

Großbritannien: Journal of the Institut of Actuaries. – Journal of the Institut of Actuaries, Student Society. – Journal of the Royal Statistical Society. – Transactions of the Faculty of Actuaries.

Holland: Het Verzekerings-Archief.

Italien: Giornale dell'Istituto Italiano degli Attuari.

Österreich: Metrika. – Unternehmensforschung.

Schweiz: Mitteilungen der Vereinigung schweizerischer Versicherungsmathematiker.

Skandinavien: Skandinavisk Aktuarietidskrift.

USA: Annals of Mathematical Studies. – Econometrica. – Operations Research. – Transactions of the Society of Actuaries.

Namen- und Sachverzeichnis

MIX
Papier aus verantwortungsvollen Quellen
Paper from responsible sources
FSC® C105338

If you have any concerns about our products,
you can contact us on
ProductSafety@springernature.com

In case Publisher is established outside the EU,
the EU authorized representative is:
Springer Nature Customer Service Center GmbH
Europaplatz 3, 69115 Heidelberg, Germany

Printed by Libri Plureos GmbH
in Hamburg, Germany